EL RÉGIMEN
DE LOS CONTRATOS PÚBLICOS

INSTITUTO INTERNACIONAL
DE DERECHO ADMINISTRATIVO -IIDA

COLECCIÓN DE DERECHO
ADMINISTRATIVO COMPARADO

LIBARDO RODRÍGUEZ RODRÍGUEZ
(Director)

INSTITUTO INTERNACIONAL DE DERECHO ADMINISTRATIVO -IIDA

COLECCIÓN DE DERECHO
ADMINISTRATIVO COMPARADO

LIBARDO RODRÍGUEZ R.
(Director)

VOLUMEN III

EL RÉGIMEN DE LOS CONTRATOS PÚBLICOS

ERNESTO JINESTA LOBO
(Coordinador)

Volumen en homenaje al profesor
LUCIANO VANDELLI

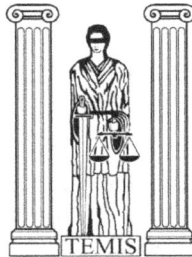

EDITORIAL TEMIS S. A.
Bogotá - Colombia
2019

© José Araujo-Juárez, Víctor Baca Oneto, Pedro José Jorge Coviello, Carlos E. Delpiazzo, Juan Antonio Hernández Corchete, Manrique Jiménez Meza, Juan Carlos Morón Urbina, Guillermo Sánchez Luque, Pierre Subra de Bieusses, Alejandro Vergara Blanco, 2019.

© Gustavo Quintero Navas, de la traducción
de *Quelques aspects actuels des marchés publics*

© Editorial Temis S. A., 2019.
Calle 17, núm. 68D-46, Bogotá.
www.editorialtemis.com
correo elec.: gerencia@editorialtemis.com

Hecho el depósito que exige la ley.
Impreso en Editorial Nomos S. A.
Diagonal 18 Bis, núm. 41-17, Bogotá.

ISBN 978-958-35-1234-6
      3026 2019 034950

PRESENTACIÓN

El Instituto Internacional de Derecho Administrativo - IIDA (*www.iida-deradm.com*) es una institución sin ánimo de lucro, de carácter académico y científico, que tiene como objeto el fomento y la promoción de la ciencia del derecho administrativo en los diferentes países y en el marco de la comunidad internacional, para lo cual desarrolla actividades tendientes al cumplimiento de los siguientes objetivos específicos:

a) Promover el estudio, la investigación, la profundización y el conocimiento de las diversas expresiones del derecho administrativo en los diferentes países y desde la perspectiva del derecho comparado.

b) Propiciar la reflexión, el debate, el diálogo y el intercambio de ideas y experiencias entre sus miembros y entre ellos y otras personas o entidades interesadas en los temas propios del derecho administrativo.

c) Fomentar y fortalecer la docencia, la investigación, la divulgación y el desarrollo del derecho administrativo en los diferentes países.

d) Las demás que sean conducentes para el logro del objetivo general.

En cumplimiento de esos objetivos, el Instituto tiene la satisfacción de entregar a la comunidad jurídica la Colección de Derecho Administrativo Comparado, cuyo objeto es publicar obras colectivas sobre temas básicos y actuales del derecho administrativo, que permitan, con fundamento en trabajos nacionales que los desarrollen desde la perspectiva de cada país, acometer un análisis de derecho comparado que contribuya a su mejor conocimiento y comprensión y del derecho administrativo en general.

Para lograr ese cometido comparatista, el contenido de cada uno de los trabajos, en general, se circunscribe a los elementos conceptuales, doctrinales, normativos y jurisprudenciales vigentes en el respectivo país, sin perjuicio de las referencias necesarias a la doctrina, la normativa y la jurisprudencia de ordenamientos jurídicos nacionales o internacionales que sean indispensables para la comprensión del propio ordenamiento nacional. Sobre esa base, el Coordinador del Volumen diseña las pautas que permitan responder los interrogantes fundamentales que plantea la materia en cuestión y que faciliten el análisis comparativo, sin perjuicio de los demás análisis que ellos quieran incluir en el desarrollo de cada trabajo.

A su vez, con fundamento en los trabajos de los diferentes países, el Coordinador de cada volumen tiene a su cargo la elaboración de un documento de análisis comparativo de la materia a la cual está dedicado el volumen respectivo.

En ese orden de ideas, el Volumen III de la Colección, que hoy publicamos, se ha consagrado al estudio de *El régimen de los contratos públicos*, con el objetivo de que los especialistas y lectores puedan tener una visión global y comparada de esta materia.

En este Volumen han participado académicos de diez países, miembros del Instituto, cuyas ponencias se publican según el orden alfabético de los países, junto con la traducción al español de la ponencia correspondiente a Francia, cuya versión original fue redactada en la lengua materna de su autor. Esta traducción ha sido realizada por otro administrativista miembro del Instituto. La coordinación del Volumen y el trabajo final de derecho comparado entre las diez ponencias ha estado a cargo del profesor costarricense Ernesto JINESTA LOBO, Vicepresidente del Instituto y miembro del Consejo Académico de la Colección de Derecho Administrativo Comparado.

De otra parte, este volumen está dedicado a la memoria del ilustre administrativista italiano LUCIANO VANDELLI (1946-2019), quien falleció recientemente y quien fue Miembro Fundador y al momento de su fallecimiento se desempeñaba como miembro del Consejo Directivo y Vicepresidente del IIDA. Durante su prolífica vida académica, el profesor VANDELLI contribuyó de manera muy importante a la integración de los derechos administrativos de Europa y América Latina, no solo por medio de sus escritos sino de una presencia permanente en los escenarios del derecho administrativo de ambos continentes y de una relación profunda con administrativistas de diferentes países.

Como lo expresó el Instituto en un comunicado público expedido con ocasión de su fallecimiento, el profesor VANDELLI se erigió en uno de los más importantes especialistas del derecho administrativo en el mundo occidental, gracias a sus permanentes actividades académicas y de investigación, que dejaron como legado valiosas obras de alta calidad y gran trascendencia para la ciencia del derecho. Además, el profesor VANDELLI se distinguió por sus altísimas cualidades personales, que han llevado a buen número de miembros del Instituto a dejar testimonio de la calidez de su trato y de sus recuerdos sobre los gratos momentos que tuvieron la oportunidad de compartir alrededor de la reflexión, el intercambio de ideas y la participación conjunta en diversos escenarios y certámenes académicos internacionales.

El profesor VANDELLI desarrolló su labor académica especialmente en la Universidad de Bolonia, pero su presencia se extendió a otras universidades de Europa y América. Recientemente, en enero de 2019, participó, como uno de los conferencistas centrales, en las *Jornadas sobre la organización de los Estados: experiencias y problemas en América y Europa*, organizadas por la Universidad de Salamanca y el IIDA. En febrero de este mismo año le fue otorgado el Doctorado *Honoris Causa* por la Universidad de Barcelona, acto en el cual estuvieron presentes varios miembros del IIDA.

Además del homenaje a su nombre al dedicar a su memoria este volumen de la Colección de Derecho Administrativo Comparado, el Instituto publicará próximamente una reedición de su libro emblemático sobre *El poder local. Su origen en la Francia revolucionaria y su futuro en la Europa de las regiones*, como uno de los volúmenes de la Biblioteca Internacional de Derecho Público, cuyo proceso editorial, según lo acordado con él, ya se había iniciado al momento de su fallecimiento.

Finalmente, la dirección de la Colección agradece a los autores, a los traductores y al coordinador los aportes para la publicación de este volumen, que contribuyen, sin duda, al cumplimiento de los objetivos del Instituto. De igual manera, agradece a la Editorial Temis por hacer posible la publicación de estos trabajos académicos.

LIBARDO RODRÍGUEZ RODRÍGUEZ
Presidente del IIDA y Director de la Colección

ÍNDICE GENERAL

CHILE

ASPECTOS GENERALES DE LA CONTRATACIÓN PÚBLICA

ALEJANDRO VERGARA BLANCO

COLOMBIA

CONTRATOS DE LA ADMINISTRACIÓN PÚBLICA
GUILLERMO SÁNCHEZ LUQUE

COSTA RICA

LA CONTRATACIÓN ADMINISTRATIVA EN COSTA RICA
MANRIQUE JIMÉNEZ MEZA

ESPAÑA

EL RÉGIMEN ESPAÑOL DE CONTRATOS PÚBLICOS: UN NUEVO SISTEMA PARA VIEJOS Y NUEVOS FINES
JUAN ANTONIO HERNÁNDEZ CORCHETE

FRANCIA

QUELQUES ASPECTS ACTUELS DES MARCHÉS PUBLICS EN FRANCE

Pierre Subra de Bieusses

ALGUNOS ASPECTOS ACTUALES DE LA CONTRATACIÓN PÚBLICA EN FRANCIA

Pierre Subra de Bieusses

PERÚ

EL RÉGIMEN DE LOS CONTRATOS PÚBLICOS

Juan Carlos Morón Urbina
Víctor Baca Oneto

URUGUAY

RÉGIMEN DE LOS CONTRATOS PÚBLICOS
EN URUGUAY

CARLOS E. DELPIAZZO

VENEZUELA

INTRODUCCIÓN AL DERECHO DE CONTRATOS PÚBLICOS EN VENEZUELA

José Araujo-Juárez

ESTUDIO
DE DERECHO COMPARADO

TENDENCIAS COMUNES EN LAS REGULACIONES NACIONALES DE LA CONTRATACIÓN ADMINISTRATIVA

Ernesto Jinesta Lobo

ARGENTINA

EL RÉGIMEN DE LOS CONTRATOS PÚBLICOS

PEDRO JOSÉ JORGE COVIELLO*

1. RÉGIMEN CONSTITUCIONAL DE LA CONTRATACIÓN ADMINISTRATIVA

A) *El marco jurídico-institucional*

En primer lugar, debe destacarse que la República Argentina es un Estado federal y el Derecho Administrativo es local[1], lo que quiere decir que cada provincia dicta sus propias normas en dicha disciplina. Solo se exceptúa la llamada legislación "de fondo"[2], que la dicta el Congreso de la Nación, y toda aquella otra que tenga carácter federal[3].

Es por tal razón por lo que la contratación administrativa es regulada por cada una de las veintitrés provincias y por la Ciudad Autónoma de Buenos Aires. De allí que el régimen que se exponga si bien estará ceñido casi exclusivamente al que rige en el orden federal, ello no quita que lo escrito sea extensible al de las provincias, puesto que en términos generales hay prácticamente una coincidencia de principios y de regulación.

B) *El contrato público en los textos constitucionales*

La Constitución Nacional no contiene normas específicas sobre la contratación pública, ni establece ningún principio que tenga vinculación directa con la contratación pública. Las provincias, de su lado previeron en sus

---

* Profesor emérito de la Pontificia Universidad Católica Argentina.

[1] Según el art. 121, del texto de la Constitución Nacional, conforme a la reforma de 1994, las provincias conservan el poder no delegado por ella al gobierno federal, y el que expresamente se hayan reservado por pactos especiales al tiempo de su incorporación.

[2] La legislación de fondo, según el art. 75, inc. 12 de la Constitución, comprende básicamente los códigos Civil, Comercial (hoy en día tenemos un Código Civil y Comercial unificados), Penal, de Minería y de Trabajo y Seguridad Social, y leyes generales para toda la Nación sobre naturalización y nacionalidad, así como de bancarrotas, falsificación de la moneda corriente y documentos públicos del Estado.

[3] Como consecuencia de la norma citada en la nota anterior, de acuerdo con el art. 75, inc. 12, de la Constitución Nacional, los códigos denominados "de fondo", que dicta el Congreso de la Nación, son los códigos Civil, Comercial, Penal, de Minería y de Trabajo y Seguridad Social, asimismo toda otra norma de carácter federal.

textos algunas normas, pero concretamente respecto a los procedimientos de selección del contratista estatal.

Empero, aunque nuestra Constitución Nacional nada haya dicho, lo cierto es que los principios emanados de los documentos internacionales que nuestro país ratificó, como la Convención Interamericana contra la Corrupción, mediante la ley 24.759, sí tienen incidencia. En efecto, en virtud de lo dispuesto en el artículo 75, inciso 22, primer párrafo, los tratados "tienen jerarquía superior a las leyes".

Y, así, al establecer el artículo III de dicha Convención en su inciso 5 que, entre otras medidas tendentes a evitar actos de corrupción los firmantes se comprometen a establecer medidas destinadas a crear, mantener y fortalecer, "[s]istemas para la contratación de funcionarios públicos y para la adquisición de bienes y servicios por el Estado que aseguren la publicidad, la equidad y eficiencia de tales sistemas", no cabe duda de que tales principios se tornan desde la incorporación de dicho documento internacional a nuestro orden jurídico, en basilares en toda contratación pública, y superiores a las leyes.

Cabe no obstante apuntar que algunas constituciones provinciales han hecho mención a procedimientos de selección, como las de las provincias de Buenos Aires (art. 193, incs. 5 y 7), Mendoza (art. 37), Neuquén (art. 80), Entre Ríos (art. 80), Jujuy (art. 85), Tucumán (art. 12) o Río Negro (art. 98).

C) *Principios que se extraen de la jurisprudencia*

Nuestro país no tiene una jurisdicción constitucional específica, lo que explica que no haya propiamente un tribunal constitucional. Antes bien, el control de constitucionalidad y convencionalidad es difuso entre todos los tribunales del país, y el máximo tribunal en materia constitucional es la Corte Suprema de Justicia de la Nación, que tiene la última palabra en cuanto al control de constitucionalidad. Ello, sin perjuicio de la vinculación existente en nuestro ordenamiento respecto a los pronunciamientos de la Corte Interamericana de Derechos Humanos, en los temas que son de su incumbencia en cuanto al control de convencionalidad, y cuya obligatoriedad ha abierto algunas dudas en el orden local[4].

Ahora bien, la Corte Suprema ha puesto, empero, una serie de pautas o mojones dogmáticos en cuanto al criterio de lo que hay que entender como

[4] Caso "Fontevecchia" del 14/2/2017. Los fallos de nuestra Corte Suprema de Justicia de la Nación se citan como "Fallos", seguidos del tomo y fallos, que corresponde al tomo de la colección oficial.

contrato administrativo, que, en términos generales, ha movido a su seguimiento tanto dogmático como jurisprudencial[5]. Haré una síntesis de dicha jurisprudencia:

a) *La jurisprudencia de la Corte Suprema de Justicia de la Nación.* Nuestro Alto Tribunal no había conceptuado prácticamente hasta principios de la década de 1990 cuándo se estaba ante un contrato administrativo o ante un contrato de los tradicionalmente denominados "de derecho privado de la Administración".

Dicho Tribunal fue más práctico para precisar si un contrato celebrado por la Administración podía conceptuarse o no como administrativo, prefiriendo resolver cada caso en particular sin extenderse en consideraciones dogmáticas. Puede decirse que la primera idea fue la del fin del contrato, ello es, los contratos que estaban destinados "*a cumplir los fines de aquélla*"[6]. No obstante, en otros fallos posteriores se atuvo a la idea de que cuando una norma legal excluía la aplicación del régimen de las contrataciones estatales, como ser el suministro o las obras públicas, aunque los contratos en cuestión tuvieran un fin público o de interés público, no podía someterse a dicha preceptiva[7]. En realidad, era una confusión entre la aplicación de regímenes concretos y los principios generales aplicables a toda contratación pública.

Sin embargo, bajo la influencia francesa y, sobre todo, del profesor MARIENHOFF, la Corte fue conformando una idea que coincidía con la del Consejo de Estado francés. Primero la perfiló el juez Carlos S. Fayt en su voto en la causa "Dulcamara"[8], donde sostuvo: "Que, en principio, cabe señalar que los contratos administrativos constituyen una especie dentro del género de los contratos, caracterizados por elementos especiales, como que una de las partes intervinientes es una persona jurídica estatal, que su objeto está constituido por un fin público o propio de la Administración y que llevan insertas explícita o implícitamente cláusulas exorbitantes del derecho privado"[9]. Finalmente, en la causa "Cinplast"[10], ya en común acuerdo de los ministros, se reprodujo dicha doctrina del contrato administrativo.

---

[5] A ello me referí, entre otros trabajos, en "Actualidad de la teoría general del contrato administrativo en la jurisprudencia de la Corte Suprema de Justicia de la Nación", en JUAN CARLOS CASSAGNE (Dir.): *Tratado general de los contratos públicos*, t. I, Buenos Aires, La Ley, 2013, págs. 89 y ss.

[6] Caso "Cooperamet" Fallos: 263:510 (1965).

[7] Casos "Horacio Osmán Henne Albano", Fallos: 270:446 (1968), e "Intecar" Fallos: 301:525 (1979).

[8] Fallos: 313:376 (1990).

[9] Aunque la idea había sido precedida en otras sentencias, como las registradas en una serie de pronunciamientos de 1984: Fallos: 306:328, 306:731; 306:762; 306:856 y 306:889.

[10] Fallos: 316:212 (1993).

El interrogante era si las cláusulas exorbitantes daban sentido al contrato como administrativo. Puede considerarse que la cuestión ha quedado despejada en la sentencia "S. A. Organización Coordinadora Argentina c/ Secretaría de Inteligencia de Estado"[11], donde, pese a que el tribunal cuya sentencia se apelaba había decidido que el contrato no era administrativo porque no existían en él cláusulas exorbitantes, la Corte tuvo en cuenta los "fines públicos" tenidos en cuenta por el convenio en cuestión, con lo que se volvía a la doctrina inicial del caso "Cooperamet", referido en la nota 5. En definitiva, como lo apunté en otra oportunidad[12], era el fin o interés público el que le daba sentido al contrato como administrativo. Cabe destacar que en un pronunciamiento previo, la Corte en el caso "YPF c/Provincia de Corrientes"[13] había sostenido: *"Cuando* el Estado, en ejercicio de sus funciones públicas que le competen *y con el* propósito de satisfacer necesidades del mismo carácter, *suscribe un acuerdo de voluntades, sus consecuencias serán regidas por el derecho público"*.

b) *La posición doctrinaria.* Más allá de los matices de las posiciones doctrinarias sobre la figura del contrato administrativo, de su alcance y de la sustantividad o modulación que lo caracteriza, lo cierto es que puede afirmarse que en el derecho administrativo argentino hay coincidencia en cuanto a la existencia y relevancia de aquel. Quizás las divergencias aparecen cuando por las prerrogativas estatales que ha encerrado se lo ha visto como una peligrosa figura dogmática en nuestra práctica administrativa[14]. Razones no les faltan a sus críticos, pero ello es más la consecuencia de malos o ineficientes funcionarios que desvían el sentido jurídico de las normas que lo regulan, que de la figura misma.

2. CONCEPTO JURÍDICO POSITIVO DE CONTRATO ADMINISTRATIVO

No hay en la legislación argentina un concepto de contrato administrativo. Dicho concepto se extrae de los pronunciamientos de la Corte Suprema de

---

[11] Fallos: 318:1518 (1995).

[12] "El caso 'O.C.A.': una aclaración conceptual de la Corte en materia de contratos administrativos", comentario al fallo de la Corte Suprema del mismo nombre, publicado en el Suplemento de Derecho Administrativo de la Ley, de 25 de octubre de 1996.

[13] Fallos: 315:158 (1992).

[14] En nuestro país hubo debate muy interesante y polémico entre dos eminentes profesor de la materia. De un lado, el profesor HÉCTOR MAIRAL en un artículo titulado "De la peligrosidad o inutilidad de una teoría general del contrato administrativo", *El Derecho* de 18/9/1998. El profesor JUAN CARLOS CASSAGNE replicó en otro trabajo: "Un intento doctrinario infructuoso: el rechazo de la figura del contrato administrativo", *El Derecho*, de 23/11/1998. A ellos siguieron una serie de réplicas y dúplicas.

Justicia de la Nación, de la que puede extraerse el siguiente: es un *acuerdo de voluntades generador de situaciones jurídicas subjetivas* (caso "Y.P.F. c/ Pcia de Corrientes") en el que *una de las partes intervinientes es una persona jurídica estatal* (casos "Dulcamara" —voto del Dr. Fayt— y "Cinplast"), cuyo *objeto está constituído por un fin público o propio de la Administración y que puede contener (caso "O.C.A"), explícita o implícitamente, cláusulas exorbitantes del derecho privado* (caso "Cinplast", "Dulcamara" y también, con otras palabras, "Y.P.F. c/ Pcia de Corrientes").

En la doctrina se puede mencionar la definición que dio el profesor MA-RIENHOFF, que fue en su momento uno de los autores que con profundidad estudió el tema: "es el acuerdo de voluntades, generador de obligaciones, celebrado entre un órgano del Estado en ejercicio de las funciones administrativas que le competen, con otro órgano administrativo o con un particular o administrado, para satisfacer finalidades públicas"[15].

3. COBERTURA SUBJETIVA Y EXCEPCIONES DEL RÉGIMEN DE CONTRATACIÓN ADMINISTRATIVA

A) *Sujetos incluidos o cubiertos*

a) *El contratante estatal.* Debe en primer término destacarse que cuanto menos en el orden federal existen distintos regímenes de contrataciones en el marco de los tres poderes del Estado. Así, la Administración Pública Nacional tiene su propio régimen básico, aparte del específico que se citará más abajo[16], previsto en el decreto delegado 1023/2001, "Régimen de contrataciones de la Administración Nacional" (RCAN), y su reglamentación, aprobada por el decreto 1030 de 2016 (RRCAN), mientras que ambas Cámaras del Congreso de la Nación, la de senadores y la de diputados, tienen cada una su propio régimen, aprobado por resoluciones internas. De su lado el poder judicial de la Nación tiene dos regímenes: el general, dictado por el Consejo de la Magistratura, y el de la Corte Suprema de Justicia de la Nación.

Pasando al contratante, el artículo 2º de dicho régimen prevé que los sujetos incluidos en la ley son las jurisdicciones y entidades comprendidas en el inciso *a)* del artículo 8º de la ley 24.156, de Administración Financiera del Estado. Este inciso prevé que la ley de administración financiera abarca: "a) Administración Nacional, conformada por la Administración Central y los

---

[15] MIGUEL S. MARIENHOFF, *Tratado de derecho administrativo*, t. III-A, 1ª reimpr., Buenos Aires, Abeledo-Perrot, 1974, pág. 34.

[16] Punto 13.2.

organismos descentralizados, comprendiendo en estos últimos a las instituciones de seguridad social".

b) *El contratista estatal*.　El artículo 27 establece que están habilitadas para contratar con la Administración Nacional las personas físicas o jurídicas con capacidad para obligarse, y que se encuentren incorporadas a la base de datos que reglamentariamente se establecería.

La reglamentación del régimen configuró el denominado Sistema de Información de Proveedores (arts. 111-113 del RRCAN).　No obstante, no es necesario para presentarse como oferente estar inscrito en dicho Sistema, como más adelante se verá.

En cambio, en lo referente a los contratos de obras públicas constituye un requisito indispensable estar inscrito en el Registro Nacional de Constructores de Obras Públicas (ley de obras públicas 13.064, art. 13), recaudo que ha sido objeto de ponderación y crítica, pero que la rigidez que se le achacaba fue amenguada con los años[17].

B) *Sujetos excluidos*

En el artículo 5º del RCAN excluye de su preceptiva a los contratos de empleo público (inc. a)[18], las compras por caja chica (inc. b), así se denominan las compras por valores casi exiguos; los que se celebren en general con Estados extranjeros o entidades de derecho público internacional, o instituciones multilaterales de crédito y sus distintas operaciones (inc. c), y los comprendidos en operaciones de crédito público.

a) *Las empresas públicas*.　Distinto es el caso de las empresas públicas, que en principio están excluidas del régimen general.

a') *El régimen legal*.　En efecto, ello no es nuevo, puesto que, por ejemplo, la ley de empresas del Estado, 13.653 de 1949, aún vigente, establece en su artículo 1º que se les aplicará el derecho privado en sus actividades específicas (inc. *a*), y el derecho público en sus relaciones con la Administración o al servicio público que se hallare a su cargo (inc. *b*).　Puede unirse a ello las denominadas "sociedades de economía mixta", regidas por el decreto-ley 15.349/46, que se regirían por el Código de Comercio (art. 4º).

Igualmente, por la ley de sociedades comerciales 19.550, se instituyó en los artículos 308 y siguientes la denominada *sociedad anónima con participación estatal mayoritaria*, en estos términos: "Quedan comprendidas en

---

[17] Para referencia de tal panorama, ver: RICARDO TOMÁS DRUETTA y ANA PATRICIA GUGLIELMINETTI, *Ley 13.064 de obras públicas. Comentada y anotada*, 2ª ed., Buenos Aires, Abeledo-Perrot, 2013, págs. 110-118.

[18] Es interesante advertir que conceptúa al empleo público como un contrato.

esta Sección las sociedades anónimas que se constituyan cuando el Estado nacional, los estados provinciales, los municipios, los organismos estatales legalmente autorizados al efecto, o las sociedades anónimas sujetas a este régimen sean propietarias en forma individual o conjunta de acciones que representen por lo menos el cincuenta y uno por ciento (51 %) del capital social y que sean suficientes para prevalecer en las asambleas ordinarias y extraordinarias".

En 1975 aparece en nuestra legislación la figura de las *sociedades del Estado*, que eran aquellas integradas exclusivamente por entidades estatales, nacionales, provinciales o municipales, "para desarrollar actividades de carácter industrial o comercial o explotar servicios públicos" (art. 1º). Por el artículo 6º se establece que no serán de aplicación a ellas las leyes de contabilidad [entonces vigente], de obras públicas y de procedimientos administrativos". La mayoría de las empresas públicas se transformaron posteriormente en sociedades del Estado.

Se ve así que había una intención deliberada de que a dichas empresas no les fueran aplicables las normas de derecho público, y por ende, las vinculadas a la contratación pública. Años después, luego de la reforma del Estado en la década de los años noventa, y la privatización de empresas públicas icónicas como Yacimientos Petrolíferos Fiscales (YPF; transformada en Repsol YPF), Aerolíneas Argentinas (adquirida primero por Iberia y luego por el grupo Marsans) u Obras Sanitarias de la Nación (que se había transformado en Aguas Argentinas), en los comienzos del presente siglo, con el advenimiento del régimen del presidente Kirschner y su esposa como continuadora (años 2003 a 2015), se produjo el proceso inverso: las empresas privatizadas volvieron al Estado, a través de procesos que no viene al caso exponer o criticar, pero igual siguieron con la misma huída jurídica. De tal forma la normativa específica (un tanto desordenada jurídicamente) vedó prácticamente, y con alcance diverso, la aplicación de normas de derecho administrativo (art. 15 de la ley 26.741, de expropiación de YPF; ley 26.466 y art. 17 de la ley 27.198 , relacionadas con la expropiación de Aerolíneas Argentinas; art. 11 del decreto de necesidad y urgencia 304/2006, por el que se creó la sociedad anónima Aguas y Saneamiento).

En estos casos aún hay lagunas doctrinarias, puesto que se ha observado en quienes se niegan a la aplicación de las normas de derecho público a las empresas estatales cuando su normativa las excluye, como ocurre con las empresas antes citadas, lo cierto es que en la selección de contratistas reconocen que carecen sus autoridades de la libertad de elegir como cualquier empresa privada. Es por ello por lo que distintos organismos o entidades estatales que actúan en el campo empresario han previsto internamente procedimientos de selección de los contratistas.

b') *Jurisprudencia*. En primer lugar, en casos vinculados con contratación de personal, se admitió la posibilidad de aplicar el derecho civil, como ocurrió en los casos "Taiana"[19], "Wauters"[20], "Borda"[21] y "Deutsch"[22], o el laboral, como en "Cavalcante"[23], "Álvarez de Franco"[24] y "Zacarías"[25].

Sin embargo, en el caso "Rosa Martínez Suárez de Tinayre"[26] trató de una demanda dirigida contra la entonces "Argentina Televisora Color (ATC)", sociedad del Estado, a la que por imperativo del artículo 6º de la ley 20.705, no eran de aplicación a las sociedades del Estado "las leyes de contabilidad, de obras públicas y de procedimientos administrativos". Empero, entre otras consideraciones la Corte entendió que en el caso "[...] el régimen jurídico preponderantemente de derecho privado aplicable al ente traído a juicio no permite equipararlo a un particular en su relación con el Estado puesto que este último evidencia una interferencia intensa en su desenvolvimiento como persona jurídica y, en lo que aquí interesa —lo relativo a los topes contrac- tuales—, ya regía con bastante anterioridad a la celebración de los contratos aludidos". De tal forma, buscando la realidad del tema en el debate reconoció la aplicación del régimen de derecho público a contratos supuestamente regidos legalmente por normas de derecho privado.

Otro caso que aquí se puede mencionar es "La Buenos Aires Compañía de Seguros S. A. v. Petroquímica Bahía Blanca S. A".[27], donde la ¨Corte se re- mitió al dictamen del entonces Procurador General Juan Octavio Gauna. Se trataba de una licitación llevada a cabo por dicha empresa petroquímica, que era una sociedad anónima con participación estatal mayoritaria, cuyo capital en un 51 por ciento pertenecía al Estado y el 49 por ciento a accionistas par- ticulares, que se había negado a dar vista de las actuaciones a dicha empresa en una licitación convocada para contratar diversos seguros. Allí el Procura- dor General destacó que respecto al giro de la empresa regían las normas del

---

[19] Fallos: 153:304; "Don Alberto Taiana contra la Provincia de Buenos Aires, por cobro de honorarios", del 17/12/1928.

[20] Fallos: 175:275; "Wauters Carlos c/ Provincia de Mendoza", de 2/10/1935.

[21] Fallos: 195:230; "Eduardo J. Borda v. Provincia de Córdoba", de 2/4/1943.

[22] Fallos: 306:1236; "Noemí Ani Deusch v. Municipalidad de la Ciudad de Buenos Aires", de 4/9/1984.

[23] Fallos: 290:87; "Ida Cavalcante de Mirenna y otros v. Nación Argentina"; de 22/10/1974.

[24] Fallos: 295:80; "Pilar Rosaura Álvarez de Franco y otras v. Nación Argentina", de 15/6/1978.

[25] Fallos: 310:464; "Aníbal Rudecindo Zacarías y otros v. Caja Nacional de Ahorro y Seguro", de 5/3/1987.

[26] Fallos: 308:821; "Rosa María Juana Martínez Suárez de Tinayre y Otro v. Argentina Televisora Color LS 82 Canal 7 S. A. (ATC – Canal 7)", de 20/5/1986.

[27] Fallos: 311:750: "La Buenos Aires Compañía de Seguros S.A. v. Petroquímica Bahía Blanca S.A"., de 12/5/1988.

derecho privado, de acuerdo con el régimen legal y estatutario, más influido por normas del derecho público, "en especial procedimentales, derivadas de la estatalidad del ente y de su carácter instrumental y vicarial, en todo aquello que no interfiera con el destino industrial o comercial de su actividad". Y más adelante agregó: "el carácter estatal de la empresa, aún parcial, tiene como correlato la atracción de los principios propios de la actuación pública, derivados del sistema republicano de gobierno, basado en la responsabilidad de la autoridad pública, una de cuyas consecuencias es la publicidad de sus actos para aguzar el control de la comunidad, y, en especial, de los posibles interesados directos".

Cabe destacar que la posición de la Corte fue oscilante, como, por ejemplo, en el caso "Albano"[28], donde pese a reconocer que el contrato celebrado con el actor para el proyecto y dirección técnica de distintas obras que "tendían a una finalidad de interés general, ello no es suficiente por sí solo para acordar al contrato el carácter de obra pública [...]", puesto que entendió que la entidad autárquica demandada (Transportes de Buenos Aires) se había asimilado, conforme su régimen jurídico, a una empresa del Estado, regulada por la ley 13.653, a las que no les eran aplicables las disposiciones de la ley 13.064, de obras públicas. Es decir, más que el fin público, importaba el régimen jurídico al que se había sometido la entidad.

Otro ejemplo, pero en sentido contrario, fue el caso "Ingeniero Livio Dante Porta"[29], oportunidad en la que derechamente sostuvo que un contrato de suministro de locomotoras y repuestos, y remodelación de obras celebrado entre Ferrocarriles Argentinos y el actor era "[...] de naturaleza administrativa y, como tal, pudo ser rescindido unilateralmente por la Administración por motivos de oportunidad o conveniencia".

Tiempo después, en la causa "Intecar"[30] la Corte sostuvo que un contrato destinado a la provisión de zorras para Ferrocarriles Argentinos no era administrativo —como así lo había dicho el juez de grado, aunque, luego, revocado este criterio por la alzada (la entonces Sala 2ª en lo Contencioso Administrativo de la Cámara Federal de la Capital— por la exclusión explícita que hacía del régimen de los contratos públicos la ley 18.360, de la empresa Ferrocarriles Argentinos.

Empero, en uno de los casos mencionados más arriba (punto 1.C) a), "Gas del Estado c/ Lindoro"[31], pese a que la actora era una empresa del Estado

---

[28] Fallos: 270:446: "Horacio Osmán Henne Albano c/ Transportes de Buenos Aires (en liquidación) s. cobro de $ 24.854.907,12 m/n", sent. de 22/5/68.

[29] Fallos: 286:333:"Ingeniero Livio Dante Porta y Cía. S.I.C. SRL. c/ E.F.A. sin interrumpir prescripción", del 20/9/73.

[30] Fallos: 301:525: "Intecar S.C.A. c/ Ferrocarriles Argentinos s/ cobro ordinario sobre mayores costos", de 28/6/79.

[31] 306:328: "Gas del Estado c/ Lindoro I.C.S.A. s. ordinario", 1984.

(que entonces estaba sustraída a la aplicación de la normativa pública en la materia, rotuló el contrato respectivo como público, en estos términos: "Que las estipulaciones del referido reglamento [el de contrataciones de la empresa estatal] importan reconocer a la entonces Empresa del Estado facultades más bien propias de las convenciones de derecho público que del derecho privado. A lo que cabe agregar el carácter público de los objetivos perseguidos por dicha empresa". En otros términos, se introducían las "cláusulas exorbitantes" para considerar como administrativo un contrato celebrado por la Administración[32].

C) *Materias incluidas*

El artículo 4º del RCAN dispone que el régimen que allí se establece abarca a los siguientes contratos: "a) Compraventa, suministros, servicios, locaciones, consultoría, alquileres con opción a compra, permutas, concesiones de uso de los bienes del dominio público y privado del Estado Nacional, que celebren las jurisdicciones y entidades comprendidas en su ámbito de aplicación y a todos aquellos contratos no excluidos expresamente. b) Obras públicas, concesiones de obras públicas, concesiones de servicios públicos y licencias".

Ello no significa que no sean extensibles sus normas a los contratos innominados, como ocurrió en el caso "Y.P.F. c/ Pcia de Corrientes", ya citado en la nota 13, que consideró que se estaba ante un contrato de tal especie pública, dadas las características de la modalidad de préstamo que se había otorgado a unos productores agropecuarios por los daños sufridos por causas meteorológicas.

D) *Materias excluidas*

En el artículo 5º del RCAN se excluyen expresamente los siguientes contratos: "a) Los de empleo público. b) Las compras por caja chica. c) Los que se celebren con Estados extranjeros, con entidades de derecho público internacional, con instituciones multilaterales de crédito, los que se financien total o parcialmente con recursos provenientes de esos organismos, sin perjuicio de la aplicación de las disposiciones del presente régimen cuando ello así se establezca de común acuerdo por las partes en el respectivo instrumento que acredite la relación contractual, y las facultades de fiscalización sobre ese tipo contratos que la ley Nº 24.156 y sus modificaciones confiere a los organismos de control. d) Los comprendidos en operaciones de crédito público".

---

[32] El tema lo traté en "El criterio de contrato administrativo en la jurisprudencia de la Corte Suprema de Justicia de la Nación", *El Derecho*, t. 111-845, 1984.

a) *¿Cuál es el régimen de los contratos "de derecho privado" de la Administración?* En realidad, habría que preguntarse, en primer lugar si existen contratos "de derecho privado" de la Administración. En la doctrina nacional han existido posturas afirmativas [33] y negativas [34] sobre su existencia.

En la década del sesenta apareció una posición en nuestro derecho que, influenciada, quizás, por el maestro uruguayo SAYAGUÉS LASO, puso el acento en la circunstancia de que en todos los contratos que celebra la administración existen componentes de derecho público y de derecho privado, por lo que, siguiendo a ese autor, se utilizó la denominación genérica de *contratos de la Administración*[35]. En su momento, GORDILLO en un capítulo de su *Derecho administrativo de la economía*, reproducido luego en la publicación colectiva *Contratos administrativos*[36], sostuvo derechamente en la parte final, fiel a su idea de que no existen actos de derecho privado de la Administración, que los contratos celebrados por la Administración serán "siempre contratos administrativos". En la misma línea estaba el profesor BARRA[37].

El profesor CASSAGNE[38], cuando enuncia los elementos de dichos contratos, que los rotula como "contratos de la Administración regidos parcialmente por el derecho privado", no hace otra cosa que remontarse en cuanto a la *competencia*, al *procedimiento* y parcialmente al *objeto* y al *contenido* de los

---

[33] MARIENHOFF, *Tratado*, t. III-A, págs. 20 y ss. CASSAGNE, *El contrato administrativo*, 3ª ed., Buenos Aires, Abeledo-Perrot, 2009, págs. 29 y ss. BERÇAITZ, ob. cit. págs. 146 y ss. ESCOLA, *Tratado*, t. I, págs. 252 y ss. JULIO RODOLFO COMADIRA, HÉCTOR JORGE ESCOLA y JULIO PABLO COMADIRA, *Curso de derecho administrativo*, t. I, Buenos Aires, Abeledo-Perrot, 2012, págs. 758 y ss. PABLO GALLEGOS FEDRIANI, "Los contratos privados de la Administración", en AA. VV., *Régimen de contrataciones y compra nacional*, Buenos Aires, Ediciones RAP, 2002, págs. 29 y ss. PEDRO GUILLERMO ALTAMIRA, *Curso de derecho administrativo*, Buenos Aires, Depalma, 1971, pág. 499.

[34] AGUSTÍN GORDILLO, "Los contratos administrativos", publicado en AA. VV., *Contratos administrativos*, Buenos Aires, Asociación Argentina de Derecho Administrativo, 1977, págs. 7 y ss. BARRA, *Contrato de obra pública, cit.*, t. 1, pág. 37. El primero, siguiendo las pautas fijadas por ENRIQUE SAYAGUÉS LASO en su obra *Tratado de derecho administrativo*, t. I, 4ª ed., Montevideo, 1974, pág. 574, prefirió utilizar la expresión "contratos de la administración", para señalar la existencia de un régimen jurídico unitario, prevalentemente de derecho público, que comprendería tanto los clásicos y típicos contratos administrativos como los denominados contratos de derecho privado de la Administración.

[35] ENRIQUE SAYAGUÉS LASO, *Tratado de derecho administrativo*, t. I, 4ª ed., puesta al día por DANIEL HUGO MARTINS, Montevideo, 1974, pág. 537.

[36] *Contratos ...*, cit., págs. 9 y ss.

[37] RODOLFO CARLOS BARRA, *Principios de derecho administrativo*, Buenos Aires, Ábaco, 1980, *passim. Contrato de obra pública*, t. I, Buenos Aires, Ábaco, 1984, págs. 37 y ss. *Los actos administrativos contractuales. Teoría del acto coligado*, Buenos Aires, Ábaco, 1989, *passim.*

[38] CASSAGNE, *El contrato administrativo*, cit., págs. 29 y ss.

contratos administrativos, muestra en cuanto al fondo de la cuestión que dichos contratos *no estarán totalmente regidos por el derecho privado*, sino que ellos tendrán en mayor o menor medida componentes —necesarios— del derecho público. Hay también coincidencia en cuanto a que la *competencia* y la *forma* están regidas por el derecho administrativo, mientras que el objeto lo sería por el derecho privado[39].

El decreto delegado 1023/2001, del régimen de contrataciones de la Administración Pública Nacional, en el artículo 1º, segunda parte, establece: "[t]oda contratación de la Administración nacional se presumirá de índole administrativa, salvo que de ella o de sus antecedentes surja que esté sometida a un régimen jurídico de derecho privado". Con lo cual se estaría reconociendo la existencia de dichos contratos privados. Sin embargo, BARRA sostuvo que con el nuevo régimen se viene a reconocer que todos los contratos que celebra la Administración son de naturaleza pública, por lo que considera anacrónica la existencia de los contratos de derecho privado[40]. Este criterio no lo comparto, por no surgir palmario del texto.

b) *¿Contratos administrativos entre particulares?* Aspecto este que dio lugar en nuestro país a amplias discusiones doctrinarias, más que jurisprudenciales. En primer lugar, si hay una solución, en uno u otro sentido, no ha sido la normativa jurídica la que la aportó.

En la doctrina argentina, el profesor BARRA, desde hace muchos años ha denominado a dichas situaciones como "delegación transestructural de cometidos"[41]. Es decir, en casos así los particulares "delegados" ejercerían funciones propiamente administrativas cada vez que cumplieran el cometido estatal que les fue atribuido. Un ejemplo de tal "delegación" estaría dado —según esa doctrina— por las actividades llevadas a cabo por los concesionarios de obra o de servicios públicos cuando ponen en ejecución la potestad concreta que les fue delegada como, cuando cobran la tarifa del peaje o ejecutan el servicio público concedido.

Tal argumento había sido cuestionado por el profesor MARIENHOFF, muy especialmente cuando trata la concesión de servicio público, donde niega

[39] CASSAGNE, *El contrato administrativo,* cit., pág. 30. También puede verse: AGUSTÍN A. GORDILLO, *Tratado de derecho administrativo*, t. 1, 10ª ed., Buenos Aires, Fundación de Derecho Administrativo, 2009, págs. XI-36/37. GALLEGOS FEDRIANI, "LOS contratos privados de la Administración", cit.

[40] "El nuevo régimen de contrataciones y la sustantividad del contrato administrativo", en AA. VV., *Régimen de contrataciones y compra nacional*, cit., págs. 13 y ss.

[41] RODOLFO CARLOS BARRA, *Principios de derecho administrativo*, Buenos Aires, Ábaco, 1980, págs. 247 y ss.; y del mismo autor, *Contrato de obra pública*, t. 2,. Buenos Aires, Ábaco, 1984, págs. 116 y ss.

que los concesionarios puedan dictar actos administrativos: "El concesionario —sea quien fuere— nunca actúa como 'órgano' del Estado, sino como
'cocontratante' del mismo"[42].

Si bien hubo un caso, "Gino Schirato"[43], que consideró BARRA que reco-
gía su doctrina sobre la "delegación transestructural de cometidos"[44], lo real
y cierto es que en la causa "Pluspetrol Energy"[45], el Alto Tribunal se remitió
al dictamen de la Procuradora Fiscal Laura Mercedes MONTI, para ratificar
una doctrina expuesta en distintos precedentes, donde se ponía el acento
siempre en la presencia del Estado como una de las partes, como los casos
ya citados anteriormente[46], de acuerdo con la cual —entre otros aspectos que
en el presente estudio no son relevantes— los contratos administrativos son
aquellos en los que una de las partes es la Administración Pública, negando
la posibilidad, cuanto menos en el orden nacional, de calificar como tal al
celebrado entre particulares. Dicha funcionaria afirmó, con sustento en los
precedentes "Dulcamara", voto del juez Fayt, "Cinplast" y "Davaro", que
"desde el momento en que [dicho contrato] no fue celebrado por una persona
jurídica estatal, *carece del elemento subjetivo esencial que caracteriza a tales
contratos*" (el énfasis me pertenece),

Por el momento, la sentencia recaída *in re* "Pluspetrol" acreditaría que
no ha variado el criterio respecto a la concurrencia necesaria del Estado, en
sentido amplio, como una de las partes contratantes para que el contrato pueda rotularse administrativo. Ciertamente, tal criterio puede llegar a admitir
cierta modulación según los casos que se presenten, como otras voces lo han
admitido dentro de ciertos márgenes[47].

---

[42] Ob. cit., t. III-B, 1a. reimpr., Buenos Aires, 1974, págs. 586 y 587.

[43] Fallos: 304:490, "Recurso de hecho deducido por la demandada en la causa "Schirato,
Gino c/ Estado Nacional (Ministerio de Cultura y Educación) y Cooperativa Escolar de la
Escuela No. 14 (Distrito Escolar No. 15)", sent. de 15/4/82; Fallos: 304:490.

[44] No podría considerarse como un precedente favorable a tal doctrina, toda vez que en
la especie el contratante actuaba expresamente por delegación estatal y con los controles respectivos.

[45] Fallos: 330: 2286 (2007).

[46] Fallos: 263:510 (1965), 313:376 (1990), 306:328, 306:731; 306:762; 306:856; 306:889;
313:376 (1990; voto del juez Fayt); 316:212 (1993), entre otros.

[47] En esta inteligencia CANDA, refiere distintos regímenes y casos, nacionales y extranjeros, donde se planteó la extensión de la figura del contrato administrativo a ciertos acuerdos
celebrados entre particulares (aunque es necesario tener presente que la extensión sería producto, como también lo apunta CANDA, más por la necesidad de superar el "velo del derecho
privado" del contrato estatal, para así permitir que no encuadre en el ámbito de la normativa
comunitaria sobre contratos públicos). FABIÁN CANDA, "El elemento subjetivo en la contratación administrativa: ¿necesariamente una de las partes debe ser el Estado?", en AA. VV.,
*Contratos administrativos. Jornadas Organizadas por la Universidad Austral. Facultad de
Derecho,* Buenos Aires, Ciencias de la Administración, 2000, págs. 65 y ss.

Podríamos decir, entonces, que en nuestro derecho no se admiten tales contratos. Sin embargo, entiendo que el tema no está cerrado. La posibilidad de que puedan existir contratos administrativos o públicos entre sujetos privados no parece imposible, cuando, por ejemplo, las atribuciones conferidas al contratista fueran propias del Estado. Pongo como ejemplo los contratos entre cuyas cláusulas aparece la obligación para el contratista de contratar con una determinada empresa para la provisión de equipos, contrato que, vale aclarar, *debe* ser celebrado por el contratista con el denominado, subcontratista o proveedor "nominado" por la propia administración contratante[48].

E) *La estructura burocrática del sistema de contratación pública*

Vinculada con el componente subjetivo de la contratación pública, está la cuestión de cómo se estructura desde el punto de vista burocrático el sistema en el marco de la Administración Pública. Por el artículo 23 del RCAN, reglamentado por el artículo 115 y concordantes del RRCAN, los órganos del sistema de contrataciones son: a) La *Oficina Nacional de Contrataciones*, que en la actualidad depende de la Secretaría de Modernización Administrativa del Ministerio de Modernización, cuyas funciones son proponer la política de contrataciones y de organización del sistema, proyectar normas legales y reglamentarias, dictar normas aclaratorias, interpretativas y complementarias, elaborar el pliego único de bases y condiciones generales, diseñar e implantar un sistema de información, ejercer la supervisión y la evaluación del diseño y operatividad del sistema de contrataciones y aplicar las sanciones previstas en el RCAN[49]. b) Las *unidades operativas de contrataciones* que funcionarán en las jurisdicciones y entidades que alude el artículo 2º del RCAN[50] y que tendrán a su cargo la gestión de las contrataciones.

4. CONTRATACIÓN DIRECTA O SIN PROCEDIMIENTOS DE SELECCIÓN

Antes de ocuparnos de este aspecto, conviene exponer cuál es en nuestro país el principio en materia de selección del contratista estatal.

---

[48] Vaya como ejemplo los contratos COM que celebra el Consejo Federal de Energía, todos con contenidos parecidos, como el pliego de bases y condiciones para la construcción, operación y mantenimiento de la Interconexión Nea – Noa Tramo Oeste y de la INTERCONEXIÓN NEA – NOA Tramo Este, cláusula 12.8. Ver también los proyectos Comahue-Cuyo o Yaciretá, tercera línea.

[49] La Oficina Nacional de Contrataciones publicó por internet un Compendio Normativo, que se encuentra en el sitio de dicha oficina.

[50] Ver punto 3.A).a).

A) *El principio general en materia de selección del contratista estatal*

a) *El régimen normativo.* En nuestro país la tendencia general de los distintos ordenamientos iusadministrativos —nacionales, provinciales y municipales— ha sido la de fijar como principio el de la selección mediante licitación (pública o privada) y ello en grado tal que en algunos casos las mismas constituciones provinciales lo han así establecido.

Así, mientras nada dice la Constitución Nacional sobre el procedimiento de selección, como antes se vio, otras constituciones exigen bien sea la licitación pública o esta y la licitación privada, entre ellas, las de las provincias de Jujuy (art. 85), Tucumán (art. 12), Mendoza (art. 37), Entre Ríos (art. 80), Neuquén (art. 224), o la de Río Negro (art. 98).

En el ámbito nacional, las normas básicas que regulan la materia imponen la licitación pública o concurso público, como lo son el RCAN y la RRCAN (art. 23), que, con su reglamentación, regula básicamente el contrato de suministro; la ley 13.064, de obras públicas (art. 9º); la ley de concesión de obras públicas (art. 4º, inc. *a*); la ley de contratos de participación público-privada ("ppp"), ley 27.328 (art. 12).

b) *La doctrina nacional.* Al lado de esta elaboración legislativa que, al igual que en otros países europeos y americanos, hacía suponer que la licitación (especialmente pública) era el principio general en cuanto a procedimiento de selección, autores nacionales, como MARIENHOFF, ESCOLA o DIEZ[51], afirmaron que el principio es la *libre elección* en caso de ausencia de norma expresa que establezca el procedimiento. Otros autores nacionales, en cambio, se opusieron a tal principio (los profesores BIELSA, FIORINI, MATA, CASSAGNE, COMADIRA y BARRA[52]).

---

[51] MARIENHOFF, *Tratado*, t. III-A, pág. 158. HÉCTOR J. ESCOLA, *Tratado integral de los contratos administrativos,* t. I, Buenos Aires, Depalma, 1977, pág. 314. DIEZ, *Derecho administrativo*, t. III, 2ª ed., Buenos Aires, Edit. Plus Ultra, 1977, pág. 77. Ver comentario del profesor CASSAGNE al caso "Meridiano", *en* "Principios de derecho administrativo en un fallo de la Corte", ED, 83-444.

[52] RAFAEL BIELSA, *Derecho administrativo*, t. II, 6ª ed., Buenos Aires, La Ley, 1964, pág. 198. BARTOLOMÉ A. FIORINI, *Derecho admnistrativo*, t. I, 2ª ed., Buenos Aires, Abeledo-Perrot, 1976, ob. cit., pág. 627. Idem. e ISMAEL MATA, *La licitación pública*, Buenos Aires, Abeledo-Perrot, 1972, pág. 27. RODOLFO CARLOS BARRA, *Contrato de obra pública*, t. 2,. Buenos Aires, Ábaco, 1984, pág. 410. JUAN CARLOS CASSAGNE, *El contrato administrativo*, cit., págs. 55-57. Del mismo autor, "La igualdad en la contratación administrativa", en *Cuestiones de derecho administrativo*, Buenos Aires, Depalma, 1987, págs. 98 y ss. COMADIRA se ha pronunciado en un criterio análogo, a través de un profundo y actualizado estudio, acorde con la reforma constitucional de 1994 y los convenios internacionales suscritos por nuestro país, en el sentido de que el principio fundamental está dado por la concurrencia a través de la licitación pública u otro sistema que a ello conduzca y favorezca la igualdad de trato, la trasparencia y la publicidad. Cfr. JULIO RODOLFO COMADIRA, *La licitación pública (nociones, principios, cuestiones)*, Buenos Aires, Depalma, 2000, págs. 83 y ss.

c) *La jurisprudencia.* La Corte Suprema, en el caso "Meridiano"[53], consideró que al no encontrarse en las normas en juego que regulaban el caso precepto alguno que fijara el procedimiento, correspondía estarse a la validez del procedimiento de contratación directa que se había aplicado en la ocasión, en estos términos: "Podrá discutirse en doctrina si el principio que deber regir las contrataciones del Estado es la licitación pública o la libre contratación; pero en función jurisdiccional, ante la tacha de nulidad del acto administrativo por vicio de forma, a falta de una norma expresa que exija la licitación pública para elegir al cocontratante, o sea, ante la ausencia de fundamento legal, debe estarse por la validez del acto". La misma doctrina sostuvo luego en el caso "Almacenajes del Plata"[54], con remisión a la sentencia allí recaída, que reproduciría la parte del considerando transcripto, reiterando así la misma doctrina de la libre elección a falta de norma expresa en contrario.

La discusión puede considerarse superada al haberse regulado de modo general el procedimiento de selección mediante licitación pública o concurso público en el artículo 24 del RCAN.

B) *Los supuestos de procedencia de la contratación directa*

Corresponde aclarar que en nuestro derecho el principio de "libre elección" no ha sido entendido como "contratación directa", sino en el sentido de que la Administración puede elegir el procedimiento que más le convenga.

Ahora bien, la contratación directa es en todos los ordenamientos administrativos nacional y locales sumamente restrictivo, como se puede leer en el artículo 25, inciso d), del RCAN[55]. Los casos más comunes son los que se

---

[53] "Meridiano S.C.A. y otras c/ Administración General de Puertos, s. demanda daños y perjuicios", sent. de 24/4/79, Fallos: 301:292. Ver comentario de CASSAGNE: "Principios de derecho administrativo en un fallo de la Corte", ED, 83-444.

[54] "Almacenajes del Plata S.A.C. c/ Administración General de Puertos, s. daños y perjuicios", sent. de 24/11/88, Fallos: 311:2385.

[55] "La selección por contratación directa se utilizará en los siguientes casos: 1. Cuando de acuerdo con la reglamentación no fuere posible aplicar otro procedimiento de selección y el monto presunto del contrato no supere el máximo que fije la reglamentación. 2. La realización o adquisición de obras científicas, técnicas o artísticas cuya ejecución deba confiarse a empresas, artistas o especialistas que sean los únicos que puedan llevarlas a cabo. Se deberá fundar la necesidad de requerir específicamente los servicios de la persona física o jurídica respectiva. Estas contrataciones deberán establecer la responsabilidad propia y exclusiva del cocontratante, quien actuará inexcusablemente sin relación de dependencia con el Estado Nacional. 3. La contratación de bienes o servicios cuya venta fuere exclusiva de quienes tengan privilegio para ello o que solo posea una determinada persona física o jurídica, siempre y cuando no hubieren sustitutos convenientes. Cuando la contratación se fundamente en esta disposición deberá quedar documentada en las actuaciones la constancia de tal exclusividad mediante el informe técnico correspondiente que así lo acredite. Para el caso de bienes, el

refieren a operaciones que deban permanecer secretas o reservadas, razones de urgencia debidamente comprobadas, se trate de productos que solo son de venta exclusiva de determinados proveedores, o se trate de obras científicas, técnicas o artísticas que deban confiarse a empresas, artistas o especialistas que sean los únicos que las pueden llevar a cabo. También se habilita la contratación directa cuando los contratistas son organismos públicos estatales, provinciales o municipales o empresas públicas o universidades públicas. Aunque esta exclusión del procedimiento de licitación dio lugar a ciertas irregularidades, porque en realidad se escondía la contratación directa de un tercero con quien previamente la universidad pública había contratado y se simulaba el contrato como si fuera celebrado directamente por la universidad.

Es importante destacar que frente a una regulación que ofrecía reparos, como era la habilitación para contratar en forma directa cuando la licitación fuera fracasada o desierta, en el apartado 4 del inciso d) se prevé que será necesario proceder a un segundo llamado, modificándose el pliego de condiciones particulares, y solo si el segundo llamado resulte desierto o fracasado es posible la contratación directa. Volveré a tratar este tema en el punto 10.B).

5. CONTRATACIÓN EN ESTADOS DE URGENCIA Y DE NECESIDAD

La normativa mencionada precedentemente, texto y nota 55, es bien clara en los apartados 2, 3, 5, del inciso *d)* (que básicamente se refieren a la contratación de artistas o técnicos destacados, adquisiciones a productores exclusivos o razones de emergencia y urgencia) que exigen la debida fundamentación de las razones que llevan a contratar directamente. Precisamente, el artículo 19 del RRCAN, establece: "Serán razones de urgencia las necesidades apremiantes y objetivas que impidan el normal y oportuno cumplimiento de las actividades esenciales de la jurisdicción o entidad contratante. Se entenderá por casos de emergencia: los accidentes, fenómenos meteorológicos u otros sucesos que

---

fabricante exclusivo deberá presentar la documentación que compruebe el privilegio de la venta del bien que elabora. La marca no constituye de por sí causal de exclusividad, salvo que técnicamente se demuestre la inexistencia de sustitutos convenientes. 4. Cuando una licitación o concurso hayan resultado desiertos o fracasaren se deberá efectuar un segundo llamado, modificándose los pliegos de bases y condiciones particulares. Si este también resultare desierto o fracasare, podrá utilizarse el procedimiento de contratación directa previsto en este inciso. [Apartado sustituido por art. 6º del decreto 666/2003 B.O. 25/3/2003. Vigencia: desde el día siguiente al de su publicación en el Boletín Oficial, y será de aplicación a las contrataciones que, aunque autorizadas con anterioridad, tengan pendiente la convocatoria]. 5. Cuando probadas razones de urgencia o emergencia que respondan a circunstancias objetivas impidan la realización de otro procedimiento de selección en tiempo oportuno, lo cual deberá ser debidamente acreditado en las respectivas actuaciones, y deberá ser aprobado por la máxima autoridad de cada jurisdicción o entidad".

creen una situación de peligro o desastre que requiera una acción inmediata y que comprometan la vida, la integridad física, la salud, la seguridad de la población o funciones esenciales del Estado Nacional".

No obstante, por imperio de las normas de transparencia y anticorrupción, como las referidas a las formalidades de los diversos actos respectivos, que deben ajustarse a lo previsto en la Ley Nacional de Procedimientos Administrativos, 19.549 de 1972, previstas en los artículos 9º, 10 y 11 del RCAN, no cabe lugar o espacio al mero arbitrio administrativo, sino, antes bien, toda actuación en materia contractual debe ser debidamente motivada o fundada. A ello cabe agregar que la ley de ética pública 25.188 impone a los funcionarios que intervengan en las contrataciones observar en los procedimientos "*los principios de publicidad, igualdad, concurrencia, razonabilidad*" (art. 2º, inc. *h*).

Por lo tanto, en virtud del régimen legal, y de la misma jurisprudencia de los últimos años de la Corte Suprema y de los tribunales inferiores[56], la fundamentación de los actos de los poderes públicos, y entre dichos actos los vinculados a la contratación pública, exigen su debida fundamentación. Precisamente, la citada ley de ética pública exige a los funcionarios públicos "fundar sus actos y mostrar la mayor transparencia en las decisiones adoptadas sin restringir información, a menos que una norma o el interés público claramente lo exijan" (art. 2º, inc. *e*).

Es decir, no bastará la mera mención de la urgencia, sino, antes bien, la acreditada demostración de dicha necesidad. No hay aquí mero voluntarismo del funcionario.

Por lo tanto, en nuestro país se dieron muchos casos de irregularidades bien sea en contrataciones directas o en contrataciones que habían tenido un procedimiento previo de selección irregular.

6. PROHIBICIONES Y CONSECUENCIAS

A) *Principio general*

Para contratar con la Administración Pública, en el marco del RCAN, no es necesario estar inscrito como contratista del Estado para presentar ofertas. Basta que la persona física o jurídica tenga capacidad para obligarse (art. 27). Sin embargo, en el contrato de obras públicas (ley 13.064 de 1947), es necesario estar inscrito en el Registro de Constructores de Obras Públicas (art. 13 de la ley, reglamentado por el decr. 1724 de 1993).

---

[56] CSJN: "Lema", Fallos: 324:1860, dictamen del Procurador General, y "Schnaiderman", Fallos: 331:735; dictamen de la señora Procuradora Fiscal Laura Monti.

B) *Prohibiciones específicas*

El RCAN establece en el artículo 28 quiénes son las personas no habilitadas para contratar. Entre otras: "a) Las personas físicas o jurídicas que se encontraren sancionadas en virtud de las disposiciones previstas en los apartados 2. y 3. del inciso b) del artículo 29 del presente [contratistas suspendidos o inhabilitados]. b) Los agentes y funcionarios del sector público nacional y las empresas en las cuales aquellos tuvieren una participación suficiente para formar la voluntad social, de conformidad con lo establecido en la Ley de Etica Pública, Nº 25.188. c) [inciso derogado] d) Los condenados por delitos dolosos, por un lapso igual al doble de la condena. e) Las personas que se encontraren procesadas por delitos contra la propiedad, o contra la Administración Pública Nacional, o contra la fe pública o por delitos comprendidos en la Convención Interamericana contra la Corrupción. f) Las personas físicas o jurídicas que no hubieran cumplido con sus obligaciones tributarias y previsionales, de acuerdo con lo que establezca la reglamentación. g) Las personas físicas o jurídicas que no hubieren cumplido en tiempo oportuno con las exigencias establecidas por el último párrafo del artículo 8º de la ley 24.156 [rendición de cuentas por parte de entidades privadas a las que se les hayan otorgado subsidios o aportes y otras especies de rendición]".

Dichas prohibiciones están insertas en el marco de inhibición general que tienen todos los funcionarios estatales de intervenir o asesorar en las relaciones contractuales con el Estado. Ello surge no solo de los principios de ética pública, sino entre otros dispositivos, el del artículo 13 de la ley de ética pública 25.188 que veda tales comportamientos[57].

C) *Consecuencias de su violación*

El RCAN en el artículo 14 dispone que los funcionarios que aprueben o gestionen las contrataciones serán responsables por los daños que por su dolo, culpa o negligencia causaren al Estado Nacional con motivo de las mismas.

---

[57] "Es incompatible con el ejercicio de la función pública: a) dirigir, administrar, representar, patrocinar, asesorar, o, de cualquier otra forma, prestar servicios a quien gestione o tenga una concesión o sea proveedor del Estado, o realice actividades reguladas por este, siempre que el cargo público desempeñado tenga competencia funcional directa, respecto de la contratación, obtención, gestión o control de tales concesiones, beneficios o actividades; b) ser proveedor por sí o por terceros de todo organismo del Estado en donde desempeñe sus funciones". Menciono y viene al caso, el precepto del art. 14 de la ley: "Aquellos funcionarios que hayan tenido intervención decisoria en la planificación, desarrollo y concreción de privatizaciones o concesiones de empresas o servicios públicos, tendrán vedada su actuación en los entes o comisiones reguladoras de esas empresas o servicios, durante tres (3) años inmediatamente posteriores a la última adjudicación en la que hayan participado".

Consecuentemente, la violación de los deberes de los funcionarios públicos pueden tener no solo consecuencias administrativas por su incumplimiento, sino también lugar a la comisión de delitos, especialmente a la figura de las negociaciones incompatibles con el ejercicio de función pública (arts. 256 a 259 bis del C. P.).

7. PRINCIPIOS DE LOS PROCEDIMIENTOS DE CONTRATACIÓN ADMINISTRATIVA.

Ellos surgen no solo de los que se desprenden de la forma republicana de gobierno y los derivados del Estado de Derecho, sino normativamente, como es el caso de la Ley de Ética Pública, que en su artículo 2º, inciso *h)* impone a los sujetos obligados: "Observar en los procedimientos de contrataciones públicas en los que intervengan los principios de publicidad, igualdad, concurrencia y razonabilidad".

Aparte de la Convención Interamericana contra la Corrupción, incorporada en nuestro ordenamiento por la ley 24.759, conforme se mencionó en el punto 1.B), el artículo 3º del RCAN establece: "Los principios generales a los que deberá ajustarse la gestión de las contrataciones, teniendo en cuenta las particularidades de cada una de ellas, serán: a) Razonabilidad del proyecto y eficiencia de la contratación para cumplir con el interés público comprometido y el resultado esperado. b) Promoción de la concurrencia de interesados y de la competencia entre oferentes. c) Transparencia en los procedimientos. d) Publicidad y difusión de las actuaciones. e) Responsabilidad de los agentes y funcionarios públicos que autoricen, aprueben o gestionen las contrataciones. f) Igualdad de tratamiento para interesados y para oferentes Desde el inicio de las actuaciones hasta la finalización de la ejecución del contrato, toda cuestión vinculada con la contratación deberá interpretarse sobre la base de una rigurosa observancia de los principios que anteceden".

Un principio en materia contractual sobre el que la Corte insistió permanentemente[58] es el de que el contrato es ley para las partes. Este principio, consagrado en el viejo artículo 1197 del anterior Código Civil, y receptado, bajo otro texto en el artículo 959 del Código Civil y Comercial de la Nación[59], es el de que el contrato es *ley para las partes*, o *contractus lex*.

8. TIPOLOGÍA DE LOS PROCEDIMIENTOS DE SELECCIÓN DEL CONTRATISTA

A) *Procedimientos regulados*

El RCAN toma en el artículo 25 como procedimientos específicos de selección los siguientes: a) *La licitación o concurso públicos*; en el primero se tie-

---

[58] Fallos: 312:84 (1989); Fallos: 314:491 (1991); Fallos: 315:1760 (1992).

[59] "Todo contrato válidamente celebrado es obligatorio para las partes. Su contenido solo puede ser modificado o extinguido por acuerdo de partes o en los supuestos en que la ley lo prevé".

nen en cuenta factores económicos, y en el segundo factores no económicos, como la capacidad técnico científica, artística u otras. *b) Subasta pública*, para la compra y venta de muebles, inmuebles o semovientes. *c)* La licitación o concurso privados; dirigidos a proveedores inscritos en una base de datos específica, de la que se hablará seguidamente, y dentro de un monto especificado, que se actualiza periódicamente. Pese al dispositivo, pueden participar los no invitados. *d)* La contratación directa, a la que antes se hizo referencia (específicamente, punto 4.B).

a) Las *licitaciones y concursos públicos y privados* pueden tener las siguientes modalidades: en primer lugar, de etapa única o múltiple. En la primera se realiza en una sola etapa la evaluación de las ofertas y la calidad o antecedentes de los postulantes; en la segunda dichas evaluaciones pueden tener lugar en dos o más fases.

b) Las *contrataciones directas*, de acuerdo con la reglamentación del RR-CAN, pueden ser por *compulsa abreviada* o *adjudicación simple*. La primera procede en principio cuando hay más de un oferente potencial. La segunda, cuando concurran razones de urgencia y cuando por el objeto de contrato se deba contratar con una determinada persona, o cuando el contratante sea una persona de naturaleza pública. Merece destacarse que todos los supuestos que habilitan la contratación directa están detalladamente regulados en los artículos 14 a 24, y concordantes, del RRCAN. En este sentido, este sistema de selección ha sido intensamente regulado en los últimos tiempos, por motivos —evidentes— de trasparencia y buena administración.

B) *Modalidades de los procedimientos*

En el artículo 25 del citado reglamento se prevén las siguientes modalidades en las contrataciones: *a) Iniciativa privada*, a raíz de una propuesta novedosa o que signifique una innovación tecnológica o científica, hecha por una persona física o jurídica y que por ello sea declarada de interés nacional. *b) Llave en mano*, cuando el contratista toma a su cargo la realización integral del proyecto. *c) Orden de compra abierta*[60], cuando en los pliegos no se pudiere prefijar con suficiente precisión la cantidad de las unidades de los bienes o servicios que se deben adquirir. *d) Consolidada*, cuando dos o más jurisdicciones o entidades contratantes requieren una misma prestación. *e) Precio máximo*, cuando se indica el precio máximo que puede pagarse por los bienes o servicios requeridos. *f) Acuerdo marco*, cuando se seleccione a proveedores para procurar el suministro en forma directa de bienes o servicios a una o más jurisdicciones o entidades contratantes. *g) Concursos de proyectos*

---

[60] La orden de compra es el instrumento jurídico que emite la Administración para comunicar la adjudicación en los contratos de suministro. En la orden de compra se resumen los plazos, cantidades y precio del contrato.

integrales, cuando la jurisdicción o entidad contratante no pueda determinar detalladamente en el pliego respectivo las especificaciones del objeto del contrato, y por ello se propicie formular ofertas.

9. FORMACIÓN DEL CONTRATO

A) *Los pliegos*

El "Pliego Único de Bases y Condiciones Generales" es aprobado por la Oficina Nacional de Contrataciones, y *"será de utilización obligatoria por parte de las jurisdicciones y entidades contratante"* (decr. 1030 de 2016, art. 35).

El artículo 36 establece que los pliegos de bases y condiciones particulares, que deben ajustarse a aquel, son elaborados para cada procedimiento de selección por las respectivas unidades operativas de contrataciones de las jurisdicciones y entidades contratantes, sobre la base de los pedidos efectuados por las unidades requirentes. Agrega la norma que deben ser aprobados por la autoridad que fuera competente de acuerdo con el artículo 9º de la ley, que remite a su vez al cuadro de autoridades que figura en el anexo a dicho artículo.

Una norma que hace a la trasparencia y legalidad, en orden a lograr la concurrencia e igualdad de trato en las contrataciones es la del artículo 37 de la reglamentación: "Las especificaciones técnicas de los pliegos de bases y condiciones particulares deberán elaborarse de manera tal que permitan el acceso al procedimiento de selección en condiciones de igualdad de los oferentes y no tengan por efecto la creación de obstáculos injustificados a la competencia en las contrataciones públicas".

Es, evidentemente, una forma de evitar un direccionamiento arbitrario de la adjudicación hacia determinados oferentes.

En el caso de los pliegos particulares, el artículo 8º del RCAN prevé que cuando la complejidad o el monto de la contratación lo justifique, a juicio de la autoridad competente (que el art. 26 del decr. 1030 de 2016 determina que será el titular de la unidad operativa de contrataciones) el llamado debe prever un plazo previo a la publicación de la convocatoria para que los interesados formulen observaciones al proyecto de pliego de bases y condiciones particulares.

B) *La programación de las contrataciones*

Cada jurisdicción o entidad formula su programa de contrataciones, ajustado a la naturaleza de sus actividades y a los créditos asignados por la ley de presupuesto (art. 6º, RCAN).

A su vez, las unidades de contrataciones elaboran el plan anual de contrataciones, de conformidad con los créditos asignados por la ley de presupuesto, que será aprobado por el titular de la respectiva unidad o autoridad superior competente (decr. 1030 de 2016, art. 8º).

C) *Publicidad*

a) *Las publicaciones.* Las convocatorias a presentar ofertas en los *concursos o licitaciones públicas* que no se realicen en formato digital, deben publicarse en el órgano de publicidad oficial de los actos de gobierno por un plazo de veinte días corridos de antelación a la fecha de apertura, que pueden ampliarse en caso de una contratación compleja. En el caso de las licitaciones o concursos internacionales el plazo no será menor a cuarenta días corridos (art. 32, RCAN).

El mismo artículo establece que en el caso de las licitaciones privadas, la invitación se hará con un mínimo de siete días.

Al mismo tiempo, la norma determina que todas las convocatorias cualquiera sea el procedimiento de selección, se harán por internet u otro medio electrónico que lo reemplace, en el sitio del órgano rector. Precisamente, en el sitio del órgano rector se debe publicar todo lo vinculado a los contratos, como los pliegos, el acta de apertura, las adjudicaciones, las órdenes de compra y otras informaciones que se determinen (art. 32).

Las invitaciones en licitación privada se dirigen a quienes estén inscritos en el Sistema de Información de Proveedores, ya mencionado (punto 3.A).b) sin que constituya requisito exigible para presentar ofertas la inscripción previa en dicho sistema (arts. 27 del RCAN y 112 del decr. 1030 de 2016). Además hay que tener presente que pueden presentarse también en las licitaciones privadas quienes no hubiesen sido invitados a contratar.

En cuanto a las licitaciones internacionales, corren los mismos recaudos antes mencionados, pero con una antelación no menor a cuarenta días, además de efectuarse un aviso en el sitio de internet de las Naciones Unidas denominado UN Development Business, o en el que en el futuro lo reemplace, o en el sitio de internet del Banco Mundial denominado DG market, o en el que en el futuro lo reemplace, indistintamente por el término de dos días, con un mínimo de cuarenta días corridos de antelación a la fecha fijada para la apertura (art. 42, RRCAN decr. 1030 de 2016).

b) *Las notificaciones.* De acuerdo con el artículo 7º del RRCAN, las notificciones en el marco contractual se pueden hacer por estos medios: *a)* por acceso directo al expediente; *b)* por presentación espontánea de la parte interesada; *c)* por cédula, *d)* por carta documento, *e)* por otros medios habilitados por las empresas que brinden el servicio de correo postal; *f)* por correo electrónico; *g)* mediante la difusión en el sitio de internet de la Oficina Nacional de Contrataciones; *h)* mediante la difusión en el sitio de internet del sistema electrónico de contrataciones de la Administración Nacional que habilite la Oficina Nacional de Contrataciones.

D) *Oferta o propuesta*

Las ofertas deben presentarse en el lugar, día y hora que se determine en la convocatoria (art. 51, RRCAN), sin que pueda modificársela posteriormente a su presentación (id., art. 53). Debe ajustarse a los requerimientos de los respectivos pliegos (id., art. 55), y mantenerse durante sesenta días corridos luego de la apertura de las ofertas; sin embargo, pueden ampliarse dichos plazos, de acuerdo con el pliego. El plazo se renueva automáticamente por otro igual, salvo que el oferente haga manifestación expresa de no renovar, debiéndolo hacer con una antelación mínima de diez días corridos al vencimiento de cada plazo (id., art. 54). Los originales de las ofertas presentadas son exhibidos durante los dos días posteriores a la apertura de las ofertas a fin de que los postulantes puedan tener vista de ellas (id., art. 60).

Los oferentes pueden formular consultas al pliego de bases y condiciones particulares hasta tres días antes de la apertura (art. 50, RRCAN), y, en su caso se emitirán circulares aclaratorias o modificatorias al pliego, que deben ser publicadas y comunicadas (art. 50).

La presentación de las ofertas significa de parte del oferente "*el pleno conocimiento y aceptación de las normas y cláusulas que rijan el procedimiento de selección*" (art. 52 RRCAN).

Una práctica que se ha presentado en ciertas licitaciones, consiste en exigir que en la presentación de las ofertas se haga manifestación expresa de que se desiste de todo recurso o acción judicial. En el caso "Astorga Bracht"[61] la Corte declaró que una cláusula así resulta violatoria del artículo 18 de la Constitución Nacional y de las convenciones internacionales de derechos humanos, que cuentan con jerarquía constitucional, en cuanto resguardan el derecho a la tutela administrativa y judicial efectiva (arts. XVIII y XXIV de la Declaración Americana de los Derechos y Deberes del Hombre, 8º y 10 de la Declaración Universal de Derechos Humanos, 8º y 25 de la Convención Americana sobre Derechos Humanos, 2º inc. 3º aps. a y b, y 14 inc. 1º del Pacto Internacional de Derechos Civiles y Políticos).

E) *Garantías*

Las garantías son, en principio, las siguientes: *a)* de *mantenimiento de la oferta*: 5 por ciento del monto total de la oferta; *b)* de *cumplimiento del contrato*: 10 por ciento del monto total del contrato; *c) contragarantía*: por el equivalente a los montos que reciba el cocontratante (contratante) como adelanto; *d) de impugnación del dictamen de evaluación*: 3 por ciento del monto de la oferta del renglón o renglones en cuyo favor se hubiere aconsejado

---

[61] Fallos: 327:4185 (2004).

adjudicar el contrato; *e) de impugnación del dictamen de preselección*, por el monto determinado en el pliego particular.

Las formas de constitución de las garantías las establece el pliego único de bases y condiciones generales (art. 78, RRCAN). La moneda de la garantía deberá ser conforme la moneda en que se hubiere hecho la oferta (art. 79). No en todos los casos es necesario fijar garantías, estando las excepciones previstas en el artículo 80, entre ellas, cuando el oferente sea un ente del sector público nacional (art. 8º de la ley 24.156), o se trate de entidades provinciales, municipales o del Gobierno de la Ciudad Autónoma de Buenos Aires.

10. PERFECCIÓN DEL CONTRATO

A) *Adjudicación*

a) *Etapa de evaluación de las ofertas y comisiones evaluadoras*. El RRCAN prevé una etapa de evaluación de las ofertas, que es el período que va desde el momento en que el expediente de la contratación es remitido a la Comisión Evaluadora hasta la notificación del dictamen (art. 61). Estas se componen de tres miembros designados por la máxima autoridad del contratante estatal (art. 62), la cual emite un dictamen no vinculante para la autoridad contratante (art. 65). El dictamen se comunica a todos los oferentes, y puede ser impugnado dentro de los tres días siguientes a su comunicación, y aun por quienes no hubieren sido oferentes dentro de los tres días posteriores a su difusión por el sitio de internet de la Oficina Nacional de Contrataciones, previa integración de la garantía de la impugnación (arts. 72 y 73).

b) *La adjudicación*. En primer lugar la adjudicación recae sobre la oferta más conveniente, criterio este general en materia de selección y contratación de los contratos públicos (art. 15, RCAN; art. 18 de la ley 13.064 de obras públicas).

Cabe destacar que si se hubiesen deducido impugnaciones contra el dictamen de evaluación de las ofertas, en el acto de adjudicación se resolverá sobre aquellas (art. 74, RRCAN). Los recursos se rigen por la Ley Nacional de Procedimientos Administrativos (19.549) y sus normas reglamentarias (art. 6º, RRCAN).

B) *Concurso o licitación infructuosa o desierta*

De acuerdo con el artículo 25, inciso *d)*, apartado 4, en tales supuestos se efectuará un segundo llamado, modificándose los pliegos de bases y condiciones particulares. Si este resultare también fracasado o desierto, *podrá* utilizarse el procedimiento de contratación directa. Como se aprecia, a mi entender, la norma habilita otro procedimiento al utilizar el verbo *podrá*.

Como se ha visto (punto 4.B), entre los supuestos que habilitan la contratación directa está el de la licitación desierta o fracasada (o infructuosa). El procedimiento es el de la compulsa abreviado cuando exista más de un potencial oferente con capacidad para satisfacer el objeto de la contratación (cfr. art. 14, RRCAN).

De acuerdo con el *Manual de procedimiento del régimen de contrataciones de la Administración Nacional*, aprobado por la resolución 62-E/2016 de la Oficina Nacional de Contrataciones (art. 53), la unidad operativa de contrataciones solicitará a la unidad requirente sobre la necesidad de proceder a la contratación directa. En caso de insistir esta, se dictará por la autoridad competente el acto por el que se inicia el procedimiento, utilizándose el mismo pliego del segundo llamado. Seguidamente, la unidad operativa enviará invitaciones a por lo menos tres proveedores. Al mismo tiempo la unidad operativa difundirá la convocatoria y el pliego en el sitio de internet de la Oficina Nacional de Contrataciones. Luego continuará el procedimiento siguiendo el normal para la selección.

C) *Garantía de la ejecución del contrato*

Para la garantía de la ejecución del contrato vale lo expresado en el punto 9.D), al cual me remito.

D) *Formalización del contrato*

Los contratos se formalizan de dos formas: mediante la orden de compra o de venta, o por un contrato escrito. La notificación mediante la orden de compra o de venta perfecciona el contrato, y debe contener las estipulaciones básicas del procedimiento (art. 75, RRCAN). El contrato de suministro se perfecciona con la emisión de la orden de compra, mientras que el de obras públicas con la firma del contrato (ley de obras públicas 13.064, art. 21).

11. EJECUCIÓN DEL CONTRATO

A) *Obligaciones y derechos de la Administración contratante*

El RCAN, en el artículo 12, prevé que aparte de las establecidas en la legislación específica, en los pliegos o en la restante documentación contractual, debe hacerse referencia a las siguientes: *a)* la prerrogativa de interpretar los contratos, resolver las dudas que ofrezca su cumplimiento, modificarlos por razones de interés público, decretar su caducidad, rescisión o resolución; *b)* la facultad de aumentar o disminuir hasta un 20 por ciento el monto del contrato; se aclara en la norma que la revocación, modificación o sustitución de los contratos por razones de oportunidad, mérito o conveniencia no dará lugar al reconocimiento del lucro cesante; *c)* el poder de control, inspección y dirección de la contratación; *d)* la facultad de imponer penalidades; *e)* la prerrogativa de proceder a la ejecución directa del objeto del contrato, cuando el contratista no lo hiciere dentro de plazos razonables; *f)* la facultad de inspeccionar las oficinas y los libros que estén obligados a llevar los contratistas; g) la facultad de prorrogar, cuando lo hubiere previsto el pliego.

B) *Obligaciones y derechos del contratista*

Están previstas en el artículo 13 del RCAN. Aparte de las incorporadas en la contratación respectiva, se enuncian las siguientes: *a)* el derecho a la recomposición del contrato, "cuando acontecimientos extraordinarios o imprevisibles de origen natural, tornen excesivamente onerosas las prestaciones a su cargo"; *b)* la obligación de ejecutar el contrato por sí, quedando prohibida la cesión o subcontratación, salvo consentimiento expreso de la autoridad administrativa; *c)* la obligación de cumplir las prestaciones por sí en todas las circunstancias, salvo caso fortuito o fuerza mayor, ambos de carácter natural, o actos o incumplimientos de autoridades públicas nacionales o de la contraparte pública, de tal gravedad que tornen imposible la ejecución del contrato. Este último supuesto sería el que da lugar a la invocación de la excepción de incumplimiento contractual o *exceptio non adimpleti contractus*, que fue admitida en la jurisprudencia de la Corte Suprema en el caso "Cinplast"[62], siempre que hubiere una "razonable" imposibilidad de cumplimiento.

Como pauta general, el artículo 83 del RRCAN establece que "[l]os cocontratantes deberán cumplir la prestación en la forma, plazo o fecha, lugar y demás condiciones establecidos en los documentos que rijan el llamado, así como en los que integren la orden de compra, venta o contrato".

En este sentido, la Corte Suprema reiteradamente ha insistido en la exigencia de la *buena fe* en el desarrollo de los contratos administrativos, tanto en los comportamientos de la Administración, como de los contratistas[63], considerando a estos como colaboradores de aquella en la realización de un fin público[64]. Es más, en un precedente se sostuvo la validez de la rescisión de un contrato de consultoría porque se reconoció que había habido un hecho de corrupción al abonarse a un funcionario unas sumas para obtener beneficios; la Administración había invocado que la relación de confianza y buena fe estaba desvirtuada por la conducta de la contratista, por lo que el contrato quedaba viciado por "pérdida de credibilidad"[65].

---

[62] Fallos: 316:212 (1993).

[63] Fallos: 310:2278, 312:1275 , entre otros.

[64] Fallos: 325:1759.

[65] Fallos: 325:1759.

12. Extinción del contrato

A) *Normal*

El cumplimiento de la entrega o provisión o finalización de la obra. A tal fin, por ejemplo, en el contrato de suministro se constituyen comisiones de recepción, integradas por tres miembros (arts. 84 y ss., RRCAN). La conformidad de la recepción se otorga en principio dentro del plazo de diez días, y el pago se produce dentro del plazo de treinta días corridos desde la recepción de las facturas del proveedor (art. 91, RRCAN)[66]. El contrato de obras públicas concluye con la terminación de la obra y la recepción definitiva (ley 13.064, art. 40). La recepción de la obra, al concluir el contrato, es provisoria, y será definitiva al concluir el plazo de garantía (art. 41).

También puede ocurrir con el vencimiento del plazo, como sucede en el contrato de concesión de servicios públicos. Ha sido común que al término los bienes, que pertenecen al concesionario, pasen por la cláusula de la reversión al Estado. Se ha considerado que esta no es una cláusula implícita, sino que debe estar plasmada en el respectivo contrato[67].

B) *Rescisión, resolución y revocación*

Vale aclarar que en materia contractual administrativa se han utilizado en forma promiscua en nuestro derecho y doctrina las palabras *rescisión, resolución* y *revocación*[68].

Como ejemplo, el ya citado, artículo 12, inciso *a)* del RCAN confiere a la Administración la prerrogativa de "*decretar su caducidad, rescisión o resolución*"; y, es más, en el inciso *b)*, segundo párrafo de dicho artículo establece: "La revocación modificación o sustitución de los contratos por razones de oportunidad, mérito o conveniencia, no generará derecho a indemnización en concepto de lucro cesante".

---

[66] Sin embargo, en el segundo párrafo del artículo se establece que los pagos se atenderán considerando el programa mensual de caja y las prioridades de gastos contenidas en la normativa vigente.

[67] Cassagne, *El contrato administrativo*, cit., pág. 118.

[68] Armando N. Canosa, "La caducidad o rescisión unilateral del contrato administrativo por incumplimiento", en Juan Carlos Cassagne (Dir.), *Tratado general de los contratos públicos*, t. iii, Buenos Aires, La Ley, 2013, págs. 61 y ss. Nótese que la doctrina distingue anulación de revocación, aunque referidas al acto administrativo y que se la ha extendido al contrato público. La primera es la extinción del acto por la existencia de un vicio en él; la segunda cuando concurren razones de interés público o, como se dice habitualmente, por "razones de oportunidad, mérito o conveniencia". Otra forma de extinción es la denominada "caducidad", que en realidad es una extinción por incumplimientos graves.

Es por tal razón por la que agruparemos los motivos, conforme nuestra legislación y los términos que en ella se emplean de la forma que se tratará a continuación:

a) *Revocación por razones de interés público.* Es una cláusula que, como se vio, antes se consideraba implícita, y hoy está plasmada en el RCAN, y se la confunde con las *razones de oportunidad, mérito o conveniencia.* En estos casos, he señalado más arriba, no se reconoce la indemnización del lucro cesante (arts. 12, inc. b, RCAN, y 95, RRCAN)[69]. Ciertamente, si por imperio de lo preceptuado en la Ley Nacional de Procedimientos Administrativos (19.549, art. 7º *in fine*), que la extiende a los contratos administrativos, aparte de la remisión que se hace tanto en el RCAN y RRCAN (v. gr. arts. 12, inc. a del primero y 6º de la segunda), es claro que dicho acto debe estar *motivado* (art. 7º, inc. e de la ley de procedimientos administrativos).

Pueden incluirse en estos supuestos los casos del *rescate*, que consiste en la decisión estatal de que el servicio público concedido o la obra pública, vuelvan al Estado, que asume la actividad. Esto no está previsto en las normas, pero la doctrina equipara dicha figura a una expropiación (art. 17 de la Const. Nal.), por lo que será necesaria una ley que así lo declare[70].

b) *Rescisión contractual por acuerdo de partes.* El artículo 97 del RRCAN prevé bajo el epígrafe "rescisión de común acuerdo", el supuesto en que la entidad contratante pueda rescindir el contrato por razones de interés público, de común acuerdo con el proveedor, en cuyo caso no dará derecho a indemnización alguna para las partes, sin afectar los efectos cumplidos. Claro está que dentro de esta causal se incluye el acuerdo de ambas partes.

c) *Resolución por causa ajena al contratista.* El artículo 13, del RCAN contempla ciertos supuestos para excepcionar del cumplimiento del contrato, a saber: "caso fortuito o fuerza mayor, ambos de carácter natural, o actos o incumplimientos de autoridades públicas nacionales o de la contraparte pública, de tal gravedad que tornen imposible la ejecución del contrato". También está la norma contemplada en el artículo 94 del RRCAN. En la doctrina na-

---

[69] Cabe destacar que la Corte Suprema ha reconocido reiteradamente la procedencia de la indemnización del lucro cesante, siempre que se la acredite, como ocurrió en el caso "El Jacarandá", de Fallos: 324:2654 (2005), y otros que lo siguieron. Ello va en consonancia con lo previsto en el Pacto de San José de Costa Rica, que en su art. 63.1 reconoce el derecho a una *justa indemnización*, cuando se afecten un derecho o libertad protegidos. Precisamente, la Corte en el caso "Pérez" (Fallos: 318:1598, de 1985), en una demanda de daños de un particular contra Ferrocarriles Argentinos, ratificaría dicha orientación, al haber elevado la Corte a la altura de *principio de raigambre constitucional* que "*la reparación debe ser integral*".

[70] CASSAGNE: *El contrato administrativo*, cit., págs. 126-127.

cional se equiparó en tales supuestos de imposibilidad por *hecho de la Administración* a la fuerza mayor[71].

Por cierto, vale aclarar que esto es distinto del supuesto de la denominada teoría de la imprevisión prevista en el artículo 13, inciso *a* del RCAN, que reconoce al contratista derecho a la recomposición del contrato "cuando acontecimientos extraordinarios o imprevisibles de origen natural, tornen excesivamente onerosas las prestaciones a su cargo".

Como puede verse, tanto el caso fortuito como la fuerza mayor (que en nuestro derecho se los ha tomado como sinónimos) exigen la imposibilidad de ejecución del contrato.

El otro supuesto que prevé es del denominado "hecho del príncipe", ello es, actos emanados de autoridades del mismo ámbito institucional del contratante, o de él mismo.

d) *Resolución del contrato por culpa del contratista.* La resolución del contrato por culpa grave del contratista ha merecido también la denominación de *caducidad*, y es la idea que recoge el artículo 12, inciso *a,* tantas veces citado[72].

La caducidad o rescisión unilateral encuadra según el RCAN en una de las "penalidades" contractuales, que son: *a)* la pérdida de las garantías; *b)* la multa por mora, y *c)* la *rescisión* por su culpa. Sin perjuicio de las penalidades, pueden ser pasibles de las siguientes sanciones: *a)* apercibimiento; *b)* suspensión, y *c)* inhabilitación (art. 29). Las causales están descriptas en el artículo 102, para las penalidades, y el 106 para las sanciones, respectivamente del RCAN y la RRCAN.

13. TIPOLOGÍA DE LOS CONTRATOS REGULADOS EN LA LEY Y LOS REGLAMENTOS

A) *Contratos típicos*

En este punto las denominaciones varían según los autores y habría que aclarar: algunos autores en nuestro país sostienen que los contratos *nominados* son aquellos que están regulados en una normativa específica, como el contrato de obras públicas[73]. Podríamos, en una primera aproximación, entender entonces como *típicos* dichos contratos.

Para otra línea doctrinaria, habría que formular una distinción que se puede abrir dentro de este punto de la tipicidad: un contrato administrativo puede ser

---

[71] MARIENHOFF, *Tratado,* cit., t. III-A, págs. 369-372.

[72] CASSAGNE, *El contrato*, cit. págs. 129-130.

[73] JULIO RODOLFO COMADIRA, HÉCTOR JORGE ESCOLA y JULIO PABLO COMADIRA, *Curso de derecho administrativo*, t. I, Buenos Aires, Abeledo-Perrot, 2012, págs. 754-755.

típico o atípico en la medida que esté o no regulado normativamente, y otra *nominado* o *innominado*, sin tener en cuenta si está o no regulado[74].

Hecha esta diferenciación, tomaremos a los *contratos típicos como aquellos que están regulados normativamente.*

En esta tesitura, los contratos típicos que están regulados en nuestro país son: *a)* el *contrato de suministro*, en el RCAN y en el RRCAN; *b)* el contrato de obra pública, ley 13.064; *c)* el *contrato de concesión de obra pública*, ley 17.250; *d)* el *contrato de consultoría*, ley 22.460; *e)* los *contratos de participación público privada* (PPP), ley 27.328 (aunque se ha discutido su naturaleza contractual típica)[75]; *f)* el *contrato de empleo público*, regulado por la ley 25.164 ha sido considerado por la doctrina y la jurisprudencia un contrato administrativo[76].

Un contrato típico pero *no regulado* es el contrato de *leasing*, al que habilita como modalidad de contratación el decreto 1299/2000, artículo 14, que remite a lo que establece la ley de *leasing* privado.

Puede agregarse a esta enunciación los *fideicomisos públicos.* En efecto, esta figura contractual está en principio regulada en los artículos 1666 y siguientes del Código Civil y Comercial y si bien carece de una regulación orgánica general, lo cierto es que se los ha contemplado en determinadas situaciones, como ocurre con los fideicomisos públicos previstos en la ley de presupuesto para el año 2018, 27.431, en los artículos 45 a 58, y en especial para los contratos de participación público-privada, en los artículos 59 a 74[77].

B) *Contratos atípicos*

Podemos considerar como tales aquellos que no tienen ni regulación específica, como ocurre con la concesión de servicios públicos, y, en algunos casos, ni un especial *nomen iuris.* Los que podemos considerar como contratos atípicos. Por ejemplo, la Corte Suprema consideró que un contrato de financiamiento de adquisiciones de productos para agricultores era un contrato administrativo, por sus características constituía *"un contrato atípico e innominado de carácter público"*[78].

---

[74] Cassagne, *El contrato administrativo,* cit., pág. 28.

[75] Ignacio María de la Riva, "¿Es la «participación público-privada» (PPP) un nuevo contrato administrativo?", en *El Derecho* - Administrativo de 3/5/2017. Id., *Lo público y lo privado en el derecho de las infraestructuras*, Buenos Aires, La Ley, 2018, pág. 124.

[76] El mismo RCAN, aunque no lo regula, lo considera un contrato: art. 121.

[77] Para el derecho argentino: Susy Inés Bello Knoll, "El fideicomiso", en Juan Carlos Cassagne (Dir.), *Tratado general de los contratos públicos*, cit., t. III, págs. 835 y ss. Y de la misma autora: *El fideicomiso público*, Buenos Aires, Marcial Pons, 2013.

[78] Fallos: 315:158, 1992.

También podrían encuadrar en esa atipicidad las modalidades de *financiamiento para las infraestructuras públicas*, que han asumido en nuestro país diversas formas, como por ejemplo los contratos "llave en mano", o el "peaje en la sombra" (*shadow toll*)[79].

14. CONTRATACIÓN ADMINISTRATIVA ELECTRÓNICA

Los procedimientos de contratación pública electrónica están admitidos para todas las contrataciones administrativas (RCAN, arts. 21 y ss.). Es más, dispone el régimen que las respectivas jurisdicciones comprendidas en él "estarán obligadas a aceptar el envío de ofertas, la presentación de informes, documentos, comunicaciones, impugnaciones y recursos relativos a los procedimiento de contratación establecidos en este régimen, en formato digital firmado digitalmente, conforme lo establezca la reglamentación. Se considerarán válidas las notificaciones en formato digital firmado digitalmente en los procedimientos regulados por el presente" (art. 21).

Si bien el artículo 22 remite al RRCAN la reglamentación respectiva, en el artículo 31 de este último establece que las contrataciones públicas electrónicas se realizarán mediante medios tecnológicos que garanticen neutralidad, seguridad, confidencialidad e identidad de los usuarios, basándose en estándares públicos e interoperables que permitan el respaldo de la información y el registro de operaciones, permitiendo operar e integrar otros sistemas de información". Todas esas tareas recaen primeramente sobre la Oficina Nacional de Contrataciones (RRCAN, art. 32).

---

[79] CASSAGNE, *El contrato administrativo,* cit., págs. 285 y ss. Del mismo autor: *Curso de derecho administrativo*, 12ª ed., Buenos Aires, La Ley, 2018, págs. 540 y ss. DE LA RIVA, *Lo público y lo privado* ..., ob. cit., págs. 143 y ss. JAVIER GUIRIDLIAN LAROSA, "La obra pública como objeto prestacional de la contratación pública: las técnicas colaborativas en pos de su concreción", en JUAN CARLOS CASSAGNE (Dir.), *Tratado general de los contratos públicos*, cit., t. III, págs. 371 y ss. ÓSCAR AGUILAR VALDEZ, "Contratación administrativa y financiamiento. La relación entre el financiamiento y los mecanismos de ejecución contractual. El caso de los contratos de explotación de infraestructuras públicas", en JUAN CARLOS CASSAGNE y ENRIQUE RIVERO YSERN (Dirs.), *La contratación pública*, t. III, Buenos Aires, Hammurabi, 2007, págs. 561 y ss.

CHILE

ASPECTOS GENERALES DE LA CONTRATACIÓN PÚBLICA

Alejandro Vergara Blanco[*]

Dos son las instituciones de Derecho Administrativo relativas a la adquisición de bienes, suministro y prestación de servicios, y a la concesión de servicios públicos, a la construcción y concesión de obras públicas: la licitación pública y el contrato administrativo. Ambas tienen naturaleza y características especiales, y serán abordadas de manera general y separada en el presente trabajo, que a solicitud del editor sirve para proporcionar una base de comparación con otras regulaciones nacionales respecto a la contratación pública[1].

1. Introducción

La Administración pública chilena, en su plataforma electrónica *www.mercadopublico.cl* (parte esencial del sistema de compras públicas), durante 2017 logró congregar a 850 organismos públicos y 123.000 proveedores, transando un total de US$ 12.229 millones, de los cuales, $ 4,7 millones de pesos chilenos nominales, tuvo como destino el sector empresarial micro y pequeño (casi un 60 por ciento). Por su parte, los indicadores de la Dirección de Compras y Contratación Pública respecto a 2017, dan cuenta de un crecimiento del 39,8 por ciento al compararlos con los del año 2016[2].

De estas cifras podemos concluir la enorme importancia que reviste la contratación que realiza la Administración y su impacto en la economía del país. En esta materia no solo pareciera ser relevante lo relacionado con la forma en que se gastan los recursos públicos, sino también su efecto en la generación

[*] Profesor Titular [Catedrático] de Derecho Administrativo (Pontificia Universidad Católica de Chile). Reúno y sintetizo en este trabajo diversos desarrollos ofrecidos antes en diversas sedes. Agradezco la colaboración de Daniel Bartlett Burguera, investigador del *Programa de Derecho Administrativo Económico, de la Facultad de Derecho de la Pontificia Universidad Católica de Chile,* quien realizó la dedicada labor de sistematización.

[1] Buena parte de lo que en este trabajo se muestra, formará parte de mi manual, en preparación, sobre *Derecho Administrativo General.*

[2] Datos obtenidos de la presentación de la Cuenta Pública Gestión 2017, por la Dirección de Compras y Contratación Pública. Disponible en *www.chilecompra.cl* [visitado el 21 de agosto de 2018].

de empresas o proveedores de diversos tamaños, que en su conjunto mueven buena parte de la economía.

La transparencia y competitividad mejoran con la existencia de reglas claras, justas y preestablecidas, de un ordenamiento jurídico que garantice y asegure a todas las personas la igualdad de acceder y participar como proveedores de la Administración, acompañado de un sistema de control y reclamación eficientes y expeditos, son elementos clave para alcanzar un sistema de contratación administrativa exitoso. Ello permite una actuación coordinada y eficiente de la Administración, que disminuye los costos de adquisición, por medio de la *licitación pública,* proceso abierto y competitivo, y también los costos de transacción, entregando información de manera más completa, fácil y directa a través de medios tecnológicos. A la vez, esto permite a todos los agentes económicos tomar conocimiento, participar de los procesos y cooperar en el control de su buen funcionamiento.

Una nueva institucionalidad nació en 2003 con la Ley 19.886, de Bases sobre Contratos Administrativos de Suministro y Prestación de Servicios (en adelante, LBCA), conocida en la práctica como Ley de Compras Públicas o Ley de Compras[3]. Ella representó un gran avance no solo en materia de modernización de la Administración del Estado, sino también en lo relacionado con la transparencia y probidad de la actuación estatal. Fueron claves para avanzar con paso firme y cumplir con sus tareas el establecimiento de una normativa general en materia de contratación, una nueva institucionalidad orgánica y una plataforma electrónica. Todo ello ha representado una evolución importante, generándose una valiosa experiencia administrativa práctica del nuevo sistema de contratación administrativa y ha producido una literatura no demasiado numerosa, pero creciente en los últimos años, sobre todo dirigida a analizar los diversos aspectos de la gestión y de la contratación propiamente tal[4].

---

[3] Ley 19.886 de 30 de julio de 2003, "Bases sobre contratos administrativos de suministro y prestación de servicios".

[4] En Chile no teníamos hasta 2003 el desarrollo que es notorio en la literatura de derecho comparado; puede verse al respecto en dos países de sistemas similares: para Argentina, JUAN CARLOS CASSAGNE, *El contrato administrativo*, Buenos Aires, Abeledo-Perrot, 2009; JUAN CARLOS CASSAGNE, "Actuales desafíos y clásicos dilemas de la contratación administrativa", en *Derecho administrativo. Innovación, cambio y eficacia*, Lima, Thomson Reuters, 2014, págs. 191-201; para Francia: FRANK MODERNE, "La contratación pública en el derecho administrativo francés contemporáneo", en *La contratación pública*, editado por JUAN CARLOS CASSAGNE y ENRIQUE RIVERO YSERRN, Buenos Aires, Hammurabi, 2006), págs. 253-274. En el caso de la literatura chilena, véase en la bibliografía los aportes más actuales de FABIÁN HUEPE ARTIGAS, JOSÉ LUIS LARA ARROYO, LUIS EUGENIO GARCÍA-HUIDOBRO HERRERA, CLAUDIO MORAGA KLENNER, NATALIA MUÑOZ CHIU, JENNY NICÓLAS TURRYS, DOROTHY PÉREZ GUTIÉRREZ, FRANCISCO PINILLA RODRÍGUEZ, ANDRÉS RUIZ IBÁÑEZ, entre otros, dirigidos al análisis de las instituciones jurídicas de fondo.

El actual sistema de contratación pública, entonces, no solo consistió en una nueva definición de materias de fondo, como la licitación y el contrato administrativo (en el cual existía una precaria bibliografía jurídica en nuestro país), sino también en una nueva organización administrativa y jurisdiccional. En efecto, se produjo en 2003 la creación *ex novo* de los siguientes órganos:

a) La Dirección de Compras y Contratación Pública o, más simple, *Dirección de Compras*, un órgano administrativo específico y descentralizado, encargado de la gestión y contratación pública. Pese a ser un servicio público descentralizado, está sometido a la supervigilancia del Presidente de la República.

b) El Tribunal de Contratación Pública (TCP). Este es un nuevo órgano jurisdiccional, creado para la resolución de las contiendas entre particulares y los organismos públicos en el contexto de las licitaciones públicas.

Con anterioridad a ese hito, existían otras disposiciones referentes a la concesión y construcción de obra pública —aún vigentes— que con la nueva institucionalidad establecida en 2003, dan cuenta de la inexistencia de una ley marco o general sobre contratación pública, debiéndose por lo tanto acudir a una u otra norma especial en función de la tipología de contrato público ante el cual estemos, sin perjuicio que puedan compartir varios principios y bases comunes.

En este trabajo me refiero, en primer lugar, a las bases constitucionales y legales de la contratación pública en Chile, así como a las influencias internacionales que la afectan. En segundo y tercer lugar, respectivamente, se desarrolla de forma separada, aquellos aspectos que dicen relación con la denominada "licitación pública", la que comprende los iteres procedimentales que van de la elaboración de bases de licitación hasta la adjudicación del contrato, para de forma seguida tratar la "contratación administrativa", señalando cuál es la naturaleza jurídica de los contratos administrativos, los principios o bases, la tipología de contratos y los procedimientos de contratación. Por último, abordo un apartado dedicado al Tribunal de la Contratación Pública, como órgano jurisdiccional especial al que se le entrega el conocimiento de los conflictos que pudieren surgir dentro del período licitatorio. Al final se exponen unas breves conclusiones.

2. BASES CONSTITUCIONALES, LEGALES E INFLUENCIAS INTERNACIONALES SOBRE LA NORMATIVA CHILENA DE CONTRATACIÓN PÚBLICA

Como se señaló *supra*, la contratación administrativa chilena no aparece recogida en un único cuerpo normativo, sino que, como acontece respecto de otras materias del Derecho Administrativo nacional, se halla contenida en varias disposiciones de rango legal y reglamentario, y en ciertos preceptos de la Constitución de 1980 (en adelante, CPR) los cuales aluden a aquella.

Adicionalmente, como consecuencia del ingreso de Chile a la OCDE[5], se han recibido varias influencias que afectan de manera directa o indirecta la normativa nacional.

Seguidamente hago referencia a todo lo anterior:

1. *Bases constitucionales de la contratación pública*[6]. El texto constitucional contiene varios preceptos que se refieren de forma implícita o explícita a la contratación pública.

a) *Preceptos implícitos*. Se trata de ciertos principios de carácter general o de garantías constitucionales que inciden sobre la materia, los cuales pueden ser invocados por los particulares en caso de posibles vulneraciones a sus derechos, y que serían:

i) *Artículo 8 CPR*, que consagra los principios de probidad y publicidad;

ii) *Artículos 19 numerales 2 y 22*, que establecen la igualdad ante la ley, más la prohibición de establecer diferencias o discriminaciones arbitrarias, y

iii) *Artículo 19 numeral 21*, que prevé el derecho de toda persona a desarrollar cualquier actividad económica.

b) *Preceptos explícitos*, que contenidos en los numerales 7, 8, 9, 10 y 18 del artículo 63 CPR, informan de la necesidad que se desarrolle mediante ley ciertas cuestiones, entre las cuales figura la relativa a aquellas que fijen las bases de los procedimientos administrativos que rigen los actos de la Administración, haciendo entonces alusión indirecta a la legislación sobre contratación pública.

2. *Bases legales de la contratación pública.* Son tres:

a) *El artículo 9 de la LOCBGAE*[7], que establece que la celebración de los contratos administrativos debe ser precedida de la correspondiente propuesta pública, bajo un procedimiento regido por los principios de libre concurrencia de los oferentes al llamado y la igualdad de las bases que rigen el contrato. Adicionalmente fija de forma implícita que la licitación pública es la regla general; la privada procederá —en su caso— si previa resolución fundada así lo dispusiera, y salvo que por la naturaleza de la negociación cupiera acudir al trato directo.

b) *La LBCA*, que, junto con su Reglamento[8] (en adelante, RLBCA), se refiere a los contratos de adquisición de bienes muebles, suministro y prestación de servicios, contiene la regulación general que afecta aspectos propios de los procedimientos de licitación y contratación públicos, tales como los

---

[5] Su ingreso se efectuó el 7 de mayo de 2010.

[6] Véase CORDERO, 2015, págs. 428-429.

[7] Ley 18.575, Orgánica Constitucional de Bases Generales de la Administración del Estado.

[8] Decreto 250 de 2004.

requisitos para contratar con la Administración, los privilegios o facultades de esta, entre otros.

c) *La LBPA*[9], que establece y regula las bases del procedimiento administrativo de los actos de la Administración del Estado, la cual indica en su primer artículo su supletoriedad respecto de otras leyes que establezcan procedimientos administrativos especiales, tales como la LBCA.

3. *Influencias internacionales sobre la contratación pública chilena.* El ingreso de Chile a la OCDE supuso la aceptación de ciertos requisitos de entrada, así como la de adaptar previamente la normativa nacional a determinadas exigencias. El referido organismo internacional, en sus funciones de asistencia a los países que forman parte de él, ha ido extendiendo diversas recomendaciones sobre varias materias, que, si bien no son vinculantes, sí son importantes para avanzar hacia mayores índices de desarrollo[10].

En el campo de la contratación pública, dos son los informes o estudios que hacen referencia a esta materia:

a) *Recomendación del Consejo en materia de contratación pública, de 2015.* En dicha Recomendación, si bien tiene alcance general y no exclusivamente dirigido a Chile, se proponen varios puntos para mejorar los sistemas de contratación pública, que en resumen serían los siguientes:

i) Asegurar un nivel adecuado de transparencia y eficacia (racionalizando cuando corresponda) a lo largo de todas las fases del ciclo de la contratación pública. Para lograr ello, con esta idea se conecta la necesidad que el personal dedicado a gestionar el rubro, cuente con la aptitud y capacidad suficiente. Hacer posible la aplicación de mecanismos que favorezcan la rendición de cuentas.

ii) Que haya una tendencia hacia la integridad del sistema de contratación pública mediante normas generales y salvaguardas específicas por procesos de contratación.

iii) Hacer accesibles las oportunidades de concurrir a la contratación pública a los potenciales competidores sin importar su tamaño o volumen.

iv) En caso que la contratación pública persiga objetivos secundarios, cabrá sopesar dichas finalidades frente al logro del objetivo principal de la contratación.

v) Hacer uso de tecnologías digitales para dar soporte a la innovación, a través de la contratación electrónica.

---

[9] Ley 19.880, que establece bases de los procedimientos administrativos que rigen los actos de los órganos de la Administración del Estado.

[10] Véase una referencia a estas en *https://chile.gob.cl/ocde/recomendaciones* (visitado el 22 agosto 2018).

vi) Cuantificar el rendimiento de los resultados del procedimiento de contratación pública, en concreto y en abstracto. Ello enlazaría con la necesidad de definir, detectar y tratar de atenuar los riesgos en la contratación pública.

b) *Informe "Contratación Pública en Chile. Opciones de política para convenios marco eficientes e inclusivos".* Este estudio de 2017, de la Dirección de Compras y Contratación Pública, en relación con la modalidad de contratación llamada convenio marco, de creciente importancia en Chile en los últimos años debido al constante aumento de proveedores interesados, sugiere formas para racionalizar los procesos, mejorar la eficacia del sistema e incrementar la eficiencia y promover la inclusión.

El documento, entonces, recoge una serie de experiencias comparadas, junto con informaciones brindadas por la Dirección de Compras, con el objetivo de plantear propuestas de política pública las cuales esta pudiese adoptar.

Por otro lado, al alero también de la OCDE, Chile se ha sometido a un proceso de evaluación de su sistema de compras públicas, el cual sigue la metodología MAPS[11], a fin de determinar sus fortalezas y debilidades, pudiendo con esos insumos servir de base para el desarrollo de un sistema armonizado, así como generar iniciativas de reforma[12].

3. LA LICITACIÓN PÚBLICA COMO FASE PRECONTRACTUAL

Siguiendo el orden expositivo anunciado, seguidamente desarrollo la "licitación pública", que es previa y no menos importante que la "contratación administrativa", pues en ella descansan los presupuestos que debieran hacer posible una coherente ejecución contractual.

A) *Aspectos generales de la licitación pública*

a) *Naturaleza jurídica de la licitación pública.* Como expresa SAYAGUÉS LASO, en su afamada y reconocidísima obra, "los tratadistas de Derecho Administrativo poco han estudiado la licitación pública, y menos atención le han dedicado al problema concreto de su naturaleza jurídica, limitándose las más de las veces a la exposición y crítica de las disposiciones legales vigentes", "y los pocos que ahondaron en el análisis de este problema han incurrido en

[11] Metodología para la Evaluación de los Sistemas de Compras Públicas, *Methodology for Assessing Procurement Systems*, en inglés.

[12] No me detengo en el desarrollo de este aspecto. Los resultados de dicha evaluación, pueden consultarse en el siguiente enlace: *http://www.chilecompra.cl/wp-content/uploads/2017/11/MAPS-final-2017.pdf* (visitado el 23 agosto 2018).

el error de no considerar en abstracto la licitación pública, sino una licitación pública determinada, generalmente la reglamentada en su propio país"[13].

Luego, este autor, tras un breve análisis de algunas teorías respecto a la licitación, las que la consideran, por ejemplo, un contrato (en referencia a HAURIOU) o de otras que entienden que es un acto (v. gr. DELGADO Y MARTÍN), se aventura en señalar que la licitación en cuanto conjunto de actos es un procedimiento, compuesto de actos administrativos unos, y de particulares, otros. Así, de este conjunto de actos nace un vínculo contractual que tiene que ver con la forma de celebrar el contrato, el modo como se encuentran las voluntades del particular y el Estado para dar lugar al nacimiento del vínculo jurídico. En lugar de llegarse a la celebración del negocio mediante tratativas privadas, se sigue el procedimiento de licitación, cuyos trámites llevan simultáneamente a la determinación del contratante y a la concertación del contrato.

b) *Concepto doctrinal y normativo.* Doctrinariamente, la licitación pública constituye una especie de procedimiento administrativo, de carácter concursal y abierto, compuesto por una sucesión ordenada de actos unilaterales emanados de la Administración y de los particulares interesados, cuya finalidad es la adjudicación y posterior celebración del respectivo contrato[14].

En nuestro país, en lo inmediato, constituye un mecanismo de aplicación general de asignación de los contratos administrativos, que sirve como medio para escoger la oferta más idónea con respecto al bien común, de entre todas aquellas que se presentan a un concurso. En lo mediato, sus efectos van más allá de la adjudicación, alcanzando la ejecución misma del contrato, en tanto un acuerdo de voluntades afinado por esta vía no puede modificarse *a posteriori* por mutuo consenso entre el Estado y el particular[15].

En el plano normativo nacional hay disposiciones referentes a la licitación, contenidas, v. gr., en el artículo 9º LOCBGAE, que concibe la licitación pública como un procedimiento concursal. En el mismo sentido, el artículo 7º letra a) LBCA, que define la licitación pública como "el procedimiento administrativo de carácter concursal mediante el cual la Administración realiza un llamado público, convocando a los interesados para que, sujetándose a las

---

[13] SAYAGUÉS LASO, 1940, pág. 17.

[14] ARÓSTICA MALDONADO, 2006, págs. 291 y ss.

[15] Ídem nota anterior. El mismo autor en su trabajo titulado "Cómo y con quien contrata la Administración", incluido en la obra colectiva *La Contraloría General de la República y el Estado de Derecho* (*conmemoración por su 75º aniversario institucional*), págs. 303-310 afirma que la licitación pública es "una especie de procedimiento administrativo, consistente en un certamen convocado por la Administración en términos amplios, para que le propongan ofertas todos los interesados que reúnan los requisitos generales previstos en las respectivas bases" (pág. 306).

bases fijadas, formulen propuestas, de entre las cuales seleccionará y aceptará la más conveniente". A su vez, según dispone esta misma ley, la licitación pública será obligatoria cuando las contrataciones superen las 1.000 UTM, salvo que se trate de las hipótesis del artículo 8º LBCA, en cuyo caso deben realizarse por licitación privada o contratación directa, debiendo acreditarse la concurrencia de esta circunstancia[16].

También cabe apuntar lo dispuesto por el Reglamento de Contratos de Obras Públicas, Decreto Supremo 75 (Ministerio de Obras Públicas) de 2004 (art. 4º num. 25) que se refiere a la licitación pública como "el procedimiento mediante el cual se solicitan a los proponentes inscritos en el Registro de Contratistas del MOP, o precalificados si es el caso, cotizaciones para la ejecución de una obra pública"[17].

Por su parte, la Contraloría General de la República ha entendido la licitación pública como una "invitación a los interesados para que, sujetándose a las bases preparadas, pliego de condiciones, formulen propuestas, de las cuales la Administración selecciona y acepta la más ventajosa, de manera que estos trámites no son sino etapas anteriores a la celebración del contrato". Luego, en este mismo sentido, ha reafirmado que "en el proceso de licitación se pueden distinguir diversas etapas, constituyendo, pues, un trámite complejo que comienza con la decisión de llamar a propuestas (lo cual implica la elaboración de las bases administrativas y especificaciones técnicas) y concluye con la adjudicación y suscripción del contrato, si así procediere"[18].

---

[16] El art. 5º LBCA, nos indica que la Administración adjudicará los contratos que celebre mediante licitación pública, licitación privada o contratación directa.

La principal diferencia es el grado de competencia con que se realiza el concurso. En el caso de la licitación pública la competencia es total, ya que pueden participar todos los interesados, mientras que, en la licitación privada, luego de emitir una resolución fundada, solo compiten los que han sido invitados por la entidad licitante, cuyo mínimo está definido por ley. Por lo tanto, el proceso es igual para ambos tipos de licitación, solo que difieren las formas de llamar a los proveedores a participar. Si cabe tener presente que la licitación privada, en cambio, es un mecanismo excepcional previsto por la ley y su uso se encuentra restringido a situaciones especiales, por lo que requiere de una resolución fundada. Estas excepciones son las contempladas en los artículos 8º LBCA y 10 del Reglamento de la LBCA

[17] El Decreto Supremo 236 (MINVU) de 2002, que aprueba las Bases Generales reglamentarias para los Contratos de Ejecución de Obras que celebren los Servicios de Vivienda y Urbanismo, define la propuesta pública como el "Sistema de contratación consistente en concurso de ofertas que debe solicitar el Serviu públicamente, debiendo respetar al convocarla y al adjudicar las obras, la igualdad de los licitantes y las bases que rigen el respectivo llamamiento".

[18] Dictamen 8.478 de 1998 y 20.555 de 1999, respectivamente.

Además, es posible señalar que el órgano contralor entiende que la regla general en esta materia la determina justamente el art. 9º LOCBGAE, el cual exige que los contratos adminis-

c) *Principios jurídicos que la informan.* Los objetivos básicos del procedimiento de licitación pública son: asegurar una gestión eficiente y eficaz de la Administración en el proceso de selección de la oferta que resulte más ventajosa para los intereses públicos y, además, garantizar el derecho de los interesados a participar en tal instancia de selección, con libertad e igualdad de oportunidades. Luego, para la materialización de estos objetivos, son dos los principios que informan a la licitación pública: la libre concurrencia al llamado administrativo y la igualdad ante las bases que rigen el contrato de conformidad con el artículo 9º LOCBGAE y los artículos 1º, 5º y 19 numeral 2 CPR.

En lo esencial, estos objetivos a su vez determinan que la tramitación debe sujetarse a principios generales previstos en la LBPA, tales como las bases de celeridad, *in dubio pro acto* o conclusivo, de economía procedimental, de informalidad, de concurrencia o competitividad, de imparcialidad, impugnabilidad, además de publicidad y transparencia[19].

d) *Características de la licitación pública.* Entre las características que en Derecho Administrativo se reconocen a la licitación pública, que se encuentran íntimamente relacionadas, cabría considerar las siguientes:

i) *La regularidad.* Se relaciona con la circunstancia de que el procedimiento esté regulado en un texto de rango legal, de carácter objetivo, abstracto, obligatorio y permanente.

ii) *La solemnidad.* Se refiere a que las actuaciones comprendidas dentro del procedimiento impliquen el cumplimiento de trámites o requisitos y formas de participación exigidos a los licitantes, de manera que el incumplimiento esencial[20] de estos produce la inhabilidad para participar en el procedimiento.

---

trativos se celebren previa propuesta pública, acorde a la ley, entendiendo que una propuesta de carácter privado procederá en su caso previa resolución fundada que así lo disponga, salvo que por la naturaleza de la negociación corresponda acudir al trato directo (Dictámenes 25.082 de 2003 y 42.006 de 2005).

[19] En el dictamen 8.942 de 2003, la CGR dispone que el proceso de licitación pública requiere de una condición especial, "la publicidad", que se manifiesta a través del llamado general y a personas indeterminadas, en un medio de comunicación de amplia circulación, a propósito del hecho de que una publicación no fue contemplada en las bases, señalando que dicha situación no constituye una contravención a las reglas del proceso de licitación, siempre que se haya efectuado el comunicado en un periódico de amplia circulación.

Por añadidura, algunos autores —ARÓSTICA, por ejemplo— destacan que, además, toda licitación pública debe sujetarse a lo dispuesto por la Convención Interamericana contra la Corrupción, la cual recomienda a los países adoptar —entre otras medidas preventivas— sistemas para la contratación de funcionarios públicos y para la adquisición de bienes y servicios por parte del Estado que aseguren la publicidad, equidad y eficiencia de tales sistemas (Publicada en el *Diario Oficial* de 2.02.1999, art. III num. 5).

[20] Cfr. art. 13 de la LBPA, relativo al denominado "principio de no formalización".

iii) *La publicidad.* Se refiere a una serie de aspectos tendientes a permitir la participación dentro del procedimiento a todos los interesados que reúnan los requisitos habilitantes y deseen participar u oponerse a la adjudicación del contrato que se licita. La publicidad se manifiesta desde luego en el llamado a licitación, en la apertura de las propuestas que haya, en la concurrencia de un ministro de fe y asistencia de los proponentes al acto de apertura de propuestas. Esta característica del procedimiento refuerza el principio constitucional de la igualdad ante la ley, al tender a asegurar la adecuada participación de todos quienes se encuentren habilitados para intervenir.

iv) *La imparcialidad.* Se relaciona con la igualdad de participación, la publicidad de los actos, la exclusión de cualquier participante que no cumpla con las exigencias referentes a la forma de presentar las propuestas, y con la adopción de la resolución del concurso de acuerdo con los antecedentes técnicos propuestos, con el propósito de velar por el interés general involucrado en la licitación.

v) *La objetividad.* Se refiere también a una serie de circunstancias verificables en el procedimiento, en lo que se relaciona con la publicidad del llamado a licitación; con la capacidad especial que se exige a los interesados en participar en la licitación; con la forma de presentación de las propuestas; con los encargados ante quienes deben abrirse las propuestas; con el acta que se levante con ocasión de la apertura de las propuestas; con la forma de adjudicación o rechazo de las mismas, etc. En estas circunstancias, se tiende a descartar cualquier eventualidad de una adjudicación influenciada por consideraciones de índole subjetiva.

vi) *La contradictoriedad.* Se refiere al derecho que se reconoce a favor de los proponentes participantes en la licitación, para defenderse y reclamar, cuando estimen que el procedimiento verificado en la licitación ha sido irregular, perjudicando sus legítimas opciones en la adjudicación respectiva. El conocimiento y decisión del reclamo debe considerar la audiencia del afectado y el ejercicio del derecho a la defensa que corresponda.

vii) *La responsabilidad.* Se refiere a que debe asegurarse la seriedad del procedimiento, con un sistema de garantías que se exigen a los participantes de la licitación.

e) *Requisitos y prohibiciones para contratar con la Administración*[21]. La LBCA y su Reglamento regulan tanto los requisitos para contratar con la Administración, así como los supuestos de prohibición. A continuación, los expongo brevemente:

---

[21] Se refiere a la regulación contenida en la LBCA. El Decreto 75 del Ministerio de Obras Públicas, sobre el reglamento para contratos de obras públicas, contiene una regulación especial en referencia a los requisitos para contratar con la Administración, entre los cuales se establece la necesidad de inscribirse en un registro de contratistas.

i) *Requisitos para contratar.* El artículo 4º LBCA establece quiénes podrán contratar con la Administración, que, en esencia, deben reunir los requisitos mínimos exigidos por el Derecho Civil relativos a la capacidad, y especialmente una situación de idoneidad financiera conforme lo que disponga el RLBCA[22] y las bases de licitación pública o privada señalen. Adicionalmente, se contempla la existencia de garantías que deben ser constituidas por los oferentes y por los contratantes en su caso[23].

Esto se ve complementado con un requisito fundamental, cual es estar inscrito en el Registro de Contratistas, regulado en la ley de manera extensa (para lo que cabe a una ley de bases), y desarrollado ampliamente en el reglamento[24]. Junto con este catastro general de contratistas podrán coexistir otros registros especiales, cuya inscripción en ellos será igualmente obligatoria para los contratistas, y que estarán establecidos para "órganos o servicios determinados, o para categorías de contratación que así lo requieran"[25].

ii) *Prohibiciones para contratar.* La regulación legal de este aspecto también queda contenida en el artículo 4º LBCA, sin desarrollo reglamentario, proveyendo las siguientes causales que resumo a continuación:

• Licitadores que hubieren sido condenados, dentro de los dos años anteriores al momento de la presentación de la oferta, de la formulación de la propuesta o de la suscripción de la convención, por prácticas antisindicales o infracción de los derechos del trabajador, o bien por delitos concursales tipificados en el Código Penal.

• Si se obtuviera la licitación, o celebrase el convenio, registrando saldos insolutos de remuneraciones o cotizaciones de seguridad social con sus actuales trabajadores o respecto a los contratados en los últimos dos años. Para este caso, más que una prohibición, se establece una obligación del licitador de solventar esta falencia y regularizar su situación, so pena de terminación contractual anticipada.

• El inciso 6º de dicho artículo, establece una prohibición especial respecto de los órganos de la Administración del Estado, de sus empresas y corporaciones, o en las que este tenga participación; con los funcionarios directivos del

---

[22] Art. 29 RLBCA.

[23] Art. 11 LBCA (garantías para asegurar la seriedad de las ofertas presentadas [desarrolladas en el art. 31 RLBCA], y las garantías para asegurar el fiel y oportuno cumplimiento [desarrolladas en los arts. 68-73 RLBCA]).

[24] Ver art. 16 LBCA donde dispone la existencia de un registro electrónico de contratistas de la Administración, a cargo de la Dirección de Compras y Contratación Pública. Mayor desarrollo en los arts. 80-97 RLBCA.

[25] Art. 82 RLBCA.

mismo órgano o empresa, ni con personas unidas a ellos por ciertos vínculos de parentesco, entre otros sujetos que pudieran hallarse vinculados[26].

B) *Procedimiento y tramitación de una licitación pública*

Las etapas de que se compone una licitación pública, son: la elaboración de bases; el llamado; período de consultas y recepción de ofertas; la evaluación de estas, y la adjudicación.

Considerando los objetivos básicos del procedimiento de licitación pública, se ha dispuesto una tramitación que en cualquiera de sus etapas debe necesariamente ajustarse a los principios de libre concurrencia al llamado administrativo y de igualdad ante las bases.

Constituyen etapas fundamentales en la tramitación de toda licitación pública las siguientes:

a) *Aprobación de las bases o pliego de condiciones.* Las bases son documentos aprobados por la autoridad competente de cada entidad licitante (art: 19 LBCA), que contienen de manera general o particular, los aspectos administrativos, económicos y técnicos del bien o servicio por contratar y del proceso de compra.

Significa lo anterior que le compete a la Administración iniciar el procedimiento de licitación determinando las bases generales o particulares de la misma a las que deban sujetarse sucesivamente, la licitación, luego la adjudicación del contrato y, finalmente, la ejecución (y terminación) del mismo.

Dentro de las bases de licitación es posible distinguir entre aquellas de naturaleza administrativa y las de carácter técnico. Las "bases administrativas" contienen el marco normativo que fija las reglas para el proceso de selección del co-contratante y, en palabras del artículo 2º numeral 4 del Reglamento de la LBCA (RLBCA) son "aquellos documentos aprobados por la autoridad competente que contienen de manera general y/o particular, las etapas, plazos, mecanismos de consulta y/o aclaraciones, criterios de evaluación, mecanismos de adjudicación, modalidades de evaluación, cláusulas del contrato definitivo, así como también los demás aspectos administrativos del proceso de compras". También contienen los elementos de la esencia del contrato que se ofrece[27].

---

[26] El inc. 7º del mismo art. 4º LBCA, lo hace extensivo a ambas Cámaras del Congreso Nacional, a la Corporación Administrativa del Poder Judicial, entre otros. El efecto por la contravención de todas estas prohibiciones que atañen a los entes del sector público, se sanciona con la nulidad, además de perseguir las correspondientes responsabilidades administrativas y civiles que puedan individualizarse. Sin embargo, el último inciso de ese artículo, establece una excepción, que podrá materializarse si se cumplen determinados requisitos formales.

[27] Ejemplo de esto es la ley 19.542 que establece las bases para las licitaciones de concesiones portuarias en su art. 7º inc. 2º. Otro ejemplo es el Reglamento de Licitaciones y Prestación de Defensa Penal Pública, ver arts. 9º y 10.

Por otro lado, en el RLBCA se indica tanto los contenidos mínimos que deben tener las bases, como, entre otros, los criterios objetivos que serán considerados para decidir la adjudicación (art. 22 num. 7 RLBCA), así como los contenidos adicionales que podrán incluirse en ella (art. 23 RLBCA).

A su vez, las "bases técnicas" son "aquellos documentos aprobados por la autoridad competente que contienen de manera general y/o particular las especificaciones, descripciones, requisitos y demás características del bien o servicio a contratar" (art. 2º num. 5, RBLCA).

En términos generales, siguiendo lo que se desprende de la normativa citada, el contenido de las bases es:

i) *Individualización del funcionario de la entidad licitante encargado del proceso de compras y que además es medio de contacto.*

ii) *Etapas y plazos de la licitación.*

iii) *Los requisitos y condiciones de los oferentes para que las ofertas sean aceptadas*, lo cual incluye toda la documentación y antecedentes que se estimen necesarios de los proveedores, tales como documentación que respalde la existencia jurídica/legal, informes comerciales, pago de impuestos y cotizaciones, certificaciones, permisos municipales, etc.

iv) *La naturaleza y monto de las garantías necesarias para asegurar la seriedad de la oferta y del contrato.* Estas son obligatorias cuando el monto que se debe contratar es superior a 1.000 UTM.

v) *Los mecanismos de consulta y/o aclaraciones,* señalando a quién deben remitirse las consultas y los mecanismos para ello (ej. Foro del portal ChileCompra).

vi) *Los criterios de evaluación son fundamentales y obligatorios, así como el método que se usará para comparar las alternativas*, lo que implica establecer indicadores para los aspectos claves que se desea evaluar y el modo en que se piensan calcular. Ello significa definir criterios de evaluación objetivos y, por ende, medibles. Asimismo, la LBCA establece que se debe buscar la oferta más conveniente y no atender solo al factor precio (art. 23 num. 3 inc. 3º RLBCA). Estos factores adicionales pueden ser: experiencia, calidad técnica, costos de operación y mantenimiento, plazo de entrega, servicios postventa, garantías, etc.

vii) *Los mecanismos de evaluación,* señalando quiénes evaluarán, es decir, si es una persona o una comisión evaluadora[28].

viii) *Los mecanismos de adjudicación,* especificando la manera en que será notificado el proveedor que se adjudique la licitación.

---

[28] Se recomienda formar comisiones debido a, entre otras cosas, que esto dará mayor confianza a los proveedores, ya que aumenta la transparencia del proceso.

ix) *La modalidad de pago del contrato,* señalando el modo de cancelación de los pagos y las condiciones para que estos se efectúen.

x) *El plazo de entrega del bien o servicio*, señalando los períodos en que se requiere contar con el bien o servicio contratado.

xi) *El requerimiento de otras actividades*, como visitas en terreno, recepción de muestras, u otras, señalando los aspectos relevantes como fechas, horarios, lugar, etc.

Estas bases tienen la característica de constituir "ley del contrato"[29], en tanto se reconoce su fuerza obligatoria para las partes; en este caso, la autoridad y los particulares interesados. Luego, en virtud de esta obligatoriedad, estas mismas bases se transforman en inamovibles e invariables, es decir, no se pueden modificar o sustituir en el curso del proceso, ni por acuerdo unánime de los oferentes, ni a pretexto de eventuales aclaraciones posteriores, comoquiera que estas solo tienen por objeto clarificar sus puntos dudosos o complementar con información adicional los vacíos de tales bases[30].

b) *Convocatoria.* Aprobadas las bases, corresponde la invitación a participar en la propuesta. Este acto es el que contiene, en forma sintética, todo dato indispensable para la correcta comprensión del objetivo de la licitación, condiciones mínimas para postular, forma en que los interesados pueden ac-

---

[29] Dictámenes 25.924 de 1992 y 61.461 de 1979.

[30] Excepcionalmente, se ha admitido por la jurisprudencia administrativa la posibilidad de modificar el pliego de condiciones, cuando tal modificación se funde en motivos administrativos y se produzca antes de la apertura de ofertas. Los dictámenes 22.804 de 1971, 46.981 de 1980, 14.564 de 1998, hacen referencia a este aspecto.

Con todo, la jurisprudencia de la CGR ha establecido claramente que las bases constituyen la fuente principal de los derechos y obligaciones, tanto de la Administración como de los oponentes. Así se colige del Dictamen 62.483 de 2003 y también del 46.126 de 2006, en el cual incluso se propone una interpretación finalista de las normas que establecen las formalidades en una licitación pública. Señala que el intérprete ha de considerar en forma preferente el interés público que la preceptiva encierra, debe evitar el análisis formalista, enmendando irregularidades de detalle y centrar el examen en los aspectos de fondo de cada oferta. Luego, cualquier acto que no se ajuste a las bases administrativas, además de vulnerar el principio de estricta sujeción a las mismas, desvirtúa el proceso y transgrede el principio de igualdad de los licitantes, cuya finalidad es garantizar la actuación imparcial de la administración. En este mismo sentido ha dictaminado, reiteradamente la CGR al establecer que "[...] de acuerdo con el principio de estricta sujeción de los participantes y de la entidad licitante a las bases administrativas y técnicas que la regulen, establecido en el [artículo] 10, inciso 3º, de la ley Nº 19.886, Carabineros de Chile debió reajustar los contratos en cuestión de conformidad a lo previsto en los respectivos pliegos de condiciones, esto es, considerando para ello la variación experimentada por el factor de corrección informado por el Ministerio de Hacienda del año anterior, la que debió aplicar a contar del mes de enero de la respectiva anualidad [...]" (Ver, por ejemplo el Dictamen CGR Nº 246, de 4 de enero de 2018).

ceder a las bases, indicando además plazo dentro del cual deben presentarse las propuestas, días y hora.

Esta convocatoria debe cumplirse a través de Internet, insertando el llamado a propuestas, las bases y demás especificaciones en el Sistema de Información[31], contenido en el sitio web *www.mercadopublico.cl* (art. 2º nums. 24 y 25, RLBCA).

c) *Presentación de ofertas.* La regla de oro en esta fase es que deben ser formuladas en tiempo y forma para ser consideradas (art. 30 RLBCA).

En "tiempo", significa dentro de la oportunidad o en el momento contemplado en las bases, como parece desprenderse del inciso 3º del artículo 20 RLBCA[32].

En "forma", implica que deben acompañarse todos los antecedentes requeridos en las bases, de manera que los postulantes por medio de ellos acrediten su idoneidad técnica, profesional, financiera[33]. Esto es lo que comúnmente se conoce como "concurso de antecedentes". También está el "concurso de oposición" que comprende la entrega de la oferta técnica y de la oferta económica del postulante. Estas ofertas deben acompañarse por escrito, con respaldo electrónico e incluso a veces en sobres lacrados. Puede excepcionalmente ocurrir que la licitación se limite solo a un concurso de oposición de ofertas, y no de antecedentes, como ocurre cuando es requisito indispensable que los interesados en participar estén inscritos previamente en un registro oficial de proveedores.

Todas y cada una de estas ofertas, antes de proseguir el procedimiento y con el fin de que efectivamente pasen a la siguiente etapa solo aquellas ofertas

---

[31] Regulado en el Capítulo VII del RLBCA, arts. 54 a 62. Por la extensión de este trabajo, no ofrezco descripción alguna al respecto, pero basta señalar que las entidades públicas deben desarrollar todos sus procesos de compras utilizando únicamente dicho Sistema, el que es gestionado por la Dirección de Compras y Contratación Pública.

[32] La jurisprudencia, a este respecto, ha precisado que debe evitarse la excesiva brevedad de los plazos (tratándose de días) existentes entre la publicación de la convocatoria y la fecha fijada para la presentación de la propuesta. La razón de esto es que se puede incurrir en una manifiesta arbitrariedad, la que de paso conculcaría el principio de la concurrencia y también de la transparencia. En este sentido, la causa Rol Nº 843-72, sede Corte de Apelaciones de Santiago, caso Banco Continental, Fallo de 26.12.1984 donde la Corte indicó que la decisión de la autoridad interventora, en orden a emitir y enajenar acciones de esa entidad bancaria, con avisos en un diario de circulación restringida y concediendo un exiguo plazo para adquirirlas, compromete la responsabilidad extracontractual del Estado, ya que tal proceder "ha configurado un evidente abuso de poder, que coloca a los accionistas en una imposibilidad manifiesta de poder suscribir y pagar tales acciones en un brevísimo plazo, lo que permitió, entonces, hacerlo a terceros, órganos estrechamente vinculados con el Estado".

[33] Art. 29 inc. 2º RLBCA.

que cumplen con todos y cada uno de los requisitos previstos en las bases, pasan por una "precalificación" que en definitiva se torna en un verdadero examen de admisibilidad de requisitos de fondo y de forma de la oferta que se hubiere presentado.

En este sentido, por ejemplo, el artículo 7º inciso final LBCA prescribe que la autoridad "podrá solicitar a los oferentes, hasta antes de la apertura de la oferta económica, aclaraciones, rectificaciones por errores de forma u omisiones, y la entrega de antecedentes, con el objeto de clarificar y precisar el correcto sentido y alcance de la oferta, evitando que alguna sea descalificada por aspectos formales en su evaluación técnica".

d) *Apertura de las ofertas.* La apertura debe realizarse en una ceremonia única, de carácter solemne y público.

La regla general efectivamente es que cuando se trate de la apertura tanto de la oferta técnica como de la económica, ella se realice en una ceremonia. Excepcionalmente, también podrá realizarse en dos actos separados, cuando en uno se haga apertura de la oferta técnica y en otro de la económica; en este último caso están aquellos que por ejemplo hubiesen calificado previamente su oferta técnica. Esta última modalidad fue recogida en el artículo 34 RLBCA.

Se trata de un acto solemne, en tanto los funcionarios que hagan las veces de ministro de fe deben proceder a levantar un acta formal, donde se deja una relación circunstanciada de las ofertas presentadas, objeciones u observaciones de los asistentes o interesados. Este documento debe ser firmado por todos ellos.

Finalmente, es público, en cuanto pueden concurrir a ella no solo los licitantes, sino también otros interesados con el fin de informarse y tomar conocimiento de las ofertas presentadas. Esta publicidad, por cierto, se ajusta al principio de publicidad y transparencia contemplado para todo procedimiento administrativo en virtud de la LBPA y del artículo 8º CPR.

e) *Estudio de las presentaciones (evaluación de las ofertas).* Este estudio es realizado por una comisión que se designa para examinar las ofertas y cuya naturaleza consiste en ser en definitiva una instancia de revisión de estas. En la práctica, se les denomina "mesas de contratación", y de ellas se espera que aporten con una opinión más especializada e independiente de las materias. Se analiza esencialmente si se satisfacen las especificaciones técnicas, económicas y administrativas contenidas en las bases.

Para la realización del estudio de las distintas ofertas, lo primero que debe hacer la autoridad administrativa es separar las ofertas defectuosas (con vicios esenciales) de aquellas válidamente emitidas (se considera aquí toda aquella oferta con un defecto menor que no acarrea perjuicio a los demás oferentes[34]).

---

[34] Art. 37 RLBCA.

Pudiera ocurrir que, tras el estudio de estas ofertas resultase la no existencia de propuestas válidas, en cuyo caso se declarará desierta la licitación[35], pudiendo entonces la Administración convocar a una licitación privada, para proceder derechamente a un trato directo; en cualquiera de estos casos, siempre con fundamento en el mismo pliego de condiciones fijados para la licitación pública que no prosperare[36].

Posteriormente, tras haber seleccionado las ofertas válidamente emitidas se debe proceder a calificar su mérito.

f) *Adjudicación*[37]. Una vez realizado el estudio de las ofertas, la Administración se encuentra en condiciones de desechar todas las ofertas o bien adjudicar el contrato. En ambos casos, cualquiera fuere su decisión, debe hacerlo a través de decreto fundado, dado que la autoridad administrativa no puede en estos casos actuar sin expresión de causa, según lo ha expresado la CGR en sus dictámenes 41.599 de 1995 y 36.368 de 1999, entre otros.

Para efectos de la decisión que tome la Administración, hay que considerar que no basta con tener en cuenta exclusivamente la oferta económica para adjudicar, pues este es uno de los varios elementos que se deben sopesar al momento de decidir cuál es la oferta más beneficiosa. Tampoco es correcto asumir que la autoridad es libre para escoger cualquiera de las ofertas presentadas, de manera que se crea con el poder de, por ejemplo, no escoger la oferta que hubiere obtenido mayor puntaje, pues la discrecionalidad de la Administración en este punto, según lo señala ARÓSTICA[38], no pasa de la facultad de optar o desempatar entre dos o más propuestas igualmente meritorias, siempre por medio de un acto administrativo demostrativo de que la elección recayó, objetivamente, en la mejor oferta para el bien común.

Importante es destacar que, notificada la adjudicación, este acto es irrevocable para la Administración, al igual que cabe considerar que no se pueden adjudicar las ofertas cuando[39]:

1º No cumplan con las condiciones y requisitos establecidos en las bases de licitación.

2º El oferente se encuentre inhabilitado para establecer contratos con las entidades respectivas.

3º Emanen de quien no tiene poder suficiente para efectuarlas.

[35] Art. 40 bis apart. 3º RLBCA.

[36] Art. 8º a) LBCA.

[37] Arts. 10 LBCA y 2.1 y 41 del RLBCA.

[38] Ob. cit.

[39] Art. 4º *in fine* RLBCA.

g) *Perfeccionamiento del contrato*[40]. En Derecho Administrativo, la voluntad de la Administración se manifiesta al dictar el correspondiente acto que sanciona el acuerdo respectivo, acto que, además, debe haber sido totalmente tramitado. El acto a que nos referimos es un decreto o resolución que comenzará a regir desde el momento en que haya sido objeto de toma de razón, en caso que corresponda, o bien, si está exento, tan pronto como la autoridad administrativa lo hubiese dictado.

4. LA CONTRATACIÓN ADMINISTRATIVA

Los contratos en la Administración Pública constituyen una importante herramienta mediante la cual se satisface el interés público con el fin de ejecutar un servicio público, construir una obra pública, adquirir bienes o prestar servicios.

En estos contratos, a diferencia de lo que ocurre en materia civil en la que el principio básico es la "igualdad contractual", opera el principio de la "desigualdad" entre las partes contratantes, lo que en la práctica se traduce en una subordinación del particular o co-contratante a las decisiones de la Administración. Además, como a estos contratos les es aplicable el Derecho Administrativo, la Administración goza de una serie de prerrogativas en razón de la finalidad pública del contrato.

Existen dos tipos de contratos administrativos especialmente regulados en Chile, los contratos de suministro y prestación de servicios y los contratos de obra pública.

A) *Naturaleza, concepto y principios generales*

a) *Naturaleza jurídica de los contratos administrativos.* Cabe comprender los contratos administrativos dentro de una acepción genérica de acto administrativo: se manifiesta la voluntad de la Administración, en conjunto con la de un particular. Su singularidad es que la Administración, en este caso, sujeta su actuación a un esquema complejo, pues además de concurrir a la celebración del contrato, ulteriormente debe aprobar el contrato respectivo mediante otro acto administrativo (resolución o decreto).

b) *Concepto de contrato administrativo.* La LBCA no dice qué se entenderá por contrato administrativo y qué relación existe con la contratación civil, pero su artículo 1 hace referencia al ámbito de aplicación de la ley al establecer:

---

[40] La suscripción de un contrato es la regla general (art. 63 RLBCA), y de hecho los organismos públicos contratantes, podrán exigir que los proveedores se hallen previamente inscritos en el registro de contratistas y proveedores a cargo de la Dirección de Compras y de Contratación Pública, para poder suscribir los contratos definitivos (art. 16, inc. 4º LBCA).

"Los contratos que celebre la Administración del Estado, a título onero-so, para el suministro de bienes muebles, y de los servicios que se requieran para el desarrollo de sus funciones, se ajustarán a las normas y principios del presente cuerpo legal y de su reglamentación. Supletoriamente, se les apli-carán las normas de Derecho Público y, en defecto de aquellas, las normas del Derecho Privado".

Luego, es importante hacer notar que se excluyen de la aplicación de la LBCA una serie de contratos que se consideró, según se señala en el Mensaje de la ley, que no tienen que ver con el suministro de bienes o prestación de servicios, o bien que son incompatibles con los procesos de licitación[41]. Sin

[41] Art. 3º LBCA: *"Quedan excluidos de la aplicación de la presente ley:*

"a) Las contrataciones de personal de la Administración del Estado reguladas por estatutos especiales y los contratos a honorarios que se celebren con personas naturales para que presten servicios a los organismos públicos, cualquiera que sea la fuente legal en que se sustenten;

"b) Los convenios que celebren entre sí los organismos públicos enumerados en el art. 2º, inc. 1º del decr.-ley 1.263, de 1975, Ley Orgánica de Administración Financiera del Estado, y sus modificaciones;

"c) Los contratos efectuados de acuerdo con el procedimiento específico de un organismo internacional, asociados a créditos o aportes que este otorgue;

"d) Los contratos relacionados con la compraventa y la transferencia de valores negocia-bles o de otros instrumentos financieros;

"e) Los contratos relacionados con la ejecución y concesión de obras públicas.

"Asimismo, quedan excluidos de la aplicación de esta ley, los contratos de obra que celebren los Servicios de Vivienda y Urbanización para el cumplimiento de sus fines, como asimismo los contratos destinados a la ejecución, operación y mantención de obras urbanas, con participación de terceros, que suscriban de conformidad a la ley 19.865 que aprueba el Sistema de Financiamiento Urbano Compartido.

"No obstante las exclusiones de que se da cuenta en esta letra, a las contrataciones a que ellos se refieren se les aplicará la normativa contenida en el Capítulo V de esta ley, como, asimismo, el resto de sus disposiciones en forma supletoria, y

"f) Los contratos que versen sobre material de guerra; los celebrados en virtud de las leyes 7.144, 13.196 y sus modificaciones; y, los que se celebren para la adquisición de las siguientes especies por parte de las Fuerzas Armadas o por las Fuerzas de Orden y Seguridad Pública: vehículos de uso militar o policial, excluidas las camionetas, automóviles y buses; equipos y sistemas de información de tecnología avanzada y emergente, utilizados exclusivamente para sistemas de comando, de control, de comunicaciones, computacionales y de inteligencia; elementos o partes para la fabricación, integración, mantenimiento, reparación, mejoramiento o armaduría de armamentos, sus repuestos, combustibles y lubricantes.

"Asimismo, se exceptuarán las contrataciones sobre bienes y servicios necesarios para prevenir riesgos excepcionales a la seguridad nacional o a la seguridad pública, calificados por decreto supremo expedido por intermedio del Ministerio de Defensa Nacional a proposición del Comandante en Jefe que corresponda o, en su caso, del General Director de Carabineros o del Director de Investigaciones.

"Los contratos indicados en este artículo se regirán por sus propias normas especiales, sin perjuicio de lo establecido en el inciso final del artículo 20 de la presente ley".

embargo, aun para estos contratos, que por disposición expresa de la ley quedan al margen de su aplicación, regirá el artículo 20 LBCA. En este artículo se establece que los órganos de la Administración deben publicar, en los sistemas de información que establezca la Dirección de Compras y Contratación Pública (DCCP) la información básica relativa a sus contrataciones y aquella que señala el Reglamento.

c) *Principios o bases de la contratación administrativa.* Las bases que rigen esta contratación administrativa, de las cuales se desprenden derechos y obligaciones para ambas partes, son:

i) *Juridicidad o legalidad.* Se traduce en la obligación que tiene la Administración de actuar conforme a lo que la ley señala (ver art. 1º RLBCA).

ii) *Mutabilidad del contrato.* De este principio se deriva que la Administración puede introducir modificaciones en el objeto mismo del contrato, tendientes a asegurar una mejor realización del servicio público o una mejor adaptación a sus fines. Indudablemente, y en razón del principio de la seguridad jurídica, se mantendrán inmutables los aspectos relativos al equilibrio económico y al fin mismo del contrato. El reconocimiento de este principio implica que la Administración puede modificar el contrato cuando las necesidades públicas así lo requieran. Esto es expresión de lo que se ha denominado *ius variandi*, es decir, la posibilidad que tiene la Administración de modificar el contrato cuando las circunstancias que lo han motivado cambian, haciendo necesaria la correspondiente revisión y adecuación del contrato a estas circunstancias sobrevinientes. Sin embargo, este privilegio de la Administración, según el mismo Mensaje señala, debe ser acompañado de la correspondiente indemnización al co-contratante o del alza de precio del contrato en su caso[42].

Las causales, tanto de modificación como de terminación anticipada del contrato, se contienen en el artículo 13 LBCA[43] y, con algo más de ampliación, en el artículo 77 RLBCA.

---

[42] Así lo señala el Mensaje 9-341 de 27 de octubre de 1999, respecto del principio de la mutabilidad del contrato en términos que: "La contratación pública de la Administración, como se ha señalado regularmente va asociada a la naturaleza de las prestaciones públicas en ella involucradas. De ahí entonces que los contratos que celebre la Administración puedan verse alterados por las necesidades a las cuales ellos van asociados. La mutabilidad del contrato ofrece una doble vertiente. De una parte, es la consecuencia del *ius variandi* que se reconoce a la Administración; de otra, resulta de la admisión de una serie de teorías encaminadas a explicar, en beneficio del contratista, la adaptación del contrato en circunstancias sobrevivientes".

[43] "Los contratos administrativos regulados por esta ley podrán modificarse o terminarse anticipadamente por las siguientes causas:

"a) La resciliación o mutuo acuerdo entre los contratantes.

"b) El incumplimiento grave de las obligaciones contraídas por el contratante.

iii) *Preeminencia de la Administración.* Este es, sin lugar a dudas, el principio que desde una perspectiva sustantiva caracteriza a la contratación administrativa, y que la distingue de la contratación civil, cuyo presupuesto básico es la igualdad de las partes contratantes. Se señala que esta preeminencia se expresa en la facultad de modificar el contrato, dirigir su ejecución e interpretarlo[44].

iv) *Equilibrio financiero.* Constituye una garantía para el co-contratante particular respecto de la mantención de las condiciones pactadas en el acuerdo original con la Administración, dado que esta última puede modificar las condiciones originales en razón del interés público[45].

v) *Colaboración.* En virtud del cual la Administración considera al particular que contrata con ella como un colaborador voluntario, cuyos intereses no son totalmente opuestos y que coinciden en el interés de llevar adelante el contrato.

vi) *Ejecución de buena fe.*

d) *Consecuencias jurídicas que surgen de las bases.* Las principales consecuencias jurídicas derivadas de tales bases, son las siguientes:

i) La inalterabilidad de la oferta por parte de la Administración,

ii) La aceptación o rechazo en bloque de la oferta por parte del co-contratante,

---

"c) El estado de notoria insolvencia del contratante, a menos que se mejoren las cauciones entregadas o las existentes sean suficientes para garantizar el cumplimiento del contrato.

"d) Por exigirlo el interés público o la seguridad nacional.

"e) Las demás que se establezcan en las respectivas bases de la licitación o en el contrato. Dichas bases podrán establecer mecanismos de compensación y de indemnización a los contratantes.

"Las resoluciones o decretos que dispongan tales medidas deberán ser fundadas".

[44] En este sentido, el Mensaje de la LBCA, en su página 13, respecto de este principio indica: "La Administración, cuando contrata, no se encuentra en una situación de igualdad frente a su contratante. Mientras este satisface su interés particular, la Administración satisface el interés general. Las resultas de un contrato en su ejecución son de suma importancia para la Administración, razón por la que la mutabilidad del contrato deriva de un conjunto de potestades de la cuales es titular la Administración y que dinamizan la contratación. La Administración tiene la facultad para contratar y dirigir la ejecución del contrato, tiene poder, también para modificar el contrato si durante su ejecución se dan hechos que así lo justifiquen, compensando debidamente al contratante, y tiene la atribución de interpretar los contratos, sin perjuicio de las competencias que tienen los tribunales de justicia al respecto".

[45] Cabe puntualizar que este remedio o garantía, no está regulado en la LBCA o el RLCA; hay una tímida previsión en el art. 105 del decreto 75, sobre el Reglamento para Contratos de Obras Públicas.

iii) El ejercicio de la potestad disciplinaria por parte de la Administración sobre el co-contratante,

iv) Modificaciones unilaterales al contrato realizado por la Administración, y

v) Posibilidad de poner término al contrato unilateralmente por la Administración.

B) *Contrato de suministro y prestación de servicios*

Una novedad en materia de contratación administrativa constituyó la LBCA.

a) *Normas aplicables a los contratos de suministro y prestación de servicios.* Ante la falta de regulación en la ley respecto a alguna materia determinada, se aplican supletoriamente las normas de Derecho Público y, en su defecto, las del Derecho Privado[46]. En otras palabras, respecto a los contratos que se celebren por la Administración del Estado, según la definición orgánica que brinda la LBCA, se aplicarán:

i) Las normas de esta ley y su reglamento[47].

ii) Ante los vacíos o lagunas de los anteriores, supletoriamente se aplican las normas del Derecho Público.

iii) En su defecto, las normas del Derecho Privado.

b) *Elementos y condiciones de validez de los contratos.* En cuanto a la "capacidad", debemos entender que, como dispone el artículo 4 LBCA, todas las personas naturales y jurídicas podrán contratar con la Administración cuando cumplan con una serie de requisitos. Por lo tanto, además de la capacidad civil, regulada en los artículos 1445, 1446 y 1447 del Código Civil, se debe cumplir con otros elementos para ser capaz en el ámbito de la contratación administrativa; estos requisitos están determinados en el reglamento[48].

---

[46] Art. 1º inc. 1º: "Supletoriamente, se les aplicarán las normas de Derecho Público y, en defecto de aquellas de Derecho Privado"

[47] Cabe agregar que dentro de lo señalado tienen particular aplicación, además de la Ley y su Reglamento la Resolución 217 letra b) de la Dirección De Compras, Los tratados y la normativa interna de cada servicio.

[48] Art. 4º: "Podrán contratar con la Administración las personas naturales o jurídicas, chilenas o extranjeras, que acrediten su situación financiera e idoneidad técnica conforme lo disponga el reglamento, cumpliendo con los demás requisitos que este señale y con los que exige el derecho común. Cada entidad licitante podrá establecer, respecto del adjudicatario, en las respectivas bases de licitación, la obligación de otorgar y constituir, al momento de la adjudicación, mandato con poder suficiente o la constitución de sociedad de nacionalidad chilena o agencia de la extranjera, según corresponda, con la cual se celebrará el contrato y cuyo objeto deberá comprender la ejecución de dicho contrato en los términos establecidos en esta ley".

Respecto del "objeto", podemos señalar que debe ser comerciable, lícito, determinado o determinable, conforme a las normas establecidas en los artículos 1460 y siguientes del Código Civil. La ley no señala otros requisitos respecto al objeto, salvo al disponer que la Administración no podrá fragmentar sus contrataciones con el propósito de variar el procedimiento de contratación (art. 7º inc. final, LBCA).

Los contratos administrativos deben tener asimismo una "causa", la que debe ser real y lícita, conforme al artículo 1467 del Código Civil: "No puede haber obligación sin una causa real y lícita; pero no es necesario expresarla. La pura liberalidad o beneficencia es causa suficiente. Se entiende por causa el motivo que induce al acto o contrato; y por causa ilícita la prohibida por ley, o contraria a las buenas costumbres o al orden público. Así la promesa de dar algo en pago de una deuda que no existe, carece de causa; y la promesa de dar algo en recompensa de un crimen o de un hecho inmoral, tiene una causa ilícita"[49].

c) *Partes de la contratación.* Según la normativa vigente son:

i) *La Administración del Estado.* El concepto de Administración del Estado para la aplicación de la ley es aquel contenido en el artículo 1º LOCBGAE, salvo las empresas públicas creadas por ley y demás casos que señale la ley[50]. Este artículo de la LOCBGAE establece: "La Administración del Estado estará constituida por los ministerios, las intendencias, las gobernaciones y los órganos y servicios públicos creados para el cumplimiento de la función administrativa, incluidos la Contraloría General de la República, el Banco Central, las Fuerzas Armadas y las Fuerzas de Orden y Seguridad Pública, los gobiernos regionales, las municipalidades y las empresas públicas creadas por ley". Por ende, solo se excluirían los contratos que se celebren por las empresas públicas creadas por ley.

Esto significa que los organismos que la doctrina ha tipificado como organismos constitucionalmente autónomos, autonomías constitucionales, servicios públicos descentralizados, entre otras denominaciones, quedan sujetos a esta ley en el ámbito de su contratación. Es necesario recordar que estos entes tienen la particular característica de estar, según el artículo 21 LOCBGAE, excluidos de la aplicación de su título segundo, rigiéndose directamente por la CPR y sus propias leyes.

ii) *Los contratistas.* La contraparte de la Administración serán las personas naturales o jurídicas que con ella contraten. También se permite, desde 2015, la

---

[49] En el art. 1º LBCA podemos observar que, al definir su ámbito de aplicación, no se menciona nada con respecto a la finalidad que debe perseguir el contrato; simplemente, dispone que son aquellos a título oneroso para el suministro de bienes muebles y de los servicios que se requieran para el desarrollo de sus funciones. Sin embargo, en el Mensaje se señala, en repetidas ocasiones, que la finalidad de la contratación está constituida por los fines públicos.

[50] Art. 1º LBCA.

constitución de una *unión temporal de proveedores*, que es aquella asociación de personas naturales o jurídicas que, en caso de licitaciones, se presentan a una oferta, y en caso de trato directo, para la suscripción de un contrato[51].

d) *Procedimientos de contratación*[52]. La LBCA reconoce las mismas formas de contratación que se contemplan en el artículo 9º LOCBGAE, que señala: "Los contratos administrativos se celebrarán previa propuesta pública, en conformidad a la ley. El procedimiento concursal se regirá por los principios de libre concurrencia de los oferentes al llamado administrativo y de igualdad ante las bases que rigen el contrato. La licitación privada procederá, en su caso, previa resolución fundada que así lo disponga, salvo que por la naturaleza de la negociación corresponda acudir al trato directo".

Sobre el particular, el Mensaje de la LBCA señala que la regla general es la licitación pública, fundamentando esa decisión en los principios de publicidad y transparencia: "Dichos principios se traducen en que la Administración debe realizar procedimientos públicos e idóneos para seleccionar los contratantes".

El artículo 9º RLBCA establece que la regla general para la celebración de contratos de servicios o suministro será la licitación pública, por lo que esta será la forma normal de contratación[53]. Esto se ve complementado por lo dispuesto en su artículo 10 numeral 8 RLBCA, ya que se dice que procederá la licitación privada o el trato directo en todas aquellas compras que sean iguales o inferiores a 10 UTM. Por tanto, en todas aquellas contrataciones que superen el monto de 10 UTM, por regla general, se aplicará la licitación pública, y en aquellas iguales o inferiores a ese monto se procederá conforme al artículo 51 del reglamento; esto es, mediante trato directo efectuado por medio del sistema de información.

i) *La licitación pública.* Aspecto desarrollado exhaustivamente *supra*.

ii) *Licitación o propuesta privada.* Este procedimiento está definido en el artículo 7º letra b) LBPASCS de la siguiente manera: "Licitación o propuesta privada. El procedimiento administrativo de carácter concursal, previa resolución fundada que lo disponga, mediante el cual la Administración invita a determinadas personas para que, sujetándose a las bases fijadas, formulen

---

[51] Art. 3º, num. 37 RLBCA. Reguladas en el art. 67 bis del mismo cuerpo normativo.

[52] Además de los procedimientos descritos, el Capítulo III del RLBCA contempla, entre sus arts. 14 a 18, la figura de los Convenios Marco, que, al no ser propiamente un procedimiento, y por la extensión de esta obra, no ofreceré desarrollo alguno. En la especie, véase Nicólas (2015).

[53] Puntualiza no obstante el citado artículo que, "cuando no proceda la contratación a través del Convenio Marco, por regla general las entidades celebrarán sus contratos de suministro y/o servicios a través de una licitación pública [...]".

propuestas, de entre las cuales seleccionará y aceptará la más conveniente"[54]. El reglamento regula esta forma de contratación en su capítulo V, artículos 44 y siguientes RLBCA.

En términos generales, procede por resolución fundada, ya que es un mecanismo de excepción, atendido que el reglamento señala que la regla general es la licitación pública. Corresponde entonces recurrir a ella solo en los casos contemplados en el artículos 8º LBCA y 10 RLBCA. Se debe dirigir la invitación al menos a tres posibles proveedores seleccionados por medio del sistema de información. A este procedimiento se aplican, en lo compatible, las normas de la licitación pública.

iii) *Trato o contratación directa.* Este procedimiento está definido de la siguiente manera en la LBPASCS: artículo 7º letra c): "Trato o contratación directa: el procedimiento de contratación que, por la naturaleza de la negociación que conlleva, debe efectuarse sin la concurrencia de los requisitos señalados para la licitación o propuesta pública y para la privada. Tal circunstancia deberá, en todo caso, ser acreditada según lo determine el reglamento".

La contratación directa, obviamente, es procedente en aquellos contratos que por su envergadura no admiten las formas concursales, ya que estas encarecerían de tal manera el proceso, y subsecuentemente el precio de contratación, que harían imposible su realización. Como requisitos para este tipo de contratación, dispone la nueva ley que se requerirá un mínimo de tres cotizaciones previas (art. 8º LBCA), que su utilización debe ser por resolución fundada, la que debe ser publicada en el sistema de información y que solo procede en aquellos casos directamente establecidos en la LBCA y en el artículo 10 RLBCA.

¿Cuándo usar el trato directo? En las siguientes circunstancias:

1º) *Adquisición privada anterior sin oferentes:* estamos aquí en presencia de una adquisición que se hizo por licitación pública, pero en ella no se presentaron interesados, por lo cual debemos recurrir en segunda instancia a una licitación privada en la cual tampoco hubo ofertas. En este caso la opción para resolver la adquisición es el trato directo.

2º) *Remanente de una adquisición pública anterior:* se trata del caso en que debemos contratar para realizar, o finalizar, un contrato previo que se haya terminado anticipadamente por incumplimiento u otras causales. En este caso, el remanente del contrato anterior debe ser igual o menor a 1.000 UTM, para que se pueda celebrar este contrato por medio del trato directo.

3º) *Compras urgentes:* son casos de emergencias o imprevistos que nos obligan a realizar una adquisición que no estaba previamente planificada, y que

---

[54] Misma definición se contempla en el art. 2º num. 20 RLBPASCS.

viene a satisfacer una necesidad imperiosa e impostergable del servicio. Es fundamental que la calificación de urgente de una determinada adquisición sea realizada por resolución fundada del jefe superior de la entidad que contrata[55].

4º) *Proveedor único:* cuando solo existe un proveedor de un bien o servicio en el mercado, o bien el producto o servicio tiene características únicas, no tiene sentido realizar procesos competitivos de cotización. Debe tratarse de una situación objetiva, en la cual no existe otro proveedor que pueda brindar la prestación requerida.

5º) *Convenios de servicios con personas jurídicas extranjeras:* se trata de contratar empresas extranjeras para la prestación de servicios que deban ejecutarse fuera del territorio nacional.

6º) *Naturaleza de la contratación:* nos enfrentamos aquí a contrataciones que por su propia naturaleza hacen necesario recurrir al trato o contratación directa. Es decir, se trata de casos en que la lógica y el sentido común nos indican que el trato directo es el único mecanismo posible y resulta, por tanto, indispensable usarlo. Aquí encontramos varios criterios que debemos aplicar y que establece el artículo 10 numeral 7 RLBCA.

7º) *Contrataciones iguales o inferiores a 100 UTM:* a fin de hacer más expeditas las adquisiciones que sean iguales o menores a 100 UTM se ha contemplado un sistema de contratación que puede ser público (abierto a todos los proveedores) o bien privado (el proceso aquí se restringe a tres proveedores a los que podemos invitar selectivamente en casos excepcionales).

C) *Contrato de obra pública*[56]

Es el más tradicional en la normativa chilena, y en su regulación se trasluce claramente el interés público, lo cual explica, por ejemplo, la protección que se le da al co-contratante, al ser este un colaborador de la actividad administrativa. Por ejemplo, el RCOP declara la inamovilidad del precio o valor convenido para los precios unitarios de las obras contratadas, señalando además las posibles bonificaciones o castigos que se otorgan al contratista en el caso de un aumento de jornales, materiales, gastos variables, derechos de aduana y leyes sociales.

a) *Fases de las obras públicas.* Estas tienen cuatro fases:

i) *Licitación, concurso.*

---

[55] Véase arts. 14 bis (para omitir el procedimiento de grandes compras en casos de emergencia, en el Convenio Marco) y art. 10, inc. 3º respecto a la licitación privada o el trato o contratación directa, ambos del RLBCA.

[56] Véase una descripción más amplia de este contrato, en capítulo que dedico en mi obra *Derecho administrativo económico. Sectores regulados, servicios públicos, territorio y recursos naturales*, al régimen jurídico de las obras públicas (2018).

ii) *Adjudicación y aprobación del contrato.* Resolución o decreto supremo que lo aprueba, y su toma de razón.

iii) *Ejecución de la obra pública respectiva.*

iv) *En su caso, explotación de la obra*: peajes, servicio público delegado por vía concesional.

b) *Regímenes jurídicos aplicables.* Existen dos regímenes jurídicos:

i) *El tradicional, regulado por el DFL 1.340.* Se trata de la construcción pura y simple de una obra pública, sin administración posterior, contemplando solo las tres fases anteriores.

ii) *Concesiones-contrato de infraestructura, reguladas por el Decreto Supremo 900,* que contempla las cuatro fases anteriores.

5. El Tribunal de la Contratación Pública

Una vez revisadas someramente las características de la contratación administrativa y las etapas de los procedimientos licitatorios, corresponde el estudio de este tribunal y de la acción que se puede presentar ante él.

A) *Naturaleza jurídica del Tribunal de Contratación Pública*

Podrían caber dudas acerca de la legitimidad del TCP para ejercer las funciones propias de un órgano jurisdiccional clásico, dado que, como bien puede apreciarse, aquél no pertenece ni al poder legislativo, ni al poder judicial; únicamente depende administrativamente de la Dirección de Compras Públicas, ante lo cual sería interesante examinar qué argumentos jurídicos o fácticos pueden aportarse para dar soporte a la operatividad del mentado órgano.

a) *Evidencia empírica.* El principal argumento es la realidad, la cual resulta innegable: el Tribunal de Contratación Pública no solo es, sino que se comporta como un tribunal; el perjudicado que recurre a él, lo hace para que actúe como tal, y, además, respetan las partes en contienda sus decisiones; en fin, la institucionalidad lo reconoce como tal.

b) *Bases constitucionales.* El artículo 76 de la CPR dispone en su inciso 1º: "La facultad de conocer de las causas civiles y criminales, de resolverlas y de hacer ejecutar lo juzgado, pertenece exclusivamente a los tribunales establecidos por la ley". A continuación, el inciso 2º reza: "Reclamada su intervención en forma legal y en negocios de su competencia, no podrán excusarse de ejercer su autoridad, ni aun por falta de ley que resuelva la contienda o asunto sometidos a su decisión". Por último, el inciso 3º dispone: "Para hacer ejecutar sus resoluciones, y practicar o hacer practicar los actos de instrucción que determine la ley, los tribunales ordinarios de justicia y los especiales que integran el poder judicial, podrán impartir órdenes directas a la fuerza pública o ejercer los medios de acción conducentes de que dispusieren. Los demás tribunales lo harán en la forma que la ley determine".

De lo anterior se extrae lo que sigue:

i) Que la tarea jurisdiccional solo les corresponde a aquellos tribunales legalmente previstos.

ii) Que activado el mecanismo legalmente previsto por el cual deban entrar a conocer de una contienda de su especialidad, deben desplegar su actividad jurisdiccional.

iii) Por último, que si bien la norma fundamental dota de poder de ordenar ejecutar lo juzgado o de que se realicen actos de instrucción previstos por la ley a los tribunales ordinarios y especiales que integran el poder judicial; para el caso de los demás tribunales (esto es, el caso del TCP, por ejemplo), se hará en la forma que la ley determine.

c) *Atribuciones en el Código Orgánico de los Tribunales*. El artículo 5º inciso 4º de la ley 7.421, de 1943 (en adelante, Código Orgánico de los Tribunales) establece que los tribunales especiales —distintos a los que integra el poder judicial— se regirán por las leyes que los establecen y reglamentan, sin perjuicio de quedar sujetos a las disposiciones generales del Código Orgánico de Tribunales. En el artículo 5º inciso 1º del Código Orgánico de Tribunales se establece: "A los tribunales mencionados en este artículo corresponderá el conocimiento de todos los asuntos judiciales que se promuevan dentro del territorio de la República, cualquiera que sea su naturaleza o la calidad de personas que en ellos intervengan, sin perjuicio de las excepciones que establezcan la constitución y las leyes".

d) *Previsión en la LBCA*. Finalmente, el Capítulo V de la LBCA establece la previsión legal necesaria y regulación del TCP, resaltando los siguientes puntos:

i) Creación, composición, aspectos orgánicos y financieros[57].

ii) Establecimiento de la competencia, de los extremos tocantes a la acción de impugnación y procedimiento[58].

iii) Potestades del TCP en la dictación de la sentencia y recursos que proceden[59].

En definitiva, puede observarse que la legitimidad en el ejercicio de las funciones jurisdiccionales del TCP proviene no solo de la norma constitucional más las legales que lo desarrollan, sino también de la realidad fáctica sobre la cual, los interesados, conociendo su existencia, y percibiendo al TCP como

[57] Arts. 22 y 23 de la LBCA.
[58] Arts. 24, 25 y 26 de la LBCA.
[59] Arts. 26 y 27 de la LBCA.

una solución ante vulneraciones de derechos acaecidas con ocasión de un procedimiento licitatorio, acaban acatando el producto de lo enjuiciado por el citado órgano jurisdiccional.

e) *Organización, funcionamiento, competencia y procedimiento del Tribunal de Contratación Pública.* El siguiente es un breve esquema de la regulación y procedimiento ante el TCP y de la acción que se puede presentar ante él:

i) *Aspectos generales de la organización, funcionamiento y competencia del tribunal.*

1º. *Organización y funcionamiento.* Están tratados en el capítulo V, artículos 22 y 23 de la LBCA más en el auto acordado que a continuación se dirá. En términos generales, podemos afirmar que el TCP, con asiento en Santiago, estará compuesto por tres abogados designados por el Presidente de la República, previa propuesta en ternas realizada por la Corte Suprema, las que se formarán a partir de una lista constituida mediante concurso público. Estos miembros elegirán un presidente, quien durará en su cargo por dos años. El TCP está sujeto a la superintendencia directiva, correccional y económica de la Corte Suprema.

Su funcionamiento fue regulado mediante auto acordado de la Corte Suprema publicado el 30 de diciembre de 2003, posteriormente refundido, tras varias modificaciones a este, en virtud del auto acordado de la Corte Suprema, publicado el 22 de marzo de 2011; siendo este último sustituido por el auto acordado de la Corte Suprema de 14 de septiembre de 2018, que, entre otras cosas, adecuó el contenido del de 2011, a los cambios que experimentó el RLBCA, referentes —entre otras cosas— a una ampliación de sus sesiones de funcionamiento.

2º. *Competencia.* En cuanto a su competencia, el TCP conocerá de la acción de impugnación contra actos u omisiones ilegales o arbitrarios, ocurridos en los procedimientos administrativos de contratación con órganos públicos regidos por la LBCA, estableciéndose un procedimiento especial para dichas acciones.

Conviene precisar desde ahora que su campo de conocimiento, se acota a la revisión de la legalidad del procedimiento de licitación y de adjudicación del contrato —ambos inclusive— (durante "los procedimientos administrativos de contratación", dice la LBCA en su art. 24); quedando fuera del ámbito competencial los conflictos derivados de la ejecución del contrato respectivo, como ha señalado reiteradamente la jurisprudencia.

Por otra parte, el referido órgano somete a su enjuiciamiento no solo los libelos que se vinculan a las contrataciones regidas por la LBCA, sino que, adicionalmente, se extiende a controversias promovidas a propósito de contratos que quedan excluidos conforme al artículo 3º, letra e) de la LBCA de su aplicación: "los contratos relacionados con la ejecución y concesión de obras públicas", sin embargo, a reglón seguido señala que "no obstante las exclusiones de que se da cuenta en esta letra, a las contrataciones a que ellos se refieren se les aplicará la normativa contenida en el Capítulo V de la LBCA, como, asimismo, el resto de sus disposiciones en forma supletoria". Esto implica que el Capítulo V de la LBCA, referido al "Tribunal de Contratación Pública", se aplica plenamente y que, tratándose del artículo 3º de la LBCA, las demás disposiciones de esta ley se aplican en forma supletoria, por lo que en el caso de no existir norma especial a propósito de estos contratos se aplicará supletoriamente lo dispuesto en la LBCA[60].

B) *Procedimiento. Acción de impugnación*

a) *Legitimación activa y plazo.* Esta acción puede ser presentada por toda persona natural o jurídica que tenga un interés actual comprometido en el proceso, dirigiéndose en contra de todo acto u omisión ilegal o arbitraria que se verifique entre la aprobación de las bases de la licitación y su adjudicación, en un plazo de diez días hábiles, contado desde el conocimiento o publicación del acto u omisión impugnada (art. 24 LBCA).

b) *Procedimiento.* El procedimiento de tramitación es regulado en el artículo 24 LBCA y siguientes. Y consiste en el siguiente: la demanda, que debe señalar los hechos que constituyen el acto u omisión, las normas legales o reglamentarias que impliquen su ilegalidad o arbitrariedad y peticiones concretas que se someten al conocimiento del TCP, se presenta directamente ante este o ante la gobernación o intendencia respectiva, que la enviará al TCP.

En caso que el tribunal advierta algún defecto en la demanda, puede declararla "inadmisible" y ordenar que se subsanen los defectos dentro del quinto día desde la notificación de la resolución; término este "inadmisible" tal vez poco acertado, por cuanto su significado evoca más bien a un efecto fatal en la tramitación de la demanda, que no suspensivo, como pretendiera expresar.

Continúa el artículo 25 LBCA: admitida a tramitación, se oficiará al ente recurrido para que informe, dentro del plazo de diez días hábiles desde la recepción del oficio, acerca de la materia impugnada. Una vez recibido el informe o transcurrido el plazo que tenía el organismo público para evacuarlo, el TCP puede recibir la causa a prueba fijando sus puntos; si estima que hay controversia sobre hechos sustanciales y pertinentes, por un término de diez días hábiles, pudiendo decretarse desde este momento medidas para mejor resolver, las que deben estar cumplidas antes del vencimiento del plazo para

---

[60] Como precisión, cabe establecer que para los referidos contratos —ejecución y concesión de obras públicas— también será aplicable directamente el inc. 6º del art. 16 de la LBCA, el cual establece que el cauce para reclamar contra la decisión de la DCCP de rechazar/aprobar las inscripciones en el registro de contratista, serán las reglas establecidas en el Capítulo V de la referida ley; es decir, por la acción de impugnación que conoce el TCP.

dictar sentencia. Todos los incidentes que se promuevan en el juicio no suspenden el curso de este y se substanciarán en ramo separado.

Agrega el artículo 26 LBCA que, vencido el período de prueba se citará a las partes a oír sentencia, naciendo con esta resolución el plazo de diez días que tiene el tribunal para dictar sentencia, la que debe ser notificada por cédula. En la sentencia el tribunal debe pronunciarse sobre la legalidad o arbitrariedad del acto u omisión impugnado y ordenará, en su caso, las medidas necesarias para restablecer el imperio del derecho.

Contra dicha resolución procederá recurso de reclamación en el solo efecto devolutivo, cuyo plazo de interposición para la parte agraviada es de cinco días hábiles desde la notificación de la sentencia, debiendo presentarse ante el TCP para ser conocido por la Ilustrísima Corte de Apelaciones de Santiago, la que lo conocerá en cuenta, salvo determinación o solicitud en contrario. Se agrega en forma extraordinaria a la tabla y no se puede suspender conforme a la causal establecida en el artículo 165 numeral 5 de la Ley 1.552, de 1902 (en adelante, Código de Procedimiento Civil), esto es, por solicitarlo de común acuerdo alguna de las partes o pedirlo sus procuradores o abogados. El recurso se debe fallar en el plazo de diez días hábiles siguientes a la vista de la causa o al acuerdo. Contra esa resolución no procederá recurso alguno.

c) *Causales de impugnación.* Se concretan en las siguientes:

Si observamos los distintos aspectos del procedimiento de contratación administrativa, en particular del proceso de licitación, vemos que existen varios casos que pueden dar origen a una reclamación ante el TCP. Por ejemplo, según se determina en el artículo 20 del RLBCA, las bases no pueden afectar la igualdad en el trato para todos los oferentes, ni establecer diferencias arbitrarias en relación con las características del bien o servicio objeto de la licitación.

El artículo 25 del RLBCA, por su parte, establece plazos mínimos entre el llamado y la apertura de las ofertas. Su no cumplimiento, al igual que el deber de considerar, en la redacción de las bases de licitación, el contenido mínimo del artículo 22 RLBCA, también sería objeto claro de impugnación por parte de los particulares participantes en la licitación. El artículo 27 del RLBCA se refiere a las aclaraciones, estableciendo la obligación de dar a conocer las preguntas efectuadas por los proveedores, a través del sistema de información, a disposición de todos los interesados en ella, a fin de que puedan elaborar sus ofertas en base a las nuevas instrucciones contenidas en las aclaraciones. En este sentido, lo que hemos señalado se conecta con la prohibición de que la entidad licitante tenga algún tipo de contacto con los oferentes distintos a estas solicitudes de aclaración, las excepciones de contacto previstas en el último inciso del artículo 27 RLBCA y los supuestos establecidos en el artículo 39 del mismo cuerpo reglamentario. Por tanto, cualquiera otra comunicación distinta de las referidas en este sentido podría ser constitutiva de un vicio impugnable ante el TCP.

Existe además la posibilidad de que el ente licitante decida efectuar la licitación en dos etapas; esto implica que primero se debe realizar una oferta técnica y luego analizarse las ofertas económicas de aquellos que hayan pasado la primera etapa; por lo tanto, la exclusión del oferente en relación a la ineficacia de su oferta técnica también puede ser objeto de impugnación.

Asimismo, para no caer en una enumeración de posibles vicios de procedimiento, puesto que estos pueden ser numerosos, señalamos algunos otros aspectos que pueden ser impugnados. Por ejemplo, cuando se establezcan mecanismos de preselección de las personas que puedan participar en una licitación y un posible oferente no sea preseleccionado, podrá reclamar en contra de este acto administrativo; de igual forma, cuando se acepte una oferta que no cumpla con los requisitos de las bases, cuando no se entregue garantía de seriedad de la oferta debiendo hacerse y se seleccione a ese oferente, cuando un documento de la licitación no sea público o gratuito, conforme establece el artículo 28 del RLBCA.

Para cerrar, a propósito de estos criterios, dispone el artículo 38 del RLBCA que las entidades licitantes podrán considerar la experiencia de los oferentes, la calidad técnica de los bienes, la asistencia técnica y soporte, entre otros elementos. Cada uno de ellos tendrá establecido un puntaje y ponderación según las respectivas bases, por lo que cualquier vulneración de estas ponderaciones implicará una acción u omisión arbitraria o ilegal.

6. Conclusiones

1º La contratación pública, de creciente importancia con los años para la economía chilena, queda principalmente regulada en varios cuerpos normativos: para los contratos de prestación de servicios y adquisición y suministros de bienes, en la LBCA y en su Reglamento; para los contratos de obras públicas, en el Decreto 75 de 2004, no existiendo, entonces, una integración de la contratación pública en una única norma.

2º Desde el punto de vista doctrinario, entiendo que es útil dividir las dos fases que componen la contratación pública: por un lado, la relativa a la licitación (que se inicia con el llamado a los proveedores) y, por otro, la de contratación (tras el perfeccionamiento del contrato). Respecto de ambas fases es posible vislumbrar importantes conexiones sobre sus normas y principios.

3º La existencia de un sector estratégico para el crecimiento económico, requiere de un órgano administrativo que vele por su correcto funcionamiento (la Dirección de Compras y de Contratación Pública, como ente descentralizado y técnico), así como de un sistema de resolución de conflictos, el Tribunal de Contratación Pública; si bien este último únicamente conoce de las controversias suscitadas desde la aprobación de bases de licitación hasta la adjudicación del contrato, relegándose a los tribunales de justicia ordinarios, el conocimiento de las fases relativas a la ejecución y terminación del contrato.

BIBLIOGRAFÍA

ARÓSTICA MALDONADO, IVÁN (2002): "Cómo y con quien contrata la Administración", texto incluido en la obra colectiva *La Contraloría General de la República y el Estado de Derecho (conmemoración por su 75° aniversario institucional).*

__ (2006): "Licitación pública: concepto, principios y tramitación", en *Revista Actualidad Jurídica, de la Universidad del Desarrollo*, año VII, núm 13, Santiago, Chile, Universidad de Desarrollo.

CORDERO VEGA, LUIS (2015): *Lecciones de Derecho Administrativo*, Santiago, Editorial Thomson.

DIRECCIÓN DE COMPRAS Y CONTRATACIÓN PÚBLICA (2017): *Cuenta Pública Gestión 2017. Compras públicas, una herramienta para la eficiencia y probidad en el Estado* (Presentación, disponible en *https://www.chilecompra.cl/wpcontent/uploads/2018/05/ChileCompraCuentaPublica_2017final.pdf*

NICÓLAS TURRYS, Jenny (2015): "Contratación administrativa a través de Convenios Marco: naturaleza jurídica y aplicación práctica", en *Revista de Derecho Administrativo Económico* núm. 20 enero-junio, Santiago, Pontificia Universidad Católica de Chile.

OCDE (2015): "Recomendación del Consejo sobre contratación pública", 18 de febrero de 2015. Disponible en *https://www.oecd.org/gov/ethics/OCDE-Recomendacion-sobre-Contratacion-Publica-ES.pdf.*

__ (2017): *Contratación pública en Chile. Opciones de política para convenios marco eficientes e inclusivos*. Estudios de la OCDE sobre gobernanza pública, París, Éditions OCDE.

SAYAGUÉS LASO, ENRIQUE (1940): *La licitación pública*, Montevideo, Peña & Cía. Editores.

VERGARA BLANCO, ALEJANDRO (2018): *Derecho administrativo económico. Sectores regulados, servicios públicos, territorio y recursos naturales*, Santiago, Editorial Thomson-Reuters.

__ (s/f): *Derecho administrativo general* (título provisional). Libro del autor en preparación.

Jurisprudencia administrativa citada

Dictamen 22.804(1971): Contraloría General de la República, 8 de abril 1971.

Dictamen 61.461 (1979): Contraloría General de la República, 10 de octubre 1979.

Dictamen 46.981 (1980): Contraloría General de la República, 10 de diciembre 1980.

Dictamen 25.924 (1992): Contraloría General de la República, 22 de octubre 1992.

Dictamen 41.599 (1995): Contraloría General de la República, 26 de diciembre 1995.

Dictamen 8.478 (1998): Contraloría General de la República, 9 de marzo 1998.

Dictamen 14.564 (1998): Contraloría General de la República, 21 de abril 1998.

Dictamen 20.555 (1999): Contraloría General de la República, 8 de junio 1999.

Dictamen 36.368 (1999): Contraloría General de la República, 30 de septiembre 1999.

Dictamen 8.478 (2003): Contraloría General de la República, 5 de marzo 2003.

Dictamen 25.082 (2003): Contraloría General de la República, 17 de junio 2003.

Dictamen 42.006 (2005): Contraloría General de la República, 7 de septiembre 2005.

Dictamen 46.126 (2006): Contraloría General de la República, 29 de septiembre 2006.

Dictamen 246 (2018): Contraloría General de la República, 4 de enero 2018.

Jurisprudencia judicial citada

Caso Banco Continental (1972): Corte de Apelaciones de Santiago, Rol Nº 843-72.

Normativa citada

Constitución Política de la República de Chile de 1980. *Diario Oficial, 22 septiembre 2005* (CPR).

Ley 1.552, del Código de Procedimiento Civil. *Diario Oficial*, 30 de agosto 1902.

Ley 7.421, del Código Orgánico de los Tribunales. *Diario Oficial*, 9 de julio 1943.

Ley 19.880, establece bases de los procedimientos administrativos que rigen los actos de los órganos de la Administración del Estado. *Diario Oficial 29 mayo 2003*.

Ley 18.575, Orgánica Constitucional de Bases Generales de la Administración del Estado. *Diario Oficial*, 5 de diciembre de 1986.

Ley 19.542, moderniza el sector portuario estatal. *Diario Oficial*, 19 de diciembre 1997.

Ley 19.886, Ley de Bases sobre Contratos Administrativos de Suministro y Prestación de Servicios. *Diario Oficial 30 julio 2003*.

Decreto con Fuerza de Ley 1, fija texto refundido, coordinado y sistematizado del Código Civil; de la Ley 4.808, sobre Registro Civil; de la Ley 17.344, que autoriza cambio de nombres y apellidos; de la Ley 16.618, ley de menores; de la Ley 14.908, sobre abandono de familia y pago de pensiones alimenticias, y de la Ley 16.271, de impuesto a las herencias, asignaciones y donaciones. *Diario Oficial,* 30 de mayo 2000.

Decreto Supremo 495, del Ministerio de Justicia, aprueba el Reglamento sobre licitaciones y prestación de defensa penal pública. *Diario Oficial,* 19 de agosto 2002.

Decreto Supremo 75, del Ministerio de Obras Públicas, deroga Decreto 15 de 1992, y sus modificaciones posteriores y aprueba reglamento para contratos de obras públicas. *Diario Oficial*, 1 de diciembre 2004.

Decreto Supremo 236, aprueba bases generales reglamentarias de contratación de obras para los servicios de vivienda y urbanización. *Diario Oficial*, 1 de julio 2003.

Decreto 250, del Ministerio de Hacienda, aprueba el reglamento de la Ley 19.886, de Bases de Contratos Administrativos de Suministros y Prestación de Servicios. *Diario Oficial*, 24 de septiembre 2004.

Decreto 1.879, del Ministerio de Relaciones Exteriores, promulga la Convención Interamericana contra la Corrupción. *Diario Oficial*, 2 de febrero 1999.

Auto Acordado de la Corte Suprema de 20 de octubre de 2003, Acta 81-2003. *Diario Oficial*, 30 de octubre 2003.

Auto Acordado de la Corte Suprema de 11 de marzo de 2011 texto refundido, Acta 16-2011. *Diario Oficial,* 22 de marzo 2011.

Auto Acordado de la Corte Suprema de 14 de septiembre de 2018, texto refundido sobre funcionamiento del Tribunal de Contratación Pública, Acta núm. 165-2018.

COLOMBIA

CONTRATOS DE LA ADMINISTRACIÓN PÚBLICA

Guillermo Sánchez Luque[*]

Introducción[**]

1. La Constitución de 1991 reformuló drásticamente el papel del Estado en la economía[1] (de prestador monopólico de los servicios públicos a garante de su prestación) y al hacerlo sentó las bases de un nuevo esquema de contratación pública en Colombia. Hoy, bajo un esquema de un "Estado contratante" propio de un Estado Social de Derecho ambicioso en sus fines (Const. Pol., preámbulo y art. 2º), el centro de gravedad del derecho administrativo ya no es el servicio público, tampoco el acto administrativo y ni siquiera la enorme estructura organizativa, sino el contrato público, el principal instrumento de ejecución presupuestal. No es exagerado afirmar que allí debe reconstruirse, en nuestro país al menos, toda la teoría del derecho administrativo.

Son muchos los preceptos constitucionales que directa o indirectamente se ocupan de la contratación pública[2], pero bastaría centrarse en tres de ellos: los artículos 333, el 365 y el 90 de la Constitución. El primero brinda una

[*] Profesor de derecho constitucional del Colegio Mayor de Nuestra Señora del Rosario y de la Pontificia Universidad Javeriana. Docente de derecho económico de la Universidad Externado de Colombia. Titular del curso de derecho administrativo de la Universidad Nacional de Colombia. Actualmente es Magistrado del Consejo de Estado.

[**] Agradezco muy especialmente a Álvaro Namén, Pedro Torres, Ángela Rueda, Carolina Ávila, Diego Rueda, Mauricio Gómez y Alicia Cayuela por su invaluable colaboración en materia bibliográfica.

[1] Una aproximación del tema, en vigencia de la Constitución de 1886, en Luis Carlos Sáchica, "Marcos constitucionales de la iniciativa privada", en *Revista de la Cámara de Comercio de Bogotá*, núm. 5, diciembre de 1971, Bogotá, págs. 99 y ss.

[2] Cfr. Jaime Vidal Perdomo, "Principios constitucionales y legales de la nueva contratación administrativa", en AA. VV., *Comentarios al nuevo régimen de contratación administrativa,* Bogotá, Colegio Mayor de Nuestra Señora del Rosario, 1995, págs. 61 y ss. y Guillermo Sánchez Luque, "Constitucionalización de la contratación estatal: ¿remedio o enfermedad?", en William Zambrano Cetina (Ed.) *Retos de la contratación pública en Iberoamérica, homenaje a Allan Brewer-Carías,* Bogotá, Ibáñez-FIDA-ILAS-Colegio Mayor de Nuestra Señora del Rosario, 2019, págs. 147 y ss.

especial protección a la libre competencia económica, libre concurrencia que busca garantizar la participación en los procesos de selección de contratistas del mayor número de oferentes para que la Administración pueda seleccionar la mejor de las propuestas[3]; el segundo "desadministrativiza" la prestación de los servicios públicos al eliminar el monopolio oficial y el tercero —en consonancia con los arts. 123 y 124 de la Const. Pol.— que refleja no solo un siglo de aporte invaluable de la jurisprudencia del Consejo de Estado en la paciente construcción pretoriana de la responsabilidad extracontractual del Estado[4], sino que también sirve de fundamento constitucional a la responsabilidad contractual, desarrollado por los artículos 26 y 50 y siguientes de la ley 80 de 1993[5].

2. Con esta perspectiva constitucional, y en desarrollo de lo dispuesto por el inciso final del artículo 150 de la Constitución, se expidió la ley 80 de 1993 —estatuto general de la contratación pública— hace ya un cuarto de siglo[6]. Esta ley quiso hacer un replanteamiento de la materia al erigir en regla general el derecho privado y solo por excepción las disposiciones de carácter administrativo. Así lo señalan sin ambages sus artículos 13[7], 23, 28, 32, 40 y 46.

El postulado de la autonomía de la voluntad —que gobierna las relaciones entre los particulares, como potestad de autorregulación de intereses y relaciones propias— también es presupuesto de las relaciones contractuales del Estado, no solo para constituirlas sino también para reglamentarlas, pues todo

---

[3] Cfr. JUAN DAVID DUQUE BOTERO, *Contratación pública estratégica, socialmente responsable y competitiva,* Valencia, Tirant lo Blanch y Colegio Mayor de Nuestra Señora del Rosario, Bogotá, 2018, págs. 61 y ss.; Consejo de Estado, Sección Tercera, sent. de 3 diciembre 2007, rad. 24715, C. P. Ruth Stella Correa Palacio [fundamento jurídico 2.2, ii, b]; Consejo de Estado, Sección Tercera, sent. de 30 junio 2011, rad. 32018, C. P. Ruth Stella Correa Palacio [fundamento jurídico 3.3] y Corte Const., sent. C-713 de 2009, M. P. María Victoria Calle [fundamento jurídico 7].

[4] Cfr. Consejo de Estado (RAMIRO PAZOS y GUILLERMO SÁNCHEZ LUQUE (Eds.), *Graves violaciones a los derechos humanos e infracciones al Derecho Internacional Humanitario: jurisprudencia básica del Consejo de Estado desde 1916*, Bogotá, Imprenta Nacional, 2016.

[5] Cfr. SUSANA MONTES DE ECHEVERRI, "Responsabilidad del Estado", en *Revista Temas Jurídicos*, núm. 5, Bogotá, Colegio Mayor de Nuestra Señora del Rosario, mayo de 1993, págs. 61 y ss.; Corte Const., sent. C-333 de 1996, M. P. Alejandro Martínez Caballero [fundamentos jurídicos 3 y 11]; Consejo de Estado, Sección Tercera, sent. de 6 marzo 2008, rad. 16075, M. P. Ruth Stella Correa Palacio [fundamento jurídico 1].

[6] Cfr. JUAN PABLO CÁRDENAS MEJÍA, "Necesidad e importancia de una legislación especial en materia de contratación estatal. Criterios que la justifican", en AA. VV., *La misión de contratación: hacia una política para la eficiencia y la transparencia en la contratación pública,* Bogotá, DNP, 2002, págs. 37 y ss.

[7] Cfr. MARÍA TERESA PALACIO JARAMILLO, "Cláusulas excepcionales", en *Revista de Derecho Público* núm. 17, Bogotá, Universidad de los Andes, 2004, págs. 101 y ss.

contrato legalmente celebrado es ley para los contratantes (C. C., art. 1602, en consonancia con los arts. 15 y 16 ibídem)[8].

Así lo había dejado en claro el Consejo de Estado, en un importante concepto sobre contratos de concesión de exploración y explotación, antes de su previsión clara en la ley 80 de 1993, como núcleo esencial del negocio jurídico[9]. En el ámbito administrativo también aplica la teoría normativa del contrato, conforme a la cual este —como la ley— es fuente del derecho objetivo. Ello no significa, claro está, que los asuntos sustantivos del derecho privado no merezcan una aplicación especial y propia del ámbito administrativo, comenzando justamente por el postulado de la autonomía de la voluntad[10].

Sin embargo, tradicionalmente la contratación pública ha sido entendida como una función administrativa y —por ello—, el artículo 23 establece que las actuaciones de quienes intervengan en la contratación estatal se desarrollan con arreglo, entre otros, a los postulados que rigen la función administrativa de que trata el artículo 209 de la Constitución; el interés general (principio finalístico[11]); igualdad (Const. Pol., art. 13)[12], moralidad (Const. Pol., art. 88)[13], eficacia[14], economía[15],

---

[8] Una aproximación crítica en JOSÉ LUIS BENAVIDES, *El contrato estatal, entre el derecho público y el derecho privado,* Bogotá, Universidad Externado de Colombia, 2004, págs. 93 y ss.

[9] Cfr. Consejo de Estado, Sala de Consulta y Servicio Civil, concepto de 20 febrero 1975, rad. 953, C. P. Luis Carlos Sáchica [fundamento jurídico 4].

[10] Cfr. JORGE SUESCÚN MELO, *Derecho privado: estudios de derecho civil y comercial contemporáneo*, t. I, Santa Fe de Bogotá, Cámara de Comercio de Bogotá y Universidad de los Andes, 1996, págs. 243 y ss.

[11] Sobre el interés público implícito en la contratación estatal, ver Corte Const., sent. C-400 de 1999, M. P. Vladimiro Naranjo Mesa [fundamento jurídico 3].

[12] La igualdad que busca garantizar la identidad de oportunidades a las personas de establecer vínculos contractuales con el Estado y también la selección objetiva. Cfr. Corte Const., sent. C-221 de 1996, M. P. José Gregorio Hernández Galindo [fundamento jurídico VI 2]; sent. C-154 de 1996, M. P. Antonio Barrera Carbonell [fundamentos jurídicos 2.2 y 3.1]; sent. C-154 de 1997, M. P. Hernando Herrera Vergara [fundamento jurídico 4]; sent. C-429 de 1997, M. P. Alejandro Martínez Caballero [fundamento jurídico 12]; sent. C-400 de 1999, M. P. Vladimiro Naranjo Mesa [fundamentos jurídicos 17 a 27]; sent. C-1514 de 2000, M. P. Martha Sáchica Méndez [fundamento jurídico 4]; sent. C- 862 de 2008, M. P. Marco Gerardo Monroy Cabra [fundamento jurídico 1] y sent. C-713 de 2009, M. P. María Victoria Calle [fundamento jurídico 7]; Consejo de Estado, Sección Tercera, sent. de 19 julio 2001, rad. 12037, C. P. Alier Hernández Enríquez [fundamentos jurídicos 4 y 5].

[13] Corte Const., sent. C-221 de 1996, M. P. José Gregorio Hernández Galindo [fundamento jurídico VI] y sent. C-006 de 2001, M. P. Eduardo Montealegre Lynett [fundamento jurídico 8].

[14] Cfr. Corte Const., sent. C-489 de 1996 M. P. Antonio Barrera Carbonell [fundamento jurídico 2.1] y sent. C-623 de 1999, M. P. Carlos Gaviria Díaz [fundamento jurídico 6].

[15] Sobre los principios de eficiencia y economía como orientadores de la contratación estatal, ver Corte Const., sent. C-300 de 2012, M. P. Jorge Pretelt Chaljub [fundamento jurídico 2.5].

celeridad, imparcialidad[16] y publicidad —Const. Pol., art. 273; ley 190 de 1995, art. 60, derogado por el decr.-ley 19 de 2012, art. 223; ley 80 de 1993, nums. 2, 4 y 6 del art. 24 y num. 3 del art. 30[17]— (principios funcionales) y descentralización, delegación[18] y desconcentración de funciones (principios organizacionales)[19].

Además de la buena fe, que retoma el artículo 5º numeral 2 de la ley con apoyo en el artículo 83 de la Constitución, la contratación pública se gobierna por los principios constitucionales de legalidad[20] (Const Pol., preámbulo, arts. 2º inc. 1º, 3º, 4º inc. 2º, 6º, 121, 122 y 123), responsabilidad y debido proceso que busca el acatamiento de la legalidad objetiva, esto es, el respeto de las normas que informan la contratación pública y que incluye el derecho de defensa y contradicción (Const Pol., art. 29; ley 1150 de 2007, art. 17[21]).

La contratación pública está, pues, sometida simultáneamente a las reglas del derecho común (derecho civil y comercial) y a las particulares del derecho público, contenidas no solo en la ley 80 de 1993, sino también en la ley 1150 de 2007[22], la ley 1508 de 2012, la ley 1474 de 2011, la ley 1563 de 2012, la ley 1682 de 2013, el decreto-ley 19 de 2012 y la ley 1882 de 2018, entre otras.

[16] Corte Const., sent. C-489 de 1996 M. P. Antonio Barrera Carbonell [fundamento jurídico 2.1] y sent. C-429 de 1997, M. P. Alejandro Martínez Caballero [fundamentos jurídicos 6 y 7].

[17] Cfr. Corte Const., sent. C-016 de 2013, M. P. Gabriel Eduardo Mendoza Martelo [fundamento jurídico 5]; Consejo de Estado, Sección Tercera, sent. de 5 febrero 1998, rad. 11795, C. P. Luis Fernando Olarte [fundamento jurídico párr. 10]; sent. de 3 diciembre 2007, rad. 24715, C. P. Ruth Stella Correa Palacio [fundamento jurídico 2.2 f iv].

[18] Cfr. ADELAIDA ÁNGEL ZEA, "La delegación de funciones y atribuciones en materia de contratación: su importancia, justificación y límites a la delegación", en AA. VV., *La misión de contratación: hacia una política para la eficiencia y la transparencia en la contratación pública*, Bogotá, DNP, 2002, págs. 705 y ss. GUILLERMO SÁNCHEZ LUQUE, "La delegación administrativa en Colombia: ¿evolución o mutación constitucional?, en ANTONIO ALJURE, ROCÍO ARAÚJO y WILLIAM ZAMBRANO (Eds.), *Sociedad, Estado y Derecho, Homenaje a Álvaro Tafur Galvis*, Bogotá, Colegio Mayor de Nuestra Señora del Rosario, 2014, págs. 407 y ss.

[19] Cfr. Corte Const., sent. C-496 de 1998, M. P. Eduardo Cifuentes Muñoz [fundamento jurídico 6] y Consejo de Estado, Sección Tercera, sent. de 31 julio 2008, rad. AP 240, M. P. Ruth Stella Correa Palacio [fundamento jurídico 5.1.1].

[20] Cfr. Consejo de Estado, Sección Tercera, sent. 20 octubre 2005, rad. 14579, C. P. Germán Rodríguez Villamizar [fundamento jurídico B].

[21] Cfr. Corte Const., sent. C-166 de 1995, M. P. Hernando Herrera Vergara [fundamento jurídico VII-2]; Consejo de Estado, Sección Tercera, sent. de 24 septiembre 1998, rad. 14821, C. P. Ricardo Hoyos Duque [fundamento jurídico 3]; sent. de 17 marzo 2005, rad. 18394, C. P.Ruth Stella Correa Palacio [fundamentos jurídicos 3.2 a 3.5]; sent. de 23 junio 2010, rad. 16367, C. P. Enrique Gil Botero [fundamento jurídico 5.2].

[22] Cfr. FELIPE DE VIVERO, "Análisis crítico de la ley 1150 de 2007", en FELIPE DE VIVERO ARCINIEGAS (comp.), *Reforma al régimen de contratación estatal*, Bogotá, Universidad de los

3. Conviene anotar que la ley 80 de 1993 no es una ley marco general o cuadro de las previstas en el numeral 19 del artículo 150 de la Constitución[23], esto es, de aquellas en las que la competencia regulatoria está "dividida" entre el Congreso que sienta las bases y criterios y el Gobierno que —con sujeción a ellos— regula directamente la materia. Sin embargo, es una "ley de principios"[24] (ley 80 de 1993, art. 23), donde el ámbito de acción del reglamento es determinante[25]. Por ello, a lo largo de este cuarto de siglo de vigencia, el Gobierno ha expedido un número significativo de decretos reglamentarios (hoy están compilados en el decr. 1082 de 2015[26]).

4. Este trabajo evitará la reflexión personal crítica porque está enfocado a dar una visión global, dadas las características de esta obra colectiva. Se hará, entonces, una panorámica de la materia y por lo mismo no se expondrán los detalles ni las dificultades de aplicación de varios asuntos, como tampoco se

---

Andes, 2010, págs. 59 y ss.; JAIME ORLANDO SANTOFIMIO GAMBOA, "Aspectos relevantes de la reciente reforma a la ley 80 de 1993 y su impacto en los principios rectores de la contratación pública", en JOSÉ LUIS BENAVIDES y JAIME ORLANDO SANTOFIMIO (comps.) *Contratación estatal: estudios sobre la reforma del estatuto contractual-Ley 1150 de 2007,* Bogotá, Universidad Externado de Colombia, 2009, págs. 13 y ss.

[23] En sentido contrario JORGE ENRIQUE IBÁÑEZ NAJAR, El *"Estatuto general de la contratación de la Administración Pública". Estudio normativo, doctrinal y jurisprudencial sobre su naturaleza,* Bogotá, *Revista Vniversitas,* núm. 108, Pontificia Universidad Javeriana, diciembre 2004, págs. 119 y ss.

[24] Cfr. LIBARDO RODRÍGUEZ RODRÍGUEZ, "La contratación pública desde la perspectiva de los principios", en JAIME RODRÍGUEZ-ARANA *et al.* (Ed.) *Bases y retos de la contratación pública en el escenario global,* Panamá, FINJUS, FIDA, ADDA, Editorial Jurídica Venezolana Internacional, 2017, págs. 801 y ss.

[25] Cfr. JOSÉ LUIS BENAVIDES, *Contratos públicos-estudios*, Bogotá, Universidad Externado de Colombia, 2014, pág. 149.

[26] En 239 artículos retoma los múltiples decretos reglamentarios de las leyes 80 de 1993 y 1150 de 2007: decretos 679 de 1994, 287 de 1996, 2170 de 2002, 1896 de 2004, 2166 de 2004, 66 de 2008, 1170 de 2008, 2474 de 2008, 3460 de 2008, 4828 de 2008, 4444 de 2008, 4533 de 2008, 127 de 2009, 490 de 2009, 931 de 2009, 2025 de 2009, 2493 de 2009, 3806 de 2009, 3576 de 2009, 1039 de 2010, 1430 de 2010, 1464 de 2010, 2473 de 2010, 3844 de 2010, 4266 de 2010, 2516 de 2011 y 3485 de 2011, recogidos posteriormente en el decreto 734 de 2012; decrs. 2326 de 1995, 2010 de 2005, 2245 de 2005, 416 de 2007, 851 de 2009, 2810 de 2010, 1075 de 2012, 1467 de 2012, 1541 de 2012, 1949 de 2012, 414 de 2013, 905 de 2013, 1252 de 2013, 1399 de 2013, 1510 de 2013, 1610 de 2013, 3053 de 2013, 817 de 2014, 1026 de 2014, 63 de 2015, 722 de 2015, 740 de 2016 y 1297 de 2016, compilados en el decreto 1082 de 2015; y los decretos 2251 de 1993, 313 de 1994, 855 de 1994, 1898 de 1994, 1985 de 1994, 1436 de 1998, 626 de 2001, 2504 de 2001, 1280 de 2002, 327 de 2002, 941 de 2002, 1696 de 2002, 2790 de 2002, 3629 de 2004, 3740 de 2004, 2503 de 2005, 219 de 2006, 2434 de 2006, 4375 de 2006, 4881 de 2008, 2247 de 2009, 836 de 2009, 1520 de 2009, 3083 de 2009, 4548 de 2009, 4803 de 2010 y el 1070 de 2015.

harán apreciaciones sobre las bondades o defectos del régimen normativo, ni de sus desarrollos jurisprudenciales. En materia bibliográfica se citan todas las sentencias de constitucionalidad de la Corte Constitucional sobre el Estatuto de Contratación, algunas de las más representativas del Consejo de Estado[27] y solo se invocarán trabajos doctrinarios nacionales.

Con esta perspectiva, la primera parte del texto se dedicará a presentar el régimen de la contratación pública: concepto del contrato público, modalidades, derecho aplicable, principios de la contratación y procesos de selección. En la segunda, se estudiará el régimen del contrato, perfeccionamiento, ejecución, extinción y tipología.

1. Régimen de la contratación pública

5. El contrato público, como el que se celebra entre los particulares, es un instrumento para la satisfacción de las necesidades de las personas, y por regla general es conmutativo[28] (C. C., art. 1498; ley 80, art. 28), bilateral (C. C., art. 1496), oneroso (C. C., art. 1497) y solemne (C. C., art. 1500). Sin embargo, en el ámbito estatal experimenta algunas transformaciones, debido de una parte, a los fines de la contratación estatal se confunden con los del Estado (ley 80 de 1993, art. 3º ; Const. Pol., art. 2º) y, de otra, a la posición jurídica de la administración. Estas dos variables son, como pasa a verse, determinantes de los elementos singulares del régimen que fundamentalmente está previsto en la ley 80 de 1993, también conocida como Estatuto General de Contratación de la Administración Pública.

A) *Concepto de contrato estatal, regímenes y principios de la contratación pública*

6. El anterior régimen legal de la contratación pública, de fuerte inspiración francesa, concibió un esquema dualista, y distinguía entre contratos administrativos y contratos de derecho privado de la administración[29]. En vigencia

[27] La mayoría de ellas fueron tomadas de Consejo de Estado (Guillermo Sánchez Luque, editor del tomo, Álvaro Namén Vargas, coordinador general de la publicación), *Antología, jurisprudencias y conceptos Consejo de Estado 1817-2017, Sección Tercera, Tomo A*, Bogotá, Imprenta Nacional, 2018.

[28] Cfr. Adelaida Ángel Zea, "Reflexiones sobre la noción de sinalagma contractual. Una visión en perspectiva", en Antonio Aljure, Rocío Araújo y William Zambrano, *Sociedad, Estado y Derecho, Homenaje a Álvaro Tafur Galvis IV*, Bogotá, Colegio Mayor de Nuestra Señora del Rosario, 2014, págs. 221 y ss.

[29] Cfr. Luis Carlos Sáchica, "Régimen de pagos en los contratos administrativos", en AA. VV., *El derecho administrativo en Latinoamérica*, Bogotá, Colegio Mayor de Nuestra del

del decreto-ley 222 de 1983, dada la multiplicidad de criterios legales, parecía no haber claridad sobre la naturaleza del contrato como tampoco acerca de su juez, pues en ocasiones se definía por la entidad pública que celebrara el contrato, en otras por la clase de contrato, también por la inclusión de cláusulas exorbitantes, igualmente por el criterio de servicio público e incluso por el de la definición legal[30]. En esa época se abrió paso una modalidad constituida por contratos de derecho privado de la administración dotados de cláusula de caducidad[31], y el decreto-ley 1 de 1984 (anterior Código Contencioso Administrativo) previó en el artículo 87 el criterio simplista, si se quiere, de la cláusula de caducidad[32].

7. La Ley 80 de 1993 sustituyó esta concepción dualista[33] por una monista y previó la categoría de "contrato estatal", a partir de un criterio meramente orgánico o subjetivo. Así el artículo 32 de la ley 80 define los contratos estatales como todos los actos jurídicos generadores de obligaciones que celebren las entidades a las que se refiere ese estatuto (art. 2º), previstos en el derecho privado o en disposiciones especiales, o derivados de la autonomía de la voluntad. De modo que el régimen jurídico aplicable no es determinante para definir al contrato como público o no[34]. La ley 1150 de 2007 en el artículo 1º parece definir el contrato estatal como aquel en que haya financiación pública.

Rosario, 1980, págs. 199 y ss. y Corte Suprema de Justicia, Sala Plena, sent. de 29 septiembre 1983, rad. 1085, M. P. Luis Carlos Sáchica [fundamento jurídico II].

[30] Consejo de Estado, Sección Tercera, sent. de 19 junio 1970, rad. 843, C. P. Gabriel Rojas Arbeláez [fundamento jurídico párr. 18]; sent. de 13 marzo 1972, rad. 03-13, C. P. Carlos Portocarrero Mutis [fundamento jurídico I]; sent. de 16 mayo 1975, rad. 1531, C. P. Alfonso Castilla Sáiz [fundamento jurídico párr. 2]; sent. de 9 marzo de 1988, rad. 4913, C. P. Antonio José de Irisarri Restrepo [fundamento jurídico párr. 2].

[31] Consejo de Estado, Sección Tercera, sent. 29 agosto 1984, rad. 3918, C. P. Carlos Betancur Jaramillo [fundamento jurídico párr. 2], salvamento de voto: Jorge Valencia Arango.

[32] Consejo de Estado, sent. de 13 mayo 1988, rad. 4303-180, C. P. Carlos Betancur Jaramillo [fundamento jurídico párr. 3].

[33] Sobre esta concepción dualista ver JAIME VIDAL PERDOMO, "Historia y principios de la ley 19 de 1982", en *Revista de la Cámara de Comercio de Bogotá*, núm. 50, Bogotá, septiembre de 1983, págs. 61 y ss.; GONZALO SALGUERO BASTO, *Contratos administrativos*, Bogotá, Ediciones Librería del Profesional, 1983, págs. 11 y ss.; ÁLVARO PÉREZ VIVES, *De los contratos de la Administración*, Bogotá, Jurídicas Wilches, 1984, págs. 1 y ss.; EUSTORGIO SARRIA, "Nuevos principios de la contratación administrativa", en *Revista del Colegio Mayor de Nuestra Señora del Rosario* núm. 538, Bogotá, abril-junio de 1987, págs. 109 y ss.; MIGUEL GONZÁLEZ RODRÍGUEZ, *La contratación administrativa en Colombia*, Bogotá, Jurídicas Wilches, 1990, págs. 1 y ss.; JUAN CARLOS RAMÍREZ, *El contrato administrativo*, Bogotá, Edit. Temis, 1990.

[34] Consejo de Estado, Sección Tercera, sent. de 20 agosto 1998, rad. 14202, M. P. Juan de Dios Montes Hernández [fundamentos jurídicos 1.1 y 1.2].

8. La ley 80 de 1993 prevé un ámbito de aplicación o cobertura amplio (que tenía pretensiones de universalidad) y que de paso quiso superar las dificultades que implicaba la dualidad de contratos. Así, en su artículo 2º, al adoptar un criterio orgánico, define para los solos efectos contractuales como entidades estatales: (i) la nación (ley 153 de 1887, art. 80), (ii) las regiones, (iii) los departamentos[35], (iv) las provincias, (v) el Distrito Capital, (vi) las áreas metropolitanas, (vii) las asociaciones de municipios, (viii) los territorios indígenas, (ix) los municipios, (x) los establecimientos públicos, (xi) las empresas industriales y comerciales del Estado, (xii) las sociedades de economía mixta que cuenten con participación estatal mayor al 50 por ciento[36], (xiii) las entidades descentralizadas indirectas cuyo capital cuente con participación mayoritaria del Estado.

También son entidades estatales para efectos de contratación estatal (xiv) las demás personas jurídicas que tengan dicha participación mayoritaria, cualquiera que sea su denominación, (xv) el Senado de la República, (xvi) la Cámara de Representantes, (xvii) el Consejo Superior de la Judicatura, (xviii) la Fiscalía General de la Nación, (xix) la Contraloría General de la República, (xx) las contralorías departamentales, distritales y municipales, (xxi) la Procuraduría General de la Nación, (xxii) la Registraduría Nacional del Estado Civil, (xxiii) los ministerios, (xxiv) los departamentos administrativos, (xxv) las superintendencias, (xxvi) las unidades administrativas especiales y (xxvii) todos los organismos o dependencias del Estado a los que la ley haya otorgado capacidad para celebrar contratos[37]. Asimismo, la ley 1150 de 2007 en su artículo 10 incluyó a (i) las cooperativas y asociaciones integradas por entidades territoriales, y los demás entes solidarios de naturaleza pública y a (ii) las corporaciones autónomas regionales.

9. Aunque el legislador quiso acabar con las clasificaciones de contratos, la jurisprudencia ha dado lugar a dos categorías no previstas por la ley: los contratos estatales (de que tratan los arts. 2º y 32 de la ley 80 y regidos por esta en materias como procesos de selección, perfeccionamiento y ejecución, inhabilidades e incompatibilidades, inclusión de ciertas cláusulas, régimen particular de nulidades, etc.) y los contratos estatales "especiales", entendidos como aquellos en los que sea parte una entidad pública y que no se sometan al estatuto de contratación pública[38].

---

[35] Consejo de Estado, Sección Tercera, sent. de 7 febrero 2002, rad. 18736, C. P. Ricardo Hoyos Duque [fundamento jurídico 8].

[36] Cfr. Corte Const., sent. C-629 de 2003, M. P. Álvaro Tafur Galvis [fundamento jurídico 6].

[37] Cfr. Corte Const., sent. C-374 de 1994, M. P. Jorge Arango Mejía [fundamento jurídico E].

[38] Cfr. Consejo de Estado, Sala Plena, auto de 23 septiembre 1997, rad. S-701, C. P. Carlos Betancur Jaramillo [fundamentos jurídicos a y b]; Sección Tercera, auto de 20 agosto 1998, rad. 14.202, C.P. Juan de Dios Montes [fundamentos jurídicos 1.2 y 1.3] y ENRIQUE JOSÉ AR-

10. Estos últimos contratos están sometidos a disposiciones especiales, también conocidos como de "régimen exceptuado", bien porque se gobiernan por normas de derecho público particulares, ya porque se sujetan exclusivamente, en principio, al derecho privado. En principio, porque el artículo 13 de la ley 1150 de 2007 prevé que en todo deben aplicarse los principios constitucionales de la función administrativa (Const. Pol., art. 267), los principios del control fiscal (Const. Pol., art. 267) y el régimen de inhabilidades e incompatibilidades de la normativa general de la contratación estatal. Regímenes especiales que se explican por la naturaleza de la entidad, el tipo de actividad que adelantan o el sector en donde se desempeñan.

Así, la Constitución ordena que la enajenación de la propiedad accionaria del Estado (Const. Pol., art. 60) se gobierne por un marco legal distinto (ley 226 de 1995, art. 2º)[39]. Igualmente, la Constitución dispone que debe expedirse un régimen legal especial para la adquisición y adjudicación de tierras para campesinos (Const. Pol., arts. 64 a 66 y ley 160 de 1994, modificada por la ley 1151 de 2007).

Igualmente, los servicios públicos están sometidos a un régimen particular que fija la ley (Const. Pol., arts. 48, 75, 365 y 367) diferente de la ley 80 de 1993, salvo lo dispuesto por su artículo 37 para concesiones y licencias de los servicios postales[40]: el artículo 31 de la ley 142 de 1994[41] (modificado

---

BOLEDA PERDOMO, "De la regulación de los contratos de las entidades públicas y en especial de los llamados contratos estatales", en *Revista de la Academia Colombiana de Jurisprudencia*, núm. 322, abril 2003.

[39] Cfr. Corte Const., sent. C-452 de 1995, M. P. Fabio Morón Díaz [fundamento jurídico 3] y Consejo de Estado, Sección Tercera, Subsección B, sent. de 3 febrero 2010, rad. 19526, C. P. Ruth Stella Correa Palacio [fundamento jurídico 2], sent. de 3 febrero 2010, rad. 19526, C. P. Ruth Stella Correa [fundamento jurídico 3], AV Stella Conto y sent. de 25 mayo 2011, rad. 23650, M. P. Ruth Stella Correa Palacio [fundamento jurídico 3].

[40] Cfr. Corte Const., sent. C-407 de 1994, M. P. Alejandro Martínez Caballero [fundamento jurídico 3].

[41] Cfr. Consejo de Estado, Sala de Consulta y Servicio Civil, concepto de 24 febrero 1995, rad. 666 de 1995, C. P. Humberto Mora Osejo [fundamento jurídico 3c]; concepto 704 de 19 julio 1995, C. P. Roberto Suárez Franco [fundamentos jurídicos B1 y B2]; Consejo de Estado, Sala Plena de lo Contencioso Administrativo, auto de 23 septiembre 1997, rad. S-701, M. P. Carlos Betancur Jaramillo [fundamentos jurídicos b, f], Sección Tercera, Subsección A, sent. de 16 agosto 2012, rad. 24463, C. P. Mauricio Fajardo Gómez [fundamento jurídico 3], Sección Tercera, Sala Plena, sent. de 2 diciembre 2013, rad. AP 2130, C. P. Stella Conto [fundamento jurídico 4], AV Ramiro Pazos Guerrero; Subsección A, sent. de 29 agosto 2012, rad. 25390 [fundamento jurídico 8.1]; Sección Tercera, Subsección B, sent. de 15 diciembre 2011, rad. 41339, C. P. Ruth Stella Correa Palacio [fundamento jurídico 3.1]; Corte Const., sent. C-066 de 1997, M. P. Fabio Morón Díaz [fundamento jurídico 4]; HUGO PALACIOS MEJÍA, "Derecho público y derecho privado en los actos y contratos de las empresas de servicios públicos", en

por el art. 3º de la ley 689 de 2001) para servicios públicos domiciliarios; los artículos 8º y 76 de la ley 143 de 1994 (art. 8º parg. y art. 76) para el sector eléctrico; el artículo 55 de la ley 1341 de 2009 para el sector de las tecnologías de la información y las comunicaciones-TIC, entidades estatales que prestan el servicio de telecomunicaciones (que derogó los arts. 33 a 38 de la ley 80) y las leyes 100 de 1993 y 1122 de 2007 para las empresas sociales del Estado[42] y las Empresas Promotoras de Salud del Régimen Subsidiado[43] y Contributivo-EPS de carácter público, respectivamente; el artículo 72 de la ley 1341 de 2009 para el servicio público de televisión[44]).

También, el artículo 371 de la Constitución dispone que el Banco de la República está sujeto a un régimen legal propio incluido el contractual previsto por el artículo 52 de la ley 31 de 1992[45]. El artículo 295 de la Constitución, a su vez, establece que el contrato de crédito externo de las entidades territoriales se sujeta a un régimen particular (ley 715 de 2001). Del mismo modo, el artículo 355, luego de prohibir los denominados "auxilios parlamentarios", autorizó al Gobierno a celebrar contratos con entidades sin ánimo de lucro[46] y de reconocida idoneidad con el fin de impulsar programas y actividades de interés público acordes con el plan nacional y los planes seccionales, sometidos a un régimen legal contenido en el decreto autónomo 92 de 2017[47].

El artículo 69 de la Constitución, por su parte, sometió a un régimen especial a las universidades públicas[48] contenido en la ley 30 de 1992, artículos 57,

---

Revista Supervisión, núm. 2, Bogotá, Superintendencia de Servicios Públicos Domiciliarios, 1996, págs. 15 y ss. y Jorge Eduardo Chemás Jaramillo, "Electricidad y derecho: régimen de contratación y contratos de las empresas que forman parte del sector eléctrico colombiano", en *Revista de Derecho Público*, núm. 14, Bogotá, Universidad de los Andes, 2002, págs. 79 y ss.

[42] Cfr. Consejo de Estado, Sección Tercera, Subsección C, sent. de 8 abril 2014, rad. 25801, C. P. Enrique Gil Botero [fundamento jurídico 3.2].

[43] Consejo de Estado, Sección Tercera, sent. de 26 marzo 2009, rad. 32247, C. P. Myriam Guerrero de Escobar [fundamento jurídico párr. 11].

[44] Cfr. Consejo de Estado, Sección Tercera, sent. de 14 febrero 2012, rad. 38924, C. P. Jaime Orlando Santofimio Gamboa [fundamento jurídico 2.2.2], S. V. Carlos Alberto Zambrano Barrera, Hugo Bastidas Bárcenas, Martha Teresa Briceño de Valencia, Susana Buitrago Valencia, María Elizabeth García González, William Giraldo Giraldo, Mauricio Fajardo Gómez, Marco Antonio Velilla Moreno y A.V. Stella Conto Díaz del Castillo, Ruth Stella Correa Palacio y Danilo Rojas Betancourth.

[45] Consejo de Estado, Sección Tercera, sent. de 17 marzo 2010, rad. 36838, C. P. Myriam Guerrero de Escobar [fundamento jurídico 2.1].

[46] Cfr. Mauricio Rodríguez Tamayo, *Contratación pública con entidades sin ánimo de lucro*, Bogotá, Legis, 2017.

[47] Que derogó los reglamentos constitucionales 777 de 1992, 1403 de 1992 y 2459 de 1993.

[48] Cr. Corte Const., sent. C-547 de 1994, M. P. Carlos Gaviria Díaz [fundamento jurídico b.2] y Consejo de Estado, Sección Tercera, sent. de 20 abril 2005, rad. 14519, C. P. Ramiro Saavedra Becerra [fundamento jurídico 2].

modificado por el art. 1º de la ley 647 de 2001[49], 93 y 94[50]. Por su parte, el sector de ciencia y tecnología también tiene un régimen particular (Const. Pol., art. 71; ley 9ª de 1990, decrs. 393 y 591 de 1991, ley 1286 de 2009, art. 33).

Asimismo, pueden mencionarse, entre otros, los siguientes regímenes excluidos de la ley 80 de 1993, algunos de los cuales ya fueron derogados: (i) los contratos financiados con fondos de los organismos multilaterales de crédito o celebrados con personas extranjeras de derecho público u organismos de cooperación, asistencia o ayuda internacionales (ley 80 de 1993, art. 13 inc. 3º[51], modificado por el art. 20 de la ley 1150 de 2007); (ii) los contratos que celebren los establecimientos de crédito, las compañías de seguros y las demás entidades financieras de carácter estatal (del ley 80 de 1993, art. 32 parg. 1º; modificado por el art. 15 de la ley 1150 de 2007[52]); (iii) servicios postales (ley 1369 de 2009); (iv) operaciones de crédito público (ley 80, art. 41) y (v) contratos de exploración y explotación de recursos naturales renovables y no renovables (ley 80 de 1993, art. 76[53]), decreto-ley 2310 de 1974, ley 685 de 2011 —Código de Minas— y decreto-ley 1056 de 1953, Código de Petróleos, modificado por la ley 10 de 1961[54]).

La ley 1150 de 2007 previó, además, regímenes especiales para: (i) las empresas industriales y comerciales del Estado y sociedades de economía mixta en las que el Estado tenga participación superior al 50 por ciento que estén en competencia con los particulares o actúen en mercados regulados, sus filiales y las sociedades entre entidades públicas (art. 14, modificado por el art. 93 de la ley 1474 de 2011[55]); (ii) las entidades exceptuadas del sector defensa (art.

[49] Cfr. Corte Const., sent. C-1435 de 2000, M. P. Cristina Pardo [fundamento jurídico 3].

[50] Cfr. Corte Const., sent. C-547 de 1994, M. P. Carlos Gaviria Díaz [fundamento jurídico b.2].

[51] Cfr. Corte Const., sent. C-249 de 2004, M. P. Jaime Araújo Rentería [fundamento jurídico 2.3.4] y Consejo de Estado, Sección Tercera, Subsección C, sent. de 12 junio 2014, rad. 28279, C. P. Enrique Gil Botero [fundamento jurídico 1.2], SV Jaime Orlando Santofimio Gamboa.

[52] Consejo de Estado, Sección Tercera, sent. de 9 julio 2005, rad. 11575, C. P. Alier Hernández Enríquez [fundamento jurídico 3.1].

[53] Cfr. Corte Const., sent. C-949 de 2001 [fundamento jurídico 7].

[54] Cfr. GONZALO SUÁREZ CAMACHO, "Las reglas de interpretación de los contratos de exploración y producción de la Agencia Nacional de Hidrocarburos", en ANTONIO ALJURE, ROCÍO ARAÚJO y WILLIAM ZAMBRANO, Sociedad, Estado y Derecho, Homenaje a Álvaro Tafur Galvis IV, Bogotá, Colegio Mayor de Nuestra Señora del Rosario, 2014, págs. 271 y ss.

[55] Cfr. Consejo de Estado, Sala de Consulta y Servicio Civil, concepto de 11 diciembre 1970, rad. 487, C. P. Luis Carlos Sáchica [fundamentos jurídicos 2 a 5] ; concepto de 31 agosto 1973, rad. 786, C. P. Luis Carlos Sáchica [fundamentos jurídicos párr. 6, 7, 11 a 13]; Sección Tercera, sent. de 6 marzo 1980, rad. 2654, C. P. Jorge Valencia Arango [fundamento jurídico 3] y sent. de 16 febrero 2006, rad. 13414, C. P. Ramiro Saavedra Becerra [fundamento jurídico 3.2].

16); (iii) contratos o convenios financiados en su totalidad o en sumas iguales o superiores al 50 por ciento con fondos de los organismos de cooperación, asistencia o ayudas internacionales (art. 20); (iv) sociedades fiduciarias (art. 25) y (v) Fondo Financiero de Proyectos de Desarrollo-FONADE (art. 26).

Finalmente, pueden mencionarse regímenes exceptuados previstos en otras leyes: (i) contratos para la edición e impresión de los medios de comunicación (ley 98 de 1993); (ii) Unidad Administrativa Especial de Aeronáutica Civil (ley 105 de 1993); (iii) Fondo Mixto de Promoción Cinematográfica y Fondo Mixto de Promoción de la Cultura y de las Artes (ley 397 de 1997); (iv) Programa de Protección a Testigos, Víctimas, Intervinientes en el Proceso y Funcionarios de la Fiscalía General de la Nación (ley 418 de 1997); (v) Fondos de servicios educativos (ley 715 de 2001); (vi) Ecopetrol (ley 1118 de 2006); (vii) contratos de suerte y azar (ley 643 de 2001); (viii) Fondo Nacional de Gestión del Riesgo (ley 1523 de 2012) y (ix) Instituto Nacional de Salud (decr. 4109 de 2011)[56].

11. Como ya se indicó, si bien la ley 80 de 1993 no es una modalidad de ley marco, general o cuadro, fue concebida como una ley de "principios" que informan la actividad contractual. Su artículo 23 previó, además de la sujeción a los principios de la función administrativa, los siguientes principios: (i) trasparencia (art. 24), (ii) economía (art. 25) y (iii) responsabilidad (art. 26).

12. El principio de trasparencia, desarrollo del principio constitucional de imparcialidad (Const. Pol., art. 209), propende la igualdad de los oferentes y la selección objetiva del contratista[57] y por ello es contrario a este postulado lo arbitrario, oculto, subjetivo y parcializado[58]. La licitación ha sido siempre la regla en la contratación de la administración pública en Colombia. Así lo exigían, por ejemplo, los artículos 9º, 13, 21 y 27 de la ley 110 de 1912[59]. Regla que es retomada por la ley 80 de 1993, al prever este principio (art. 24, reformado parcialmente por el art. 2º de la ley 1150 de 2007)[60].

[56] Cfr. GABRIEL DE VEGA PINZÓN, "La universalidad del estatuto general de contratación de la Administración Pública", en HUGO ARENAS (Ed.), *Instituciones de derecho administrativo* II, Bogotá, Colegio Mayor de Nuestra Señora del Rosario y Grupo Editorial Ibáñez, 2016, págs. 175 y ss.

[57] La selección objetiva es tratada no solo como un deber de imperativo cumplimiento, sino como un principio autónomo, como se verá adelante.

[58] Cfr. Consejo de Estado, Sección Tercera, sent. de 3 diciembre 2007, rad. 24715, C. P. Ruth Stella Correa Palacio [fundamento jurídico 2.2.2 ii)]; Sección Tercera, Subsección B, sent. de 3 mayo 2013, rad. 23734, C. P. Danilo Rojas Betancourth [fundamentos jurídicos 21.8 y 21.9] y Corte Const., sent. C-400 de 1999, M. P. Vladimiro Naranjo Mesa [fundamentos jurídicos 3 y 4].

[59] Cfr. Consejo de Estado, providencia de 15 mayo 1916, rad. SCA 1916-05-15, M. P. Próspero Márquez [fundamento jurídico párr. 12 y 13].

[60] Cfr. Corte Const., sent. C-400 de 1999, M. P. Vladimiro Naranjo Mesa [fundamento jurídico 3].

Si bien el artículo 44 del decreto-ley 150 de 1976 y el artículo 56 del de-creto-ley 222 de 1983 prohibían el "fraccionamiento" de contrato estatal, la ley 80 de 1993 no lo hizo. No obstante, el Consejo de Estado dejó en claro que los servidores públicos no pueden dividir el objeto de un contrato estatal en varios, si lo que se pretende es manipular las cuantías de ley para eludir los procedimientos de selección objetiva[61].

Aunque las entidades tienen un margen de autonomía en la elaboración de los pliegos de condiciones, esta atribución debe ejercerse teniendo en cuen-ta los fines de la contratación estatal y, por lo mismo, los criterios de selección susceptibles de calificación, deben ser congruentes con ellos y comprender los elementos necesarios para llevar a cabo el contrato en las condiciones de modo, tiempo y lugar requeridas por ella[62]. Además, todo interesado debe estar en condiciones de conocer y controvertir los informes, conceptos y de-cisiones que se tomen; la actuación debe ser pública; las autoridades deben expedir copia de las actuaciones y propuestas recibidas, a quien acredite un interés legítimo, salvo reserva legal.

Tampoco es posible incluir en los pliegos exigencias imposibles de cumplir, o exenciones de responsabilidad respecto de los datos, informes y documentos su-ministrados. Y aquellas estipulaciones de los pliegos de condiciones que contra-vengan el artículo 24 de la ley 80 de 1993 o que dispongan renuncias a recla-maciones por la ocurrencia de estos hechos, son ineficaces de pleno derecho[63].

Según este principio, las reglas de adjudicación deben incluirse en los avisos en los que se publique la apertura de la licitación y en los pliegos de condicio-nes; los actos administrativos, distintos a los de mero trámite, el acto de adjudi-cación y la declaratoria de desierta deben motivarse de manera detallada y precisa. Por último, las autoridades no pueden actuar con desviación o abuso de poder[64] y no pueden eludir los procedimientos establecidos para lograr una selección objetiva, como tampoco los demás requisitos determinados por el Estatuto[65].

[61] Cfr. Consejo de Estado, Sala Plena, sent. de 22 mayo 2018, rad.. 00281, M. P. Guillermo Sánchez Luque [fundamento jurídico 7].

[62] Cfr. Consejo de Estado, Sección Tercera, sent. de 26 abril 2006, rad. 16.041, C. P. Ruth Stella Correa Palacio [fundamento jurídico 4.1.3].

[63] Cfr. Consejo de Estado, Sección Tercera, sent. de 3 diciembre 2007, rad. 16503, C. P. Ruth Stella Correa Palacio [fundamento jurídico 2] y Sección Tercera, Subsección B, sent. de 14 octubre 2011, rad. 20811, C. P. Ruth Stella Correa Palacio [fundamento jurídico 7.11].

[64] Cfr. Consejo de Estado, Sección Tercera, Subsección B, sent. de 4 junio 2012, rad. 20911, C. P. Ruth Stella Correa Palacio [fundamento jurídico 6.1].

[65] La ley 1150 de 2007 adoptó una serie de medidas para la eficiencia y la transparencia en la ley 80 de 1993. Ver ÁLVARO NAMÉN VARGAS, "La transparencia como elemento de mo-dernización de la administración pública", en WILLIAM ZAMBRANO (Ed.) *Memorias Congreso Internacional Conmemorativo de la ley 4 de 1913, 100 años de Administración Pública: retos y perspectivas*, Bogotá, ESAP, 2014, pág. 320.

En definitiva, se busca que la escogencia del contratista se haga de acuerdo con unas reglas claras y objetivas que garanticen la imparcialidad de la administración[66].

13. El segundo principio que orienta la contratación estatal es el de economía (art. 25 de la ley 80) conforme al cual la administración debe actuar con eficiencia y eficacia para que se protejan los recursos públicos[67]. Eficacia también asociada al debido proceso administrativo (Const Pol., art. 209) y, por ello, (i) en las normas de selección y en los pliegos de condiciones se establecerán los procedimientos y etapas estrictamente necesarios para asegurar la selección objetiva de la oferta más favorable[68]; (ii) los términos son preclusivos y perentorios —vencidos no pueden revivirse[69]— (num. 1 del art. 25) y (iii) la interpretación de los procedimientos debe orientarse a evitar procedimientos adicionales y decisiones inhibitorias, impedir dilaciones y retardos y exigir requisitos diferentes a los previstos en la ley (art. 25, nums. 2, 4 y 8).

Con arreglo a este principio, los procedimientos contractuales son mecanismos para cumplir los fines estatales, la adecuada prestación de los servicios públicos y la protección de los derechos de las personas (art. 25, num. 3); es inadmisible el rechazo de proponentes por requisitos formales, nimios e inútiles[70], no necesarios para la comparación de propuestas[71] (num. 15 inc. 2º, modificado por el parg. 1º del art. 5º de la ley 1150 de 2007[72]).

La entidad tampoco tiene competencia para establecer causales de rechazo, ni le está permitido crear inhabilidades o incompatibilidades distintas a las previstas en la ley: la libertad de configuración de los pliegos está, pues, limitada por el legislador[73]. Ahora, la ausencia de requisitos menores en la

---

[66] Cfr. Consejo de Estado, Sección Tercera, sent. de 4 julio 1997, rad. 9523, C. P. Ricardo Hoyos Duque [fundamento jurídico 3.1].

[67] Cfr. Consejo de Estado, Sección Tercera, sent. de 19 junio 1998, rad. 10439, M. P. Juan de Dios Montes Hernández [fundamento jurídico 2.3].

[68] Cfr. Corte Const., sent. C-400 de 1999, M. P. Vladimiro Naranjo Mesa [fundamentos jurídicos 4.1 y 4.2].

[69] Cfr. Consejo de Estado, Sección Tercera, sent. de 21 abril 2004, rad. 12960, C. P. Ramiro Saavedra Becerra [fundamento jurídico párr. 39].

[70] Cfr. Consejo de Estado, Sección Tercera, sent. de 19 junio 1998, rad. 10217, C. P. Ricardo Hoyos Duque [fundamento jurídico 4].

[71] Cfr. Consejo de Estado, Sección Tercera, Subsección C, sent. de 12 noviembre 2014, rad. 27986, C. P. Enrique Gil Botero [fundamento jurídico 3].

[72] Sobre la interpretación del pliego de condiciones, ver Consejo de Estado, Sección Tercera, sent. de 7 febrero 1993, rad. 5906, C. P. Juan de Dios Montes Hernández [fundamento jurídico 11] y sent. de 28 abril 2005, rad. 12025, C. P. Ramiro Saavedra Becerra [fundamento jurídico 3.2].

[73] Cfr. Consejo de Estado, Sección Tercera, Subsección A, sent. de 27 marzo 2014, rad. 24845, C. P. Mauricio Fajardo Gómez [fundamento jurídico 4.1].

presentación de la oferta o la falta de documentos referentes a la futura contratación o al proponente, no necesarios para la comparación de propuestas, no servirá de título suficiente para el rechazo de los ofrecimientos hechos[74].

La declaratoria de desierta[75], en tanto situación excepcional, únicamente procederá, por motivos o causas que impidan la escogencia objetiva[76] y se declarará en acto administrativo en el que se indicarán en forma expresa y detallada las razones que han conducido a esa decisión conforme a las causales previamente contempladas (art. 25, num. 18). No se trata, pues, de una facultad discrecional[77]. En fin, se deben adoptar procedimientos que garanticen la pronta solución de las diferencias y controversias que con motivo del proceso de selección y celebración del contrato se presenten (art. 25, num. 5).

14. El deber de planeación es una de las manifestaciones más caracterizadas del principio de economía en la actividad contractual: la entidad estatal contratante está en el deber legal de elaborar, antes de emprender el proceso de selección del contratista, los estudios completos y análisis serios que el proyecto demande[78] (ley 80 de 1993, art. 25 nums. 6, 7, 11 a 14, 25 y 26; art. 26 num. 3; art. 30 num. 1 inc. 2º y ley 1150 de 2007, arts. 4º y 8º[79]).

Principio de planeación asociado, a su vez, con el de la buena administración[80]. La planeación ha cobrado gran importancia, al punto que su des-

[74] Cfr. Consejo de Estado, Sección Tercera, Subsección B, sent. de 14 octubre 2011, rad. 20811, C. P. Ruth Stella Correa Palacio [fundamento jurídico 6]

[75] La norma habla de esta figura respecto de licitación o concurso, pero las consideraciones allí previstas naturalmente también resultan predicables respecto de cualquier proceso de selección.

[76] Sobre si la presencia de un proponente único es causal que frustre el proceso licitatorio no hay criterio uniforme en la jurisprudencia. Ver Consejo de Estado, Sección Tercera, sent. de 24 junio 2004, rad. 15235, C. P. Ricardo Hoyos Duque [fundamento jurídico 3] SV Alier Hernández Enríquez; Sala Plena, sent. de 14 febrero 2012, rad. IJ 036-01, C. P. Jaime Orlando Santofimio Gamboa, SV Hugo Bastidas Bárcenas, Martha Teresa Briceño de Valencia, Susana Buitrago Valencia, Marco Antonio Velilla Moreno; Sección Tercera, Subsección B, sent. de 2 mayo 2016, rad. 33126, C. P. Ramiro Pazos Guerrero [fundamento jurídico 4.3.3.2].

[77] Cfr. Consejo de Estado, Sección Tercera, Subsección B, sent. de 14 octubre 2011, rad. 20811, C. P. Ruth Stella Correa Palacio [fundamentos jurídicos 6 y 7.11].

[78] Cfr. Consejo de Estado, Sección Tercera, sent. de 19 junio 2008, rad. AP 005, C. P. Ruth Stella Correa [fundamento jurídico 4.4].

[79] Cfr. Consejo de Estado, Sección Tercera, sent. de 29 agosto 2007, rad. 14854, C. P. Mauricio Fajardo Gómez [fundamento jurídico 2.4].

[80] Cfr. Consejo de Estado, Sección Tercera, sent. de 5 junio 2008, rad. 8031, C. P. Mauricio Fajardo Gómez [fundamento jurídico d], AV Ruth Stella Correa Palacio, AV Ramiro Saavedra Becerra y Sección Tercera, Subsección C, sent. de 10 octubre 2016, rad. 55813, C. P. Jaime Orlando Santofimio Gamboa [fundamento jurídico 4.10], AV Guillermo Sánchez Luque.

conocimiento ha permitido, no sin gran debate, anular contratos por objeto ilícito[81]. Postulado que de alguna manera retoma lo que habían prescrito los estatutos contractuales anteriores (decr. 150 de 1976, art. 72, para el contrato de obra pública, y los arts. 30.2, 46, 83 parg. 1º y 84 del decr. 222 de 1983[82]).

Ahora, si el objeto de la contratación incluye la realización de una obra, la entidad contratante debe contar con los estudios y diseños que permitan establecer la viabilidad del proyecto y su impacto social, económico y ambiental (ley 1474 de 2011, art. 87). Del mismo modo, en virtud de este postulado de planeación también deben preverse aquellos riesgos administrativos, comerciales, de construcción, de operación financiera, cambiarios, regulatorios, tecnológicos, de fuerza mayor, adquisición de predios, climático, ambiental o soberano o político, etc., que amenacen su normal ejecución y puedan afectar en el futuro la conmutatividad.

15. El tercero de los principios es el de responsabilidad (ley 80 de 1993, art. 26), según el cual los servidores están obligados a buscar el cumplimiento de los fines de la contratación, vigilar la correcta ejecución de lo contratado y velar por la buena calidad del objeto contratado (nums. 1 y 8). De modo que los servidores públicos responderán por sus actuaciones y omisiones antijurídicas y deben indemnizar los daños que se causen (num. 2 y Const. Pol., arts. 90, 95 y 124). Preceptos constitucionales desarrollados por los Títulos V (arts. 50 a 59) y VII (arts. 62 a 67) de la ley 80 de 1993 sobre responsabilidad contractual y control de la gestión contractual; por la ley 678 de 2001 que regula la acción de repetición y por el Código Penal (arts. 409 y 410).

Según este principio, las actuaciones de los servidores públicos deben estar presididas por las reglas sobre administración de bienes ajenos (num. 4)[83] y la responsabilidad de la dirección y manejo de la actividad contractual y de los procesos de selección se atribuye al jefe o representante de la entidad estatal para evitar que esta se diluya en juntas o consejos directivos (num. 5), como lo revelan los antecedentes de la ley 80 de 1992[84].

A su vez, los contratistas responderán cuando formulen propuestas en las que se fijen condiciones económicas y de contratación artificialmente bajas

---

[81] Consejo de Estado, Sección Tercera, Subsección C, sent. de 24 abril 2013, rad. 27315, C. P. Jaime Orlando Santofimio Gamboa [fundamento jurídico 2], SV Enrique Gil Botero; sent. de 10 diciembre 2015, M. P. Jaime Orlando Santofimio Gamboa [fundamento jurídico 8.3], A.V. Guillermo Sánchez Luque.

[82] Cfr. Consejo de Estado, Sección Tercera, Subsección A, sent. de 29 abril 2015, rad. 21081, C. P. Hernán Andrade Rincón [fundamentos jurídicos b y 6.2.3].

[83] Cfr. Consejo de Estado, Sección Tercera, sent. 5 octubre 2005, rad.. AP-1588, C. P. Ramiro Saavedra Becerra [fundamento jurídico 5.3].

[84] Cfr. JORGE BENDECK OLIVELLA, "Exposición de Motivos al Proyecto de ley No. 149 Senado de 1992", en *Gaceta del Congreso*, núm. 75, 23 de septiembre de 1992.

con el propósito de obtener la adjudicación del contrato; por haber ocultado al contratar, inhabilidades, incompatibilidades o prohibiciones, o por haber suministrado información falsa y por la buena calidad del objeto contratado (nums. 6, 7 y 8). A juicio de la Corte Constitucional este principio de responsabilidad obedece a la necesaria articulación y armonía que debe existir para garantizar la efectividad y vigencia de los principios de trasparencia, economía, mantenimiento del equilibrio económico del contrato y de selección objetiva, bajo una gestión signada por la eficiencia, economía, celeridad y la moralidad[85].

B) *Procedimientos de selección del contratista*

16. El contrato público además de bilateral (las partes adquieren obligaciones recíprocas), oneroso (reporta utilidad o beneficio para ambas partes), es conmutativo (cada una de las partes se obliga a dar o hacer una cosa que se mira como equivalente a lo que la otra parte debe dar o hacer a su vez) y es solemne, pues generalmente exige que conste por escrito. Pero su suscripción exige previamente un riguroso y complejo proceso de formación tendente a lograr la mejor de las ofertas.

17. El artículo 2º de la ley 1150 de 2007 (reglamentado por el decr. 1082 de 2015) prevé los siguientes tipos de procedimientos de selección de contratistas[86]: (i) la licitación pública, (ii) la selección abreviada, (iii) el concurso de méritos, (iv) la contratación directa y (iv) la mínima cuantía. Estos procedimientos buscan asegurar que la selección sea objetiva, es decir desprovista de arbitrariedad, con arreglo a unos requisitos y procedimientos previamente establecidos, y así lograr que el contrato se celebre con el oferente más favorable para la entidad. Pero su principal objetivo, como de antaño lo ha señalado la jurisprudencia, es la moralización en el manejo de los negocios públicos, como una forma de garantizar la correcta utilización de la facultad de decidir sobre la suerte económica de las entidades oficiales[87].

---

[85] Corte Const., sent. C-004 de 1996, M. P. Antonio Barrera Carbonell [fundamento jurídico 2].

[86] Cfr. MARTÍN BERMÚDEZ MUÑOZ, "Los procesos de selección", en FELIPE DE VIVERO ARCINIEGAS (comp.), *Reforma al régimen de contratación estatal,* Bogotá, Universidad de los Andes, 2010, págs. 75 y ss.; ANTONIO JOSÉ DE IRRISARI RESTREPO, "La selección de contratistas por parte de las entidades estatales" en AA. VV., *La misión de contratación: hacia una política para la eficiencia y la transparencia en la contratación pública,* Bogotá, DNP, 2002, págs. 235 y ss.; ENRIQUE ARBOLEDA PERDOMO, "La selección del contratista particular" en AA. VV., *Comentarios al nuevo régimen de contratación administrativa,* Bogotá, Colegio Mayor de Nuestra Señora del Rosario, 1995, págs. 149 y ss.; JORGE OCTAVIO RAMÍREZ RAMÍREZ, "Los procedimientos de selección del contratista y el nuevo estatuto de contratación: ley 80 de 1993", en AA. VV., *Comentarios al Estatuto de Contratación Administrativa,* Medellín, Librería Jurídica, 1994, págs. 99 y ss.

[87] Cfr. Consejo de Estado, Sección Tercera, sent. de 9 noviembre 1984, rad. 3743, C. P. Jorge Valencia Arango [fundamento jurídico H].

18. La escogencia del contratista, por regla general, será mediante licitación pública[88], porque este mecanismo de convocatoria pública —que garantiza la libre concurrencia[89]— permite que los interesados, en igualdad de condiciones, concurran y formulen sus ofertas y la entidad escoja entre ellas la más favorable, con estricta sujeción a un pliego de condiciones. Un acto reglado que busca no solo mejorar la situación administrativa para negociar, sino quitarle al negocio el aspecto de clandestinidad y discrecionalidad y, como acto reglado, lo satisfactorio o no de una propuesta depende de que se ajuste o no al pliego[90].

Si se dejara a la discrecionalidad, todo el sistema se desvertebraría, pues justamente impediría que se cumplieran los objetivos que justifican su existencia: discrecionalidad y licitación son conceptos que se excluyen. En el procedimiento público de escogencia todo es reglado, los factores son objetivos y nada queda *ad libitum* de la entidad pública[91]. De conformidad con el artículo 30 de la ley 80 de 1993 (modificado por la ley 1150 de 2007), la licitación se sujeta a las siguientes reglas:

19. En una primera etapa, se expide el acto de apertura, que debe ser motivado y debe estar precedido de un estudio previo sobre la conveniencia y oportunidad del contrato y su adecuación a los planes de inversión, de adquisición o compras, al presupuesto y a la ley de apropiaciones, según el caso. Cuando sea necesario, debe acompañarse de diseños, planos y evaluaciones de prefactibilidad y factibilidad (ley 80, art. 30 num. 1). El acto de apertura puede ser revocado directamente por la Administración hasta antes de que agote sus efectos jurídicos (se adjudique o se declare desierto), pero en todo caso debe observar las situaciones jurídicas que se hayan generado y las razones que lo soportan, para evitar que quede viciado de nulidad[92].

20. En una segunda etapa, la administración debe elaborar los pliegos de condiciones[93], previamente a la apertura de la licitación, de conformidad con

[88] Cfr. ANTONIO JOUVE GARCÍA, "Licitación pública", en AA. VV., *Memorias 3er Seminario Nacional de Contratación Estatal,* Bogotá, Alcaldía Mayor, 2007, págs. 127 y ss.; Consejo de Estado, providencia de 15 marzo 1930, rad. 219, C. P. Nicasio Anzola [fundamento jurídico párr. 7]; Sección Tercera, sent. de 3 febrero 2010, rad. 18413, C. P. Ruth Stella Correa Palacio [fundamento jurídico 3.1].

[89] Cfr. Consejo de Estado, Sección Tercera, Subsección B, sent. de 29 abril 2015, rad. 37083, C. P. Danilo Rojas Betancourth [fundamentos jurídicos 45 y 53].

[90] Cfr. Consejo de Estado, Sección Tercera, sent. de 27 junio 1974, rad. 1455, M. P. Gabriel Rojas Arbeláez [fundamento jurídico párr. 7].

[91] Cfr. Consejo de Estado, Sección Tercera, sent. de 20 septiembre 1976, rad. 1844, C. P. Carlos Portocarrero Mutis [fundamento jurídico párr. 17].

[92] Cfr. Consejo de Estado, sent. de 26 noviembre 2014, rad. 31297, C. P. Carlos Alberto Zambrano Barrera [fundamento jurídico 2].

[93] Cfr. ÉDGAR GONZÁLEZ LÓPEZ, *El pliego de condiciones en la contratación estatal: la reforma consagrada en la ley 1150 de 2007 y sus decretos reglamentarios*, Bogotá, Universidad Externado de Colombia, 2010.

el numeral 5 del artículo 24 de la ley 80 de 1993[94], en consonancia con el numeral 2 del artículo 30 de la misma norma. El pliego constituye la ley del proceso de licitación pública (fuente principal de los derechos y obligaciones de la entidad y los proponentes) y ley del contrato que se celebrará, del cual forman parte integral e inescindible[95]. El pliego se erige, pues, en el marco de referencia dentro del cual deben actuar tanto la Administración como los interesados en contratar, en la etapa precontractual y durante la ejecución del contrato. El desconocimiento de tales reglas no solo compromete la validez de los actos expedidos, sino también la responsabilidad[96].

En efecto, allí se regula el procedimiento administrativo de selección (reglas objetivas, claras y completas de escogencia del contratista: los factores de selección) y, además, se consignan las cláusulas que luego se incorporarán al contrato (objeto, derechos y obligaciones de las partes, condiciones de costo y calidad de los bienes, plazo de liquidación del contrato, régimen jurídico, etc.). Los pliegos contienen, pues, la voluntad unilateral —vinculante y obligatoria— de la Administración a la que se someten los proponentes y el contratista escogido[97].

Se trata de un conjunto de cláusulas predispuestas obligatorias, elaboradas unilateralmente por la Administración para disciplinar el desarrollo y las etapas del proceso de selección y el contrato ofrecido a los interesados en participar en la convocatoria[98]. De modo que los pliegos determinan no solo las condiciones de tiempo, modo y lugar para acceder al contrato mediante su adjudicación (su formación, reglamento que disciplina el procedimiento licitatorio), sino también las de su ejecución (fuente principal de derechos y obligaciones de las partes, delimita el contenido y alcance del contrato)[99]. De ahí que en los pliegos deba incluirse la minuta del contrato que se pretende celebrar con inclusión de las cláusulas forzosas de ley, conforme lo dispone el artículo 30.2 de la ley 80 de 1993 que retoma lo previsto por el literal h del artículo 30 del decreto-ley 222 de 1993.

---

[94] Cfr. Consejo de Estado, Sección Tercera, Subsección C, sent. de 12 agosto 2014, rad. 26332, C. P. Enrique Gil Botero [fundamento jurídico b].

[95] Cfr. Consejo de Estado, Sección Tercera, sent. de 4 diciembre 2006, rad. 32871, C. P. Mauricio Fajardo Gómez [fundamento jurídico 3].

[96] Cfr. Consejo de Estado, Sección Tercera, sent. de 4 junio 2008, rad. 17783, C. P. Myriam Guerrero de Escobar [fundamento jurídico 4.3].

[97] Cfr. Consejo de Estado, Sección Tercera, sent. de 11 mayo 2011, rad. 17113, C. P. Ruth Stella Correa Palacio [fundamento jurídico 4].

[98] Cfr. Consejo de Estado, Sección Tercera, sent. de 26 abril 2006, rad. 16041, C. P. Ruth Stella Correa Palacio [fundamento jurídico 4.1.3].

[99] Cfr. Consejo de Estado, Sección Tercera, sent. de 27 abril 2011, rad. 18293, C. P. Ruth Stella Correa Palacio [fundamento jurídico 4.1].

Según la jurisprudencia, los pliegos ostentan una "naturaleza mixta", pues su contenido es mutable, ya que nacen como un acto administrativo general —naturaleza que conserva hasta la adjudicación— y a partir de la celebración del contrato cambia esa naturaleza y se convierte en una "cláusula contractual", porque no pocas de las condiciones se integran al contrato, como verdaderas cláusulas, mientras que otras han perecido a medida que avanza el proceso de selección[100]. En otras palabras, unas cláusulas están orientadas a disciplinar el proceso de selección (presentación, evaluación y calificación de las propuestas, así como la adjudicación o su declaratoria desierta), mientras otras se habrán de proyectar en el negocio definitivo, pues integran el contenido del contrato estatal (define sus reglas)[101].

Los pliegos, además, son en principio intangibles, esto es, inalterables e inmodificables (ley 80, art. 3º num. 2), en tanto están concebidos para garantizar la objetividad en el proceso de selección[102]. Tampoco hay lugar a modificaciones tácitas, salvo que así se deduzca del acta de audiencia[103]. Los pliegos forman parte esencial del contrato y son la base para su interpretación e integración, en la medida en que contienen la voluntad de la Administración a la que se someten primero los oferentes y luego el contratista favorecido. Por ello, sus reglas deben prevalecer sobre los demás documentos del contrato[104].

Como la licitación implica un llamado general para que toda persona que se considere con posibilidad de contratar, haga propuesta, las entidades deben publicar los proyectos de pliegos, los estudios y documentos previos que sirvieron de fundamento para su elaboración, con el propósito de suministrar al público en general la información necesaria para formular observaciones sobre su contenido y, además, que llegue a conocimiento del mayor número posible de contratistas potenciales[105]. Las entidades también deben publicar las

[100] Cfr. Consejo de Estado, Sección Tercera, sent. de 30 noviembre 2006, rad. 18059, C. P. Alier Hernández Enríquez [fundamento jurídico 5.2.1.1].

[101] Cfr. Consejo de Estado, Sección Tercera, sent. de 3 mayo 1999, rad. 12344, C. P. Daniel Suárez Hernández [fundamento jurídico 3].

[102] Cfr. Consejo de Estado, Sección Tercera, sent. de 8 junio 2006, rad. 1505, C. P. María Elena Giraldo Gómez [fundamento jurídico 4]; Sección Tercera, Subsección B, sent. 30 abril 2012, rad. 21571, C. P. Stella Conto Díaz del Castillo [fundamento jurídico 6]; Sección Tercera, Subsección B, sent. de 20 febrero 2014, rad. 28342, C. P. Stella Conto Díaz del Castillo [fundamento jurídico 5].

[103] Cfr. Sección Tercera, Subsección A, sent. de 29 enero 2014, rad. 30250, C. P. Mauricio Fajardo Gómez [fundamento jurídico 9].

[104] Cfr. Consejo de Estado, Sección Tercera, sent. de 3 febrero 2000, rad. 10399, C. P. Ricardo Hoyos Duque [fundamento jurídico 2].

[105] Cfr. Consejo de Estado, Sección Tercera, sent. de 20 septiembre 1976, rad. 1648, C. P. Osvaldo Abello Noguera [fundamento jurídico párr. 3], SV Carlos Portocarrero Mutis.

razones por las cuales acogen o rechazan las observaciones a los proyectos, de conformidad con el artículo 8º de la ley 1150 de 2007.

El artículo 4º de la ley 1882 de 2018, con el propósito de evitar las selecciones dirigidas, ordenó al gobierno nacional adoptar documentos tipo para los pliegos de condiciones de (i) los procesos de selección de obras públicas, (ii) interventoría para las obras públicas, (iii) interventoría para consultoría de estudios y diseños para obras públicas, (iv) consultoría en ingeniería para obras, que todas las entidades sometidas a la ley 80 deben utilizar en los procesos de selección que adelanten, sin perjuicio de que el gobierno los extienda a otro tipo de contratos.

La entidad debe publicar los avisos de la invitación a participar en el proceso licitatorio en la página web de la entidad y en el Sistema Electrónico para la Contratación Pública (SECOP), que deben contener la información relativa al objeto y todas las reglas básicas de la licitación (num. 3, modificado por el art. 224 del decr.-ley 19 de 2012[106]). Los pliegos fijarán el plazo en que estará abierta según la naturaleza, objeto y cuantía, período dentro del cual los oferentes pueden presentar sus propuestas, acompañadas de la respectiva garantía. Este plazo se puede prorrogar, antes de su vencimiento, a instancias de la entidad o de un número plural de oferentes y por un término no mayor a la mitad del fijado (ley 80, art. 30 num. 5).

Dentro de los tres días hábiles siguientes al inicio del plazo para presentación de propuestas, podrá solicitarse la realización de una audiencia para precisar el contenido del pliego y se revise la asignación de riesgos previsibles (ley 80, art. 30 num. 4, modificado por el art. 4º de la ley 1150 de 2007). La técnica de distribución o repartición de riesgos está prevista en el artículo 4º de la ley 1150 de 2007. Según esta disposición, en los pliegos se debe incluir la estimación (tasación monetaria), tipificación (identificación) y asignación de los riesgos previsibles involucrados en la contratación, a quien mejor los pueda controlar. De otro lado, en las licitaciones públicas, los pliegos deben señalar el momento en que, con anterioridad a la presentación de las ofertas, los oferentes y la entidad revisarán la asignación de riesgos con el fin de establecer la distribución definitiva[107].

[106] Cfr. Corte Const., sent. C-016 de 2013, M. P. Eduardo Mendoza Martelo [fundamento jurídico 5].

[107] Cfr. SUSANA MONTES ECHEVERRI (con la colaboración de Patricia Mier Barros), "Concesiones viales: la inadecuada distribución de los riesgos, eventual causa de crisis en los contratos", en *Revista de Derecho Público* núm. 11, Bogotá, Universidad de los Andes, 2000, págs. 39 y ss.; GILBERTO PEÑA CASTRILLÓN, "El derecho privado y la repartición de los riesgos", en FELIPE DE VIVERO ARCINIEGAS (comp.), *Reforma al régimen de contratación estatal,* Bogotá, Universidad de los Andes, 2010, págs. 169 y ss.; JOSÉ LUIS BENAVIDES, "Riesgos contractuales", en JOSÉ LUIS BENAVIDES y JAIME ORLANDO SANTOFIMIO (comps.) *Contratación estatal: estudios sobre la reforma del estatuto contractual. Ley 1150 de 2007,* Bogotá, Universidad Externado

22. Adicionalmente, durante el plazo de la licitación, esto es dentro de la fecha en que se pueden presentar propuestas y su cierre, los interesados podrán solicitar aclaraciones a los pliegos. Las aclaraciones se contestarán por escrito y se enviará copia de las respuestas a quienes hayan retirado los pliegos. Las propuestas obviamente deben sujetarse en un todo a los pliegos de condiciones (num. 6[108]) y en principio no pueden corregirse o enmendarse[109]. Los proponentes tienen el derecho de aclarar y corregir la oferta, en los aspectos que sean susceptibles de ello, esto es, dependiendo que se trate o no de requisitos subsanables, que con arreglo a la ley 1150 de 2007 depende si se asigna o no puntaje[110]. En todo caso no se puede modificar o mejorar la propuesta por la vía de las aclaraciones[111].

La ley autoriza a presentar propuestas alternativas, esto es, aquellas que acogiéndose a las especificaciones del pliego, contienen otra posibilidad técnica para la ejecución del objeto, sin que se afecte el fin propuesto con la contratación, lo mismo que la propuesta con excepciones o desviaciones que plantean una variación en aspectos no sustanciales, siempre y cuando ellas no signifiquen condicionamientos para la adjudicación[112].

23. En una tercera etapa se evaluarán las propuestas en sus aspectos técnicos, económicos y jurídicos, dentro del plazo previsto en los pliegos. Al efecto, la entidad podrá solicitar a los proponentes las aclaraciones que estime indispensables (num. 7). Los informes de evaluación deben permanecer en

---

de Colombia, 2009, págs. 453 y ss.; EVA MARÍA URIBE TOBÓN, *La valoración del riesgo en la contratación administrativa: Una visión desde la economía,* Bogotá, Superintendencia de Servicios Públicos, 2009; JUAN CARLOS EXPÓSITO VÉLEZ, "Génesis y evolución de la distribución convencional y legal de los riesgos en los contratos de concesión desde mediados del siglo XIX hasta nuestros días", en CARLOS MOLINA y LIBARDO RODRÍGUEZ R. (coords. acad.) *El derecho público en Iberoamérica, Libro homenaje al profesor Jaime Vidal Perdomo-II,* Bogotá, Temis-Universidad de Medellín, 2010, págs. 49 y ss.; MARÍA TERESA PALACIO JARAMILLO, "Riesgos en la contratación estatal", en HUGO ARENAS, *Instituciones de Derecho Administrativo-II*, Bogotá, Colegio Mayor de Nuestra Señora del Rosario-Ibáñez, 2016, pág. 239.

[108] Cfr. Consejo de Estado, Sección Tercera, Subsección B, sent. de 4 junio 2012, rad. 20911, C. P. Ruth Stella Correa Palacio [fundamento jurídico 6.2].

[109] Cfr. Consejo de Estado, providencia de 22 abril 1941, rad. 566, C. P. Guillermo Peñaranda Arenas [fundamento jurídico párr. 19].

[110] Cfr. Consejo de Estado, Sección Tercera, Subsección C, sent. de 26 febrero 2014, rad. 25804, C. P. Enrique Gil Botero [fundamento jurídico 3.1].

[111] Cfr. Consejo de Estado, Sección Tercera, Subsección A, sent. de 10 febrero 2016, rad. 38696, C. P. Marta Nubia Velásquez Rico [fundamento jurídico 6].

[112] Cfr. Consejo de Estado, Sección Tercera, sent. de 14 septiembre 2000, rad. 12962, C. P. María Elena Giraldo Gómez [fundamento jurídico 2]; Sección Tercera, Subsección C, sent. de 9 mayo 2011, rad. 18167, C. P. Enrique Gil Botero [fundamento jurídico 3.1].

la secretaría de la entidad por un término de cinco días para que los oferentes presenten las observaciones que estimen pertinentes (num. 8). Como un comité consultor o asesor elabora el informe de evaluación y la dirección de la actividad contractual solo la tiene el representante legal de la entidad, no tiene el carácter de acto administrativo definitivo[113].

24. La cuarta y última etapa corresponde al acto de adjudicación que se hará en audiencia pública, mediante resolución motivada que obliga a la entidad y al adjudicatario. Acto administrativo[114] final de selección que es siempre consecuencia de un procedimiento previo[115] y está, por supuesto, amparado de presunción de legalidad[116], que es desvirtuable cuando se hizo en forma violatoria de las normas de la licitación (pliegos) y por ende transgresora de la ley sustantiva[117].

El juez podrá anular solo si se detectan errores u omisiones, pues aquel no puede invadir el campo propio de la administración, con desconocimiento del principio de separación de poderes: "Se mostraría así la jurisdicción extraviada en la Administración"[118]. Y en todo caso la carga probatoria le corresponderá al proponente vencido, quien debe señalar y acreditar los motivos por los cuales considera que su propuesta era la mejor[119].

Cuando se formulan las propuestas, en consonancia con el pliego, surge, para la administración, la obligación de calificar cada una de ellas para hacerle producir el efecto jurídico deseado, que consiste en que en la adjudicación se cumpla con todo el proceso negocial de formalización del contrato[120]. Emerge entre adjudicatario y adjudicante una situación contentiva de mutuos derechos

[113] Cfr. Consejo de Estado, Sección Tercera, rad. 13790, C. P. Nora Cecilia Gómez Molina [fundamento jurídico 1].

[114] Cfr. Consejo de Estado, Sección Tercera, sent. de 20 septiembre 1976, rad. 581, C. P. Jorge Valencia Arango [fundamento jurídico párr. 4].

[115] Cfr. Consejo de Estado, Sección Tercera, sent. de 1º agosto 1991, rad. 6802, C. P. Juan de Dios Montes Hernández [fundamento jurídico 1]; Sección Tercera, Subsección B, sent. de 28 junio 2012, rad. 22510, C. P. Danilo Rojas Betancourth [fundamento jurídico 3].

[116] Cfr. Consejo de Estado, Sección Tercera, Subsección A, sent. de 1º octubre 2014, rad. 34778, C. P. Hernán Andrade Rincón [fundamento jurídico 5].

[117] Cfr. Consejo de Estado, Sección Tercera, sent. de 5 mayo 1977, rad. 1422, C. P. Carlos Portocarrero Mutis [fundamento jurídico párr. 21 y 22].

[118] Cfr. Consejo de Estado, Sección Tercera, sent. de 25 octubre 1991, rad. 6262, C. P. Carlos Betancur Jaramillo [fundamento jurídico párr. 19 a 21].

[119] Cfr. Consejo de Estado, Sección Tercera, sent. de 18 febrero 1999, rad. 12179, C. P. Daniel Suárez Hernández [fundamento jurídico párr. 54].

[120] Cfr. Consejo de Estado, Sección Tercera, sent. de 29 marzo 1984, rad. 2418, C. P. José Alejandro Bonivento Fernández [fundamento jurídico 4] y sent. de 29 marzo 1984, rad. 642, C. P. Eduardo Suescún Monroy [fundamento jurídico párr. 20].

y obligaciones en la que el contrato es su forma instrumental[121]. Y la omisión de adjudicar equivale a la ruptura unilateral de la oferta que en el derecho comercial se traduce en una indemnización de perjuicios y que puede dar pie a una acción de reparación directa[122].

Una de las obligaciones más importantes es suscribir el contrato en el plazo fijado en el pliego y conforme a las cláusulas contenidas en ese documento, sus modificaciones, adendas y anexos. Si el oferente incumple esta obligación, la entidad hará efectiva la garantía de seriedad de la oferta y dentro de los quince días siguientes la entidad adjudicará el contrato a quien haya sido calificado en segundo lugar, solo si la oferta es favorable.

Asimismo, el acto de adjudicación y el contrato no se someten a aprobación o a revisiones administrativas posteriores, ni a cualquier otra exigencia o requisito no previsto en el estatuto de contratación, de acuerdo con lo dispuesto por el numeral 8 del artículo 25 de la ley 80 de 1993, que desarrolla el artículo 84 de la Constitución. De este modo se evita sorprender al vencedor del proceso con exigencias adicionales y caprichosas de la entidad contratante[123]. Mediante este acto administrativo, la Administración exterioriza su aceptación definitiva de la mejor propuesta formulada, según el informe de evaluación[124]. Aunque se trata de un acto irrevocable[125], el artículo 9º inciso 3º de la ley 1150 de 2007 dispone que lo será si sobreviene una inhabilidad antes de la suscripción del contrato o si se acredita que el acto se obtuvo por medios ilegales[126].

[121] Cfr. Consejo de Estado, Sección Tercera, sent. de 16 enero 1975, rad. 1503, C. P. Gabriel Rojas Arbeláez [fundamento jurídico párr. 4].

[122] Cfr. Consejo de Estado, Sección Tercera, sent. de 8 febrero 1985, rad. 2748, C. P. Carlos Betancur Jaramillo [fundamento jurídico párr. 14], salvamento de voto: Jorge Valencia Arango.

[123] Cfr. Consejo de Estado, Sección Tercera, Subsección B, sent. de 4 junio 2012, rad. 20911, C. P. Ruth Stella Correa Palacio [fundamento jurídico 6.1].

[124] Sobre el carácter discrecional o reglado del acto de adjudicación, los criterios jurisprudenciales no parecen ser uniformes. Ver Consejo de Estado, Sección Tercera, sent. de 11 diciembre 1980, rad. 2031, C. P. Eduardo Suescún Monroy [fundamento jurídico d]; sent. de 10 agosto 1982, rad. 663, C. P. Carlos Betancur Jaramillo [fundamento jurídico párr. 23]; sent. de 7 marzo 1985, rad. 4526, C. P. Carlos Betancur Jaramillo [fundamento jurídico párr. 18]; sent. de 7 marzo 1985, rad. 4549, C. P. Jorge Valencia Arango [fundamento jurídico párr. 2]; sent. de 4 octubre 1994, rad. 6706, C. P. Juan de Dios Montes Hernández [fundamento jurídico 6]; sent. de 26 septiembre 1996, rad. 9963, C. P. Jesús María Carrillo Ballesteros; sent. de 10 septiembre 1997, rad. 10877, C. P. Daniel Suárez Hernández [fundamento jurídico párr. 18] y sent. de 11 abril 2002, rad. 12294, C. P. Alier Hernández Enríquez [fundamento jurídico c].

[125] Cfr. Consejo de Estado, Sección Tercera, sent. de 31 agosto 1990, rad. 5817, C. P. Carlos Betancur Jaramillo [fundamento jurídico párr. 18 y 22].

[126] Cfr. Consejo de Estado, Sección Tercera, sent. de 3 septiembre 1993, rad. 7900, C. P. Juan de Dios Montes Hernández [fundamento jurídico A].

25. La declaratoria de desierta de la licitación únicamente procede por motivos o causas que impidan la escogencia objetiva. Dicha decisión se declarará en acto administrativo que señalará en forma expresa y detallada las razones que condujeron a dicha decisión. Aunque puede declararse desierta la licitación, no se trata de una decisión subjetiva ni caprichosa y por ello no cualquier falencia u omisión en la presentación de las ofertas puede dar lugar a su descalificación, pues debe tratarse de defectos que incidan sobre la futura celebración y ejecución del contrato correspondiente, esto es, algo determinante y sustancial y no simples detalles[127] (nums. 9 a 12, modificado por el art. 9º de la ley 1150 de 2007). Tampoco se puede declarar frustrado el proceso de selección por errores propios de la Administración[128]

26. Ahora bien, la oferta puede ser presentada total o parcialmente de manera dinámica mediante subasta inversa, esto es, aquella en que los proponentes presenten diferentes posturas para mejorar aspectos dinámicos de la oferta (precio y otras variables medibles y cuantificables) hasta la integración de la oferta definitiva, de acuerdo con lo dispuesto por el numeral 1 del artículo 2º de la ley 1150 de 2007[129].

27. La selección abreviada[130] es la segunda modalidad de selección del contratista y está prevista para aquellos casos en que las características del objeto por contratar, las circunstancias de la contratación o la cuantía o destinación del bien, obra o servicio permitan adelantar procesos simplificados que garanticen la eficiencia de la gestión contractual. Se trata, pues, de un mecanismo que, si bien conserva una estructura similar a la de la licitación, omite algunas de sus etapas y reduce varios términos[131]. En esta modalidad de selección, en principio, no deberían presentarse las complejidades de una licitación, pues la naturaleza de los bienes y los requisitos hacen de este un procedimiento más ágil y eficiente[132].

---

[127] Cfr. Consejo de Estado, Sección Tercera, sent. de 19 febrero 1987, rad. 4694, C. P. Julio César Uribe Acosta [fundamento jurídico B] SV Jorge Valencia Arango; sent. de 30 enero 1995, rad. 9349, C. P. Daniel Suárez Hernández [fundamento jurídico párr. 12]; Sección Tercera, Subsección B, sent. de 14 octubre 2011, rad. 20811, C. P. Ruth Stella Correa Palacio [fundamento jurídico 6].

[128] Cfr. Consejo de Estado, Sección Tercera, Subsección B, sent. de 3 mayo 2013, rad. 23734, C. P. Danilo Rojas Betancourth [fundamentos jurídicos 21.8 y 22.3].

[129] Cfr. Corte Const., sent. C-713 de 2009, M. P. María Victoria Calle Correa [fundamento jurídico 7].

[130] Cfr. JAIME ORLANDO SANTOFIMIO GAMBOA, "Selección abreviada", en AA. VV., *Memorias 3er Seminario Nacional de Contratación Estatal,* Bogotá, Alcaldía Mayor, 2007, págs. 41 y ss.

[131] Cfr. Consejo de Estado, Sección Tercera, Subsección C, sent. de 29 agosto 2013, rad. 39005, C. P. Jaime Orlando Santofimio Gamboa [fundamento jurídico 4].

[132] Cfr. Consejo de Estado, Sección Tercera, sent. de 23 julio 2015, rad. 36805, M. P. Hernán Andrade Rincón [fundamento jurídico 5.1.5].

Son causales de selección abreviada, conforme al artículo 2º de la ley 1150 de 2007, las siguientes: (i) la adquisición o suministro de bienes y servicios de características técnicas uniformes y de común utilización por las entidades; (ii) la contratación de menor cuantía, determinada en función de los presupuestos anuales de las entidades públicas; (iii) la celebración de contratos para la prestación de servicios de salud; (iv) la contratación cuyo proceso de licitación haya sido declarada desierto; (v) la enajenación de los bienes del Estado, con excepción de lo dispuesto por la ley 226 de 1995; (vi) productos de origen o destinación agropecuarios que se ofrezcan en las bolsas de productos legalmente constituidas.

Igualmente se seguirá la selección abreviada para: (vii) los actos y contratos que tengan como objeto directo las actividades comerciales e industriales de las empresas industriales y comerciales del Estado y de las sociedades de economía mixta, salvo los contratos del artículo 32 de la ley 80 de 1993; (viii) los contratos de las entidades que tengan a su cargo la ejecución de programas de protección de personas amenazadas, de desmovilización y reincorporación a la vida civil de personas y grupos al margen de la ley, de atención a desplazados por la violencia y de protección de derechos humanos a sectores vulnerables y (ix) la contratación de bienes y servicios para la defensa y seguridad nacional.

28. Las entidades deben recurrir a los procedimientos de subasta inversa o a los de instrumentos de compra por catálogo derivados de la celebración de acuerdos marco de precios o de procedimientos de adquisición en bolsas de productos, para la adquisición de bienes y servicios de características técnicas uniformes y de común utilización, de conformidad con el inciso 2º del literal a) del numeral 2 del artículo 2º de la ley 1150 de 2007.

29. Dentro de esta modalidad, el parágrafo 5º del artículo 2º de la ley 1150 prevé a los acuerdos marco de precios que permiten fijar las condiciones de oferta para la adquisición o suministro de bienes o servicios de características técnicas uniformes y de común utilización a las entidades estatales durante un período de tiempo determinado, en la forma, plazo y condiciones de entrega, calidad y garantía establecidas en el acuerdo. Con esta figura se busca escoger un único proveedor con un único precio, quien con arreglo a este acuerdo dará la posibilidad de que mediante órdenes de compra directa se adquieran los bienes y servicios ofrecidos.

Estos acuerdos recaen sobre precios, términos y condiciones contractuales respecto de bienes y servicios de características técnicas uniformes, que es de obligatoria observancia por las entidades de la rama ejecutiva del orden nacional y que da lugar a la suscripción de un contrato estatal de cuantía indeterminada y que luego de suscrito se concreta la operación secundaria por medio de una orden de compra, bajo la modalidad de selección abreviada[133].

[133] Cfr. Consejo de Estado, Sección Tercera, Subsección C, sent. de 16 agosto 2017, rad. 56166, C. P. Jaime Orlando Santofimio Gamboa [fundamento jurídico 5.16] AV Guillermo Sánchez Luque.

30. El concurso de méritos es la tercera modalidad de selección, prevista para la escogencia de consultores o proyectos[134]. Las condiciones económicas de la propuesta no resultan tan decisivas al momento de la adjudicación, pues al evaluar se atiende a factores como la idoneidad del oferente desde el punto de vista intelectual o técnico[135].

Selección que se hace bien a través de concurso abierto o de precalificación. En esta última, la integración de la lista correspondiente se hará mediante convocatoria pública, con fundamento en criterios de experiencia, capacidad intelectual y organización, conforme lo dispone el numeral 3 del artículo 2º de la ley 1150 de 2007, subrogado por el artículo 219 del decreto 19 de 2012.

31. La contratación directa es la cuarta modalidad de selección de contratistas[136]. Aunque está concebida para lograr una mayor agilidad en determinados casos, la brevedad de este procedimiento excepcional de selección de contratistas del Estado no entraña que se ignoren los principios capitales que gobiernan la materia, en especial el de transparencia (selección objetiva), pues debe garantizarse en todo caso que sea posible elegir la mejor de las propuestas[137].

El numeral 4 del artículo 2º de la ley 1150 de 2007 solo permite acudir a la contratación directa cuando no es posible o conveniente adelantar el procedimiento de selección formal y reglado de la licitación pública[138]: a) urgencia manifiesta, b) contratación de empréstitos, c) contratos interadministrativos, siempre que las obligaciones tengan relación directa con el objeto legal de la entidad ejecutora (subrogado por la ley 1471 de 2011, art. 92 inc. 1º del lit c) y d) contratación de bienes y servicios del sector Defensa, que necesiten reserva para su adquisición.

---

[134] Felipe de Vivero Arciniegas, "Concurso de méritos", en AA. VV., *Memorias 3er Seminario Nacional de Contratación Estatal,* Bogotá, Alcaldía Mayor, 2007, págs. 111 y ss.

[135] Cfr. Consejo de Estado, Sección Tercera, sent. de 15 junio 2000, rad. 10963, C. P. Ricardo Hoyos Duque [fundamento jurídico 2]

[136] Cfr. María Teresa Palacio Jaramillo, "La contratación directa de las entidades estatales" en AA. VV., *La misión de contratación: hacia una política para la eficiencia y la transparencia en la contratación pública,* Bogotá, DNP, 2002, págs. 255 y ss.; Martha Cediel de Peña, "Contratación directa", en AA. VV., *Memorias 3er Seminario Nacional de Contratación Estatal,* Bogotá, Alcaldía Mayor, 2007, págs. 163 y ss.; Juan Pablo Estrada, "Contratación directa, convenios interadministrativos y contratos de cooperación internacional", en José Luis Benavides y Jaime Orlando Santofimio (comps.) *Contratación estatal: Estudios sobre la reforma del estatuto contractual-ley 1150 de 2007,* Bogotá, Universidad Externado de Colombia, 2009, págs. 293 y ss.

[137] Cfr. Consejo de Estado, Sección Tercera, sent. de 10 agosto 2000, rad. 12964, C. P. Jesús María Carrillo Ballesteros [fundamento jurídico párr. 17].

[138] Cfr. Consejo de Estado, Sección Tercera, sent. de 29 enero 2009, rad. 14941, C. P. Ramiro Saavedra Becerra [fundamento jurídico 3.3], Sección Tercera, sent. de 3 diciembre 2013, rad. 41719, C. P. Jaime Orlando Santofimio Gamboa [fundamentos jurídicos 82 a 85].

También procederá la contratación directa para: e) contratos para el desarrollo de actividades científicas y tecnológicas; f) contratos de encargo fiduciario celebrados por entidades territoriales, cuando inician el acuerdo de reestructuración de pasivos (leyes 550 de 1999 y 617 de 2000); g) cuando no exista pluralidad de oferentes; h) la prestación de servicios profesionales y de apoyo a la gestión, o para la ejecución de trabajos artísticos que solamente pueden realizarse con determinadas personas naturales; i) arrendamiento o adquisición de inmuebles.

32. El artículo 42 de la ley 80 de 1993 (modificado por el art. 32 de la ley 1150 de 2007), en desarrollo del artículo 352 de la Constitución, dispone que hay lugar a declarar la urgencia manifiesta, como una justificada excepción a los procedimientos reglados de selección objetiva para enfrentar situaciones de crisis que permite expresamente el contrato consensual (excepción al art. 41 de la ley 80 de 1993): (i) cuando sea necesario asegurar la continuidad del suministro de bienes, la prestación de un servicio, o la ejecución de obras en el inmediato futuro; (ii) cuando se presenten situaciones relacionadas con los estados de excepción; (iii) cuando se trate de conjurar situaciones relacionadas con hechos de calamidad, o constitutivos de fuerza mayor o desastre que demanden actuaciones inmediatas, y (iv) en general, cuando se trate de situaciones similares que imposibiliten acudir a los procedimientos de selección[139].

Esta modalidad de contratación directa, aunque permite soluciones en el menor tiempo posible, pues la licitación puede resultar entorpecedora de la solución que se persigue, exige que sea declarada mediante acto administrativo motivado y podrán hacerse los traslados presupuestales internos que se requieran, según el parágrafo único de este precepto, bajo el entendido de que estos solo pueden afectar el anexo del decreto de liquidación del presupuesto[140]. El artículo 43 de la ley 80 de 1993, a su vez, establece que los contratos celebrados, el acto administrativo y el expediente contentivo de los antecedentes, se enviarán al organismo que ejerza el control fiscal de la respectiva entidad[141].

33. Finalmente, la contratación de mínima cuantía[142] es la quinta modalidad de selección a la que se acude cuando el valor de la contratación no exceda el 10 por ciento de la menor cuantía de la entidad, independientemente de su

---

[139] Cfr. Corte Const., sent. C-949 de 2001, M. P. Clara Inés Vargas [fundamento jurídico 16]; Consejo de Estado, Sección Tercera, sent. de 27 abril 2006, rad. 14275, C. P. Ramiro Saavedra Becerra [fundamento jurídico IV]; Sección Tercera, Subsección C, sent. de 7 febrero 2011, rad. 34425, C. P. Jaime Orlando Santofimio Gamboa [fundamento jurídico 2.2].

[140] Cfr. Corte Const., sent. C-772 de 1998, M. P. Fabio Morón Díaz [fundamento jurídico 8].

[141] Cfr. Corte Const., sent. C-949 de 2001, M. P. Clara Inés Vargas [fundamento jurídico 16].

[142] Figura prevista primero por la vía reglamentaria, pero fue anulada por violación de la reserva de ley Cfr. Consejo de Estado, Sección Tercera, sent. de 14 abril 2010, rad. 36054, C. P. Enrique Gil Botero [fundamento jurídico 4.2.5] S.V.P. Myriam Guerrero de Escobar.

objeto, según el numeral 5 del artículo 2º de la ley 1150 de 2007, adicionado por el artículo 94 de la ley 1474 de 2011.

En esta modalidad de selección, la entidad debe publicar una invitación, por un término no inferior a un día hábil; en ella se determinará el objeto por contratar, su presupuesto y las condiciones técnicas exigidas. El término para presentar la oferta no podrá ser inferior a un día hábil. La entidad aceptará la oferta con el menor precio que cumpla con las condiciones exigidas. Por último, el contrato está integrado por la comunicación de aceptación y la oferta.

34. De conformidad con el numeral 2 del artículo 5º de la ley 1150 de 2007 (subrogado por el art. 88 de la ley 1474 de 2011), en los procesos de selección en que se tengan en cuenta los factores técnicos y económicos, la oferta más favorable será aquella que resulte de aplicar alguna de las siguientes alternativas: (i) la ponderación de los elementos de calidad y precio soportados en puntajes o fórmulas señaladas en el pliego de condiciones (las condiciones de experiencia, capacidad financiera y organización son requisitos habilitantes y no otorgan puntaje, salvo en selección de consultores, ley 1882 de 2018, art. 5º[143]), o (ii) la ponderación de los elementos de calidad y precio que representen la mejor relación de costo-beneficio para la entidad (que puedan ser "monetizados" o cuantificables en términos monetarios, claramente establecidas en los pliegos[144]).

35. En los contratos de obra pública, el menor plazo ofrecido no es objeto de evaluación; en los contratos de consultoría, el precio no es un factor de escogencia para la selección y en la adquisición o suministro de bienes y servicios de características técnicas uniformes y común utilización, el único factor de evaluación será el menor precio ofrecido.

2. RÉGIMEN DEL CONTRATO ESTATAL

36. Concluido el correspondiente proceso de selección y hecha la adjudicación, para su plena eficacia el contrato estatal debe reunir los requisitos esenciales, esto es, aquellos sin los cuales no existiría (C. C., art. 1501 y C. de Co., art. 998 inc. 2º). El contrato estatal es solemne porque se perfecciona cuando se logre acuerdo sobre el objeto y la contraprestación y conste por

---

[143] Como antecedente de esta ley suele citarse un debate jurisprudencial, ver Consejo de Estado, Sección Tercera, Subsección C, sent. de 26 febrero 2014, rad. 25804, C. P. Enrique Gil Botero [fundamento jurídico 3.1 a] y Consejo de Estado, Sección Tercera, Subsección A, sent. de 12 noviembre 2014, rad. 29855, C. P. Carlos Alberto Zambrano [fundamento jurídico IV-1].

[144] Al restar del precio total ofrecido los valores monetarios de cada una de las condiciones técnicas y económicas adicionales ofrecidas, la oferta más ventajosa será la que obtenga la cifra más baja.

escrito (valor *ad solemnitatem*, C. C., art. 1500), conforme al artículo 39 y el inciso 1º del artículo 41 de la ley 80 de 1993[145] (solemnidad constitutiva)[146].

A) *Celebración, perfeccionamiento y ejecución del contrato estatal*

37. La capacidad legal o de ejercicio de las entidades estatales, esto es la posibilidad de adquirir derechos y contraer obligaciones, como elemento de validez del contrato[147], corresponde a la competencia que le otorga el orden jurídico para actuar. Este asunto lo define, por un lado, la ley 80 de 1993 y, por otro, la ley orgánica de presupuesto (Const. Pol., art. 352; decr. 111 de 1996)[148].

Con esta perspectiva, el artículo 11 de la ley 80 de 1993 dispone que en las entidades a que se refiere el artículo 2º: (i) el jefe o representante legal de la entidad tendrá competencia para ordenar y dirigir las licitaciones y para escoger contratistas; y (ii) además del presidente de la República, en el orden nacional, los siguientes funcionarios tienen competencia para celebrar contratos a nombre de la entidad respectiva: (iii) los ministros del despacho, los directores de departamentos administrativos, los superintendentes, los jefes de unidades administrativas especiales, el presidente del Senado de la República, el presidente de la Cámara de Representantes, los presidentes de la Sala Administrativa del Consejo Superior de la Judicatura y de sus consejos seccionales, el Fiscal General de la Nación, el Contralor General de la República, el Procurador General de la Nación, el Registrador Nacional del Estado Civil.

Igualmente, tienen competencia para celebrar contratos (iv) los gobernadores de los departamentos, los alcaldes municipales y de los distritos capitales y especiales, los contralores departamentales, distritales y municipales, y los representantes legales de las regiones, las provincias, las áreas metropolitanas, los territorios indígenas y las asociaciones de municipios, en los términos y condiciones de las normas legales que regulen la organización y el funcionamiento de dichas entidades[149] y (v) los representantes legales de las entidades descentralizadas en todos los órdenes y niveles[150].

---

[145] Que retoman lo previsto por el art. 18 del decr. 150 de 1976 y el art. 26 del decr. 222 de 1983, anteriores estatutos contractuales de la Administración.

[146] Cfr. Consejo de Estado, Sección Tercera, sent. de 3 diciembre 2007, rad. 20830, C. P. Ruth Stella Correa Palacio [fundamento jurídico 3]; sent. de 23 marzo 2011, rad. 17072, C. P. Ruth Stella Correa Palacio [fundamento jurídico 3.1]; sent. de 19 septiembre 2011, rad. 21128, C. P. Ruth Stella Correa Palacio [fundamento jurídico 3].

[147] Cfr. RICARDO URIBE HOLGUÍN, *De las obligaciones y del contrato en general*, Bogotá, Ediciones Rosaristas, 1980, pág. 283.

[148] Consejo de Estado, Sección Tercera, Subsección B, sent. de 11 mayo 2011, rad. 11544, C. P. Ruth Stella Correa Palacio [fundamento jurídico 3.1]

[149] Cfr. Corte Const., sent. C-374 de 1994, M. P. Jorge Arango Mejía [fundamentos jurídicos C, D y E].

[150] Cfr. Corte Const., sent. C-178 de 1996, M. P. Antonio Barrera Carbonell [fundamento jurídico 4.3].

38. De conformidad con el artículo 12 de la ley 80 de 1993 (modificado por el art. 21 de la ley 1150 de 2007), los jefes y representantes legales de las entidades públicas pueden delegar total o parcialmente la competencia para celebrar contratos y desconcentrar la realización de licitaciones en los servidores públicos del nivel directivo o ejecutivo en sus equivalentes[151]. En ningún caso, dicha delegación los exonera de control y vigilancia de la actividad contractual[152], esto es, no los exime de responsabilidad, como lo confirma lo ordenado por el parágrafo 4º del artículo 2º de la ley 678 de 2001.

39. El artículo 6º de la ley 80 de 1993 prescribe que pueden celebrar contratos con las entidades estatales las personas legalmente capaces en las disposiciones vigentes (naturales o jurídicas) y al hacerlo remite a lo dispuesto en el derecho común en materia de capacidad jurídica o de goce y capacidad de ejercicio o de obrar o legal (C. C., arts. 633, 768, 1502, 1503, 1504, 1510, 1524 y C. de Co., art. 99)[153]. Aunque las personas jurídicas nacionales y extranjeras no requieren un término de preexistencia, debe probarse que su duración no sea inferior a la del plazo del contrato y un año más.

40. Los artículos 6º y 7º de la ley 80 de 1993[154] autorizan a los consorcios y uniones temporales —como mecanismos transitorios de cooperación, pero sin ánimo de asociación, que se instrumentan por medio de un negocio jurídico de colaboración— a celebrar contratos con las entidades estatales, a pesar de no ser personas jurídicas[155], como una modalidad de presentación de la oferta por dos o más personas en forma conjunta y bajo un esquema de responsabilidad solidaria pasiva.

41. El parágrafo 2º del artículo 32 de la ley 80 de 1993[156] (derogado por el art. 39 de la ley 1508 de 2012), estableció dos formas más de participar en los

---

[151] Cfr. Corte Const., sent. C-374 de 1994, M. P. Jorge Arango Mejía [fundamentos jurídicos D y E].

[152] Cfr. Corte Const., sent. C-693 de 2008, M. P. Marco Gerardo Monroy Cabra [fundamentos jurídicos 4y 5], SV Jaime Araújo Rentería y C-259 de 2008, M. P. Jaime Córdoba Triviño [fundamentos jurídicos 17 y 18], AV Jaime Araújo Rentería.

[153] Cfr. Consejo de Estado, Sección Tercera, Subsección B, sent. de 11 mayo 2011, rad. 11544, C. P. Ruth Stella Correa Palacio [fundamento jurídico 3.1] y sent. de 8 febrero 2012, rad. 20688, C. P. Ruth Stella Correa Palacio [fundamento jurídico 4.1].

[154] Cfr. Corte Const., sent. C-949 de 2001, M. P. Clara Inés Vargas [fundamento jurídico 4].

[155] Cr. Consejo de Estado, Sección Tercera, Subsección B, sent. de 28 junio 2012, rad.. 21990, C. P. Ruth Stella Correa Palacio [fundamento jurídico 3.2]. La jurisprudencia llegó incluso a reconocerles capacidad procesal, ver Consejo de Estado, Sección Tercera, Sala Plena, sent. de 25 septiembre 2013, rad. 19933, C. P. Mauricio Fajardo Gómez [fundamento jurídico 3], SV Stella Conto y Subsección C, sent. 16 mayo 2016, rad. 55401, C. P. Jaime Orlando Santofimio [fundamento jurídico 2], AV Guillermo Sánchez Luque. Sobre las características y diferencias entre consorcios y uniones temporales, ver Consejo de Estado, Sección Tercera, Subsección B, sent. de 13 noviembre 2014, rad. 26739, C. P. Ramiro Pazos Guerrero [fundamento jurídico 4.3.3.1].

[156] Cfr. Corte Const., sent. C-949 de 2001, M. P. Clara Inés Vargas [fundamento jurídico 9].

procesos de selección de contratistas: las sociedades de objeto único y la promesa de sociedad o de asociación futura, esta última solo para procesos de concesión de construcción de obra pública[157].

42. En todo caso, todo quien pretenda ser oferente en un proceso de selección debe inscribirse en el Registro Único de Proponentes del Registro Único Empresarial de la Cámara de Comercio de su domicilio principal, conforme al artículo 6º de la ley 1150 de 2007, modificado por el artículo 221 del decreto 19 de 2012[158].

43. Disposiciones que deben integrarse al régimen de inhabilidades e incompatibilidades, esto es restricciones o prohibiciones para participar en procesos de selección y para contratar, debido a vínculos de parentesco, de afecto o de interés con los servidores encargados de tomar las decisiones correspondientes o con los que participen en los procesos o tengan injerencia, todo con el propósito de satisfacer el interés general y los principios constitucionales de la función administrativa, especialmente los de transparencia, imparcialidad, buena fe y moralidad[159].

Estas inhabilidades e incompatibilidades limitan la capacidad para contratar[160]. Las inhabilidades son aquellas circunstancias que impiden la celebración de un contrato, las incompatibilidades refieren a lo que una persona no puede poseer o ejercer por un tiempo[161]. Las inhabilidades e incompatibilidades tienen un efecto moralizador[162] y, por ello, se pueden originar en sanciones penales, disciplinarias y contractuales o en condiciones como la de servidor público o de parentesco, vínculos de amistad, las relaciones negociales, etc.

Materias no solo reservadas a la ley, sino que tienen una tipicidad legal rígida: son taxativas, de interpretación restrictiva, excluyen la analogía y tienen

---

[157] Consejo de Estado, Sección Tercera, sent. de 19 junio 2008, rad.. AP-005, C. P. Ruth Stella Correa Palacio [fundamento jurídico 4.3].

[158] Cfr. Consejo de Estado, Sección Tercera, Sala Plena, sent. de 26 enero 2011, rad. 36408, C. P. Jaime Orlando Santofimio Gamboa [fundamentos jurídicos 2.4 y 2.6.1] y Subsección A, sent. de 12 noviembre 2014, rad. 29855, C. P. Carlos Alberto Zambrano [fundamento jurídico 1].

[159] Cfr. WILLIAM NAMÉN VARGAS, "Las limitaciones a la libertad de acceso a la contratación con las entidades estatales. Régimen de inhabilidades e incompatibilidades" en AA. VV., *La misión de contratación: hacia una política para la eficiencia y la transparencia en la contratación pública*, Bogotá, DNP, 2002, págs. 477 y ss.

[160] Cfr. Consejo de Estado, Sala de Consulta y Servicio Civil, concepto de 10 agosto 2015, rad. 2260, C. P. Álvaro Namén Vargas [fundamento jurídico F] y concepto de 27 agosto 2015, rad. 2264, C. P. Álvaro Namén Vargas [fundamento jurídico G].

[161] Cfr. Consejo de Estado, Sección Tercera, sent. de 20 septiembre 2001, rad. 10989, C. P. Ricardo Hoyos Duque [fundamento jurídico 4].

[162] Cfr. Consejo de Estado, Sección Tercera, sent. de 6 abril 1989, rad. 4156, C. P. Julio César Uribe Acosta [fundamento jurídico párr. 12 y 30], SV Antonio José de Irisarri Restrepo.

un término definido[163]. Y como están previstas en normas de orden público no se puede pactar en contrario y, además, dan lugar a la nulidad absoluta del contrato (ley 80 de 1993, art. 44 num. 1).

Conforme al artículo 8º de la ley 80 de 1993 (modificado por el art. 32 de la ley 1150 de 2007) son inhábiles para contratar, además de las personas que lo estén por disposición de la Constitución y de las leyes (ley 190 de 1995, art. 5º[164], ley 734 de 2002[165], ley 1474 de 2011, estatuto anticorrupción, arts. 1º a 4º[166], y ley 1801 de 2016, art. 183 num. 4[167]), (i) quienes participaron en licitaciones o celebraron contratos estando inhabilitados; (ii) quienes dieron lugar a la declaratoria de caducidad (ley 80 de 1993, art. 18); (iii) los sancionados disciplinariamente con destitución y los condenados penalmente a penas accesorias de interdicción de derechos y funciones públicas[168].

Del mismo modo están inhabilitados (iv) quienes se abstengan sin justa causa de suscribir el contrato estatal adjudicado; (v) los servidores públicos (Const. Pol., art. 127); (vi) los cónyuges o compañeros permanentes[169] y quienes estén dentro del segundo grado de consanguinidad o segundo de afinidad con otro proponente de la misma licitación[170]; (vii) las sociedades —distintas de las anónimas abiertas— en las que el representante legal o cualquier socio tenga parentesco en segundo grado de consanguinidad o segundo de afinidad con cualquiera de los socios que haya presentado propuesta en una misma licitación[171] y (viii) quienes hayan sido condenados penalmente por delitos de

---

[163] Cfr. Consejo de Estado, Sección Tercera, sent. de 15 abril 1982, rad. 2699, C. P. Jorge Valencia Arango [fundamento jurídico f]; Sección Tercera, Subsección A, sent. de 10 febrero 2011, rad. 16306, C. P. Hernán Andrade Rincón [fundamento jurídico 4.1] Consejo de Estado, Sección Tercera, Subsección B, sent. de 12 diciembre de 2014, rad. 26496, C. P. Ramiro Pazos Guerrero [fundamento jurídico 8].

[164] Suministro de información falsa.

[165] Declaratoria de responsabilidad fiscal.

[166] Entre otras las siguientes —¿incompatibilidades?—: (i) quienes incurran en actos de corrupción; (ii) quienes financien campañas políticas; (iii) los exempleados públicos; (iv) los contratistas para celebrar contrato de interventoría; (iv) el contratista por incumplimiento reiterado y (v) los interventores incumplidos.

[167] No pago de multas del Código de Policía.

[168] Cfr. Corte Const., sent. C-489 de 1996, M. P. Antonio Barrera Carbonell [fundamento jurídico 2.2], sent. C-178 de 1996, M. P. Antonio Barrera Carbonell [fundamento jurídico 4.2].

[169] Cfr. Corte Const., sent. C-029 de 2009, M. P. Rodrigo Escobar Gil [fundamento jurídico 4.6.3] y sent. C-415 de 1995, M. P. Eduardo Cifuentes Muñoz [fundamentos jurídicos 12 a 15].

[170] Cfr. Consejo de Estado, Sección Tercera, sent. de 21 febrero 2007, rad. AP 549, C. P. Alier Hernández Enríquez, AV Mauricio Fajardo Gómez, SV Ruth Stella Correa Palacio.

[171] Cfr. Corte Const., sent. C-415 de 1995, M. P. Eduardo Cifuentes Muñoz [fundamentos jurídicos 12 a 15].

peculado, concusión, cohecho, prevaricato y soborno transnacional, inhabilidad que se extiende a las sociedades salvo las abiertas (adicionado ley 1150 de 2007, art. 18[172]).

Tampoco podrán participar en licitaciones o celebrar contratos estatales (i) quienes hayan participado a cualquier título como miembros de la entidad contratante (art. 3º de la ley 1474 de 2011 que modificó el art. 35 num. 22 de la ley 734 de 2002[173]); (ii) parentesco —en los grados referidos— con servidores de nivel directivo, asesor o ejecutivo o miembros de junta directiva o con personas que ejerzan control interno o fiscal de la entidad contratante[174]; (iii) el cónyuge o compañero permanente[175] del servidor público de los mismos niveles o de quien ejerza control interno o fiscal.

Por último, no podrán participar en licitaciones ni celebrar contratos estatales (iv) las sociedades —distintas de las abiertas— donde el servidor o su cónyuge, compañero permanente[176] y parientes —en los grados indicados— tengan participación o desempeñen cargos de dirección o manejo[177]; (v) los miembros de juntas o consejos directivos de las entidades correspondientes o su sector administrativo y (vi) quienes hayan ejercido cargos en el nivel directivo en entidades del Estado y las sociedades en las cuales estos hagan parte por dos años siguientes a su retiro, cuando el objeto que desarrollen tenga relación con el sector y sus parientes en los grados referidos (ley 1474 de 2011, art. 4º[178]).

Cuando se presenten inhabilidades e incompatibilidades sobrevinientes, el contratista debe ceder el contrato, previa autorización escrita de la entidad y si ello no fuere posible, renunciará a su ejecución. Si sobreviene en un proponente en una licitación, se entenderá que renuncia a participar en el proceso de selección (ley 80 de 1993, art. 9º[179]). Y si sobreviene entre la adjudicación del

---

[172] Cfr. Corte Const., sent. C-353 de 2009, M. P. Jorge Iván Palacio [fundamento jurídico 7].

[173] Cfr. Corte Const., sent. C-257 de 2013, M. P. Jaime Córdoba Triviño [fundamento jurídico 3].

[174] Cfr. Corte Const., sent. C- 429 de 1997, M. P. Alejandro Martínez Caballero [fundamento jurídico 7 a 12]; Consejo de Estado, Sección Tercera, sent. de 15 julio 1991, rad. 6227, C. P. Daniel Suárez Hernández [fundamento jurídico párr. 32].

[175] Cfr. Corte Const., sent. C-029 de 2009, M. P. Rodrigo Escobar Gil [fundamento jurídico 4.6.3].

[176] Cfr. Corte Const., sent. C-029 de 2009, M. P. Rodrigo Escobar Gil [fundamento jurídico 4.6.3].

[177] Cfr. Consejo de Estado, Sección Tercera, sent. de 26 abril 2006, rad. 15163, C. P. María Elena Giraldo Gómez [fundamento jurídico A]

[178] Cfr. Corte Const., sent. C-257 de 2013, M. P. Jaime Córdoba Triviño [fundamento jurídico 3].

[179] Cfr. Corte Const., sent. C-221 de 1996, M. P. José Gregorio Hernández Galindo [fundamento jurídico VI]; Consejo de Estado, Sección Tercera, Subsección A, sent. de 13 marzo 2015, rad. 28752, C. P. Hernán Andrade Rincón [fundamento jurídico b].

contrato y su suscripción, la entidad podrá revocar el acto de manera directa (ley 1150 de 2007, art. 9º).

44. De conformidad con el artículo 1502 del Código Civil, aplicable como toda la normativa privada por mandato de los artículos 13 y 40 de la ley 80 de 1993, los requisitos de validez del contrato estatal son la capacidad de parte, la licitud del objeto y de la causa y el consentimiento exento de los vicios de error, fuerza y dolo. Materia que remite a la capacidad, competencia, impedimentos e incompatibilidades que ya fueron expuestos.

Las partes deben suscribir el contrato así: el representante legal de la entidad contratante, como ordenador del gasto (o en quien se haya delegado) y el contratista o su representante legal (si es persona jurídica). La existencia del contrato estatal pende del documento escrito[180]. Exigencia que no aplica, como se vio, en los regímenes exceptuados, como tampoco en la urgencia manifiesta. El contrato estatal no requiere ser elevado a escritura pública, salvo aquellos que impliquen mutación de dominio o imposición de gravámenes o servidumbres de bienes inmuebles y aquellos que conforme al ordenamiento jurídico deban cumplir dicha formalidad.

45. Para iniciar la ejecución del contrato se requiere: (i) la aprobación de la garantía; (ii) la existencia de las disponibilidades presupuestales correspondientes, salvo que se trate de contratación con recursos de vigencias fiscales futuras y (iii) los aportes al Sistema de Seguridad Social (salud y pensiones), de conformidad con el artículo 41 de la ley 80 de 1993, modificado por el artículo 23 de la ley 1150 de 2007.

46. El inicio de la ejecución exige, pues, según el artículo 25 numeral 19 de la ley 80 de 1993[181] subrogado por el artículo 7º de la ley 1150 de 2007, la aprobación de la garantía única para el cumplimiento de las obligaciones surgidas del contrato que deben prestar los contratistas. Esta garantía es distinta de la que los proponentes deben prestar de seriedad de la oferta[182] (por retiro después de vencido el plazo para la presentación de ofertas, por no suscripción del contrato por el adjudicatario o por falta de otorgamiento de garantía de cumplimiento del oferente escogido[183]).

---

[180] Cfr. Consejo de Estado, Sección Tercera, sent. de 11 agosto 2010, rad. 18636, C. P. Mauricio Fajardo Gómez [fundamento jurídico 3].

[181] Cfr. Corte Const., sent. C-452 de 1999, M. P. Eduardo Cifuentes Muñoz [fundamentos jurídicos 8-11]; sent. C-154 de 1996 M. P. Antonio Barrera Carbonell [fundamento jurídico 3] y sent. C-949 de 2001, M. P. Clara Inés Vargas [fundamento jurídico 8].

[182] Prevista también en los anteriores estatutos contractuales: arts. 22 lit. f, 28 y 29 del decr.-ley 150 de 1976 y los arts. 30 lit. f, 36 y 37 del decr.-ley 222 de 1983.

[183] Cfr. Consejo de Estado, Sección Tercera, sent. de 10 julio 2003, rad. 13684, C. P. María Elena Giraldo Gómez [fundamento jurídico B], AV Alier Hernández Enríquez.

La garantía consistirá en pólizas expedida por una compañía de seguros (C. de Co., arts. 1036 y ss.)[184], en una garantía bancaria y, en general, los demás mecanismos de cobertura del riesgo autorizados por el reglamento. La garantía puede dividirse teniendo en cuenta las etapas o los riesgos de la ejecución del contrato. Esta garantía no es obligatoria en los contratos de empréstito, interadministrativos, seguro y en los que su valor sea inferior al 10 por ciento de la menor cuantía.

Su objeto es asegurar los riesgos relativos al cumplimiento del contrato (por inejecución o ejecución defectuosa de las prestaciones a cargo del cocontratante: correcto manejo del anticipo[185]; salarios, prestaciones sociales e indemnizaciones; estabilidad de la obra[186]; calidad del bien o servicio[187]; buen funcionamiento de equipos y provisión de repuestos). Y por ello debe cubrir no solo el término del contrato, sino un plazo más para efectos de su liquidación o por el período en que estén vigentes las obligaciones poscontractuales de estabilidad, calidad y correcto funcionamiento de la obra, bienes y servicios entregados.

Conforme al artículo 1096 del Código de Comercio, el asegurador que paga se subroga, por ministerio de la ley, en los derechos de las personas responsable del siniestro[188]. La jurisprudencia, en vigencia del artículo 68 numeral 5 del Código Contencioso Administrativo, fue oscilante sobre si antes de formular su reclamo a la aseguradora al expedir el acto administrativo, en el cual declarará ocurrido el siniestro, este tenía o no carácter de título ejecutivo[189].

---

[184] Cfr. JUAN CARLOS ESGUERRA PORTOCARRERO, "El régimen de los seguros de los contratos administrativos", en *Revista Vniversitas,* núm. 70, Bogotá, mayo 1986, Pontificia Universidad Javeriana, págs. 289 y ss. Consejo de Estado, Sala de Consulta y Servicio Civil, concepto de 13 octubre 1976, rad. 1092, C. P. Luis Carlos Sáchica [fundamento jurídico párr. 1 a 4]; Sección Tercera, sent. de 28 febrero 1980, rad. 2623, C. P. Jorge Valencia Arango [fundamento jurídico 5]; sent. de 23 febrero 1982, rad. 2891, C. P. Carlos Betancur [fundamento jurídico párr. 23]; sent. de 11 diciembre 2002, rad. 22511, C. P. María Elena Giraldo Gómez [fundamento jurídico D]; Subsección B, sent. de 8 noviembre 2012, rad. 24999, C. P. Danilo Rojas Betancourth [fundamentos jurídicos 24 y 26]; Subsección C, sent. de 1º abril 2016, rad. 51138, C. P. Jaime Orlando Santofimio Gamboa [fundamento jurídico 3.2], SV Guillermo Sánchez Luque; Sala Plena, sent. de 17 junio 1988, rad. 056, C. P. Álvaro Lecompte Luna [fundamento jurídico párr. 38].

[185] Cfr. Consejo de Estado, Sección Tercera, sent. de 13 septiembre 1999, rad. 10607, C. P. Ricardo Hoyos Duque [fundamento jurídico 5].

[186] Cfr. Consejo de Estado, Sección Tercera, sent. de 3 mayo 2001, rad. 12724, C. P. Ricardo Hoyos Duque [fundamento jurídico 2.2].

[187] Cfr. Consejo de Estado, Sección Tercera, Subsección A, sent. de 27 noviembre 2013, rad. 25742, C. P. Mauricio Fajardo Gómez [fundamento jurídico 2.5.3].

[188] Cfr. Consejo de Estado, Sección Tercera, sent. de 18 julio 1986, rad. 4081, C. P. Carlos Betancur Jaramillo [fundamento jurídico párr. 17], SV Antonio José de Irisarri Restrepo.

[189] Cfr. Consejo de Estado, Sección Tercera, sent. de 10 julio 1997, rad. 9286, C. P. Ricardo Hoyos Duque [fundamento jurídico B]; sent. de 24 mayo 2001, rad. 13598, C. P. Ricardo

47. Para la ejecución, en segundo lugar, es preciso contar con el registro presupuestal del contrato, que garantiza los recursos para el pago del bien o servicio contratado, salvo que se comprometan vigencias fiscales futuras, según el artículo 71 del decreto 111 de 1996, Estatuto Orgánico del Presupuesto, en consonancia con el artículo 41 de la ley 80 de 1993 (modificado por el art. 23 de la ley 1150 de 2007[190]). Al efecto, la entidad, al inicio del proceso de selección, debe haber expedido el certificado de disponibilidad presupuestal, para comprometer los recursos necesarios para cumplir las obligaciones del contrato, cuya ausencia no vicia de nulidad el contrato[191].

48. Finalmente, para la ejecución es preciso acreditar que se está al día en el pago de aportes parafiscales relativos al Sistema de Seguridad Social Integral, así como los propios del Sena, ICBF y cajas de compensación familiar, cuando corresponda, según ordena el artículo 23 de la ley 1150 de 2007.

49. Cumplidos los tres requisitos antes mencionados comienza la ejecución del contrato estatal. Y, como consecuencia de su fuerza obligatoria (C. C., art. 1602), las prestaciones acordadas deben ejecutarse en forma íntegra, efectiva y oportuna, ya que es una ley para las partes. El contrato debe ser ejecutado de buena fe y, por ende, obliga no solo a lo que en él se expresa, sino a todas las cosas que emanan precisamente de la naturaleza de la obligación o que por ley le pertenecen a ella sin cláusula especial (C. C., art. 1603).

En tanto contrato bilateral y conmutativo —como suele ser— implica la simetría o equilibrio de prestaciones e intereses que debe guardar y preservarse (C. C., arts. 1494, 1495, 1530 y ss. 1551 y ss.). Su incumplimiento (por inejecución, por ejecución tardía o por ejecución defectuosa) genera responsabilidad, que en principio únicamente es exonerable por causas no imputables al contratante fallido (fuerza mayor, caso fortuito, hecho de un tercero o culpa

---

Hoyos Duque [fundamentos jurídicos 2 y 3]; sent. de 14 abril 2005, rad. 14583, C. P. Alier Hernández Enríquez [fundamento jurídico 3]; Subsección B, sent. de 12 diciembre 2014, rad. 29471, C. P. Ramiro Pazos Guerrero [fundamento jurídico 8]; Subsección A, sent. de 16 julio 2015, rad. 32301, C. P. Hernán Andrade Rincón [fundamento jurídico 4.2.2].

[190] La jurisprudencia, antes de la vigencia de la ley 1150 de 2007, en ocasiones consideró al registro presupuestal como un requisito para el perfeccionamiento (condición de existencia) del contrato y en otras como un requisito para su ejecución. Ver Consejo de Estado, Sección Tercera, sent. de 27 enero 2000, rad. 14935, C. P. Germán Rodríguez Villamizar [fundamento jurídico 2.2]; sent. de 5 octubre 2005, rad. AP-1588, C. P. Ramiro Saavedra Becerra [fundamento jurídico 5.2] sent. de 28 septiembre 2006, rad. 15307, C. P. Ramiro Saavedra Becerra [fundamento jurídico 3], AV Alier Hernández Enríquez; sent. de 11 febrero 2009, rad. 31210, C. P. Enrique Gil Botero [fundamento jurídico 3.1].

[191] Cfr. Consejo de Estado, Sección Tercera, sent. de 30 julio 2008, rad. 23003, C. P. Ramiro Saavedra Becerra [fundamento jurídico 2.4].

del cocontratante)[192]. Los títulos de imputación de la responsabilidad fundada en el contrato serán, por ejemplo, los mandatos de la buena fe, igualdad y equilibrio entre prestaciones (equilibrio financiero o ecuación económica[193]) y derechos que caracterizan los contratos conmutativos (ley 80 1993, art. 28)[194].

50. La preservación de la ecuación financiera es tratada, a su vez, como un principio especial de la contratación estatal no solo en la ley 80 de 1993, sino también desde antes en el artículo 86 del decreto 222 de 1983[195], el decreto 150 de 1976[196] y en el artículo 11 de la ley 4ª de 1964, por su inspiración francesa de *l'équation financiaire* del Comisario de Gobierno Blum[197].

Por ello, si la conmutatividad se altera y hay lugar a la ruptura del equilibrio prestacional que hace más oneroso el cumplimiento de las prestaciones a una de las partes, deben adoptarse medidas necesarias para restablecerla y mantener así —durante la vigencia del contrato— la correlación, la equivalencia objetiva y razonable de las prestaciones que se tenía cuando se pactó, según los artículos 4º numeral 3, 8º, 9º, 5º numerales 1 y 3, 14 numeral 1, 23, 25 numeral 14, 27 y 28 de la ley 80 de 1993, sin desconocer los riesgos contractuales que deban asumir y teniendo en cuenta la conducta que debe observar durante su ejecución (siempre que no sea imputable al afectado)[198].

[192] Cfr. DIONISIO GÓMEZ RODADO, "La responsabilidad en la actividad contractual del Estado", en *Revista de la Cámara de Comercio de Bogotá*, núm. 50, Bogotá, septiembre de 1983, págs. 147 y ss.; WILLIAM BARRERA MUÑOZ, "¿Responsabilidad derivada exclusivamente del incumplimiento?" en ALBERTO MONTAÑA PLATA y JORGE IVÁN RINCÓN CÓRDOBA (Eds.) *Contratos públicos: problemas, perspectivas y prospectivas,* Bogotá, Universidad Externado de Colombia, 2017, págs. 911 y ss.; Consejo de Estado, Sección Tercera, Subsección B, sent. de 30 enero 2013, rad. 24.217, C. P. Danilo Rojas Betancourth [fundamentos jurídicos 16 y 17].

[193] Cfr. CAMILO OSPINA BERNAL, "El equilibrio económico de los contratos", en AA. VV., *La misión de contratación: hacia una política para la eficiencia y la transparencia en la contratación pública,* Bogotá, DNP, 2002, págs. 417 y ss.

[194] Cfr. Consejo de Estado, Sección Tercera, sent. de 8 mayo 1996, rad. 8118, C. P. Juan de Dios Montes Hernández [fundamento jurídico párr. 54].

[195] Cfr. GUSTAVO HUMBERTO RODRÍGUEZ, *Los principios del derecho en la contratación administrativa,* Bogotá, Jurídicas Wilches, 1989, págs. 35 y ss.

[196] Cfr. PEDRO A. LAMPREA, *Contratos administrativos: tratado teórico y práctico,* Bogotá, Fondo de Cultura Jurídica, 1979.

[197] Cfr. Consejo de Estado, Sección Tercera, sent. de 4 septiembre 1986, rad. 1677, C. P. Jorge Valencia Arango [fundamento jurídico j]; Sección Tercera, Subsección B, sent. de 29 agosto 2012, rad. 20615, C. P. Danilo Rojas Betancourth [fundamento jurídico 17.4]; Sección Tercera, Subsección B, sent. de 29 julio 2013, rad. 21642, C. P. Ramiro Pazos Guerrero [fundamento jurídico 26].

[198] Cfr. Consejo de Estado, Sección Tercera, Subsección B, sent. de 28 junio 2012, rad. 21990, C. P. Ruth Stella Correa Palacio [fundamento jurídico 7].

51. Existen mecanismos que se han concebido para mantener el equilibrio económico del contrato: (i) los reajustes y la revisión de precios (ley 80 de 1993, art. 4º num. 8) tendente a mantener el valor del contrato frente a fenómenos como la devaluación o la inflación y (ii) la distribución de riesgos previsibles, como parte del deber de planeación (ley 1150 de 2007, art. 4º[199]). La jurisprudencia enuncia cuatro causas de ruptura del equilibrio económico: el hecho del príncipe; la teoría de la imprevisión; el *ius variandi* y el ejercicio de potestades excepcionales y las sujeciones técnicas o materiales imprevistas[200].

52. El "hecho del príncipe", primero de los eventos que se suelen citar de ruptura de la ecuación contractual, se presenta cuando el Estado —como autoridad y no como parte (aunque no hay uniformidad sobre si debe provenir o no de la entidad contratante[201])— expide actos generales y abstractos que afectan directa o indirectamente la ejecución, al alterar de manera extraordinaria, anormal e imprevisible el equilibrio prestacional, *i. e.* impuestos[202]. Esta situación da lugar a una indemnización integral.

53. La imprevisión, segundo de los supuestos de afectación del equilibrio económico del contrato, se configura cuando se produce un hecho exógeno que altera de manera extraordinaria y anormal la ecuación financiera, sin que pudiera preverse al suscribir el contrato. Su ocurrencia únicamente da lugar a compensación y no a una indemnización integral.

54. El uso de las denominadas "potestades exorbitantes" *(ius variandi)* puede provocar el tercer caso de alteración anormal de la economía del contrato que hace más gravosa su ejecución[203], bajo un régimen de responsabilidad sin

---

[199] Cfr. María Teresa Palacio Jaramillo, "Derogatoria de la garantía de utilidad del contratista frente al reconocimiento del equilibrio económico del contrato", en Felipe de Vivero Arciniegas (comp.), *Reforma al régimen de contratación estatal,* Bogotá, Universidad de los Andes, 2010, págs. 1 y ss.

[200] Cfr. Carlos Holguín Holguín, "El equilibrio contractual", en AA. VV., *Comentarios al nuevo régimen de contratación administrativa,* Bogotá, Colegio Mayor de Nuestra Señora del Rosario, 1995, págs. 115 y ss.; Carlos Alberto Zambrano Barrera, "Ruptura del equilibrio económico e incumplimiento del contrato estatal", en Hugo Arenas, *Instituciones de derecho administrativo-II*, Bogotá, Colegio Mayor de Nuestra Señora del Rosario-Ibáñez, 2016, pág. 227.

[201] Cfr. Consejo de Estado, Sección Tercera, sent. de 7 diciembre 2005, rad. 15003, C. P. German Rodríguez Villamizar [fundamento jurídico] AV Ruth Stella Correa Palacio y sent. de 7 marzo 2007, rad. 15799, C. P. Enrique Gil Botero [fundamento jurídico 1 a 4], salvamento de voto Ruth Stella Correa Palacio.

[202] Cfr. Consejo de Estado, Sala de Consulta y Servicio Civil, concepto de 11 marzo 1972, rad. 561, C. P. Alberto Hernández Mora [fundamento jurídico IX a XIII], SV Luis Carlos Sáchica.

[203] Cfr. Libardo Rodríguez Rodríguez, *Derecho administrativo general*, 20ª ed., t. II, Bogotá, Edit. Temis, 2017, pág. 283.

falta. El ejercicio ilegítimo de esas prerrogativas da lugar a incumplimiento y, por ende, a indemnización integral, al amparo de una responsabilidad por culpa.

55. En último término, las sujeciones técnicas o materiales imprevistas, que dan lugar a un cuarto supuesto de ruptura del equilibrio económico, se configuran cuanto emergen dificultades de orden material derivadas de hechos de la naturaleza que no pudieron preverse y que comportan mayores cantidades de obra o soluciones técnicas costosas (*i. e.* terrenos inestables, aguas subterráneas).

56. Naturalmente, durante la etapa de ejecución el contratista está obligado a cumplir con el objeto del contrato. A efectos de la verificación en debida forma, la ley ha dotado a la Administración de una serie de medios tendentes al cumplimiento del objeto contractual, esto es, a que el contrato no se frustre o a terminarlo, si es del caso.

Se trata de un conjunto de facultades, que en el ámbito del derecho público se han denominado excepcionales[204] —expresión de la autotutela— y que han dado lugar a un régimen calificado de exorbitancia, porque la íntima relación entre el contrato estatal y los fines del Estado impone poderes de control y dirección (ley 80 de 1993, art. 3º[205]). Sin embargo, en los contratos regidos por el derecho común la jurisprudencia admite la aplicación de figuras muy parecidas como la condición resolutoria expresa[206].

[204] Cfr. JORGE VALENCIA ARANGO, "Dirección del contrato y potestades excepcionales" en AA. VV., *Comentarios al nuevo régimen de contratación administrativa,* Bogotá, Colegio Mayor de Nuestra Señora del Rosario, 1995, págs. 127 y ss.; RICARDO HOYOS DUQUE, "El contrato estatal y las cláusulas excepcionales", en AA. VV., *Comentarios al Estatuto de Contratación Administrativa,* Medellín, Librería Jurídica, 1994, págs. 143 y ss.; HERNÁN GUILLERMO ALDANA DUQUE, "Las cláusulas excepcionales" en AA. VV., *La misión de contratación: hacia una política para la eficiencia y la transparencia en la contratación pública,* Bogotá, DNP, 2002, págs. 579 y ss.; RUTH STELLA CORREA PALACIO, "El ejercicio de los poderes del Estado en el contrato estatal", en FELIPE DE VIVERO ARCINIEGAS (comp.), *Reforma al régimen de contratación estatal,* Bogotá, Universidad de los Andes, 2010, págs. 17 y ss.

[205] Cfr. Consejo de Estado, Sección Tercera, sent. de 19 agosto 2004, rad. 12342, C. P. Ramiro Saavedra Becerra [fundamento jurídico II-3]

[206] Cfr. Consejo de Estado, Sección Tercera, auto de 18 julio 2007, rad. 31838, C. P. Ruth Stella Correa Palacio [fundamento jurídico 4.2.3], Subsección C, sent. de 20 febrero 2017, rad. 56562, C. P. Jaime Orlando Santofimio [fundamento jurídico 2], A.V. Guillermo Sánchez Luque y sent. de 19 julio 2017, rad. 57394, C. P. Jaime Orlando Santofimio Gamboa [fundamento jurídico 2 y 3], A.V. Guillermo Sánchez Luque y Corte Suprema de Justicia, Sala de Casación Civil, sent. de 30 agosto 2011, rad. 1957-01, M. P. William Namén Vargas [fundamentos jurídicos 2 a 6]. Un importante análisis de la terminación unilateral y el derecho privado, en JUAN PABLO CÁRDENAS MEJÍA, "La huida por la administración del derecho privado contractual", en ANTONIO ALJURE, ROCÍO ARAÚJO y WILLIAM ZAMBRANO, *Sociedad, Estado y Derecho, Homenaje a Álvaro Tafur Galvis* III, Bogotá, Colegio Mayor de Nuestra Señora del Rosario, 2014, págs. 335 y ss.

Esos poderes exorbitantes son de interpretación restrictiva por corresponder a reglas de excepción. Su ejercicio está sometido al debido proceso (ley 1150 de 2007, art. 17 y ley 1474 de 2011, art. 86), a los presupuestos materiales y a los límites temporales de competencia[207]. Además de las multas y la cláusula penal[208], en los contratos estatales se pueden pactar las siguientes cláusulas "inusuales" en el derecho común de conformidad con el artículo 14 numeral 2 de la ley 80 de 1993 (que retoma el art. 2º de la ley 19 de 1982): (i) la interpretación unilateral; (ii) la modificación unilateral; (iii) la terminación unilateral; (iv) sometimiento a las leyes nacionales; (v) la caducidad y (vi) la reversión[209].

57. La interpretación unilateral del contrato. Si durante la ejecución del contrato surgen discrepancias entre las partes sobre la interpretación de algunas de sus estipulaciones que puedan conducir a la paralización o a la afectación grave del servicio público que se pretende satisfacer con el objeto contratado, la entidad estatal, si no se logra acuerdo, interpretará en acto administrativo debidamente motivado, las estipulaciones o cláusulas objeto de la diferencia (arts. 14 num. 2 y 15 de la ley 80 de 1993, que retoman lo dispuesto por el art. 24 del decr. 222 de 1983 y el art. 2º de la ley 19 de 1982)[210]. No puede confundirse con la modificación, porque "interpretar un contrato no es modificarlo"[211].

58. La modificación unilateral del contrato. Si durante la ejecución del contrato y para evitar la paralización o afectación grave del servicio público que se deba satisfacer con él, fuere necesario introducir variaciones en el contrato y previamente las partes no llegan al acuerdo respectivo, la entidad en acto administrativo, debidamente motivado[212], lo modificará mediante

---

[207] La jurisprudencia no ha sido uniforme respecto del límite temporal para su ejercicio Cfr. Consejo de Estado, Sección Tercera, sent. de 21 febrero 1986, rad. 4550, C. P. Carlos Betancur Jaramillo [fundamento jurídico párr. 11] y sent. de 4 junio de 1998, rad. 13988, C. P. Ricardo Hoyos Duque [fundamento jurídico 6].

[208] Cfr. Jorge Octavio Ramírez Ramírez, "La declaratoria de incumplimiento del contrato administrativo, las multas y la cláusula penal pecuniaria", en Revista Universitas, núm. 79, Bogotá, Pontificia Universidad Javeriana, pág. 271.

[209] Cfr. María Teresa Palacio Jaramillo, "Potestades excepcionales y su nueva regulación legal y reglamentaria-poderes de la administración" en Felipe de Vivero Arciniegas (comp.), Reforma al régimen de contratación estatal, Bogotá, Universidad de los Andes, 2010, págs. 343 y ss.

[210] Cfr. Consejo de Estado, Sección Tercera, Subsección C, sent. de 7 julio 2011, rad. 18762, C. P. Enrique Gil Botero [fundamento jurídico 1]; Corte Const., sent. C-1514 de 2000, M. P. Martha Victoria Sáchica Méndez [fundamento jurídico 4].

[211] Cfr. Consejo de Estado, Sección Tercera, sent. de 15 febrero 1991, rad. 5973, C. P. Carlos Betancur Jaramillo [fundamento jurídico párr. 6-8 y 12-14].

[212] Cfr. Consejo de Estado, Sección Tercera, Subsección B, sent. de 10 marzo 2011, rad. 15666, C. P. Stella Conto Díaz del Castillo [fundamento jurídico párr. 52].

la supresión o adición de obras, trabajos, suministros o servicios ("principio de mutabilidad"[213]).

Si se imponen nuevas obligaciones, el contratista tendrá derecho a que se reconozcan los mayores costos y las utilidades correspondientes. Sin embargo, si las modificaciones alteran el valor del contrato en un 20 por ciento o más del valor inicial, el contratista podrá renunciar a la continuación de la ejecución. En este caso, se ordenará la liquidación del contrato y la entidad adoptará de manera inmediata las medidas que fueren necesarias para garantizar la terminación del objeto del mismo (arts. 14 num. 2 y 16 de la ley 80 de 1993[214]).

59. La terminación unilateral. La entidad, en acto administrativo debidamente motivado, dispondrá la terminación anticipada del contrato en los siguientes eventos sobrevinientes a su celebración que, por afectar el interés público, tornan nugatoria su ejecución: (i) cuando las exigencias del servicio público lo requieran o la situación de orden público lo imponga[215]; (ii) por muerte o incapacidad física permanente del contratista si es persona natural[216], o por disolución de la persona jurídica del contratista; (iii) por interdicción judicial o declaración de quiebra del contratista; (iv) por cesación de pagos, concurso de acreedores o embargos judiciales del contratista que afecten de manera grave el cumplimiento del contrato (arts. 14 num. 2 y 17 de la ley 80 de 1993, que retoma lo dispuesto por los arts. 18 y 19 del decr. 222 de 1983). La administración debe indemnizar al contratista[217], por el ejercicio de esta manifestación de autotutela[218].

60. La caducidad del contrato. Estipulación en virtud de la cual si se presenta alguno de los hechos constitutivos de incumplimiento de las obligaciones a cargo del contratista, que afecte de manera grave y directa la ejecución del contrato y evidencie que puede conducir a su paralización, la entidad por medio de acto administrativo debidamente motivado lo dará por terminado y ordenará su liquidación en el estado en que se encuentre (arts. 14 num. 2 y 18 de la ley 80 de 1993, que modificó de manera significativa el régimen anterior contenido en el art. 62 del decr. 222 de 1983).

[213] Cfr. Consejo de Estado, Sección Tercera, sent. de 31 enero 1991, rad. 5951, C. P. Julio César Uribe Acosta [fundamento jurídico párr. 82].

[214] Cfr. Corte Const., sent. C-949 de 2001, M. P. Clara Inés Vargas Hernández [fundamento jurídico 5].

[215] Cfr. Consejo de Estado, Sección Tercera, sent. de 6 junio 2007, rad. 17253, C. P. Ruth Stella Correa Palacio [fundamento jurídico 4].

[216] Cfr. Corte Const., sent. C-454 de 1994, M. P. Fabio Morón Díaz [fundamento jurídico 2].

[217] Cfr. Consejo de Estado, Sección Tercera, sent. de 26 febrero 2009, rad. 17211, C. P. Ruth Stella Correa Palacio [fundamento jurídico 5.1].

[218] Cfr. Consejo de Estado, Sección Tercera, Subsección B, sent. de 4 junio 2012, rad. 22109, C. P. Ruth Stella Correa Palacio [fundamento jurídico 4.8].

Sin embargo, la administración no podrá declarar la caducidad del contrato si ha puesto, por su incumplimiento serio y de gran significación, al contratista en posición de incumplimiento o si no ha cumplido —de manera grave y determinante— con las obligaciones que en forma previa le corresponden, ya que se puede configurar la excepción de contrato no cumplido (C. C., art. 1609)[219].

Si la entidad decide abstenerse de declarar la caducidad del contrato, debe adoptar las medidas de control e intervención, que garanticen su ejecución. La caducidad se declara para desplazar o remover al contratista de manera que pueda asumir aquella directamente la ejecución de su objeto (toma de posesión o de la obra), o por medio del garante o de un nuevo contratista que cumpla las exigencias de idoneidad y capacidad necesarias[220]. Como al declararse se rompe el vínculo contractual, no hay lugar a reconocimiento indemnizatorio alguno a favor del contratista y este, por el contrario, debe soportar las sanciones e inhabilidades de ley (i. e. art. 8º lit. c de la ley 80 de 1993 y arts. 48-32 de la ley 734).

Como la caducidad es constitutiva del siniestro de incumplimiento, la aseguradora está legitimada para impugnar el acto que la declara[221], que —por supuesto— no puede ser arbitrario, ni puede usarse como mecanismo de coerción por la Administración y debe garantizar el debido proceso (ley 1474 de 2011, art. 86)[222]. De ahí que solo pueda declararse en vigencia del plazo de ejecución contractual[223].

61. La reversión. En los contratos de explotación o concesión de bienes estatales se pactará que, al finalizar el término de la explotación o concesión, los elementos y bienes directamente afectados a la misma pasen a ser propiedad de la entidad contratante, sin que por ello esta deba efectuar compensación alguna, siempre que el valor de los bienes esté totalmente amortizado (ley 80 de 1993, art. 19[224]).

---

[219] Cfr. ALFONSO MIRANDA TALERO, "La excepción de contrato no cumplido en el derecho administrativo", en *Revista Vniversitas*, núm. 73, Bogotá, diciembre 1987, Pontificia Universidad Javeriana, pág. 233; Consejo de Estado, Sección Tercera, Subsección B, sent. de 23 febrero 2012, rad. 21317, C. P. Ruth Stella Correa Palacio [fundamento jurídico 8].

[220] Cfr. Corte Const., sent. C-949 de 2001, M. P. Clara Inés Vargas Hernández [fundamento jurídico 5].

[221] Cfr. Consejo de Estado, Sección Tercera, Subsección B, sent. de 23 febrero 2012, rad. 21317, C. P. Ruth Stella Correa Palacio [fundamento jurídico 2].

[222] Cfr. Consejo de Estado, Sección Tercera, sent. de 17 marzo 2010, rad. 18394, C. P. Ruth Stella Correa Palacio [fundamentos jurídicos 3.4 y 3.5].

[223] Cfr. Consejo de Estado, Sección Tercera, sent. de 20 noviembre 2008, rad. 17031, C. P. Ruth Stella Correa Palacio [fundamento jurídico 3], AV Mauricio Fajardo Gómez.

[224] Cfr. Corte Const., sent. C-250 de 1996, M. P. Hernando Herrera Vergara [fundamento jurídico 5].

62. El sometimiento a las leyes nacionales. En los procesos de contratación estatal se concederá al proponente de bienes y servicios de origen extranjero, el mismo tratamiento y en las mismas condiciones, requisitos, procedimientos y criterios de adjudicación que el tratamiento concedido al nacional, exclusivamente bajo el principio de reciprocidad (ley 80 de 1993, art. 20)[225].

63. Adicionalmente, las entidades estatales deben dar por terminado el contrato mediante acto administrativo debidamente motivado, en los casos de nulidad absoluta del contrato, previstos en los numerales 1, 2 y 4 del artículo 44 de la ley 80 de 1993[226]. Igualmente, como ya se indicó, las entidades tienen la potestad de declarar el siniestro del riesgo asegurado mediante las garantías del contrato (ley 1150 de 2007, art. 7º y arts. 99 num. 3 y 99 num. 4 de la ley 1437 de 2011).

64. De otro lado, las entidades contratantes tienen —en ejercicio de la autonomía de la voluntad— la facultad de imponer las multas que hayan sido pactadas, con el objeto de conminar al contratista a cumplir con sus obligaciones[227]. El ejercicio de esta facultad sancionatoria o coercitiva debe garantizar el derecho al debido proceso del contratista, según ordenan el artículo 17 de la ley 1150 de 2007 y el artículo 86 de la ley 1474 de 2011[228]. También podrán pactarse cláusulas penales, como cálculo anticipado del monto del resarcimiento de los perjuicios acordado frente a un eventual incumpli-

---

[225] Cfr. GABRIEL IBARRA PARDO, "Tratamiento de las entidades estatales a los productores de bienes y servicios de origen nacional frente a los productores de bienes y servicios de origen extranjero", en AA. VV., *La misión de contratación: hacia una política para la eficiencia y la transparencia en la contratación pública,* Bogotá, DNP, 2002, págs. 679 y ss.

[226] Cfr. Consejo de Estado, Sección Tercera, Subsección B, sent. de 4 junio 2012, rad. 20911, C. P. Ruth Stella Correa Palacio [fundamento jurídico 6].

[227] Cfr. WEINER ARIZA MORENO, "Las cláusulas de multas en la contratación estatal", en *Revista de Derecho Público,* núm. 11, Bogotá, Universidad de los Andes, 2000, págs. 231 y ss.; RICARDO HOYOS DUQUE, "Las multas en el contrato estatal: ¿principio de legalidad o autonomía de la voluntad?" en FELIPE DE VIVERO ARCINIEGAS (comp.), *Reforma al régimen de contratación estatal,* Bogotá, Universidad de los Andes, 2010, págs. 359 y ss., y JAIME ORLANDO SANTOFIMIO GAMBOA, "Potestad sancionatoria de la Administración en materia de contratación estatal", en ALBERTO MONTAÑA PLATA y JORGE IVÁN RINCÓN CÓRDOBA (Eds.), *Contratos públicos: problemas, perspectivas y prospectivas,* Bogotá, Universidad Externado de Colombia, 2017, págs. 467 y ss.

[228] Cfr. Consejo de Estado, Sección Tercera, sent. de 7 octubre 2009, rad. 17.936, C. P. Ruth Stella Correa Palacio [fundamentos jurídicos 4 y 5]; sent. de 7 octubre 2009, rad. 18496, C. P. Ruth Stella Correa Palacio [fundamento jurídico 4.2] y Consejo de Estado, Sala de Consulta y Servicio Civil, concepto de 10 octubre 2013, rad. 2157, C. P. Álvaro Namén Vargas [fundamentos jurídicos B,C y D].

miento (C. C., art. 1592; C. de Co., art. 867; ley 1150 de 2007, art. 17 y ley 1474 de 2011, art. 86 [229]).

65. Finalmente, los contratos estatales se clasifican en función de las cláusulas o estipulaciones excepcionales al derecho común, de conformidad con el numeral 2 y el parágrafo del artículo 14 de la ley 80 de 1993: (i) Inclusión obligatoria: los contratos que tengan por objeto el ejercicio de un actividad que constituya monopolio estatal, la prestación de servicios públicos o la explotación —en estos además la de reversión— y concesión de bienes del Estado, así como en los contratos de obra (se entienden pactadas aun cuando no se consignen expresamente); (ii) inclusión facultativa: se pueden pactar en los contratos de suministro y de prestación de servicios; (iii) inclusión prohibida: los contratos que se celebren con personas públicas internacionales, o de cooperación, ayuda o asistencia; en los interadministrativos; en los de empréstito, donación y arrendamiento y en los contratos que tengan por objeto actividades comerciales o industriales de las entidades que no correspondan a las señaladas en el primer supuesto o que tengan por objeto el desarrollo directo de actividades científicas o tecnológicas; los contratos de seguro tomados por las entidades estatales y (iv) no pertenecen a ninguno de esos grupos, contratos como el de consultoría, comodato y leasing en los que es preciso determinar si el legislador la autorizo o no[230].

66. Derechos y deberes de las entidades contratantes[231]: El artículo 4º de la ley 80 de 1993 (adicionado por el art. 19 de la ley 1150 de 2007) prevé los derechos y deberes de las entidades estatales contratantes: (i) exigir al contratista la ejecución idónea y oportuna del objeto contratado; (ii) reconocimiento y cobro de sanciones pecuniarias y garantías[232]; (iii) actualización o revisión de precios cuando se produzcan fenómenos que alteren en su contra el equilibrio económico; (iv) revisiones periódicas de las obras ejecutadas, servicios prestados o bienes suministrados.

---

[229] Cfr. Consejo de Estado, Sección Tercera, Subsección B, sent. de 15 noviembre 2011, rad. 21178, C. P. Ruth Stella Correa Palacio [fundamento jurídico 2].

[230] Cfr. Consejo de Estado, Sección Tercera, sent. de 30 noviembre 2006, rad. 30832, C. P. Alier Hernández Enríquez [fundamento jurídico 6.2], AV Mauricio Fajardo Gómez, AV Ramiro Saavedra Becerra.

[231] Cfr. BENJAMÍN HERRERA BARBOSA, Contratos públicos, Bogotá, Ibáñez, 2003, págs. 120 y ss.

[232] Cfr. JUAN MANUEL PRIETO, "De las garantías en los contratos estatales", en AA. VV., Comentarios al nuevo régimen de contratación administrativa, Bogotá, Colegio Mayor de Nuestra Señora del Rosario, 1995, págs. 351 y ss.; JUAN CARLOS ESGUERRA PORTOCARRERO, "Las garantías en los contratos estatales: su utilidad práctica e importancia", en AA. VV., La misión de contratación: hacia una política para la eficiencia y la transparencia en la contratación pública, Bogotá, DNP, 2002, págs. 597 y ss.

Las entidades también deben: (v) exigir que la calidad de los bienes y servicios se ajuste a los requisitos mínimos previstos en las normas técnicas obligatorias; (vi) adelantar las acciones conducentes a obtener la indemnización de los daños; (vii) repetir contra los servidores públicos, contra el contratista o terceros responsables (llamamiento en garantía); (viii) adoptar las medidas necesarias para mantener las condiciones técnicas, económicas y financieras (ajustes previos e intereses moratorios[233]); (ix) actuar de modo que no sobrevenga una mayor onerosidad en el cumplimiento de las obligaciones a cargo del contratista, por causa imputable a ella y acordar mecanismos para precaver y solucionar rápida y eficazmente las diferencia que llegaren a presentarse y (x) respetar el orden de presentación de los pagos por parte del contratista.

67. Derechos y deberes de los contratistas. El artículo 5º de la ley 80 de 1993 establece los derechos y deberes de los contratistas: (i) recibir oportunamente la remuneración pactada y a que el valor intrínseco no se altere o modifique durante la vigencia del contrato; (ii) colaborar con las entidades para que el objeto se cumpla y sea de la mejor calidad, acatar las órdenes que se les imparta y obrar con lealtad y buena fe en las distintas etapas contractuales; (iii) acudir ante las autoridades para obtener las protección de los derechos derivados del contrato; (iv) garantizar la calidad de bienes y servicios contratados y (v) no acceder a peticiones o amenazas de quienes actúen por fuera de la ley e informar inmediatamente a la entidad contratante y a las autoridades competentes, so pena de caducidad.

68. Por último, en la ejecución del contrato se pueden presentar situaciones que suponen cambios a lo inicialmente pactado: (i) suspensión; (ii) adición en precio; (iii) prórroga; (iv) cesión y (v) modificación del objeto[234].

69. La suspensión es una medida excepcional de interrupción o paralización temporal de la contabilización del plazo del contrato, por razones de fuerza mayor, caso fortuito o interés general, que si bien supone la alteración de la fecha de terminación, el plazo de ejecución no es adicionado sino que tan solo deja de correr[235].

70. La adición en precio es el incremento del valor en no más del 50 por ciento inicialmente acordado, expresado en salarios mínimos legales, cuyo valor

---

[233] Cfr. Corte Const., sent. C-965 de 2003, M. P. Rodrigo Escobar Gil [fundamento jurídico 4].

[234] Cfr. Álvaro Namén Vargas y Guillermo Sánchez Luque, "Panorama de la contratación pública en Colombia", en William Zambrano Cetina (Ed.) y Jaime Rodríguez-Arana (Dir.), *Anuario Iberoamericano de contratación administrativa,* Buenos Aires, FIDA-Ius publicum Innovatio-IJ Editores, 2018.

[235] Cfr. Consejo de Estado, Sección Tercera, Subsección C, sent. de 28 abril 2010, rad. 16431, C. P. Enrique Gil Botero [fundamento jurídico 4] y Subsección B, sent. de 2 noviembre 2011, rad. 20739, C. P. Danilo Rojas Betancourth [fundamentos jurídicos 31 y 32].

no excederá el 50 por ciento del inicialmente pactado, expresado en salarios mínimos legales mensuales, de conformidad con el inciso 2º del parágrafo del artículo 40 de la ley 80 de 1993.

71. La prórroga es la ampliación del plazo de ejecución acordado. No se permiten las que sean automáticas, sucesivas e indefinidas por afectar los derechos de los otros oferentes. La prórroga podrá acordarse si es adecuada al interés general perseguido y no un instrumento para favorecer al contratista[236].

72. La cesión o trasferencia de derechos y obligaciones del contratista a un tercero, persona que toma su posición en el contrato. Como los contratos estatales son *intuitu personae*, una vez celebrados no podrán cederse sin previa autorización escrita de la entidad contratante (ley 80 de 1993, art. 41 inc. 2º).

73. La modificación del alcance del objeto, esto es, la alteración de las calidades o cantidades de bienes o servicios, que no entrañen la sustitución del objeto, ni una variación que suponga una novación, pues de nuevo sería una afectación a los derechos de los demás oferentes[237].

B) *Extinción y tipología de contratos estatales*

74. La etapa de ejecución termina en forma normal[238] (cumplimiento del objeto en la forma y el tiempo debidos: con la expiración del plazo pactado, la exigibilidad de los derechos y obligaciones, la entrega del objeto contractual, acaecimiento de la condición resolutoria expresa) o en forma anormal (mutuo disenso como modo de extinguir las obligaciones —C. C., art. 1625—[239], terminación unilateral, caducidad, terminación por nulidad absoluta, vencimiento del plazo antes del cumplimiento del objeto convenido, declaratoria judicial de nulidad del contrato, renuncia del contratista por modificación unilateral, imposibilidad de ejecución del objeto contratado[240]).

[236] Consejo de Estado, Sala de Consulta y Servicio Civil, concepto de 2 diciembre 2015, rad.. 2252, C. P. Álvaro Namén Vargas [fundamento jurídico C].

[237] Cfr. Consejo de Estado, Sección Tercera, auto de 16 marzo 2005, rad. 2792, C. P. Ruth Stella Correa Palacio [fundamento jurídico 8].

[238] Cfr. JUAN CARLOS ESGUERRA PORTOCARRERO, "La terminación y liquidación del contrato. La solución de controversias", en SUSANA MONTES DE ECHEVERRI (Dir.), *Controversia contractual en obras públicas,* Bogotá, Universidad de los Andes, 1988, págs. 255 y ss.

[239] Cfr. Consejo de Estado, Sección Tercera, sent. de 24 enero 1985, rad. 3344, C. P. Eduardo Suescún Monroy [fundamento jurídico párr. 8]; sent. de 18 noviembre 1999, rad. 10781, C. P. Ricardo Hoyos Duque [fundamento jurídico 3] y Subsección C, sent. de 19 octubre 2011, rad. 18082, C. P. Enrique Gil Botero [fundamento jurídico 3.4].

[240] Cfr. Consejo de Estado, Sección Tercera, sent. de 11 mayo 1990, rad. 5335, C. P. Carlos Betancur Jaramillo [fundamento jurídico párr. 18]; Subsección A, sent. de 9 mayo 2012, rad. 20968, C. P. Mauricio Fajardo Gómez [fundamento jurídico 4.1].

75. La liquidación. Es la etapa final, que conduce a la extinción del contrato. La liquidación es un ajuste de cuentas, para que las partes puedan determinar, a partir de lo ejecutado, si hay obligaciones pendientes, saldos a favor o en contra o están a paz y salvo[241]. De conformidad con el artículo 60 de la ley 80 de 1993 (subrogado por el art. 217 del decr. 19 de 2012[242]), deben liquidarse los contratos de tracto sucesivo, aquellos cuya ejecución o cumplimiento se prolongue en el tiempo, y los demás que lo requieran, serán objeto de liquidación[243].

En esta etapa constarán los acuerdos, conciliaciones y transacciones a que llegaren las partes para poner fin a las divergencias presentadas y poder declararse a paz y salvo[244]. La liquidación no es obligatoria en los contratos de prestación de servicios profesionales y de apoyo a la gestión. La liquidación puede ser (i) bilateral, (ii) unilateral y (iii) judicial[245].

76. La liquidación bilateral o conjunta. Cuando las partes de común acuerdo hacen el corte de cuentas sobre las actividades desarrolladas en el marco del contrato y con posterioridad a su terminación (quién le debe a quién, qué, cuánto y por qué[246]), se produce el efecto de finiquitar el contrato. Como es un acuerdo negocial (entre personas capaces de disponer) si no se dejan salvedades en el acta no se podrán formular reclamaciones administrativas o judiciales respecto de las prestaciones pendientes de ejecución. Las reglas sobre el consentimiento sin vicios rigen en su integridad[247] y permitirlo sería

[241] Cfr. LUIS FERNANDO VÉLEZ ESCALLÓN, "La terminación y liquidación en los contratos de las entidades estatales", en AA. VV., *Comentarios al nuevo régimen de la contratación administrativa*, Bogotá, Colegio Mayor de Nuestra Señora del Rosario, 1995, pág. 192; ANTONIO JOUVE GARCÍA, "La regulación de los aspectos posteriores a la terminación de los contratos estatales", en AA. VV., *La misión de contratación: hacia una política para la eficiencia y la transparencia en la contratación pública,* Bogotá, DNP, 2002, págs. 615 y ss.; AIDA PATRICIA HERNÁNDEZ SILVA, "La liquidación del contrato estatal", en JOSÉ LUIS BENAVIDES y JAIME ORLANDO SANTOFIMIO (comps.) *Contratación estatal: estudios sobre la reforma del estatuto contractual-ley 1150 de 2007,* Bogotá, Universidad Externado de Colombia, 2009, págs. 493 y ss. y Consejo de Estado, Sección Tercera, sent. de 4 junio 2008, rad. 16293, C. P. Ruth Stella Correa Palacio [fundamento jurídico 3].

[242] Que corresponde a los arts. 191 a 193 del decr. 150 de 1976 y al art. 289 del decr. 222 de 1983.

[243] Cfr. Consejo de Estado, Sección Tercera, sent. de 2 mayo 2002, rad. 20472, C. P. German Rodríguez Villamizar [fundamento jurídico 2.1 d].

[244] Cfr. Corte Const., sent. C-967 de 2012, M. P. Jorge Iván Palacio [fundamento jurídico 8].

[245] Cfr. Consejo de Estado, Sección Tercera, sent. de 9 junio 2010, rad. 18971, C. P. Mauricio Fajardo Gómez [fundamento jurídico 4].

[246] Cfr. BENDECK OLIVELLA, *op. cit.*, pág. 21.

[247] Cfr. Consejo de Estado, Sección Tercera, sent. de 16 octubre 1980, rad. 1960, C. P. Carlos Betancur Jaramillo [fundamento jurídico párr. 12].

ir contra la doctrina de los "actos propios" (buena fe)[248]. Las amenazas de sanciones (multas, cláusula penal, caducidad) no tipifican *per se* vicio de fuerza o violencia[249] y las salvedades deben ser concretas y específicas[250].

Este acto de la autonomía de la voluntad que define los créditos y deudas recíprocas se hará en el término fijado en el pliego de condiciones, o dentro del que acuerden las partes. Si no existe tal término, la liquidación se realizará dentro de los cuatro meses siguientes a la expiración del previsto para la ejecución del contrato o a la expedición del acto administrativo que ordene la terminación, o a la fecha del acuerdo que la disponga[251]. Vencido el plazo para liquidar, la Administración pierde la competencia para hacerlo por razón del factor temporal (*ratione temporis*)[252].

77. La liquidación unilateral. En aquellos casos en que el contratista no se presenta a la liquidación previa notificación o convocatoria que le haga la entidad, o las partes no lleguen a un acuerdo sobre su contenido, la entidad tendrá la facultad de liquidar el contrato dentro de los dos meses siguientes contados a partir del vencimiento del plazo acordado o, en su defecto, dentro de los cuatro meses siguientes a la terminación del contrato o de la expedición del acto que lo ordene o del acuerdo que lo disponga (ley 1150 de 2007, art. 11)[253].

Esta liquidación se adopta mediante un acto administrativo que, como tal, se presume legal, tiene carácter ejecutorio y ejecutivo[254] y constituye —no sin discusión— una facultad exorbitante[255] y, por ello, la jurisprudencia ha

---

[248] Cfr. Consejo de Estado, Sección Tercera, Subsección A, sent. de 13 noviembre 2013, rad. 21685, C. P. Mauricio Fajardo Gómez [fundamento jurídico 4].

[249] Cfr. Consejo de Estado, Sección Tercera, sent. de 4 junio 2008, rad. 16293, C. P. Ruth Stella Correa Palacio [fundamento jurídico 5].

[250] Cfr. Consejo de Estado, Sección Tercera, Subsección B, sent. de 29 febrero 2012, rad. 16371, C. P. Danilo Rojas Betancourth [fundamento jurídico 21].

[251] Cfr. Consejo de Estado, Sección Tercera, sent. de 9 agosto 1984, rad. 3215, C. P. José Alejandro Bonivento Fernández [fundamento jurídico párr. 28].; sent. 5 octubre 2005, rad.. AP-1588, C. P. Ramiro Saavedra Becerra [fundamento jurídico 5.3].

[252] Cfr. Consejo de Estado, Sección Tercera, sent. de 4 diciembre 2006, rad. 15239, C. P. Mauricio Fajardo Gómez [fundamento jurídico 2.6], AV Ruth Stella Correa Palacio.

[253] El plazo de liquidación fue por mucho tiempo una creación jurisprudencial, en ausencia de regulación legal, ver Consejo de Estado, Sección Tercera, sent. de 11 septiembre 1980, rad. 2825 C. P. Jorge Valencia Arango [fundamento jurídico párr. 78]; sent. de 6 julio 1995, rad. 8126, C. P. Juan de Dios Montes Hernández [fundamento jurídico párr. 11]; sent. de 31 marzo 2003, rad. 12431, C. P. Jesús María Carrillo Ballesteros [fundamento jurídico V]; Subsección C, sent. de 13 febrero 2013, rad. 24308, C. P. Jaime Orlando Santofimio Gamboa [fundamento jurídico 1].

[254] Cfr. Consejo de Estado, Sección Tercera, sent. de 16 febrero 2001, rad. 12660, C. P. María Elena Giraldo Gómez [fundamento jurídico c-2].

[255] El criterio no es uniforme Cfr. Consejo de Estado, Sección Tercera, sent. de 21 abril 2004, rad. 10875, C. P. Ramiro Saavedra Becerra [fundamento jurídico IV]. En sentido con-

estimado que los jueces arbitrales no pueden conocer de las controversias derivadas de su contenido[256]. La liquidación no es un acto separable, pues su contenido se desprende de la aplicación y ejecución de las cláusulas contractuales[257] (art. 61 de la ley 80 de 1993, subrogado por el art. 11 de la ley 1150 de 2007[258]). La liquidación judicial, a su vez, es la que adopta el juez del contrato (institucional o arbitral), a falta de alguna de las dos anteriores.

78. Resolución por nulidad del contrato. De conformidad con el artículo 44 de la ley 80 de 1993 (antes previsto por el art. 189 del decr. 150 de 1976 y luego por los arts. 78 y 79 del decr. 222 de 1983), los contratos del Estado son nulos absolutamente en los casos previstos en el derecho común[259] (objeto ilícito —C. C., arts. 1519, 1521, 1523 y C. de Co., art. 899—[260] o

---

trario, ver sent. de 11 diciembre 1989, rad. 5334, C. P. Gustavo De Greiff Restrepo [fundamento jurídico párr. 65]; sent. de 31 agosto 2006, rad. 14287, C. P. Mauricio Fajardo Gómez [fundamento jurídico 5.1].

Sobre la arbitrabilidad, en general, de cláusulas excepcionales ver Luis Carlos Sáchica, "Las cláusulas compromisorias y de caducidad en los contratos administrativos (decreto 150 de 1976)" en *Revista de la Cámara de Comercio*, núm. 22, Bogotá, marzo de 1976, págs. 85 y ss.; Susana Montes de Echeverri, "La solución de controversias contractuales por la vía arbitral" en *Revista de Derecho Público*, núm. 14, Bogotá, Universidad de los Andes, 2002, págs. 135 y ss. y Carlos Betancur Jaramillo, "La justicia arbitral como alternativa para la administración de justicia en los conflictos contractuales del Estado-Definición de sus alcances", en AA. VV., *La misión de contratación: hacia una política para la eficiencia y la transparencia en la contratación pública*, Bogotá, DNP, 2002, págs. 799 y ss.

[256] Cfr. Consejo de Estado, Sección Tercera, sent. de 4 julio 2002, rad. 19333, C. P. German Rodríguez Villamizar [fundamento jurídico 4.2], SV María Elena Giraldo Gómez, AV Ricardo Hoyos Duque; Subsección C, sent. de 30 enero 2013, rad. 23519, C. P. Enrique Gil Botero [fundamento jurídico 3].

[257] Cfr. Consejo de Estado, Sección Tercera, sent. de 23 octubre 1992, rad. 5580, C. P. Juan de Dios Montes Hernández [fundamento jurídico párr. 7].

[258] Previsto antes en el art. 289 del decr. 222 de 1983 y en el art. 191 del decr. 150 de 1996.

[259] Sobre la aplicación del derecho privado en materia de nulidades, ver Consejo de Estado, Sección Tercera, sent. de 1º febrero 1979, rad. 2199, C. P. Jorge Dangond Flores [fundamento jurídico 2]; sent. de 21 junio 1984, rad. 3017, C. P. José Alejandro Bonivento Fernández [fundamentos jurídicos 1 y 5]; sent. de 16 febrero 2001, rad. 16596, C. P. Alier Hernández Enríquez [fundamento jurídico 4.2].

[260] Por violación manifiesta de la Constitución, ver Consejo de Estado, Sección Tercera, Subsección B, sent. de 27 abril 2011, rad. 16763, C. P. Ruth Stella Correa Palacio [fundamento jurídico 5.5]; por omisión del proceso de selección objetiva ver Consejo de Estado, Sección Tercera, sent. de 10 diciembre 1998, rad. 11446, C. P. Germán Rodríguez Villamizar [fundamento jurídico párr. 33], Subsección A, sent. de 26 mayo 2011, rad. 18243, C. P. Hernán Andrade Rincón [fundamento jurídico 6.1]; por desconocimiento de norma imperativa, ver Consejo de Estado, Sección Tercera, sent. de 7 octubre 2009, rad. 16795, C. P. Mauricio Fajardo Gómez [fundamento jurídico 3]; por inclusión de un poder exorbitante no autorizado

causa ilícita —C. C., art. 1524—, omisión de alguna formalidad que la ley prescribe para el valor de ciertos actos o contratos, incapacidad absoluta —C. C., arts. 1503 a 1506) y además cuando:

1) Se celebren por personas incursas en causales de inhabilidad o incompatibilidad;

2) Se celebren contra expresa prohibición constitucional o legal[261];

3) Se celebren con abuso (que puede coincidir con el objeto ilícito[262], como la extralimitación de funciones) o desviación de poder[263] (esta última una especie de causa ilícita[264], ley 80 de 1993, art. 24 num. 8);

4) Se declaren nulos los actos administrativos en que se fundamenten[265]; y

5) Se hubieren celebrado con desconocimiento de los criterios previstos en el artículo 21 sobre tratamiento de ofertas nacionales y extranjeras o con violación de la reciprocidad de que trata esta ley.

La nulidad absoluta puede ser alegada por las partes, por el agente del ministerio público, por cualquier tercero que acredite un interés concreto, personal y directo[266] (el CPACA reitera lo dispuesto por el art. 32 de la ley 446

---

por la ley, ver Consejo de Estado, Sección Tercera, sent. de 15 noviembre 2011, rad. 21178, C. P. Ruth Stella Correa Palacio [fundamento jurídico 2].

Sobre la nulidad de contratos estatales por violación de reglas imperativas, un novedoso —y polémico— planteamiento en FABRICIO MANTILLA ESPINOSA, MYRIAM SALCEDO, FRANCISCO BERNATE, *El arbitraje nacional frente a la corrupción*, Bogotá, Ibáñez-Cámara de Comercio de Bogotá, 2018, págs. 121 y ss.

[261] Cfr. Consejo de Estado, Sección Tercera, sent. de 2 mayo 2007, rad. 15599, M. P. Mauricio Fajardo Gómez [fundamento jurídico 2.3].

[262] Cfr. Consejo de Estado, Subsección B, sent. de 30 junio 2011, rad. 19782, M. P. Stella Conto Díaz del Castillo [fundamento jurídico 3.4].

[263] Cfr. Consejo de Estado, Sección Tercera, sent. de 28 mayo 2012, rad. 21489, C. P. Ruth Stella Correa Palacio Subsección B, sent. de 30 junio 2011, rad. 19782, M. P. Stella Conto Díaz del Castillo [fundamento jurídico 4.1]; Subsección B, sent. de 28 septiembre 2012, rad. 17204, C. P. Danilo Rojas Betancourth Subsección B, sent. de 30 junio 2011, rad. 19782, M. P. Stella Conto Díaz del Castillo [fundamento jurídico 21].

[264] Cfr. Consejo de Estado, Sección Tercera, sent. de 22 marzo 2007, rad. 28010, C. P. Alier Hernández Enríquez [fundamento jurídico 2.2]; sent. de 29 agosto 2007, rad. 15324, C. P. Mauricio Fajardo Gómez [fundamento jurídico 2.6]; sent. de 4 octubre 2007, rad. 16368, C. P. Enrique Gil Botero [fundamento jurídico 2]; sent. de 25 febrero 2009, rad. 15797, C. P. Myriam Guerrero de Escobar [fundamento jurídico 2.4].

[265] Cfr. Consejo de Estado, Sección Tercera, Subsección B, sent. de 4 junio 2012, rad. 20911, C. P. Ruth Stella Correa Palacio [fundamento jurídico 6]; Subsección A, sent. de 30 octubre 2013, rad. 36863, C. P. Carlos Alberto Zambrano Barrera [fundamento jurídico párr. 12].

[266] Cfr. Consejo de Estado, Sección Tercera, sent. de 30 enero 1987, rad. 3627, C. P. Carlos Betancur Jaramillo [fundamento jurídico párr. 26], sent. de 7 diciembre 2000, rad. 9527, C. P. María Elena Giraldo Gómez [fundamento jurídico D]; sent. de 6 diciembre 2004, rad. 13529,

de 1998 que modificó la ley 80 de 1993 que permitía que lo hiciera cualquier persona) o declarada de oficio por el juez (C. C., art. 1742; ley 50 de 1936, art. 2º[267]) y no es pasible de saneamiento por ratificación (ley 80 de 1993, art. 45 y ley 446 de 1998, art. 32). Como ya se indicó, la configuración de las causales 2 y 4 del artículo 44 obliga a dar por terminado el contrato y a ordenar su liquidación.

Los demás vicios que se presenten en los contratos, y que conforme al derecho común constituyen causales de nulidad relativa (vicios del consentimiento —error, fuerza[268] y dolo C. C., arts. 1508, 1509, 1513 y 1514— e incapacidad relativa), pueden sanearse por ratificación expresa de los interesados o por transcurso de dos años, contados a partir de la ocurrencia del hecho generador del vicio (ley 80 de 1993, art. 46)[269]. La nulidad de alguna o de algunas de las cláusulas de un contrato, no invalidará la totalidad del acto, salvo cuando este no pudiese existir sin la parte viciada (ley 80 de 1993, art. 47).

El artículo 48 de la ley 80 de 1993 establece que, tratándose de un contrato de ejecución sucesiva, la nulidad no impedirá el reconocimiento y pago de las prestaciones ejecutadas hasta el momento de la declaratoria. Según la jurisprudencia, el inciso 2º del artículo 48 de la ley 80 de 1993 establece una regla distinta a la del Código Civil, consistente en que el reconocimiento y pago de las prestaciones ejecutadas en un contrato nulo por objeto o causa ilícita, solo tienen lugar cuando se pruebe que la entidad estatal se ha beneficiado y únicamente hasta el monto del beneficio obtenido: condiciona el reconocimiento de las prestaciones ejecutadas al beneficio del Estado y solamente hasta el monto del mismo[270].

C. P. María Elena Giraldo Gómez [fundamento jurídico 2]; Subsección A, sent. de 26 marzo 2012, rad. 19269, C. P. Ruth Stella Correa Palacio [fundamento jurídico 3.2].

[267] Cfr. Consejo de Estado, Sección Tercera, sent. de 19 noviembre 1981, rad. 3038, C. P. Jorge Valencia Arango; sent. de 1º octubre 1987, rad. 4883, C. P. Julio César Uribe Acosta [fundamento jurídico párrs. 17-18]; Sala Plena, sent. de 6 septiembre 1999, rad. S-025, C. P. Delio Gómez Leyva [fundamento jurídico 1]; Sección Tercera, sent. de 7 octubre 1999, rad. 12387, C. P. Alier Hernández Enríquez [fundamento jurídico párr. 13]; Subsección B, sent. de 28 septiembre 2011, rad. 15476, C. P. Ruth Stella Correa Palacio [fundamento jurídico 4].

[268] Cfr. Consejo de Estado, Sección Tercera, sent. de 21 mayo 1992, rad. 6435, C. P. Julio César Uribe Acosta [fundamento jurídico E y F]; sent. de 16 septiembre 1994, rad. 6533, C. P. Juan de Dios Montes Hernández [fundamento jurídico B]; Subsección B, sent. de 26 julio 2012, rad. 23605, C. P. Danilo Rojas Betancourth [fundamento jurídico 32].

[269] Cfr. Consejo de Estado, Sección Tercera, sent. de 10 mayo 1984, rad. 2805, C. P. José Alejandro Bonivento Fernández [fundamento jurídico 6]; sent. de 8 marzo 2007, rad. 15052, C. P. Ruth Stella Correa Palacio [fundamento jurídico 2.2.2], SV Mauricio Fajardo Gómez.

[270] Cfr. Consejo de Estado, Sección Tercera, sent. de 25 noviembre 2004, rad. 25560, C. P. German Rodríguez Villamizar [fundamento jurídico 8].

79. Tipología de los contratos. El artículo 32 de la ley 80 de 1993, luego de señalar que los contratos estatales son los actos jurídicos generadores de obligaciones que celebren las entidades estatales previstos en el derecho privado o derivados de la autonomía de la voluntad, enumera a título enunciativo algunos de los contratos de la Administración pública típicos: (i) obra, (ii) consultoría, (iii) prestación de servicios, (iv) concesión, (v) encargos fiduciarios y fiducia pública. El artículo 41 del mismo Estatuto Contractual, a su turno, prevé las operaciones de crédito público. Recientemente se introdujo la modalidad de asociaciones público privadas, con fundamento en la experiencia de otros países.

80. Contrato de obra[271]. Son contratos de obra los que celebren las entidades estatales para la construcción, mantenimiento, instalación y, en general, para la realización de cualquier trabajo material sobre bienes inmuebles, cualquiera que sea la modalidad de ejecución y pago (precio global, precios unitarios, administración delegada, reembolso de gastos y pago de honorarios y concesiones —hoy APP—[272]). Los vicios de construcción generan responsabilidad para los constructores[273]. Bajo la nomenclatura anterior era el típico contrato administrativo (*i. e.* decr. 222 de 1983, art. 21[274]).

81. Contrato de consultoría: son contratos de consultoría los que celebren las entidades estatales referidos a los estudios necesarios para la ejecución de proyectos de inversión, estudios de diagnóstico, prefactibilidad o factibilidad para programas o proyectos específicos, así como a las asesorías técnicas de coordinación, control y supervisión[275]. Son también contratos de consultoría los que tienen por objeto la interventoría[276], asesoría, gerencia de obra o de

---

[271] Cfr. SATURIA ESGUERRA PORTOCARRERO, "Régimen general del contrato de obras públicas", en *Revista de la Cámara de Comercio de Bogotá*, núm. 50, Bogotá, septiembre de 1983, págs. 169 y ss.; ÉDGAR GONZÁLEZ LÓPEZ, "La regulación de los contratos de obra", en AA. VV., *La misión de contratación: hacia una política para la eficiencia y la transparencia en la contratación pública,* Bogotá, DNP, 2002, págs. 167 y ss.

[272] Cfr. Consejo de Estado, Sección Tercera, Subsección A, sent. de 30 enero 2013, rad. 20342, C. P. Mauricio Fajardo Gómez [fundamento jurídico 2.5.1].

[273] Cfr. Consejo de Estado, sent. de 17 octubre 1974, rad. 390, C. P. Carlos Portocarrero Mutis [fundamento jurídico 1].

[274] Cfr. JAIME VIDAL PERDOMO, *El contrato de obra pública, comentarios al decreto 150 de 1976,* Bogotá, Universidad Externado de Colombia, 1979 y Consejo de Estado, Sección Tercera, Subsección B, sent. de 25 mayo 2011, rad. 18553, C. P. Ruth Stella Correa Palacio [fundamento jurídico 4].

[275] Cfr. Consejo de Estado, Sección Tercera, Subsección C, sent. de 25 abril 2012, rad. 22167, C. P. Jaime Orlando Santofimio Gamboa [fundamento jurídico 4].

[276] Cfr. PATRICIA MIER BARROS, "Comité asesor, evaluador e interventoría y supervisión contractual", en AA. VV., *Memorias 3er seminario nacional de contratación estatal,* Bogotá, Alcaldía Mayor, 2007, págs. 151 y ss.; Consejo de Estado, Sección Tercera, Subsección B,

proyectos, dirección, programación y ejecución de diseños, planos, anteproyectos y proyectos, que tienen como denominador común la índole técnica de su contenido[277].

82. Contrato de prestación de servicios[278]: son contratos de prestación de servicios los que celebren las entidades estatales para desarrollar actividades relacionadas con la administración o funcionamiento de la entidad, siempre que no puedan realizarse con personal de planta o requieran conocimientos especializados. El contratista se compromete a poner su fuerza de trabajo al servicio de la entidad para la realización de una actividad específica relacionada con el cumplimiento de las funciones a su cargo, a cambio de un pago (contrato oneroso), elemento esencial del contrato[279] (antes previsto en los arts. 163 y 164 del decr. 222 de 1983).

En ningún caso generan relación laboral, ni prestaciones sociales y se celebrarán por el término estrictamente indispensable (es improcedente convenir un término indefinido o exclusividad[280]), pues no pueden utilizarse para establecer plantas de personal paralelas con carácter permanente[281].

83. Contrato de concesión: son contratos de concesión los que celebran las entidades estatales con el objeto de otorgar a una persona, llamada concesionario, la prestación, operación, explotación, organización o gestión, total o parcial, de un servicio público, o la construcción, explotación o conservación total o parcial, de una obra o bien destinados al servicio o uso público.

Asimismo, todas aquellas actividades necesarias para la adecuada prestación o funcionamiento de la obra o servicio por cuenta y riesgo del concesionario, bajo la vigilancia y control de la entidad concedente, a cambio de una remuneración que puede consistir en derechos, tarifas, tasas, valorización, o en la participación que se le otorgue en la explotación del bien, o en una suma

---

sent. de 28 febrero 2013, rad. 25199, C. P. Danilo Rojas Betancourth [fundamentos jurídicos 14, 15 y 17].

[277] Cfr. Consejo de Estado, Sección Tercera, Subsección A, sent. de 13 febrero 2013, rad. 24996, C. P. Mauricio Fajardo Gómez [fundamento jurídico 3].

[278] Cfr. WEINER ARIZA MORENO, "Los contratos de prestación de servicios y su utilización por parte de las entidades estatales", en AA. VV., *La misión de contratación: Hacia una política para la eficiencia y la transparencia en la contratación pública,* Bogotá, DNP, 2002, págs. 145 y ss.

[279] Cfr. Consejo de Estado, Sección Tercera, sent. de 21 abril 2004, rad. 14651, C. P. Ramiro Saavedra Becerra [fundamento jurídico 1].

[280] Cfr. Consejo de Estado, Sección Tercera, Subsección A, sent. de 2 febrero 2013, rad. 25590, C. P. Mauricio Fajardo Gómez [fundamento jurídico 2.5.2.1].

[281] Cfr. Corte Const., sent. C-154 de 1997, M. P. Hernando Herrera Vergara [fundamento jurídico 4]; Consejo de Estado, Sección Tercera, Subsección B, sent. de 10 marzo 2011, rad. 13857, C. P. Ruth Stella Correa Palacio [fundamento jurídico 5].

periódica, única o porcentual y, en general, en cualquier otra modalidad de contraprestación que las partes acuerden[282].

El concesionario queda obligado a aportar unos bienes propios con destino a lograr la explotación del bien o servicio dado en concesión, con la expectativa de que estos revertirán a la entidad estatal al vencimiento del contrato, e inicia su ejecución con una inversión que pretende amortizar durante todo el tiempo de ejecución[283].

La concesión, según algunos fallos, es un "acto mixto" o "acto condición" que supone la integración de un componente contractual y de uno legal y reglamentario, mientras que para otros es un contrato estatal *strictu sensu*, cuyas estipulaciones son gobernadas por el poder de dirección que concierne a la Administración pública[284].

El ordenamiento prevé distintas modalidades de concesión: obra pública[285], servicios públicos (servicios básicos, uso de recursos naturales, servicios postales, etc.), explotación de bienes del Estado (minería, espectro electromagnético, radioeléctrico[286], telecomunicaciones[287], etc.), monopolios rentísticos y juegos de azar, entre otras[288]. Un contrato fundamentado en el interés general y cuya celebración persigue la eficiente y continua prestación de los servicios

---

[282] Cfr. JUAN PABLO CÁRDENAS MEJÍA, "Régimen especial de ciertos contratos" en AA. VV., *Comentarios al nuevo régimen de contratación administrativa,* Bogotá, Colegio Mayor de Nuestra Señora del Rosario, 1995, págs. 283 y ss.; ALBERTO MONTAÑA PLATA, "Caracterización del contrato de concesión de servicio público en Colombia a partir de la revisión de su génesis y evolución histórica", en ALBERTO MONTAÑA PLATA y JORGE IVÁN RINCÓN CÓRDOBA (Eds.), *Contratos públicos: problemas, perspectivas y prospectivas,* Bogotá, Universidad Externado de Colombia, 2017, págs. 641 y ss.

[283] Cfr. Consejo de Estado, Sección Tercera, sent. de 31 enero 1997, rad. 10498, C. P. Carlos Betancur Jaramillo [fundamento jurídico 4].

[284] Cfr. Consejo de Estado, Sección Tercera, sent. de 30 noviembre 2006, rad. 13074, C. P. Alier Hernández Enríquez [fundamento jurídico 5.2.1].

[285] Cfr. PATRICIA MIER BARROS, "La regulación de los contratos de concesión de obras de infraestructura", en AA. VV., *La misión de contratación: hacia una política para la eficiencia y la transparencia en la contratación pública,* Bogotá, DNP, 2002, págs. 391 y ss.

[286] Cfr. Consejo de Estado, Sección Tercera, Subsección B, sent. de 10 febrero 2011, rad. 19115, C. P. Ruth Stella Correa Palacio [fundamento jurídico 5]; Subsección A, sent. de 4 noviembre 2015, rad. 38785, C. P. Hernán Andrade Rincón [fundamento jurídico 5.1]

[287] Cfr. WEINER ARIZA MORENO, "Equilibrio financiero y concesión de servicios de telecomunicaciones", en JOSÉ FERNANDO BAUTISTA QUINTERO (comp.), *Reflexiones y tendencias del sector de telecomunicaciones,* Bogotá, Universidad Sergio Arboleda, 2004, págs. 1 y ss.

[288] Cfr. Consejo de Estado, Sección Tercera, Subsección A, sent. de 21 noviembre 2012, rad. 20523, C. P. Carlos Alberto Zambrano Barrera [fundamento jurídico II] y sent. de 19 septiembre 2013, rad. 19705, C. P. Carlos Alberto Zambrano Barrera [fundamento jurídico III].

y la mayor producción de los bienes y servicios estatales en beneficio de la comunidad[289] (antes regulado por los arts. 182 y 183 del decr. 222 de 1983).

En todo caso, la entidad concedente conserva una gran responsabilidad, pues al utilizar una forma de gestión indirecta del servicio público, las competencias de dirección, vigilancia y control se intensifican, porque está "delegando" facultades propias de la Administración al concesionario y otorgándoles derechos y prerrogativas respecto de la utilización de bienes de titularidad pública[290].

84. Encargos fiduciarios y fiducia pública. Los encargos fiduciarios que celebren las entidades estatales con las sociedades fiduciarias tendrán por objeto la administración o el manejo de los recursos vinculados a los contratos que tales entidades celebren. La selección de las sociedades fiduciarias se hará con rigurosa observancia del procedimiento de licitación o concurso[291], salvo los excedentes de tesorería que se podrán invertir directamente en fondos comunes ordinarios (art. 25 de la ley 1150 de 2007). La fiducia pública[292], difiere de la mercantil, en cuanto nunca implicará transferencia de dominio sobre bienes o recursos estatales[293], ni constituirá patrimonio autónomo del propio de la respectiva entidad oficial[294].

85. Operaciones de crédito público. Son aquellas que tienen por objeto dotar a la entidad de recursos con plazo para su pago, entre las que se encuentran la contratación de empréstitos[295], la emisión, suscripción y colocación de bonos

[289] Cfr. Consejo de Estado, Sección Tercera, sent. de 9 junio 2010, rad. 16496, C. P. Ruth Stella Correa Palacio [fundamento jurídico 4]. Una "especie" de concesión de servicios públicos son las denominadas "Áreas de Servicio Exclusivo", ver Consejo de Estado, Sección Tercera, sent. 13 agosto 2008, rad. AP 888, C. P. Ruth Stella Correa Palacio [fundamento jurídico 3].

[290] Cfr. Consejo de Estado, Sección Tercera, sent. de 1º noviembre 2012, rad. AG 002, C. P. Enrique Gil Botero [fundamento jurídico 3.2].

[291] Cfr. Consejo de Estado, Sección Tercera, sent. de 27 marzo 2008, rad. 29393, C. P. Ruth Stella Correa Palacio [fundamento jurídico 1].

[292] Cfr. SERGIO RODRÍGUEZ AZUERO, "La fiducia pública" en AA. VV., *Comentarios al nuevo régimen de contratación administrativa*, Bogotá, Colegio Mayor de Nuestra Señora del Rosario, 1995, págs. 327 y ss. y OMAR FRANCO GUTIÉRREZ, *La contratación administrativa*, Bogotá, Ediciones jurídicas Ibáñez, 2000, págs. 533 y ss.

[293] Cfr. Consejo de Estado, Sección Tercera, sent. de 25 marzo 2004, rad. 23623, C. P. Alier Hernández Enríquez [fundamento jurídico párr. 12], SV María Elena Giraldo Gómez, SV German Rodríguez Villamizar.

[294] Cfr. Corte Const., sent. C-086 de 1995, M. P. Vladimiro Naranjo Mesa [fundamento jurídico 2]; Consejo de Estado, Sección Tercera, sent. 23 junio 2005, rad. 12846, C. P. 2013, rad. 29472, C. P. Stella Conto Díaz del Castillo [fundamento jurídico 4].

[295] Cfr. Consejo de Estado, Sección Tercera, sent. de 14 julio 1995, rad. 11-1995-07-14, C. P. Daniel Suárez Hernández [fundamento jurídico párr. 65] y ANTONIO ALJURE SALAME, "El contrato de empréstito internacional", en ANTONIO ALJURE, ROCÍO ARAÚJO y WILLIAM ZAMBRANO (editores académicos), *Sociedad, Estado y Derecho, Homenaje a Álvaro Tafur Galvis-IV*, Bogotá, Colegio Mayor de Nuestra Señora del Rosario, 2014, págs. 243 y ss.

y títulos valores, los créditos de proveedores y el otorgamiento de garantías para obligaciones de pago a cargo de las entidades estatales (parg. 2º del art. 41 de la ley 80 de 1993).

En todo caso, las operaciones de crédito público externo de la Nación y las garantizadas por esta, con plazo mayor de un año, requerirán concepto de la Comisión Interparlamentaria de Crédito Público (ley 18 de 1970, art. 3º; ley 51 de 1990, art. 13 y ley 80 de 1993, art. 41 parg. 2º [296]).

86. Asociaciones público privadas. Las APP son un instrumento de vinculación de capital privado, que se materializan en un contrato entre una entidad estatal y una persona natural o jurídica de derecho privado, para la provisión de bienes públicos y de sus servicios relacionados, que involucra la retención y transferencia de riesgos entre las partes y mecanismos de pago, relacionados con la disponibilidad y el nivel de servicio de la infraestructura o servicio. Las concesiones ya enunciadas (ley 80 de 1993, art. 32 num. 4) se encuentran comprendidas dentro de los esquemas de asociaciones público privadas (ley 1508 de 2012, arts. 1º y 2º).

Bajo esta modalidad se busca que las entidades puedan encargar a un inversionista privado el diseño y construcción de una infraestructura y sus servicios asociados, o su construcción, reparación, mejoramiento o equipamiento, actividades todas estas que deben involucrar la operación y mantenimiento de dicha infraestructura y también puede versar sobre infraestructura para la prestación de servicios públicos. Su ámbito de aplicación se extiende a sectores tan disímiles como defensa, tierras, infraestructura, vías, etc.[297].

87. Convenio interadministrativo[298]. A más de los contratos atípicos del derecho común, el convenio interadministrativo es una modalidad particular de contrato estatal. Se trata de una forma de colaboración entre las entidades en el cumplimiento de los fines y cometidos estatales, prevista en el artículo 95 de la ley 489 de 1998[299]. En estos no podrá hacerse uso de los poderes excepcionales y tampoco se podrá liquidar unilateralmente el contrato[300].

[296] Cfr. Corte Const., sent. C-246 de 2004, M. P. Clara Inés Vargas Hernández [fundamento jurídico 5].

[297] Cfr. Consejo de Estado, Sala Consulta y Servicio Civil, concepto de 15 agosto 2017, rad. 2346 C. P. Álvaro Namén Vargas [levantamiento de reserva auto de 13 marzo 2018, fundamento jurídico D] y ALEXANDRA BAQUERO NEIRA, "La estructuración de asociaciones público-privadas sostenibles: reflexiones sobre algunos aspectos presupuestales", en JOSÉ LUIS BENAVIDES (comp.) *Estudios sobre el régimen jurídico de las asociaciones público-privadas,* Bogotá, Universidad Externado de Colombia, 2014, págs. 17 y ss.

[298] Cfr. MARTHA CEDIEL DE PEÑA, "Convenios interadministrativos y de cooperación", en FELIPE DE VIVERO ARCINIEGAS (comp.), *Reforma al régimen de contratación estatal,* Bogotá, Universidad de los Andes, 2010, págs. 287 y ss.

[299] Cfr. Consejo de Estado, Sección Tercera, sent. de 7 octubre 2009, rad. 35476, C. P. Enrique Gil Botero [fundamento jurídico 2]

[300] Cfr. Consejo de Estado, Sección Tercera, sent. de 20 mayo 2004, rad. 25154, C. P. Ramiro Saavedra Becerra [fundamento jurídico 2.4.5], AV Ricardo Hoyos Duque.

Las características principales de los convenios interadministrativos son las siguientes: (i) son verdaderos contratos; (ii) tienen como fuente la autonomía contractual; (iii) son contratos nominados pues están mencionados en la ley; (iv) son contratos atípicos porque no hay normas que de manera detallada los disciplinen; (v) se sujetan tanto a la ley 80 de 1993 y sus modificaciones y al derecho privado (por remisión general de aquella en su art. 13); (vi) persiguen una finalidad común de las entidades vinculadas; (vii) el medio de control judicial es el de controversias contractuales[301].

88. Contratación administrativa electrónica. El artículo 3º de la ley 1150 de 2007 dispuso que la sustanciación de las actuaciones, la expedición de los actos administrativos, los documentos, los contratos y, en general, los actos derivados de la actividad precontractual y contractual, pueden tener lugar por medios electrónicos, de conformidad con lo dispuesto por la ley 527 de 1999. Autorizó también que en el trámite, notificación y publicación de tales actos, puedan utilizarse soportes, medios y aplicaciones electrónicas de conformidad con el reglamento que expida el Gobierno.

Y para materializar estos propósitos, se creó el Sistema Electrónico para la Contratación Pública —SECOP— que (i) dispone de las funcionalidades tecnológicas para realizar proceso de contratación electrónica; (ii) sirve de punto único de ingreso de información y generación de reportes; (iii) cuenta con la información oficial de la contratación realizada con dineros públicos; (iv) integra todos los sistemas que involucran gestión contractual pública (Registro Único Empresarial, Diario Único de Contratación Estatal) y se articula con el Sistema de Información para la Vigilancia de la Contratación Estatal-SICE[302].

BIBLIOGRAFÍA

ALDANA DUQUE, HERNÁN GUILLERMO: "Las cláusulas excepcionales" en AA. VV,. *La misión de contratación: Hacia una política para la eficiencia y la transparencia en la contratación pública*, Bogotá, DNP, 2002.

ALJURE SALAME, ANTONIO: "El contrato de empréstito internacional", en ALJURE, ANTONIO; ARAÚJO, ROCÍO y ZAMBRANO, WILLIAM (Edits.), *Sociedad, Estado y Derecho, Homenaje a Álvaro Tafur Galvis-IV*, Bogotá, Colegio Mayor de Nuestra Señora del Rosario, 2014.

[301] Cfr. Consejo de Estado, Sección Tercera, sent. de 23 junio 2010, rad. 17860, C. P. Mauricio Fajardo Gómez [fundamento jurídico 2.1].

[302] Cfr. CARLOS GUSTAVO ARRIETA PADILLA, "Organismos de control y su papel en la contratación de las entidades estatales. Definición de máximos. El papel del SICE" en AA. VV., *La misión de contratación: hacia una política para la eficiencia y la transparencia en la contratación pública*, Bogotá, DNP, 2002, págs. 539 y ss.; ERICK RINCÓN CÁRDENAS y MARCELA BELLO-ZULUAGA, "Subasta electrónica y su aplicación a la contratación pública", en AA. VV., *Memorias 3er Seminario Nacional de Contratación Estatal,* Bogotá, Alcaldía Mayor, 2007, págs. 65 y ss.

ÁNGEL ZEA, ADELAIDA: "La delegación de funciones y atribuciones en materia de contratación: su importancia, justificación y límites a la delegación", en AA. VV., *La misión de contratación: hacia una política para la eficiencia y la transparencia en la contratación pública*, Bogotá, DNP, 2002.

— "Reflexiones sobre la noción de sinalagma contractual. Una visión en perspectiva", en ALJURE, ANTONIO; ARAÚJO, ROCÍO y ZAMBRANO, WILLIAM, *Sociedad, Estado y Derecho, Homenaje a Álvaro Tafur Galvis IV*, Bogotá, Colegio Mayor de Nuestra Señora del Rosario, 2014.

ARBOLEDA PERDOMO, ENRIQUE: "La selección del contratista particular" en AA. VV., *Comentarios al nuevo régimen de contratación administrativa*, Bogotá, Colegio Mayor de Nuestra Señora del Rosario, 1995.

— "De la regulación de los contratos de las entidades públicas y en especial de los llamados contratos estatales", en *Revista de la Academia Colombiana de Jurisprudencia*, núm. 322, abril 2003.

ARIZA MORENO, WEINER: "Las cláusulas de multas en la contratación estatal", en *Revista de Derecho Público*, núm. 11, Bogotá, Universidad de los Andes, 2000.

— "Los contratos de prestación de servicios y su utilización por parte de las entidades estatales", en AA. VV., *La misión de contratación: hacia una política para la eficiencia y la transparencia en la contratación pública*, Bogotá, DNP, 2002.

— "Equilibrio financiero y concesión de servicios de telecomunicaciones", en BAUTISTA QUINTERO, JOSÉ FERNANDO (comp.), *Reflexiones y tendencias del sector de telecomunicaciones*, Bogotá, Universidad Sergio Arboleda, 2004, .

ARRIETA PADILLA, CARLOS GUSTAVO: "Organismos de control y su papel en la contratación de las entidades estatales. Definición de máximos. El papel del SICE", en AA. VV., *La misión de contratación: hacia una política para la eficiencia y la transparencia en la contratación pública*, Bogotá, DNP, 2002.

BAQUERO NEIRA, ALEXANDRA: "La estructuración de asociaciones público-privadas sostenibles: reflexiones sobre algunos aspectos presupuestales", en BENAVIDES, JOSÉ LUIS (comp.) *Estudios sobre el régimen jurídico de las asociaciones público-privadas*, Bogotá, Universidad Externado de Colombia, 2014.

BARRERA MUÑOZ, WILLIAM: "¿Responsabilidad derivada exclusivamente del incumplimiento?" en MONTAÑA PLATA, ALBERTO y RINCÓN CÓRDOBA, JORGE IVÁN (Ed.), *Contratos públicos: problemas, perspectivas y prospectivas,* Bogotá, Universidad Externado de Colombia, 2017.

BENAVIDES, JOSÉ LUIS: *El contrato estatal, entre el derecho público y el derecho privado*, Bogotá, Universidad Externado de Colombia, 2004.

— "Riesgos contractuales", en BENAVIDES, JOSÉ LUIS y SANTOFIMIO, JAIME ORLANDO (comps.), *Contratación estatal: Estudios sobre la reforma del estatuto contractual-ley 1150 de 2007*, Bogotá, Universidad Externado de Colombia, 2009.

— *Contratos públicos-estudios*, Bogotá, Universidad Externado de Colombia, 2014.

BERMÚDEZ MUÑOZ, MARTÍN: "Los procesos de selección", en DE VIVERO ARCINIEGAS, FELIPE (comp.), *Reforma al régimen de contratación estatal*, Bogotá, Universidad de los Andes, 2010.

BETANCUR JARAMILLO, CARLOS: "La justicia arbitral como alternativa para la administración de justicia en los conflictos contractuales del Estado. Definición de sus alcances", en AA. VV., *La misión de contratación: hacia una política para la eficiencia y la transparencia en la contratación pública*, Bogotá, DNP, 2002.

CÁRDENAS MEJÍA, JUAN PABLO: "Régimen especial de ciertos contratos", en AA. VV. *Comentarios al nuevo régimen de contratación administrativa*, Bogotá, Colegio Mayor de Nuestra Señora del Rosario, 1995.

— "Necesidad e importancia de una legislación especial en materia de contratación estatal-criterios que la justifican", en AA. VV., *La misión de contratación: hacia una política para la eficiencia y la transparencia en la contratación pública*, Bogotá, DNP, 2002.

— "La huida por la administración del derecho privado contractual", en ALJURE, ANTONIO, ARÁUJO, ROCÍO y ZAMBRANO, WILLIAM, *Sociedad, Estado y Derecho, Homenaje a Álvaro Tafur Galvis III*, Bogotá, Colegio Mayor de Nuestra Señora del Rosario, 2014.

CEDIEL DE PEÑA, MARTHA: "Contratación directa", en AA. VV., *Memorias 3er Seminario Nacional de Contratación Estatal*, Bogotá, Alcaldía Mayor, 2007.

— "Convenios interadministrativos y de cooperación", en DE VIVERO ARCINIEGAS, FELIPE (comp.), *Reforma al régimen de contratación estatal*, Bogotá, Universidad de los Andes, 2010.

Colombia, Congreso de la República, *Gaceta del Congreso* y Leyes de la República *http://www.secretariasenado.gov.co/*

Colombia, Agencia Nacional de Contratación Pública-Colombia Compra Eficiente, *https://www.colombiacompra.gov.co/*

— Consejo de Estado, sentencias *http://www.consejodeestado.gov.co/*

— Corte Const., sentencias *http://corteconstitucional.gov.co/*

— Corte Suprema de Justicia, sentencias *http://www.cortesuprema.gov.co/*

Consejo de Estado (PAZOS, RAMIRO y SÁNCHEZ LUQUE, GUILLERMO Edits.): *Graves violaciones a los derechos humanos e infracciones al Derecho Internacional Humanitario: jurisprudencia básica del Consejo de Estado desde 1916*, Bogotá, Imprenta Nacional, 2016.

— SÁNCHEZ LUQUE, GUILLERMO, editor del tomo, NAMÉN VARGAS, ÁLVARO, coordinador general de la publicación): *Antología, jurisprudencias y conceptos Consejo de Estado 1817-2017, Sección Tercera, Tomo A*, Bogotá, Imprenta Nacional, 2018.

Correa Palacio, Ruth Stella: "El ejercicio de los poderes del Estado en el contrato estatal", en De Vivero Arciniegas, Felipe (comp.), *Reforma al régimen de contratación estatal*, Bogotá, Universidad de los Andes, 2010.

Chemás Jaramillo, Jorge Eduardo: "Electricidad y derecho: régimen de contratación y contratos de las empresas que forman parte del sector eléctrico colombiano", en *Revista de Derecho Público*, núm. 14, Bogotá, Universidad de los Andes, 2002.

De Irisarri Restrepo, Antonio José: "La selección de contratistas por parte de las entidades estatales", en AA. VV., *La misión de contratación: hacia una política para la eficiencia y la transparencia en la contratación pública*, Bogotá, DNP, 2002.

De Vega Pinzón, Gabriel: "La universalidad del estatuto general de contratación de la Administración Pública", en Arenas, Hugo (Ed.), *Instituciones de derecho administrativo II*, Bogotá, Colegio Mayor de Nuestra Señora del Rosario y Grupo Editorial Ibáñez, 2016.

De Vivero Arciniegas, Felipe: "Concurso de méritos", en AA. VV., *Memorias 3er Seminario Nacional de Contratación Estatal*, Bogotá, Alcaldía Mayor, 2007.

— "Análisis crítico de la ley 1150 de 2007", en De Vivero Arciniegas, Felipe (comp.), *Reforma al régimen de contratación estatal*, Bogotá, Universidad de los Andes, 2010.

Duque Botero, Juan David: *Contratación pública estratégica, socialmente responsable y competitiva,* Valencia, Tirant lo Blanch y Bogotá, Colegio Mayor de Nuestra Señora del Rosario, 2018.

Esguerra Portocarrero, Juan Carlos: "El régimen de los seguros de los contratos administrativos", en *Revista Vniversitas*, núm. 70, Bogotá, Pontificia Universidad Javeriana.

— "Principios del contrato administrativo", en AA. VV., *Contratos Administrativos, nuevo régimen legal*, Bogotá, Cámara de Comercio de Bogotá, 1983.

— "La terminación y liquidación del contrato-La solución de controversias", en Montes de Echeverri, Susana (Dir.), *Controversia contractual en obras públicas*, Bogotá, Universidad de los Andes, 1988.

— "Las garantías en los contratos estatales: su utilidad práctica e importancia", en AA. VV., *La misión de contratación: hacia una política para la eficiencia y la transparencia en la contratación pública*, Bogotá, DNP, 2002.

Esguerra Portocarrero, Saturia: "Régimen general del contrato de obras públicas" en *Revista de la Cámara de Comercio de Bogotá*, núm. 50, Bogotá, septiembre de 1983.

Estrada, Juan Pablo: "Contratación directa, convenios interadministrativos y contratos de cooperación internacional", en Benavides, José Luis y Santofimio, Jaime Orlando (comps.) *Contratación estatal: estudios sobre la reforma del estatuto contractual-ley 1150 de 2007*, Bogotá, Universidad Externado de Colombia, 2009.

EXPÓSITO VÉLEZ, JUAN CARLOS: "Génesis y evolución de la distribución convencional y legal de los riesgos en los contratos de concesión desde mediados del
siglo XIX hasta nuestros días", en MOLINA, CARLOS y RODRÍGUEZ R., LIBARDO
(Coords.), *El derecho público en Iberoamérica, Libro homenaje al profesor
Jaime Vidal Perdomo-II*, Bogotá, Temis-Universidad de Medellín, 2010.

FRANCO GUTIÉRREZ, OMAR: *La contratación administrativa,* Bogotá, Ediciones
Jurídicas Ibáñez, 2000.

GÓMEZ RODADO, DIONISIO: "La responsabilidad en la actividad contractual del
Estado", en *Revista de la Cámara de Comercio de Bogotá*, núm. 50, Bogotá,
septiembre de 1983.

GONZÁLEZ LÓPEZ, ÉDGAR: "La regulación de los contratos de obra", en AA. VV., *La
misión de contratación: hacia una política para la eficiencia y la transparencia
en la contratación pública*, Bogotá, DNP, 2002.

— *El pliego de condiciones en la contratación estatal: la reforma consagrada
en la ley 1150 de 2007 y sus decretos reglamentarios*, Bogotá, Universidad
Externado de Colombia, 2010.

GONZÁLEZ RODRÍGUEZ, MIGUEL: *La contratación administrativa en Colombia*,
Bogotá, Wilches, 1990.

HERNÁNDEZ SILVA, AIDA PATRICIA: "La liquidación del contrato estatal", en BENAVI-
DES, JOSÉ LUIS y SANTOFIMIO, JAIME ORLANDO (comps.), *Contratación estatal:
Estudios sobre la reforma del estatuto contractual-ley 1150 de 2007*, Bogotá,
Universidad Externado de Colombia, 2009.

HERRERA BARBOSA, BENJAMÍN: *Contratos públicos*, Bogotá, Ibáñez, 2003.

HOLGUÍN HOLGUÍN, CARLOS: "El equilibrio contractual", en AA. VV. *Comentarios
al nuevo régimen de contratación administrativa*, Bogotá, Colegio Mayor de
Nuestra Señora del Rosario, 1995.

HOYOS DUQUE, RICARDO: "El contrato estatal y las cláusulas excepcionales", en
AA. VV., *Comentarios al Estatuto de Contratación Administrativa*, Medellín,
Librería Jurídica, 1994.

— "Las multas en el contrato estatal: ¿principio de legalidad o autonomía de la
voluntad?" en DE VIVERO ARCINIEGAS, FELIPE (comp.), *Reforma al régimen de
contratación estatal*, Bogotá, Universidad de los Andes, 2010.

IBÁÑEZ NAJAR, JORGE ENRIQUE: "El 'Estatuto general de la contratación de la Administración Pública' Estudio normativo, doctrinal y jurisprudencial sobre
su naturaleza, Bogotá, Revista *Vniversitas*, núm. 108, Pontificia Universidad
Javeriana, diciembre de 2004.

IBARRA PARDO, GABRIEL: "Tratamiento de las entidades estatales a los productores
de bienes y servicios de origen nacional frente a los productores de bienes y
servicios de origen extranjero" en AA. VV., *La misión de contratación: hacia
una política para la eficiencia y la transparencia en la contratación pública*,
Bogotá, DNP, 2002.

JOUVE GARCÍA, ANTONIO: "La regulación de los aspectos posteriores a la terminación de los contratos estatales", en AA. VV., *La misión de contratación: hacia una política para la eficiencia y la transparencia en la contratación pública*, Bogotá, DNP, 2002.

— "Licitación pública", en AA. VV., *Memorias 3er Seminario Nacional de Contratación Estatal*, Bogotá, Alcaldía Mayor, 2007.

LAMPREA, PEDRO A.: *Contratos administrativos: tratado teórico y práctico*, Bogotá, Fondo de Cultura Jurídica, 1979.

MANTILLA ESPINOSA, FABRICIO; SALCEDO, MYRIAM; BERNATE, FRANCISCO: *El arbitraje nacional frente a la corrupción*, Bogotá, Ibáñez-Cámara de Comercio de Bogotá, 2018.

MIER BARROS, PATRICIA: "La regulación de los contratos de concesión de obras de infraestructura", en AA. VV., *La misión de contratación: hacia una política para la eficiencia y la transparencia en la contratación pública*, Bogotá, DNP, 2002.

— "Comité asesor, evaluador e interventoría y supervisión contractual", en AA. VV., *Memorias 3er Seminario Nacional de Contratación Estatal*, Bogotá, Alcaldía Mayor, 2007.

MIRANDA TALERO, ALFONSO: "La excepción de contrato no cumplido en el derecho administrativo", en *Revista Universitas*, núm. 73, Bogotá, Pontificia Universidad Javeriana.

MONTAÑA PLATA, ALBERTO: "Caracterización del contrato de concesión de servicio público en Colombia a partir de la revisión de su génesis y evolución histórica", en MONTAÑA PLATA, ALBERTO y RINCÓN CÓRDOBA, JORGE IVÁN (Edits.), *Contratos públicos: problemas, perspectivas y prospectivas,* Bogotá, Universidad Externado de Colombia, 2017.

MONTES DE ECHEVERRI, SUSANA: "Responsabilidad del Estado", en *Revista Temas Jurídicos*, núm. 5, Bogotá, Colegio Mayor de Nuestra Señora del Rosario, mayo de 1993.

— (con la colaboración de Patricia Mier Barros), "Concesiones viales: la inadecuada distribución de los riesgos, eventual causa de crisis en los contratos", en *Revista de Derecho Público*, núm. 11, Bogotá, Universidad de los Andes, 2000.

— "La solución de controversias contractuales por la vía arbitral" en *Revista de Derecho Público*, núm. 14, Bogotá, Universidad de los Andes, 2002.

NAMÉN VARGAS, ÁLVARO: "La transparencia como elemento de modernización de la administración pública", en ZAMBRANO, WILLIAM (Ed.), *Memorias Congreso Internacional Conmemorativo de la ley 4 de 1913, 100 años de Administración Pública: retos y perspectivas*, Bogotá, ESAP, 2014.

— y SÁNCHEZ LUQUE, GUILLERMO: "Panorama de la contratación pública en Colombia", en ZAMBRANO CETINA, WILLIAM (Ed.) y RODRÍGUEZ-ARANA, JAIME (Dir.), *Anuario Iberoamericano de contratación administrativa*, Buenos Aires, FIDA-Ius publicum Innovatio-IJ Editores, 2018.

NAMÉN VARGAS, WILLIAM: "Las limitaciones a la libertad de acceso a la contratación con las entidades estatales. Régimen de inhabilidades e incompatibilidades", en AA. VV., *La misión de contratación: hacia una política para la eficiencia y la transparencia en la contratación pública*, Bogotá, DNP, 2002.

OSPINA BERNAL, CAMILO: "El equilibrio económico de los contratos", en AA. VV., *La misión de contratación: hacia una política para la eficiencia y la transparencia en la contratación pública*, Bogotá, DNP, 2002.

PALACIO JARAMILLO, MARÍA TERESA: "Parámetros constitucionales para la determinación de un régimen jurídico de contratación pública en Colombia", en *Revista de Derecho Público*, núm. 14, Bogotá, Universidad de los Andes, 2002.

— "La contratación directa de las entidades estatales" en AA. VV., *La misión de contratación: hacia una política para la eficiencia y la transparencia en la contratación pública*, Bogotá, DNP, 2002.

— "Cláusulas excepcionales", *Revista de Derecho Público*, núm. 17, Bogotá, Universidad de los Andes, 2004.

— "Potestades excepcionales y su nueva regulación legal y reglamentaria-poderes de la administración" en DE VIVERO ARCINIEGAS, FELIPE (comp.), *Reforma al régimen de contratación estatal*, Bogotá, Universidad de los Andes, 2010.

— "Riesgos en la contratación estatal", en ARENAS, HUGO, *Instituciones de derecho administrativo-II*, Bogotá, Colegio Mayor de Nuestra Señora del Rosario-Ibáñez, 2016.

PALACIOS MEJÍA, HUGO: "Derecho público y derecho privado en los actos y contratos de las empresas de servicios públicos", en *Revista Supervisión*, núm. 2, Bogotá, Superintendencia de Servicios Públicos Domiciliarios, 1996.

PEÑA CASTRILLÓN, GILBERTO: "El derecho privado y la repartición de los riesgos", en DE VIVERO ARCINIEGAS, FELIPE (comp.), *Reforma al régimen de contratación estatal*, Bogotá, Universidad de los Andes, 2010.

PÉREZ VIVES, ÁLVARO: *De los contratos de la Administración I*, Bogotá, Wilches, Bogotá, 1984.

PRIETO, JUAN MANUEL: "De las garantías en los contratos estatales", en AA. VV. *Comentarios al nuevo régimen de contratación administrativa*, Bogotá, Colegio Mayor de Nuestra Señora del Rosario, 1995.

RAMÍREZ, JUAN CARLOS, *El contrato administrativo*, Bogotá, Temis, 1990.

RAMÍREZ RAMÍREZ, JORGE OCTAVIO: "La declaratoria de incumplimiento del contrato administrativo, las multas y la cláusula penal pecuniaria", en *Revista Vniversitas*, núm. 79, Bogotá, Pontificia Universidad Javeriana, págs. 271.

— "Los procedimientos de selección del contratista y el nuevo estatuto de contratación: ley 80 de 1993", en AA. VV. *Comentarios al Estatuto de Contratación Administrativa*, Medellín, Librería Jurídica, 1994.

RINCÓN CÁRDENAS, ERICK y BELLO-ZULUAGA, MARCELA: "Subasta electrónica y su aplicación a la contratación pública", en AA. VV., *Memorias 3er Seminario Nacional de Contratación Estatal*, Bogotá, Alcaldía Mayor, 2007.

RODRÍGUEZ, GUSTAVO HUMBERTO: *Los principios del derecho en la contratación administrativa*, Bogotá, Wilches, 1989.

RODRÍGUEZ AZUERO, SERGIO: "La fiducia pública" en AA. VV., *Comentarios al nuevo régimen de contratación administrativa*, Santa Fe de Bogotá, Colegio Mayor de Nuestra Señora del Rosario, 1995.

RODRÍGUEZ RODRÍGUEZ, LIBARDO: *Derecho administrativo general II*, Bogotá, Edit. Temis, 2017.

— "La contratación pública desde la perspectiva de los principios", en RODRÍGUEZ-ARANA, JAIME *et al.*(Edits.) *Bases y retos de la contratación pública en el escenario global*, Panamá, FINJUS, FIDA, ADDA, Editorial Jurídica Venezolana Internacional, 2017.

RODRÍGUEZ TAMAYO, MAURICIO: *Contratación pública con entidades sin ánimo de lucro*, Bogotá, Legis, 2017.

SÁCHICA, LUIS CARLOS: "Marcos constitucionales de la iniciativa privada", en *Revista de la Cámara de Comercio de Bogotá*, núm. 5, diciembre de 1971, Bogotá.

— "Las cláusulas compromisorias y de caducidad en los contratos administrativos (decreto 150 de 1976)" en *Revista de la Cámara de Comercio*, núm. 22, Bogotá, marzo de 1976

— "Régimen de pagos en los contratos administrativos", en AA. VV., *El derecho administrativo en Latinoamérica*, Bogotá, Colegio Mayor de Nuestra del Rosario, 1980.

SALGUERO BASTO, GONZALO: *Contratos administrativos,* Bogotá, Ediciones Librería del Profesional, 1983.

SÁNCHEZ LUQUE, GUILLERMO: "La delegación administrativa en Colombia: ¿Evolución o mutación constitucional?, en ALJURE, ANTONIO, ARAÚJO, ROCÍO y ZAMBRANO, WILLIAM (Edits.), *Sociedad, Estado y Derecho, Homenaje a Álvaro Tafur Galvis*, Bogotá, Colegio Mayor de Nuestra Señora del Rosario, 2014.

— "Constitucionalización de la contratación estatal: ¿remedio o enfermedad?", en ZAMBRANO CETINA, WILLIAM (Ed.), *Retos de la contratación pública en Iberoamérica, homenaje a Állan Brewer-Carías*, Bogotá, Ibáñez-FIDA-ILAS-Colegio Mayor de Nuestra Señora del Rosario, 2019.

SANTOFIMIO GAMBOA, JAIME ORLANDO: "Selección abreviada", en AA. VV., *Memorias 3er Seminario Nacional de Contratación Estatal*, Bogotá, Alcaldía Mayor, 2007.

— "Aspectos relevantes de la reciente reforma a la ley 80 de 1993 y su impacto en los principios rectores de la contratación pública", en BENAVIDES, JOSÉ LUIS y SANTOFIMIO, JAIME ORLANDO (comps.), *Contratación estatal: Estudios sobre la reforma del estatuto contractual-ley 1150 de 2007*, Bogotá, Universidad Externado de Colombia, 2009.

— "Potestad sancionatoria de la Administración en materia de contratación estatal", en MONTAÑA PLATA, ALBERTO y RINCÓN CÓRDOBA, JORGE IVÁN (Edits.), *Contratos públicos: problemas, perspectivas y prospectivas,* Bogotá, Universidad Externado de Colombia, 2017.

Sarria, Eustorgio: "Nuevos principios de la contratación administrativa", en *Revista del Colegio Mayor de Nuestra Señora del Rosario*, núm. 538, Bogotá, abril-junio de 1987.

Suárez Camacho, Gonzalo: "Las reglas de interpretación de los contratos de exploración y producción de la Agencia Nacional de Hidrocarburos", en Aljure, Antonio, Aráujo, Rocío y Zambrano, William, *Sociedad, Estado y Derecho, Homenaje a Álvaro Tafur Galvis IV*, Bogotá, Colegio Mayor de Nuestra Señora del Rosario, 2014.

Suescún Melo, Jorge: *Derecho privado: Estudios de derecho civil y comercial contemporáneo, I*, Santa Fe de Bogotá, Cámara de Comercio de Bogotá y Universidad de los Andes, 1996.

Uribe Holguín, Ricardo: *De las obligaciones y del contrato en general*, Bogotá, Ediciones Rosaristas, 1980.

Uribe Tobón, Eva María: *La valoración del riesgo en la contratación administrativa: Una visión desde la economía,* Bogotá, Superintendencia de Servicios Públicos, 2009.

Valencia Arango, Jorge: "Dirección del contrato y potestades excepcionales" en AA. VV., *Comentarios al nuevo régimen de contratación administrativa*, Bogotá, Colegio Mayor de Nuestra Señora del Rosario, 1995.

Vélez Escallón, Luis Fernando: "La terminación y liquidación en los contratos de las entidades estatales", en AA. VV., *Comentarios al nuevo régimen de la contratación administrativa*, Santa Fe de Bogotá, Colegio Mayor de Nuestra Señora del Rosario, 1995.

Vidal Perdomo, Jaime: *El contrato de obra pública, comentarios al decreto 150 de 1976*, Bogotá, Universidad Externado de Colombia, 1979.

— "Historia y principios de la ley 19 de 1982", en *Revista de la Cámara de Comercio de Bogotá*, núm. 50, Bogotá, septiembre de 1983.

— "Principios constitucionales y legales de la nueva contratación administrativa", en AA. VV., *Comentarios al nuevo régimen de contratación administrativa*, Santa Fe de Bogotá, Colegio Mayor de Nuestra Señora del Rosario, 1995.

Zambrano Barrera, Carlos Alberto: "Ruptura del equilibrio económico e incumplimiento del contrato estatal", en Arenas, Hugo, *Instituciones de derecho administrativo-II*, Bogotá, Colegio Mayor de Nuestra Señora del Rosario-Ibáñez, 2016.

COSTA RICA

LA CONTRATACIÓN ADMINISTRATIVA EN COSTA RICA

Manrique Jiménez Meza*

1. Naturaleza y alcance de los contratos administrativos

A) *Elementos sustanciales y caracterizadores de los contratos administrativos*

Todas las conductas de las administraciones públicas en su ámbito competencial de sujeción objetiva, según el derecho escrito y no escrito (jurisprudencia, costumbre principios generales del derecho, sin perjuicio de la doctrina inserta en la primera) están ligadas a la satisfacción de los intereses públicos que no son los intereses singulares de cada administración, ni los individuales de las personas físicas o jurídicas, sino que tienen relación necesaria con la suma coincidente de los intereses de los administrados frente a alguna Administración para satisfacer y proteger los intereses públicos. Por ello las administraciones públicas se sirven de todo un catálogo de medios para la ejecución de los servicios favorables a estos intereses superiores o altruistas, sin que se agoten con los actos administrativos en su dimensión individual o general que incluye, en nuestro medio positivo, los actos reglamentarios o de alcance normativo, o los actos generales sin tal alcance, llamados *decretos*

Para no delimitar restrictivamente la actuación administrativa, el Código Procesal Contencioso Administrativo (CPCA) optó por sustituir la locución *actos administrativos* por *conductas administrativas,* con la premisa de que las administraciones pueden dictar y ejecutar actos, o ser omisas en su dictado y ejecución; de esta manera la conducta abarca ambas hipótesis (acción-omisión), sin perjuicio de la adscripción al principio de coherencia con las circunstancias objetivas o a la vinculación fáctica. En esta amplia tesitura, se ubica también la contratación administrativa que se deriva causalmente de la contratación civil; así las administraciones públicas en el ejercicio de su doble capacidad pública y privada, tienen dos tipos de contratación igualmente calificadas, sin que la contratación administrativa sea siempre de naturaleza pública, aun cuando su nacimiento, ejecución y finalización provenga de alguna Administración pública. Ciertamente las administraciones públicas se

* Doctor en Derecho Administrativo. Posgrado de número en Derecho Constitucional y Ciencias Políticas. Maestría en Gestión Financiera y de Inversiones. Licenciado en Filosofía. Profesor universitario.

sirven de personas, objetos o cosas mediante conductas compulsivas, como la carga pública, o a través de procedimientos para la colaboración voluntaria en ámbitos bilaterales o plurilaterales[1].

Así entonces, se da en la contratación administrativa el acto de voluntad, libre y soberano del contratista, como elemento fundamental en todo contrato escrito y oral. La carga obligacional del contratista, sus derechos, escudo de protección y marco de referencia vinculante para las sanciones, multas o cláusulas penales, quedan filtrados complementariamente por el conjunto normativo donde está incluido el cartel o pliego de condiciones que, a la vez, constituye la reglamentación entre las partes contratantes[2]. En esta tesitura, una interesante sentencia de la Sección Sexta del Tribunal Contencioso Administrativo, resaltó las características del cartel y su naturaleza reglamentaria, así: "[...] el cartel licitatorio puede definirse como el conjunto de cláusulas que integran cada contratación, en el que deben fijarse los elementos esenciales del negocio, esto es, la delimitación del objeto concursal, la descripción del bien o servicio por adquirir, la fecha de recepción de ofertas, bases generales para la selección y requisitos mínimos de las ofertas, documentación a presentar [*sic*], forma de cotización, vigencia de las ofertas, plazo de entrega, forma de pago, entre otras (artículo 42 de la Ley de Contratación Administrativa y numerales 51 y 52 de su Reglamento)" (sent. 4770-2010).

Se indicó, además, que el contenido básico de un cartel muta constantemente según las necesidades que cada contratación pretenda satisfacer. Bajo esta tesitura, debe responder a la necesidad y objetivo de la Administración que justifica la compra de los bienes y servicios. Se afirma que tiene carácter reglamentario porque contiene una serie de normas de acatamiento obligatorio y es el instrumento básico del procedimiento de selección del contratista público, llegando a constituir el verdadero reglamento específico de la contratación, tanto de los trámites por seguir como de las condiciones contenidas en estos. Es también fuente de interpretación porque en él quedan establecidas las cláusulas o condiciones creadoras de derechos y deberes de las partes. No obstante lo anterior, jerárquicamente está subordinado a la Ley y al Reglamento de Contratación Administrativa.

A lo indicado, se debe insistir en lo siguiente: el oferente tiene libertad para participar en alguna modalidad de contratación administrativa y así aspirar,

---

[1] En tal sentido *vid*, Miguel Marienhoff, *Tratado de derecho administrativo*, t. III A, Buenos Aires, Abeledo-Perrot, 1970, págs. 20 y ss.; BERCAITZ, *Teoría general de los contratos administrativos*, Buenos Aires, Depalma, 1980, págs. 1 y 2; ENRIQUE SAYAGUÉS LASO, *Tratado de derecho administrativo*, t. I, Montevideo, Martín Bianchi Altuna, 1959, págs. 528 y ss.

[2] Decía con acierto el derogado numeral 36 del Reglamento de la contratación administrativa: "El cartel de la licitación, o pliego de condiciones, constituye el reglamento específico de la contratación que se promueve. Se entiende incorporado al mismo todas las normas jurídicas vigentes aplicables al procedimiento".

sin dolo ni mala fe, a la singularización del acto de adjudicación conforme a Derecho, para la eventual constitución del derecho subjetivo. Pero también se da otra verdad no menos evidente: el contrato administrativo queda condicionado en su origen, evolución, ejecución y finalización a las necesidades públicas, a la vez elemento extrínseco a la libre determinación de las partes, junto al bloque jurídico y las condiciones cartelarias subordinadas a ambos. Así, el contrato administrativo no puede desligarse del servicio público, ni es viable que la actividad lucrativa de la Administración vaya en perjuicio de la otra parte que puede ser alguna administración pública u órgano de esta; entes públicos no estatales, empresas públicas o mixtas; personas físicas y jurídicas. De esta manera el clásico precepto civilista de que el contrato es ley entre las partes (art. 1022 del C. C.), es válido en tanto la ley sea siempre ley entre las partes, a pesar del contrato. Lo anterior nos lleva a la reflexión refleja de si el contrato administrativo es simplemente un contrato privado o, si más bien, es un contrato especial de singular configuración, aunque comparta elementos comunes con el contrato civil.

Una parte de la doctrina, sobre todo la alemana, participa de la idea negativa que impide el desenvolvimiento autónomo de los contratos administrativos con independencia de la teoría contractual del Derecho privado. Los argumentos sustanciales de esta tesis negativa, pueden sintetizarse así:

1) Teoría de la igualdad: toda contratación participa de la igualdad entre partes, con prohibición de la discriminación de trato (Const. Pol., art. 33). Aceptar la supremacía administrativa, implica discriminación, invalidez e ineficacia jurídicas.

2) Libertad en la toma de decisiones: la libertad voluntaria y de disposición para contratar es un elemento esencial de todo contrato. Así, en el ámbito del devenir administrativo público no existe la libertad de disposición, por la subordinación al principio de legalidad que incluye necesariamente a sus funcionarios u operadores. Esto implica la prevalencia de la dimensión reglada y objetiva (Const. Pol., art. 11 y la Ley General de la Administración Pública, LGAP).

3) La naturaleza del objeto: en la contratación administrativa el objeto ligado al interés público está fuera del comercio humano.

Ahora bien, a esta tesis se opone la que afirma la autonomía de la contratación administrativa que no está subordinada ni puede confundirse con la contratación privada. Esta tesis parte de un principio distinto al de la contratación privada, pues en la contratación administrativa existe la multiplicidad participativa donde se contrata con sujetos privados, públicos (sin perjuicio de algunos órganos) o mixtos. Así la tesis negativa no logra explicar esta situación híbrida en el devenir jurídico que impone un tratamiento científico, preciso y objetivo. Incluso la idea de la desigualdad entre partes, por la superposición administrativa, es lo que distingue precisamente a la contratación administrativa de la contratación privada. Esto nos lleva imperativamente a aceptar o contradecir una de las dos tesis, sea la negativa o la positiva.

Por ello es oportuno fijar el lineamiento doctrinal que defiende la autonomía de la contratación administrativa, tesis que a la vez es aplicada en nuestro ordenamiento jurídico.

Así, entonces, en primer lugar, la contratación pública comparte elementos comunes y heredados de la contratación civil, que permiten el acuerdo entre partes que aun siendo distintas están interrelacionadas, para dar cumplimiento a lo pactado de manera libre y válidamente, con presencia de la buena fe negocial.

En segundo lugar, si bien la Administración contratante no es igual a la parte contratista, tal diferencia se justifica por la prevalencia del interés público sobre el interés particular o privado. Y aun incluso, sobre el interés singularizado de la Administración que quiera hacerlo pasar por interés público. La posible desigualdad deviene de una realidad objetiva (interés público) y por virtud de las potestades y competencias jurídicamente dispuestas y delimitadas en favor de la Administración contratante. De esta forma la desigualdad no se adentra en criterios viciados o de mala fe, sino en factores ajenos a la voluntad de las partes por imposición del interés público como bien supremo y vinculante para toda conducta administrativa. Por esto la igualdad entre partes en la dinámica civil o privada, se debe a la subordinación de una misma realidad objetiva e interactiva, sin vicios ni mala fe. En cambio, la Administración pública debe ser agente de protección y satisfacción del interés público y el contratista pasa a ser un agente activo y colaborador con este mismo fin, sin que la Administración y el contratista se confundan y ostente cada uno su propia esfera de derechos (potestades) y obligaciones.

En todo caso, a pesar de la superposición subjetiva y competencial de la Administración para la protección de los intereses públicos, aun en la relación contractual, prevalece siempre el principio de la justicia distributiva y la prohibición del enriquecimiento ilícito de alguna de las partes en perjuicio de la otra. Esto impone al mantenimiento del equilibrio patrimonial y financiero según el estado original y los lineamientos pactados según las modalidades de contratación, sin demérito del reconocimiento en favor del contratista por los daños y perjuicios ocasionados, a pesar de la actuación administrativa en favor de los intereses públicos. La igualdad, entonces, y a su manera, está en la continuidad de la relación contractual que impone el mantenimiento del equilibrio de intereses y derechos, sin perjuicio de la remuneración patrimonial o económica[3].

---

[3] El art. 18 de la Ley de Contratación Administrativa y el art. 31 del Reglamento de Contratación Administrativa disponen en favor del contratista, en las contrataciones de obra, servicios y suministros, con personas o empresas de la industria de la construcción, el derecho

En tercer lugar, el dogmatismo jurídico —muy distinto de la dogmática jurídica— que pretende negar e invalidar la figura contractual pública, por no ajustarse a los principios clásicos de naturaleza civil como si fueran inmutables y ajenos a la realidad mutable, contradice principios del servicio público, entre estos la necesaria adaptación administrativa a los cambios sobrevenidos de hecho y de Derecho; aspecto que incluye el devenir de los contratos administrativos. Y en esta misma modalidad de contratación, se da la relación bilateral o plurilateral sin que se confunda con el típico acto administrativo de decisión unilateral, con efectos individuales o generales. Incluso, debemos pensar en el acto compartido que, en sentido estricto, caracteriza a la contratación administrativa, a saber: el acuerdo entre el contratante y el contratista formalizado en un documento escrito denominado *contrato*, el cual no es más que el resultado de todo un conjunto de conductas administrativas preparatorias, cuya ejecución supone la existencia de otras conductas sucesivas, sin demérito de otros contratos. Esto confirma la naturaleza compleja de la relación contractual administrativa que, en sentido riguroso, se diferencia de la conducta administrativa para el dictado de actos administrativos. Una cosa es el acto administrativo y otra el contrato administrativo, así estén estrechamente relacionados, sin excluir que estos contratos quedan antecedidos y sucedidos de un conjunto concatenado de actos administrativos, aunque tanto los actos y contratos administrativos queden insertos en las conductas administrativas. A esto debemos sumar lo dispuesto en el artículo 3º de la Ley de Contratación Administrativa (LCA), que aplica el régimen de las nulidades de la LGAP a la contratación administrativa.

También debemos pensar en los contratos privados de la Administración, que son precedidos y sucedidos por actos administrativos y que, por su naturaleza, quedan comprendidos en el ámbito del Derecho público. Esto realza la diferencia entre acto administrativo y contrato administrativo, esta vez en relación con la dimensión privada y no así con la dimensión pública, aunque ambas contrataciones compartan la misma distinción con el acto administrativo. Y una de las características fundamentales de la contratación administrativa es la presencia expresa o implícita de las cláusulas exorbitantes, que hace de la igualdad civilista un debilitado principio ante el interés público como elemento sustancial y teleológico en toda contratación pública. En efecto, son cláusulas exorbitantes aquellas que exceden del Derecho común e imponen cargas al

---

al reajuste de los precios originalmente pactados; en caso de variación de los costos directos o indirectos relacionados con la obra, el servicio o el suministro, mediante la aplicación de ecuaciones matemáticas basadas en los índices oficiales de precios y costos elaborados por el Ministerio de Economía, Industria y Comercio. Este mismo derecho fue elevado por la Sala Constitucional a derecho fundamental del contratista en la Sentencia 0998-98 de 16 de febrero de 1998 y en el Voto 6432-98.

contratista por disposición de la Administración en el uso de sus potestades y deberes, sin que por ello deban ignorarse o desconocerse los derechos indemnizatorios y retributivos de la parte afectada, conforme a Derecho.

Asimismo, la fundamentación subjetiva de la cláusula exorbitante fue superada por la interpretación objetiva, toda vez que su existencia no depende de la voluntad de las partes sino que opera de pleno derecho u *ope legis*, para la elaboración y formulación cartelaria, junto a la respectiva formalización, ejecución y conclusión contractuales. Así, por la prevalencia de los intereses públicos, las cláusulas exorbitantes permiten a las administraciones públicas proceder de manera unilateral, con justificación de hecho y de Derecho para rescindir, resolver, modificar o disponer los mecanismos de ejecución y conclusión de los contratos. A ello debe sumarse la potestad de dirección, fiscalización y colaboración administrativa con la parte contratista en función de las necesidades e intereses públicos. Dispone así el artículo 14 de la LCA: "La Administración está obligada a cumplir con todos los compromisos, adquiridos válidamente, en la contratación administrativa y a prestar colaboración para que el contratista ejecute en forma idónea el objeto pactado". Por su parte, el artículo 12 *ibid.* regula la potestad administrativa para la modificación unilateral del contrato o *ius variandi* durante su ejecución, siendo necesario que al inicio de los procedimientos existan situaciones imprevisibles, como la única forma de satisfacer los intereses públicos inmersos en la relación contractual[4]. Y así, en caso de modificación, el contratista debe ajustar el monto de la garantía de cumplimiento (art. 40 RCA) para no desmejorar la oferta, la ejecución del contrato y los deberes del contratista en su calidad de copartícipe activo en la satisfacción del interés público.

Ahora bien, a la luz de la jurisprudencia constitucional, la garantía de participación —sin perjuicio de la garantía de cumplimiento— constituye un elemento sustancial de la contratación administrativa; veamos: "Esta garantía avala la solemnidad de la oferta y como tal constituye una seña precontractual destinada a asegurar la celebración del contrato o su no cumplimiento, como medida cautelar de la responsabilidad del oferente. La garantía de participación constituye el presupuesto de la oferta, de manera tal, que sin la primera no puede válidamente legitimarse la oferta ante la Administración, a la vez que del mantenimiento de la garantía depende la validez de la oferta. En razón de

---

[4] El art. 12 de la LCA regula la potestad de la Administración contratante para modificar un contrato durante su ejecución, aumentarlo o disminuirlo hasta en un 50 por ciento del monto original, en tanto concurran circunstancias que no pudieron preverse al momento de iniciarse algún contrato y cuando sea esta la única forma de satisfacer el interés público tutelado. También por reforma de este artículo (ley 8511 de 16 mayo 2006) se puede modificar el contrato por razones tecnológicas, que permitan a la Administración recibir bienes mejorados científicamente en relación con los bienes originalmente adjudicados.

lo anterior, es que, como elemento sustancial de la contratación administrativa, cualquier modificación en la garantía de participación implica una modificación en la oferta" (S.C. 0998-98).

Asimismo se impone otra realidad: la modificación sustancial u omisión de la garantía de participación son afrentas al interés público, ya que desmejora la oferta o simplemente la hace inválida e imposible, generando inseguridad y espejismo jurídicos opuestos a la seriedad y equilibrio entre lo ofrecido, adjudicado y pactado. Por esto la garantía de participación debe ser clara o inequívoca, en principio incondicional para evitar subjetivismos que impidan o entorpezcan su ejecución puntual. Y en lo que respecta a la garantía de cumplimiento, su actualización debe darse ante los cambios sobrevenidos para mantener el mismo soporte de compromiso en la ejecución del respectivo contrato. Ciertamente es una carga impuesta al contratista para garantizar la ejecución íntegra del contrato y los daños y perjuicios ocasionados a la Administración, amén de los gastos en que esta incurrió por la demora en el cumplimiento de las obligaciones.

En todo caso, si nos detenemos en la lectura del artículo 41 del RCA, se dan distintas modalidades de protección administrativa por los incumplimientos del contratista. De un lado está la posibilidad de que la Administración ejecute total o parcialmente la garantía de cumplimiento para el resarcimiento de los daños y perjuicios. No obstante, si esta garantía es insuficiente, puede aplicarse la retención de los precios practicados y saldos pendientes de pago, sin perjuicio de la actuación jurisdiccional para el cobro de las sumas restantes como saldo en descubierto. También están las cláusulas de retención de porcentajes de pagos realizados al contratista; sin demérito de posibles multas o cláusulas penales, ya sea por la ejecución tardía o prematura del contrato, o por defectos en su ejecución, donde ha de considerarse el monto del contrato y el plazo convenido.

Asimismo está la cláusula penal, como instrumento excluyente —en principio— para la ejecución de la garantía de cumplimiento, en calidad de gravamen por el atraso o ejecución prematura del contrato. Y se dice en principio, pues en esta hipótesis donde el contratista se niega a cumplir con la cláusula penal, respondería entonces de manera subsidiaria la ejecución de la garantía de cumplimiento. En otros términos: la cláusula penal prevalece como garantía frente al atraso o cumplimiento prematuro del contrato, sin descartarse la ejecución subsidiaria de esta garantía y sin perjuicio del cobro judicial por los daños y perjuicios ocasionados al interés público. De esta forma se daría la ejecución prematura y subsidiaria de la garantía de cumplimiento dado el o los incumplimientos del contratista, en cuyo caso debe prestar una nueva garantía por el mismo monto hasta la debida y total ejecución de lo pactado, a satisfacción de la Administración licitante. En nuestra realidad positiva, la garantía de participación puede oscilar entre el 1 y el 5 por ciento del monto de la estimación de la contratación, siendo que, en caso de silencio cartelario, deber entenderse la aplicación del 1 por ciento y no así del 5 por ciento. En cambio, la garantía de cumplimiento oscila entre el 5 y el 10 por ciento del monto de la contratación. La jurisprudencia de la Sala Constitucional (Voto 0998-98) declaró inconstitucional la garantía flotante, dada la naturaleza sustancial de ambas garantías que deben proteger a la Administración licitante como agente de satisfacción de los intereses públicos, frente a cualquier incumplimiento que impida su cumplimiento o ejecución. De esta forma las citadas garantías, en el contexto marcado por la jurisprudencia constitucional, son parte sustancial de la oferta en su dimensión unitaria, sin que puedan subsanarse los errores sustanciales —se insiste— aun cuando puedan subsanarse aspectos formales. Por esto, en caso de inexistencia de la garantía de participación o por error sustancial en su contenido, la respectiva oferta devendría inexistente por la invalidez radical para la participación concursal. No cabe entonces subsanar los errores sustanciales, como son —entre otros ejemplos posibles— la conversión del texto condicionado de la garantía en una aceptación incondicional, o realizar cambios en el monto y plazos.

Asimismo, según la jurisprudencia constitucional, existen otros principios de gran importancia, a saber: los principios de razonabilidad e igualdad que impiden el fraude contra el sujeto cuya oferta está ajustada al cartel y al ordenamiento jurídico, una vez que han sido recibidas y abiertas las ofertas que pasan a ser documentos públicos para su conocimiento y valoración crítica. Y, además, el oferente no debe trasladar su responsabilidad a los terceros que han extendido la garantía de participación, salvo prueba que posibilite hacer lo contrario, pues si bien constituye un documento externo a la actividad del oferente, tal garantía es parte de la unidad jurídica y sustancial de la oferta misma con la expresa o implícita aceptación a los términos y alcances de tal garantía.

En efecto, la incorporación de la garantía de participación en la oferta y su entrega a la Administración activa para el concurso público, confirma la sustancialidad en el contexto unitario de la oferta para su evaluación y determinación administrativas. Y esta es la correcta tesitura desplegada por la citada jurisprudencia, que dispone la necesaria presentación de la garantía de participación con la oferta, sin que pueda presentarse en tiempo distinto, aun cuando la Administración la acepte ante la aparente legalidad de la oferta misma, que podría ser nula de plena nulidad. Por ello la garantía de participación es un documento de incorporación inmediata y de efecto reflejo y unitario para la validez de la oferta desde el primer momento de su presentación oficial. Al respecto, ha señalado el Tribunal Contencioso Administrativo: "[...] cuando se exija la garantía de participación, se constituye en requisito de validez de la oferta y guarda un vínculo de accesoriedad, siendo que no podría existir garantía sin oferta, toda vez que aquella nace como consecuencia natural de una exigencia de la Administración [...]" (Sección Sexta, sent. 514-2010). Por lo anterior, la falta de garantía de participación o con errores insubsanables —también extensible a la garantía de cumplimiento— confirmaría la nulidad absoluta que impide dictar el acto de adjudicación a favor de la oferta viciada, con impedimento para la preparación, formalización y eficacia del respectivo contrato. Lo anterior, claro está, sin que entendamos que el contrato, con derechos y obligaciones, exista solamente con su formalización escrita, pues su existencia material y no ya solo formal, surge a partir del acto en firme de la adjudicación. Y digo en firme, toda vez que existe un acto previo de adjudicación aparente, como primer acto sujeto a los controles cruzados en la dinámica impugnatoria de los distintos participantes —en caso de haberlos— con intereses y derechos contrarios al dictado de la adjudicación. Así la adjudicación aparente puede quedar confirmada materialmente, sea por no haberse interpuesto en tiempo y forma los recursos impugnatorios por los sujetos legitimados activamente, sea por la confirmación expresa de la Administración licitante o por la Contraloría General de la República en la relación no jerárquica, quedando así agotada la vía administrativa o prejudicial para lo que en Derecho corresponda.

Existen entonces, como sucede con la legitimación procesal, dos realidades distintas en el procedimiento de contratación administrativa respecto al acto de adjudicación: de un lado está el acto aparente que no constituye un derecho subjetivo consolidado (el art. 89 del RLCA califica de acto no firme y revocable antes de que adquiera firmeza); de otro lado, está el acto de adjudicación confirmado y firme que constituye el derecho subjetivo. Por lo anterior, la relación contractual se establece rigurosamente a partir del acto de adjudicación en firme, y no así desde el momento de la formalización del *contrato*, por lo cual su formalización no es condición necesaria para la perfección y validez de la relación contractual, sino que el contrato constituye un instrumento o medio de la constatación objetiva y probatoria de tal relación, sin perjuicio de incorporarse en tal documento aspectos previamente habilitados por el ordenamiento y el cartel que formaría parte de este. En efecto, con el acto de adjudicación en firme nacen las relaciones recíprocas de derechos y obligaciones contractuales, sin que la relación misma requiera de la existencia formal de un contrato para su eficacia y validez jurídicas. Por esto nuestro RCA, dispone como una condición para la ejecución de la garantía de participación, el incumplimiento en que incurra el oferente (art. 39), sobresaliendo así la incondicionalidad de su ejecución, cuando la Administración contratante así lo requiera para satisfacer los intereses públicos por resolución fundada lejos de cualquier conducta arbitraria, ocurrente o subjetiva y, en todo caso, viciada de plena nulidad. También existen otros factores, como sucede con la negativa del oferente de comparecer a formalizar el contrato, o ser omiso en la rendición de la garantía de cumplimiento a pesar del requerimiento administrativo o incumplir con otros elementos necesarios para la eficacia del contrato. Nuevamente se confirma la existencia de la relación contractual sin la formalización del contrato para que la Administración ejecute las garantías de participación y cumplimiento, antes y después del acto de adjudicación en firme. Ciertamente, con anterioridad a la declaratoria en firme, la Administración licitante puede ejecutar la garantía de participación e incluso posteriormente, para lo cual estaría presente el tiempo transcurrido entre el acto de adjudicación en firme y la formalización del contrato, con depósito de la garantía de cumplimiento que ostenta presunción de validez, salvo demostración en contrario.

En el mismo orden exponencial, la modificación unilateral de la relación contractual por la Administración contratante, nos lleva a la distinción entre la *resolución* y la *rescisión,* según sea (o no) imputable al contratista, el rompimiento de esa relación. En efecto, la *resolución* contractual (art. 204 del RCA) procede por el incumplimiento del contratista, en cuyo caso debe respetarse el debido procedimiento administrativo con la previa audiencia conforme a las reglas previstas en el Libro Segundo de la LGAP, o en aplicación supletoria de esta, cuando exista alguna laguna jurídica en la regulación de algún procedimiento especial, en principio prevalente y parcialmente omiso, tal como lo dispuso la sentencia constitucional 4431-2011, con ocasión de la declaratoria de inconstitucionalidad del artículo 205 del RCA.

En cambio, la *rescisión* contractual procede por factores que no son imputables al contratista, como sucede con la fuerza mayor, el caso fortuito o por la imposición de los intereses públicos con mediación de estudios e informes técnicos, científicos y lógicos de contenido proporcional, razonable y justo —a criterio de la discrecionalidad administrativa— que fundamenten tal rescisión. En esta eventualidad el afectado tendría derecho de audiencia, para hacer las alegaciones e impugnaciones del caso y sin demérito de las posibles indemnizaciones a su favor. Ciertamente, si la rescisión es por fuerza mayor o caso fortuito, la Administración debe resarcir íntegramente al contratista por lo ejecutado y gastado (daños) para la ejecución íntegra y satisfactoria del contrato. Sin embargo, existe la hipótesis de la modulada rescisión contractual (art. 207 del RCA), es decir, que proceda por mutuo acuerdo del contratista y la Administración contratante, con acto administrativo debidamente motivado en beneficio del interés público involucrado. Aquí se impone la previa aceptación del monto y modalidad de la liquidación e indemnización, cuya liquidación —siempre— debe ser aprobada por la Contraloría General de la República en el ejercicio de sus potestades fiscalizadoras desde la primigenia disposición constitucional, así: de un lado en calidad de contralor de la Hacienda Pública (art. 183 de la Const. Pol.); del otro, por su potestad de fiscalización en materia de contratación administrativa (art. 182, *ibid.*)[5].

---

[5] Dispone el art. 182 de la Const. Pol.: "Los contratos para la ejecución de obras públicas que celebren los poderes del Estado, las municipalidades y las instituciones autónomas, las

B) *El alcance extensivo del artículo 182 de la Constitución Política*

En nuestro medio positivo se da en ocasiones la interpretación restrictiva y exegética de este numeral constitucional, llegándose a la conclusión de que su texto expreso solo autoriza y prevé la figura instrumental de la licitación pública, siendo que solo por ley formal (reserva legal) podrían definirse los montos, sin que pueda la Contraloría General de la República actualizarlos, pues de hacerlo así se confirmaría la violación jurídica, sin perjuicio de las responsabilidades administrativas, civiles y eventualmente penales.

No obstante, a esta perspectiva exegética se oponen los siguientes criterios técnicos, sustanciales y en alguna medida jurisprudenciales, a saber:

1) La disposición constitucional en favor de la *licitación* a secas, sin puntualizar expresamente que sea *pública*, incluye a esta y a la licitación privada según actas del Constituyente de 1949. Al respecto ha señalado la Sala Constitucional, en la sentencia 5882-93: "En todo momento el Constituyente pensó en la licitación como medio para la contratación del Estado y únicamente dio margen para que, dependiendo del monto, aquella pudiera ser pública o privada [...]". Sin duda, un primer aspecto se tiene por verificado: el Constituyente no se limitó a una sola forma de contratación, así plasmó en el texto constitucional la figura de la licitación en abstracto, sin mayores calificativos sustanciales[6].

2) Existen dos elementos complementarios para la realización de toda licitación: hacerla conforme a la ley y según el monto respectivo. Y para estar más claros en el sentido e implicación de ambos requisitos, debemos agregar la necesaria incorporación interpretativa del texto y contexto constitucionales. En efecto, la Constitución Política no sólo es la letra (Constitución escrita-formal) sino también sus valores, inteligencia o sustancia (Constitución material). Por ello es tanto texto (cuando exista) y contexto normativos, por lo cual un Tribunal Constitucional ejercita, bajo el formato jurídico, la justicia política —en su sentido correcto— por virtud del objeto (Constitución) que es político por definición. De su cuerpo normativo escrito y no escrito dimana la actividad y organización del Estado de Derecho que, a la vez, permea e identifica al Derecho del Estado revestido de valores para el disfrute y protección de los derechos humanos. Se desprende entonces la imperativa adaptación

---

compras que se hagan con fondos de estas entidades y las ventas o arrendamientos de bienes pertenecientes a las mismas, se harán mediante licitación, de acuerdo con la ley en cuanto al monto respectivo". Por su parte, dispone el art. 183 *ibid.*: "La Contraloría General de la República es una institución auxiliar de la Asamblea Legislativa en la vigilancia de la Hacienda Pública, pero tiene absoluta independencia funcional y administrativa en el desempeño de sus labores [...]".

[6] *Vid.* Acta 164, pág. 447, tomo III de las *Actas de la Asamblea Nacional Constituyente* de 1949.

de la Constitución a los cambios según cada tiempo y espacio; de otra forma
su texto se transformaría en cuerpo inerte sin ventanas abiertas en proyección
futura. Incluso podría darse la adaptación o cambio de su contenido y no así
de la letra o forma (Constitución escrita) para dar espacio a la mutación constitucional, que a la vez es adaptación de su contenido sin excluir la vinculación
imperativa de lo fáctico.

Pues bien, en tal lineamiento se ha desarrollado el citado artículo 182 que
no deja por fuera a otras formas de contratación administrativa. Al respecto
ha indicado la jurisprudencia constitucional: "De los transcritos artículos se
establece como principios constitucionales que las leyes de interés público no
pueden ser desaplicadas para un caso concreto y que el Constituyente optó por
la licitación como único medio de contratación para la ejecución de obras que
celebren los poderes del Estado, las municipalidades y las instituciones autónomas, dejando al legislador el establecimiento de las diversas modalidades de
licitación, en razón del monto de la inversión a realizar" (S. C. Voto 2864-92).
También es importante resaltar el Voto de la Suprema Corte 924-92, a saber:
"Por mandato constitucional, artículo 182, lo que se requiere es el procedimiento de «licitación», no se expresa que deba ser la específica figura «licitación
pública» [...] esto es de concurso público atenido a los principios generales
de la contratación en un Estado de derecho. Si el específico procedimiento de
licitación pública fuera el exigido por la Constitución, sería inconstitucional
el de licitación privada, en los casos en que la ley lo permite, lo cual no parece prima facie razonable". Por ello, pueden existir distintas modalidades de
licitación, a manera de concurso, sin que solo sea estrictamente la licitación
pública, o en menor medida la licitación privada en las que se debe respetar
los principios de publicidad que permita la amplia participación y libertad de
concurrencia en plano de igualdad. (*Vid*. S.C. 2633-93; 6453-94).

Es más, la propia Sala Constitucional ha aceptado expresamente la figura
contractual de la precalificación como modalidad de concurso público, sin que
sea en sentido estricto licitación pública ni licitación privada (*vid*. Voto 3410-
92). De esta manera el Constituyente no se ancló a una fórmula de concurso
singularizado exclusivamente en la licitación pública, la cual si bien es la fundamental respecto a otras modalidades de contratación administrativa, no ostenta
carácter exclusivo y excluyente. Fue así como se le dejó al legislador la posibilidad de ampliar el abanico contractual en la misma tesitura de las normas
con ventanas abiertas, por lo cual no deviene en inconstitucional la inclusión
de otras formas de contratación con ajuste al ordenamiento jurídico, que no
impide el sistema integrado de compras públicas por medios electrónicos[7].

---

[7] *Vid*. decreto 38830-H-MICITT, *Sistema integrado de compras públicas como plataforma tecnológica de uso obligatorio de la Administración Central para la tramitación de
los procedimientos de contratación administrativa* (art. 2º): "Créase el «Sistema Integrado

Asimismo, está la licitación abreviada de conformidad con el artículo 97 del RCA, aplicable según la cuantía dispuesta en el artículo 27 de la LCA y en casos donde se deban satisfacer bienes y servicios no personales de la Administración licitante. Asimismo está presente en nuestro medio positivo la contratación directa, como régimen de excepción para los casos casuísticos previstos en el artículo 2º de la LCA, sin perjuicio de su aplicación por la cuantía mínima de la contratación y en casos de situaciones atípicas de infructuosidad licitatoria (art. 30 LCA); también frente a situaciones de emergencia con procedimientos de urgencia (art. 80 LCA). Por su lado, según el artículo 121 inciso 14 de la Constitución Política, procede la aplicación de una ley marco, específicamente la Ley General de Concesión de Obras Públicas con Servicios Públicos, para concursos relacionados con ferrocarriles, ferrovías, muelles y aeropuertos, sin que el Estado pierda la titularidad de los bienes (Voto S.C.15693-2013).

Así pues, el citado artículo 182 de la Constitución Política es norma principialista que contiene el marco regulador y guía para las distintas modalidades de contratación administrativa, en plena compenetración sustancial con los principios de la licitación pública que, a decir de la Sala Constitucional (Voto 0998–98), es el mecanismo por excelencia en la contratación administrativa. Incluso, también, el artículo 55 de la LCA fue ratificado en su constitucionalidad, ante la pretensión anulatoria en su contra; numeral que regula y posibilita los tipos abiertos en materia de contratación administrativa donde reglamentariamente (reglamento ejecutivo) se pueden plasmar otros tipos contractuales en favor de los intereses públicos, con aplicación de los principios rectores de la licitación pública.

Asimismo, en esta materia contractual, conforme a la LCA y el RCA, se incorporan los principios de eficiencia (art. 4 LCA), igualdad (art. 5 *ibid.*), libre concurrencia y publicidad (art. 6 *ibid.*). Lo anterior sin demérito —antes bien en óptica complementaria y subordinada— a lo señalado por la jurisprudencia

---

de Compras Públicas» como plataforma tecnológica de uso obligatorio de toda la Administración Central, para la tramitación de los procedimientos de contratación administrativa y para los actos y contratos que de ellos se deriven. Las demás instituciones del sector público que deseen implementarlo, podrán utilizar este sistema como plataforma tecnológica de base para apoyar sus procesos de compras". Asimismo, la Ley de Promoción del Desarrollo Científico y Tecnológico (ley 7169) establece como uno de los deberes del Estado (art. 4º, inc. k) «Impulsar la incorporación selectiva de la tecnología moderna en la administración pública, a fin de agilizar y actualizar, permanentemente, los servicios públicos, en el marco de una reforma administrativa, para lograr la modernización del aparato estatal costarricense, en procura de mejores niveles de eficiencia». También la Ley de Fortalecimiento y Modernización de las Entidades Públicas del Sector Telecomunicaciones (ley 8660) otorga al Ministro Rector del Sector Telecomunicaciones (art. 39), la función de formular y coordinar las políticas para el uso y desarrollo de las telecomunicaciones en armonía con otras políticas públicas destinadas a promover la "sociedad de la información".

constitucional (Voto 0998-98) donde se plasman los siguientes principios: libre concurrencia en unidad con la libertad de mercado (art. 46 de la Const.), igualdad, publicidad, transparencia de los procedimientos, seguridad, buena fe, formalismo de los procedimientos licitatorios; equilibrio de intereses; mutabilidad del contrato; intangibilidad patrimonial, control de los procedimientos; justicia, equidad y lealtad; fiscalización contralora.

Analicemos pues, sucintamente, cada uno de estos principios, así: la transparencia de los procedimientos no permite la variación arbitraria de los términos de la invitación concursal que, a la vez, es garantía de seguridad para la participación y defensa de los derechos de los interesados. Así los procedimientos de participación y selección deben estar predefinidos para que el oferente tenga un marco de referencia claro, preciso, certero que les permita a los oferentes elaborar la plica con rigurosidad y según las exigencias técnicas, económicas y jurídicas para la eventual adjudicación y contratación formal. También la trasparencia forma parte de los principios del servicio público, junto al de rendición de cuentas, entre otros. En lo relativo a la seguridad, es un derecho de los oferentes e interesados para que los respectivos procedimientos devengan con certeza en contenido y finalidad según las disposiciones cartelarias y los compromisos asumidos por la plica vencedora[8].

En cuanto al formalismo de los procedimientos, sin que la forma sacrifique el contenido ni obstruya el eficiente desenvolvimiento de los procedimientos licitatorios, el cumplimiento de los formalismos es garantía de control efectivo por los órganos o entes fiscalizadores dentro y fuera de la Administración contratante. El equilibrio de intereses y derechos, se relaciona con los derechos y obligaciones de las partes contratantes sin cláusulas o prácticas leoninas o

---

[8] Ha dispuesto la Sala Primera de la Corte Suprema de Justicia: "El artículo 34 de la Constitución Política, y los artículos 91 y 93 de la Ley de la Jurisdicción Constitucional, se refieren indiscutiblemente a ese principio, que es una aplicación concreta del principio de «seguridad jurídica», ubicado dentro de los derechos que tutelan la seguridad personal: el principio de seguridad jurídica. Uno de los principios fundamentales de todo ordenamiento constitucional democrático, es la seguridad jurídica, pues es necesario que los ciudadanos sepan, en todo momento, a qué atenerse en sus relaciones con el Estado y con los demás particulares. El principio de seguridad jurídica, en consecuencia, debe entenderse como la confianza que los ciudadanos pueden tener en la observancia y respecto de las situaciones derivadas de la aplicación de normas válidas y vigentes. La seguridad jurídica se asienta sobre el concepto de predecibilidad, es decir, que cada uno conozca de antemano las consecuencias jurídicas de sus propios comportamientos. Dentro de este orden de ideas, el Tribunal Constitucional español lo ha configurado como "suma de certeza y legalidad, jerarquía y publicidad normativa, irretroactividad legal de lo no favorable, interdicción de la arbitrariedad, pero que, sin agotarse en la adición de estos principios, no hubiera precisado de ser formulado expresamente. La seguridad jurídica es la suma de estos principios, equilibrada de tal suerte que permita promover, en el orden jurídico, la justicia y la igualdad en libertad» (Voto 27 de 20/7/81)" (sent. 014-F-96).

abusivas; de igual manera la Administración licitante debe mantener su esfera de competencia y compromiso con el cocontratante, con resguardo del principio de interdicción de la arbitrariedad administrativa. Lo anterior no invalida la presencia de la Administración como *potentior personae* en la relación contractual, para la satisfacción de los intereses públicos que da espacio para la variación no ocurrente ni subjetiva de los términos de la contratación, bajo el principio del equilibrio de intereses y el resarcimiento por los eventuales daños y perjuicios causados a la parte afectada, sin descartar la restitución *in natura* o con pago en su equivalente por la imposibilidad de tal restitución integral e *in radice*.

En relación con la buena fe (*bonam fidem in contractibus considerari aequum est*) que, como indica el *Digesto*, es incompatible con el fraude y el dolo (*fides bona contraria est fraudi et dolo,* Libro XVII, título II, Ley 3, párrafo 3) constituye un elemento primordial de la validez y eficacia de las relaciones contractuales, en ligamen directo con la equidad. Ha afirmado la Sala Primera de la Corte Suprema de Justicia: "[...] debe disponerse que una vez determinados los daños y perjuicios ocasionados al Estado, deberá efectuarse la compensación a que haya lugar. Esto último se dispone así ya que al haberse retirado prematuramente las garantías de cumplimiento de la contratación administrativa, la cantidad retenida debe asumir aquellas funciones, y no ocasionar perjuicios a ninguna de las partes, en virtud del principio de buena fe y equidad que está incluido en toda contratación [...]" (sent. 082-F-92).

En cuanto a la mutabilidad del contrato, permite la imposición de ajustes y modificaciones para la satisfacción de los intereses públicos, sin perjuicio del respeto a la intangibilidad patrimonial, que "[...] obliga a la administración a mantener siempre el equilibrio financiero del contrato, de modo tal, que no puede concebirse que la Administración deje de cancelar al contratista montos de dinero a los que está obligada y tampoco a compensar deudas provenientes de una licitación al momento de liquidar otra contratación. El convenio se suscribe bajo las condiciones de una contratación específica, y si no se cancelan las sumas correspondientes se rompería con este principio, en perjuicio exclusivo del contratista [...]" (Sala Primera, sent. 568-F-02). De tal manera que la Administración contratante está obligada a mantener el equilibrio financiero del contrato con la indemnización por conductas administrativas inválidas o improcedentes, aun bajo el principio de la mutabilidad contractual por razones de mérito, conveniencia u oportunidad (discrecionalidad administrativa) para satisfacer el interés público, o por cualquier otro motivo relacionado con tal interés que afecte el estado económico inicial de la contratación. En esta hipótesis se impone el reajuste de precios del contrato que suele encontrar fundamento en la teoría de la imprevisión, en el hecho del príncipe (álea administrativa), en el principio *rebus sic stantibus* y el equilibrio de la ecuación financiera del contrato.

En lo que atañe al principio del control de los procedimientos, las reglas normativas deben ser claras, precisas y respetar el principio de publicidad (arts. 6 LCA y 7 RCA) en favor de la información general y adecuada sobre cada negociación, exigiéndose el cumplimiento de la sana gestión pública. Ha dispuesto complementariamente la Sala Constitucional en la sentencia 2633-93: "El sistema tiende a evitar tratos preferenciales e injustos y el procedimiento de licitación definido por la Ley de la Administración Financiera de la República y el Reglamento de la Contratación Administrativa, «como el medio idóneo y el más deseado instrumento para el trámite de los contratos administrativos», se fundamenta en el doble propósito de lograr las mejores condiciones para la Administración Pública y de garantizar la libertad de oportunidades a los interesados y todo ello conforme al llamado principio de legalidad de la contratación administrativa, al que debe sujetarse todo el que quiera contratar con la Administración".

Y bajo la rectoría de la misma jurisprudencia constitucional, destaquemos ahora los lineamientos de los procedimientos de la contratación administrativa, a saber: 1) libertad para elegir al cocontratante; 2) libertad en la escogencia del objeto del contrato y en la prestación principal que lo concreta; 3) libertad en la determinación del precio, contenido o valor económico del contrato dispuesto como contraprestación; 4) equilibrio de las distintas posiciones de las partes involucradas en el contrato administrativo y los respectivos derechos y obligaciones con respeto de la igualdad, razonabilidad y proporcionalidad, por los cuales la posición de las partes debe ser razonablemente equivalentes entre sí y proporcionadas a la naturaleza, objeto y fin del contrato.

También, desde el Derecho de la Constitución, podemos resaltar las diferentes manifestaciones del ejercicio contralor y verificador en la utilización de los fondos públicos: 1) el control jurídico, conforme al principio de legalidad, por el cual ningún gasto o proyección de gasto puede carecer de contenido económico; 2) el control contable sobre las cuentas que manejan los funcionarios, órganos o dependencias relacionadas con fondos y bienes públicos, que impone la constante y sistemática revisión de todas las operaciones que afectan los créditos presupuestarios aprobados por la Asamblea Legislativa o por la Contraloría General de la República, para que los gastos tengan respaldo financiero y se ajusten a la clasificación dispuesta por las oficinas de control de presupuesto y contabilidad de cada administración contratante; 3) el control financiero, que no solo implica la legalidad en el gasto público sino la fiscalización en la captación de los ingresos por medio de los órganos internos de orden financiero en cada administración; por la Contraloría General de la República que incluye a las auditorías internas, la Tesorería Nacional y la Oficina de Presupuesto, y 4) el control económico o de resultados, que se realiza sobre la eficiencia y eficacia de la gestión financiera, es decir, sobre los resultados de dicha gestión, la determinación del cumplimiento de las metas establecidas y el aprovechamiento óptimo de los recursos.

2. LA INDEXACIÓN Y LA TEORÍA DE LA IMPREVISIÓN EN LOS CONTRATOS ADMINISTRATIVOS

A) *La indexación*

La indexación es una técnica contractual de actualización monetaria para conservar su valor real, por lo que es un instrumento de justicia contractual que está presente, con mayor evidencia, en los procesos inflacionarios para evitar el enriquecimiento ilícito o injustificado de las administraciones contratantes. Así con la indexación se pretende el restablecimiento del equilibrio económico-monetario de toda contratación administrativa, con especial énfasis durante los procesos inflacionarios e implicaciones consecuentes, por lo que deviene en un instrumento que preserva el valor monetario en realidades alteradas con alto grado de continuidad o sin él, pero de efectos amplios y repercutidos que, en ocasiones, son graves e irreparables. En nuestro Derecho positivo, el CPCA (art.123) incorpora expresamente tal instituto[9], con aplicación aun de oficio en favor de la parte vencedora en el respectivo proceso.

B) *Teoría de la imprevisión y reajuste de precios*

Por causas no imputables a la Administración contratante ni al contratista, pueden nacer situaciones donde se afecta el equilibrio económico-financiero del contrato (álea económica) que impone la aplicación de la teoría de la imprevisión, a diferencia de la teoría del hecho del príncipe donde, por virtud de conductas administrativas, se afecta tal equilibrio (álea administrativa). De esta manera el álea económica es el factor constitutivo de la indicada teoría

---

[9] "1. Cuando la sentencia condene al cumplimiento de una obligación dineraria, directamente o por equivalente, deberá incluir pronunciamiento sobre la actualización de dicha suma, a fin de compensar la variación en el poder adquisitivo ocurrida durante el lapso que media entre la fecha de exigibilidad de la obligación y la de su extinción de pago efectivo. Cuando sea posible fijar en la propia sentencia alguna partida, el Tribunal la liquidará, incluso su debida actualización. Si se trata de una condenatoria en abstracto o de rubros posteriores al dictado de la sentencia, el juez ejecutor conocerá y resolverá la liquidación efectiva y su debido reajuste.

"2. Para la actualización del poder adquisitivo, la autoridad judicial correspondiente tomará como parámetro el índice de precios al consumidor, emitido por el Instituto Nacional de Estadística y Censos para las obligaciones en colones, y la tasa *prima rate* establecida para los bancos internacionales de primer orden, para las obligaciones en moneda extranjera, vigente desde la exigibilidad de la obligación hasta su pago efectivo.

"3. Si se trata de una obligación convencional, en la cual las partes convinieron cualquier otro mecanismo de compensación indexatoria, distinto del establecido en el presente artículo, la autoridad judicial competente deberá reconocer en sentencia el mecanismo pactado, actualizar y liquidar la suma correspondiente hasta su pago efectivo".

de la imprevisión o, mejor aún, del riesgo imprevisible y sobrevenido donde el ámbito jurídico entra en funcionamiento ante causas externas, temporales y especiales que afectan el referido equilibrio con prevalencia de la buena fe negocial, la equidad, el impedimento del favorecimiento ilícito de la Administración contratante y la necesidad de continuar con la ejecución del contrato hasta su finalización, según lo pactado en plano de validez y eficacia jurídicas. Por ello, la cláusula de reajuste de precios[10] y de mano de obra, siempre está inserta en estas contrataciones desde su origen, ejecución y entrega finiquitada de la obra. Así toda cláusula contractual con renuncia de los reajustes, no solo afectaría en principio las necesidades públicas, con disminución de la calidad de la obra, sino que iría en detrimento de la ecuación económico-financiera del contrato. Por esto la teoría de la imprevisión es de orden público e irrenunciable, con independencia de la voluntad de las partes y con trascendencia de la modalidad aplicativa del contrato. Su existencia siempre está implícita en las contrataciones administrativas, aunque de forma expresa se diga lo contrario Existe el imperativo categórico del derecho a los reajustes y los deberes de reconocimiento por parte de la administración contratante.

3. EL RÉGIMEN IMPUGNATORIO

Los participantes en concursos públicos ostentan derechos impugnatorios según los principios del debido procedimiento administrativo, que no dejan de lado la aplicación supletoria de la LGAP en función de los recursos ordinarios (revocatoria, reposición y apelación), así como del procedimiento sumario (art. 320 *ibid.*) para casos no previstos en el artículo 308 *ibid.*, relacionado con la afectación de los intereses legítimos y los derechos subjetivos, o cuando exista contradicción o concurso de intereses frente a la Administración. También se regula el recurso extraordinario de revisión que es casuístico en lo sustancial y en los plazos perentorios. Aparejado a ello, se da la denominada queja con fines impulsores del debido procedimiento (art. 358 *ibid.*) y con potenciales implicaciones sancionatorias contra el funcionario omiso en el cumplimiento

---

[10] El fundamento práctico y doctrinario de la teoría de la imprevisión nació en el orden jurisprudencial francés, a partir del famoso caso de la Compañía de Gas de Burdeos (*Compagnie du Gaz de Burdeaux*) en 1916. El asunto podría sintetizarse así: tal empresa fue distribuidora de gas a través de una concesión de la Municipalidad de Burdeos que, durante la Primera Guerra Mundial, no pudo continuar con el suministro de gas al precio originalmente pactado, pues el costo de la materia prima, que era el carbón, había elevado su precio por la misma situación bélica. A partir de entonces el Consejo de Estado ingenió la "teoría de la imprevisión", con lo que se derivó el reajuste obligatorio de la Administración a los costos de materiales y mano de obra.

de sus deberes, sin que la queja sea un recurso ordinario ni sumario; tampoco se trata de un recurso extraordinario de revisión. Así, la queja es un reclamo ante la ineficiencia, entorpecimiento o letargo en los procedimientos administrativos.

Asimismo existen en la LCA distintos mecanismos impugnatorios.

En primer término está el recurso de objeción, para remover los obstáculos injustificados o arbitrarios en perjuicio de la participación de posibles oferentes a fin de evitar indebidas ventajas en perjuicio de otro u otros oferentes. El recurso cabe contra el cartel de licitación pública y contra el cartel de licitación abreviada, hipótesis en las cuales, en el primer supuesto, debe interponerse la impugnación ante la Contraloría General y cuando sea contra el cartel de la licitación abreviada, la interposición se hace ante la Administración contratante o activa, coincidiendo ambos recursos en un mismo tiempo fatal: el recurso debe incoarse en el primer tercio del plazo de la presentación de las ofertas; plazo contado a partir del día siguiente a la publicación o desde que se realice la invitación en los supuestos del artículo 82 LCA. Este mismo plazo fatal de impugnación, opera como instituto de preclusión, pues se ha entendido que las cláusulas cartelarias que no fueron cuestionadas oportunamente por el recurso de objeción, no tienen asidero para la impugnación posterior. Al respecto ha señalado la Contraloría General de la República, según resolución R-DCA-004-2013: "[...] por más que se presenten alegatos debidamente motivados y fundamentados sobre cláusulas cartelarias [...] dichos alegatos debieron ser presentados en el momento procesal oportuno, el cual sería, en la interposición del recurso de objeción contra el cartel [...]".

En segundo lugar, están los recursos ordinarios de revocatoria y apelación contra el eventual acto de adjudicación, o contra el acto que declara desierto o infructuoso el concurso. A su vez la apelación se relaciona con el monto de la licitación, por lo cual, este es menor, para aceptar su procedencia cabría solo el recurso de revocatoria ante el órgano que lo dictó, sin perjuicio del recurso de apelación que, por el monto, es de conocimiento preferente por parte de la Contraloría General de la República para dar por agotada la vía administrativa; agotamiento que es preceptivo en esta materia (también en lo municipal) para la interposición del proceso contencioso administrativo, según la sentencia constitucional 3669-2006 y el artículo 31 del CPCA, por derivación de los artículos 173 (municipal) y 182 de la Constitución Política. En todos los demás casos existe la libertad del afectado o eventual recurrente para agotar tal vía o interponer directamente el referido proceso. Asimismo, mediante el recurso de apelación el interesado debe acreditar motivadamente su pretensión para la posible readjudicación del concurso a su favor, siendo así que debe fundamentar las razones por las cuales considera que el acto de adjudicación

—en caso de darse— es ilegítimo o inoportuno. Ahora bien, se dispone un mecanismo excepcional (arts. 91, 185 y 186 LCA) relativo al recurso de revocatoria que debe interponerse en el plazo de cinco días hábiles contados a partir del día siguiente de la comunicación a todos los involucrados en el respectivo concurso; sin que proceda el recurso de apelación en razón de la cuantía. Empero, en este caso, el interesado puede interponer directamente el recurso como apelación ante el órgano superior, si este no adoptó el acto de adjudicación que, en principio, fue dictado por el inferior para la resolución final que agotaría la vía administrativa.

En tercer lugar, tendríamos la posibilidad de darse las anulaciones de actos o contratos administrativos por reclamo de quien sea titular de intereses legítimos o derechos subjetivos —también procede la anulación de oficio— de conformidad con el debido procedimiento regulado en la LGAP; también puede darse la simple denuncia que genere eventuales nulidades en hipótesis distintas, es decir, por sujetos que no tengan intereses legítimos ni derechos subjetivos. La denuncia no genera obligación de la Administración receptora de poner en marcha el aparato administrativo para dictar la eventual resolución de fondo. En esto existe una clara diferencia con los derechos impugnatorios de los sujetos en apariencia legitimados por su relación con el objeto discutido. Una cosa es la denuncia y otra el ejercicio del derecho impugnatorio por la parte interesada y eventualmente legitimada. Aunado a lo anterior, debe tomarse en consideración que si bien el agotamiento de la vía administrativa es preceptivo en materia de contratación administrativa (también en materia municipal), se insiste, debe tenerse en cuenta que el silencio de la Administración en el recurso de revocatoria, después de transcurrido un mes de haberse interpuesto, constituye un acto presunto de desestimación (art. 31.6 CPCA), lo que permite al interesado interponer el proceso contencioso administrativo dentro del efímero plazo de tres días dispuesto por el artículo 90 de la LCA, salvo que la jurisprudencia constitucional u ordinaria interpreten que por virtud de una ley posterior (CPCA) a la LCA, tal plazo debe uniformarse bajo la modalidad de la integración del derecho humano en dimensión extensiva y progresiva en favor de los justiciables y según el principio de igualdad que es parte sustancial del proceso. En todo caso, si el derecho subjetivo deviene por acto expreso de alguna adjudicación, no podría la Administración activa desconocerlo o anularlo sino solo mediante la técnica dispuesta en la LGAP, por aplicación supletoria según lo dispuesto en la LCA y en el RCA, lo cual queda reforzado por la jurisprudencia constitucional y ordinaria. De esta manera solo sería por medio del proceso contencioso administrativo de lesividad como se podría anular el acto o actos declaratorios de derechos subjetivos, con sentencia firme y definitiva que así lo disponga. O que la anulación se haga por el mecanismo de la anulación oficiosa administrativa, ante la existencia de la nulidad absoluta evidente y manifiesta en lineamiento con los criterios procedimentales que prevé el artículo 173 de la LGAP[11].

[11] Dispone esta norma: "1) Cuando la nulidad absoluta de un acto declaratorio de derechos sea evidente y manifiesta, podrá ser declarada por la Administración en la vía administrativa, sin necesidad de recurrir al contencioso-administrativo de lesividad, previsto en el Código Procesal Contencioso-Administrativo, previo dictamen favorable de la Procuraduría General de la República; este dictamen es obligatorio y vinculante. Cuando la nulidad absoluta verse sobre actos administrativos directamente relacionados con el proceso presupuestario o la contratación administrativa, la Contraloría General de la República deberá rendir el dictamen. En ambos casos, los dictámenes respectivos deberán pronunciarse expresamente sobre el carácter absoluto, evidente y manifiesto de la nulidad invocada [...]".

ESPAÑA

EL RÉGIMEN ESPAÑOL DE CONTRATOS PÚBLICOS: UN NUEVO SISTEMA PARA VIEJOS Y NUEVOS FINES

Juan Antonio Hernández Corchete[*]

1. Régimen constitucional de la contratación administrativa

A) *La distribución competencial que deriva de la Constitución. Leyes ordinarias que ejecutan esas competencias*

La Constitución española de 1978 alude a la contratación pública únicamente en el artículo 149.1, que atribuye al Estado competencia para establecer la "legislación básica sobre contratos y concesiones administrativas". Ello supone, correlativamente, que los Estatutos de Autonomía de las comunidades autónomas pueden, y así lo han hecho en su generalidad, asignar competencias legislativas de desarrollo a sus respectivos cuerpos legislativos. La legislación básica estatal se ha encauzado a través de varias leyes estatales sucesivas. Inicialmente había que buscarla en la preconstitucional Ley de Contratos del Estado de 1965 (Decreto 923/1965, de 8 de abril), que experimentó una primera profunda renovación en virtud del Real Decreto Legislativo 931/1986, que reforma la Ley de Contratos del Estado para adaptarla a las Directivas europeas del momento.

Luego se han sucedido modificaciones parciales y también leyes que han sustituido enteramente a las anteriores[1]. Actualmente la legislación básica sobre contratos y concesiones administrativas se halla en la Ley 9/2017, de Contratos del Sector Público[2].

La legislación básica estatal se caracteriza por su intensa densidad normativa, dejando a las leyes de desarrollo autonómico menos espacio regulatorio que en otras materias que obedecen al mismo criterio de distribución competencial. Quizá haya influido en ello que hasta los albores del siglo xxi no han aparecido, más allá de algunas regulaciones parciales en leyes generales de administración o de presupuestos, desarrollos legales autonómicos en la materia contractual

---

[*] Profesor de Derecho Administrativo de la Universidad de Vigo. Letrado del Tribunal Constitucional.

[1] En esencia puede atenderse a la siguiente sucesión de leyes: Ley 13/1995, Ley 53/1999, Real Decreto Legislativo 2/2000, Ley 30/2007 y Real Decreto Legislativo 3/2011.

[2] Ley 8.11.2017, de Contratos del Sector Público, que transpone al ordenamiento español las Directivas del Parlamento Europeo y del Consejo 2014/23/UE y 2014/24/UE, de 26 de febrero.

administrativa. Recientemente está cambiando la tendencia y surgen en esta materia más leyes autonómicas y más completas en su contenido (destacan la Ley Foral de Navarra 6/2006 y la Ley de Aragón 3/2011). El resultado va a ser, sin duda, una mayor conflictividad competencial Estado-comunidades autónomas, que desembocará en procesos ante el Tribunal Constitucional (en lo sucesivo TC), que se verá requerido a precisar el alcance de la competencia estatal básica, moderando posiblemente en algún punto la extensión y penetración de la normativa básica estatal. Un ejemplo ilustrativo de esta nueva orientación es el RI 4261-2018, en el que el Gobierno de Aragón impugna más de cien artículos de la Ley 9/2017, registrado en el TC el 24 de julio de 2018 y que se encuentra pendiente de sentencia al tiempo de escribir estas líneas.

Dado que la conflictividad competencial en esta materia no ha sido alta, el TC solo ha definido en líneas generales el alcance de esta competencia. Señaló tempranamente en la STC 141/1993 que "la normativa básica en materia de contratación administrativa tiene principalmente por objeto, aparte de otros fines de interés general, proporcionar las garantías de publicidad, igualdad, libre concurrencia y seguridad jurídica que aseguren a los ciudadanos un tratamiento común por parte de todas las Administraciones públicas"[3]. La STC 56/2014 también incluyó en ese ámbito competencial las normas que "aseguran, en conexión con el objetivo de estabilidad presupuestaria y control del gasto, una eficiente utilización de los fondos", encajando en esta finalidad la norma legal básica que, por regla general, prohíbe el pago aplazado del contrato. Por su parte, la STC 84/2015 también consideró básicas, por atender a la eficiente utilización de los fondos públicos, "la exigencia de la definición previa de las necesidades a satisfacer, la salvaguarda de la libre competencia y la selección de la oferta económicamente más ventajosa".

El TC ha señalado de modo reiterado algunos principios —publicidad, igualdad de partes, tratamiento común, eficiente utilización de fondos públicos y algunos otros— cuyo logro justifica que el Estado adopte normas legales básicas en materia de contratos administrativos. Queda abierta aún, sin embargo, la difícil cuestión de cuál es la densidad normativa admisible al legislador básico en pos de tales principios o, con otras palabras, cómo se deben asegurar tales principios sin invadir el ámbito normativo de desarrollo garantizado a las comunidades autónomas por el bloque de la constitucionalidad. Esta tarea, que requiere examinar cada aspecto de la contratación administrativa por separado, ha sido abordada de un modo muy incipiente por el TC. Solo la STC 237/2015 se ha adentrado verdaderamente en ella, validando, con un criterio probablemente extensivo, el carácter básico de las siguientes regulaciones: a) la que prevé no solo que los requisitos previos (capacidad, solvencia, no incursión en prohibiciones, garantías) puedan justificarse mediante declara-

---

[3] Doctrina reiterada en la SSTC 331/1993, de 12 de noviembre, FJ 6, y 162/2009, de 29 de junio, FJ 4)".

ción responsable, sino que desciende a determinar los casos en que ello es posible; b) la que prevé no solo que es necesario acreditar documentalmente los requisitos previos antes de la formalización del contrato, sino que llega a imponer un plazo mínimo y máximo para hacerlo; c) la que prevé no solo que se exija la publicidad de un anuncio de licitación, sino que impone un concreto modelo de publicidad (en diarios oficiales).

B) *La regulación europea en materia de contratos públicos (no solo administrativos). Principios europeos y Directivas*

El Derecho de la Unión Europea reviste una importancia central en la regulación de los contratos públicos por las leyes de los Estados Miembros. Puede afirmarse incluso que sus principios ejercen una cierta función constitucional en esta materia. Resulta muy elocuente que el considerando con que se encabeza la vigente Directiva 2014/24/UE exponga que "la adjudicación de contratos públicos por las autoridades de los Estados miembros o en su nombre ha de respetar los principios del Tratado de Funcionamiento de la Unión Europea (TFUE) y, en particular, la libre circulación de mercancías, la libertad de establecimiento y la libre prestación de servicios, así como los principios que se derivan de estos, tales como los de igualdad de trato, no discriminación, reconocimiento mutuo, proporcionalidad y transparencia. Ahora bien, para los contratos públicos por encima de determinado valor, deben elaborarse disposiciones que coordinen los procedimientos de contratación nacionales a fin de asegurar que estos principios tengan un efecto práctico y que la contratación pública se abra a la competencia".

No es lo mismo, por tanto, los principios europeos, que rigen todos los contratos públicos (no solo administrativos)[4], que su precisión en normas que definen procedimientos concretos. Estas últimas solo se proyectan sobre los contratos que tengan un cierto objeto y superen un determinado umbral de valor. En el momento presente debe atenderse, de un lado, a las Directivas 2014/24/CE (contratación pública en general), 2014/23/CE (concesiones) y 2014/25/CE (contratos en los sectores del agua, la energía, el transporte y los servicios postales) y, de otro, a las que prevén las vías de recurso disponibles (Directivas 89/665/CEE y 92/13/CEE, alteradas por la Directiva 2007/66/CE). También, por supuesto, al régimen especial de la Directiva 2009/81/CE para las contrataciones que inciden en los ámbitos de la defensa y la seguridad.

Estas normas europeas no abordan la contratación pública de un modo completo, sino que versan únicamente sobre los aspectos conexos con los objetivos de la Unión. El primero de ellos, también en sentido cronológico,

---

[4] Véase la Comunicación Interpretativa de la Comisión 2006/C 179/02, sobre el Derecho comunitario aplicable en la adjudicación de contratos no cubiertos o solo parcialmente cubiertos por las Directivas sobre contratación pública

es la supresión de barreras a las libertades que conforman el Mercado Único (o Mercado Interior), lo que determina que las reglas europeas de contratación pública hayan atendido casi exclusivamente a asegurar la libre concurrencia e igualdad de partes durante las fases de preparación y adjudicación del contrato, dejando enteramente libres a los Estados Miembros para disciplinar las vicisitudes posteriores a la ejecución. Con posterioridad, este mismo objetivo ha justificado algunas reglas europeas dirigidas a la fase de ejecución del contrato, como es la limitación intensa de la prerrogativa del *ius variandi*, bajo la idea de que la modificación del contrato, por mucho que sea conveniente desde la óptica de la realización más rápida y más eficiente del fin público a que sirve el contrato, supone reflejamente defraudar la igualdad de partes, pues nunca se sabría si en esas nuevas condiciones los licitadores no habrían presentado ofertas distintas. Se trata, en definitiva, de una opción político legislativa, que consiste en preferir un objetivo político de apertura de mercados públicos frente a otro de eficiencia en la realización de la finalidad objetiva a que sirve el contrato público.

En la actualidad, de otro lado, han surgido reglas europeas de contratación que obedecen, al menos en parte, a objetivos políticos diferentes a los ya aludidos. Así sucede con las que fijan plazos en que la Administración debe pagar o las que prevén una tasa de interés alta en caso de demora, las cuales se orientan a reforzar la posición de las empresas con menor capacidad financiera, afianzando de este modo el crecimiento del empleo (pues son las PYMES las responsables de la mayor parte del empleo) y el aumento de la competitividad (mediante la evitación de la quiebra de estas pequeñas empresas que son potenciales competidores). Así ocurre también con las reglas que, no solo admiten, sino que promueven el uso estratégico de la contratación pública, expresión con la que se alude a que tanto la adjudicación como la ejecución pueden ponderar aspectos de interés público (fines sociales o ambientales, etc.) que se relacionen, no con el objeto del contrato, sino con su proceso de producción y ejecución de dicho objeto. Cuando vinculan la ejecución del contrato se denominan condiciones especiales de ejecución.

En conclusión, las legislaciones de los Estados Miembros han debido ajustarse a estos aspectos de la contratación pública regulados para el ámbito europeo, lo que en España se aprecia a primera vista porque las leyes de modificación se producen a los pocos años de los cambios europeos y, en muchas ocasiones, señalan en su propio título que constituyen adaptaciones a normas europeas.

2. Concepto jurídico positivo de contrato administrativo

La Ley 9/2017, rubricada "de Contratos del Sector Público", prevé en su artículo 2.1 que "*son contratos del sector público, y [..] están sometidos a la presente Ley en la forma y términos previstos en la misma*, los contratos onerosos[5], cualquiera que sea su naturaleza jurídica, que celebren las entidades enumeradas en el artículo 3". El artículo 3.1 lista de un modo amplio las entidades que se reputan integrantes del sector público. El artículo 3.1.j) LCSP contiene una regla de cierre que otorga esta calificación a las personas jurídicas que simultáneamente reúnan dos condiciones: (a) creadas para "satisfacer necesidades de interés general que no tengan carácter industrial o mercantil", y b) estar controladas por otra *entidad del sector público*, ya sea a través de la financiación, de la gestión, o del nombramiento de miembros de su órgano de administración. Según este criterio, la mayoría de las personas privadas controladas funcionalmente, incluso de un modo remoto, por una Administración Publica o por uno de sus entes instrumentales (públicas o privadas) se reputan entidades del sector público y sujetan su actividad contractual, en más o en menos, a esta Ley 9/2017. *La Ley 9/2017 identifica, dentro de esta categoría general de contratos del sector público, varias subcategorías*, calificación que determina el régimen jurídico de cada una de ellas (qué partes de esta ley son aplicables a cada una). En otras palabras, los contratos del sector público no se sujetan a un único régimen jurídico, sino que este obedece a una geometría variable dependiendo de cada subcategoría.

A) *Contratos administrativos. La noción de Administración Pública*

Tendrá carácter administrativo (art. 25 de la Ley de Contratos del Sector Público - LCSP) el contrato celebrado por una Administración Pública (nota subjetiva) y que consista en realizar determinada prestación (nota objetiva), concretamente: a) las prestaciones propias de los contratos de obra, concesión de obra, concesión de servicios, suministro y servicios[6]; b) los contratos declarados así expresamente por una ley o "que tengan naturaleza administrativa especial por estar vinculados al giro o tráfico específico de la Administración contratante o por satisfacer de forma directa o inmediata una finalidad pública de la específica competencia de aquella".

La noción de Administración Pública se define en el artículo 3.2 LCSP. Comprende *nominatim* las Administraciones territoriales y los entes instrumentales ligados mayormente al interés general (seguridad social, organismos autónomos, universidades públicas y autoridades independientes). Incluye además aquellos otros sujetos que cumplan con una cláusula general formada

---

[5] Según STJUE (Sentencia del Tribunal de Justicia de la Unión Europea) 19.12.2012, C-159/11, "un contrato no deja de ser un contrato público (el 1.2 Directiva 2004/18/CE requiere que el negocio sea oneroso para ser contrato público) por el mero hecho de que su retribución se limite al reembolso de los gastos soportados por la prestación del servicio pactado"(& 29).

[6] El propio art. 25 LCSP exceptúa, asignándole la consideración de contratos privados (art. 26.2 LCSP), aquellos cuyo objeto sea la suscripción a revistas, publicaciones periódicas y bases de datos, y también *algunos* servicios financieros, de creación e interpretación artística y literaria, así como de espectáculos.

por estas notas: a) entidad de derecho público; b) que reúna las circunstancias para ser considerado poder adjudicador ex artículo 3.3 d) (entiendo que sea creada para "satisfacer necesidades de interés general que no tengan carácter industrial o mercantil", pues la otra nota [controlada por un poder adjudicador] se superpone con la siguiente nota específica enunciada por el artículo 3.2); c) vinculada a una Administración pública (entiendo que vinculada en sentido funcional, en los términos del art. 3.3 d)], y d) que "no se financien mayoritariamente con ingresos de mercado". La idea básica es que la Administración Pública, aparte de los entes territoriales, comprende con carácter general las personificaciones *de derecho público instrumentales*, si bien quedan excluidas las que no reúnan alguna de las últimas tres notas referidas[7].

Esta cláusula general cuya trascendencia es delimitar los contratos en que juegan las prerrogativas (especialidad de los contratos administrativos), presenta una zona muy incierta en torno a la cuarta nota ("no se financien mayoritariamente con ingresos de mercado"), pues el artículo 103.1 de la Ley 40/2015 define a las entidades públicas empresariales como "las entidades de Derecho público [...] que se financian mayoritariamente con ingresos de mercado", literalidad muy cercana a la del 3.2 LCSP. Ello significaría que las entidades públicas empresariales en su conjunto (como ya ocurría en la legislación anterior de un modo expreso) quedan fuera del concepto de Administración pública y por tanto de la celebración de contratos administrativos. En otras palabras, sus contratos no gozarían de prerrogativas en la fase de ejecución, sin obtener a cambio ninguna exención de cargas procedimentales de adjudicación, las cuales se le aplican íntegras como poderes adjudicadores ex artículo 3.3. LCSP. Salta a la vista que estas entidades de derecho público, por la actividad que realizan y en cuyo seno contratan, huyen de las prerrogativas[8]. Cabría, sin embargo, sostener que la expresión "no se financien mayoritariamente con ingresos de mercado" del artículo 3.2 LCSP no se corresponde con la idéntica del artículo 103.1 Ley 40/2015, pues el artículo 3.2 LCSP le da expresamente un sentido específico al decir que "se entiende que se financian mayoritariamente con ingresos de mercado cuando tengan la consideración de productor de mercado de conformidad con el Sistema Europeo de Cuentas". En última instancia habrá que plantearse si las entidades públicas empresariales ex artículo 103.1 Ley 40/2015 encajan en la consideración de "productor de mercado de conformidad con el Sistema Europeo de Cuentas"

---

[7] Por ejemplo, la DA 39ª LCSP califica a Puertos del Estado y a cada una de las autoridades portuarias (según los arts. 16 y 24 del Real Decreto Legislativo 2/2011 son entidades de derecho público) como "entidades del sector público que, siendo poderes adjudicadores, no tienen la consideración de Administración Pública". Similar calificación hace la DA 42ª respecto del Museo Nacional del Prado y del Museo Nacional Centro de Arte Reina Sofía (entidades del sector público según la Ley 46/2003 y la Ley 34/2011) en cuanto a "los contratos relacionados con su actividad comercial".

[8] A lo que se añaden las exclusiones de la nota 7.

Los contratos administrativos así delimitados rigen por esta ley su prepa-ración, adjudicación, ejecución y extinción. La verdadera particularidad, en contraste con los otros contratos del sector público que se mencionan a conti-nuación, radica en la aplicabilidad de las reglas de ejecución y extinción, que obedecen a un criterio de prerrogativa administrativa que solo tiene sentido en este tipo contractual. Nótese, en fin, que respecto de los de naturaleza admi-nistrativa especial tendrán preferencia sus normas específicas (art. 25.2 LCSP).

B) *Contratos armonizados: tipos contractuales, umbrales y poder adjudicador*

Son los contratos sujetos a las directivas europeas de contratos públicos. No solo a principios europeos, sino a las reglas dispuestas en aquellas, sobre todo de preparación y adjudicación del contrato. El artículo 19 LCSP, ajustándose a tales directivas, conforma esta categoría en virtud de tres elementos: a) que se trate de contratos de obra, concesión de obra, concesión de servicios, sumi-nistro y servicios, con las salvedades indicadas en el artículo 19.2 LCSP; b) al-canzar o superar ciertos *umbrales* de valor[9], que son revisados cada dos años por la Comisión Europea en directa relación con los previstos en el Acuerdo de Contratación Pública de la OMC (art. 6 de la Directiva 2014/24/CE, en adelante DCP), y c) ser adjudicados por un *poder adjudicador;* o bien subvencionados por uno de ellos en más de un 50 por ciento[10].

La noción de poder adjudicador es la clave de bóveda del sistema Según el artículo 3.3 LCSP, se considera poder adjudicador: (a) las Administraciones Públicas (en el sentido antes indicado que comprende a la mayoría de sus per-sonificaciones instrumentales de derecho público); (b) las fundaciones públicas (persona privada); (c) mutuas colaboradoras de la seguridad social (asociación privada que realiza funciones públicas por delegación); y (d) toda persona ju-rídica pública o privada creada para "satisfacer necesidades de interés general que no tengan carácter industrial o mercantil"[11] y controlada (en el sentido ya

---

[9] La última revisión consta en el Reglamento Delegado (UE) 2017/2365, de la Comisión, de 18 de diciembre, que fija los siguientes valores: 5.548.000 € (contrato de obras, conce-sión de obras o concesión de servicios); 144.000 € o 221.000 €, según que el poder adjudicador sea central o regional, en los contratos de suministros o servicios; 750.000 € para servicios sociales (el último umbral no se revisa).

[10] En este último caso, que se conoce como contratos subvencionados, el carácter armo-nizado solo se predica de los contratos de obras o de servicios (art. 23 LCSP).

[11] *Vid.* STJUE *UAB LitSPecMET*, C-567-15, & 44: "si, en el caso de actividades destina-das a satisfacer necesidades de interés general, el organismo en cuestión opera en condiciones normales de mercado, tiene ánimo de lucro y soporta las pérdidas derivadas del ejercicio de su actividad, es poco probable que las necesidades que pretende satisfacer no tengan carácter industrial o mercantil (sent. de 16 octubre 2003, Comisión/España, C-283/00, & 81 y 82 y jurisprudencia citada)".

indicado) por un *poder adjudicador*. Nótese que, a diferencia de la noción Administración Pública, abarca también a las personificaciones privadas de los entes públicos, siempre que estén sujetas a su control (funcional). Es, por tanto, un concepto amplísimo, pues se ordena a que los mercados públicos se abran a la libre concurrencia como medio de, eliminando barreras, crear un solo mercado interior en la Unión Europea.

El contrato armonizado es contrato administrativo si lo celebra un poder adjudicador que sea Administración Pública, y en tal caso tienen el régimen ya referido. Por el contrario, si lo concluye un poder adjudicador que no es Administración Pública (en acrónimo, PANAP) tiene la consideración de contrato privado [art. 26.1 b) LCSP] pero se prepara y adjudica por las mismas reglas que el contrato administrativo (26.3 LCSP). Difiere, como es lógico, la regulación de la ejecución, pues es el lugar de las prerrogativas que solo operan cuando actúa una Administración Pública. Aun así el artículo 319 LCSP extiende a este tipo de contrato privado, por previsión de las normas europeas orientada al logro de los fines referidos en el epígrafe 1.B) de este trabajo, algunas reglas de las que rigen los contratos administrativos (modificación, plazos de pago e interés de demora y condiciones especiales de ejecución). Se da, por tanto, la paradoja de que estos contratos, que perfectamente pueden haber sido celebrados por sociedades mercantiles públicas (u otros entes privados del sector público) podrán ejercer algunas prerrogativas, como la del *ius variandi*, aunque se trata de una modalidad de *ius variandi* mermada.

C) *Los contratos privados del sector público*

Como se acaba de indicar, los contratos otorgados por PANAP que estén sujetos a armonización (recaigan sobre los objetos indicados y superen los umbrales referidos) son contratos privados del sector público, sujetándose al régimen jurídico ya indicado.

Pero hay otras categorías de contratos privados del sector público: 1) los celebrados por una Administración Pública con objeto distinto a los ya referidos. El artículo 26.1 LCSP los califica de contrato privado y el artículo 26.2 dispone que se preparan y adjudican (actos separables) conforme a sus normas específicas (i. e. ley de patrimonio, que es norma administrativa) y supletoriamente por las de la LCSP relativas al contrato administrativo, mientras que la ejecución se rige por el derecho privado; 2) los otorgados por un PANAP que no estén sujetos a armonización (inferiores a los umbrales europeos o que recaen en objetos distintos de los indicados). Se reputan contratos privados (art. 26.1 LCSP). Su preparación y adjudicación, salvo los de exigua cuantía, se igualan al contrato administrativo (art. 318 LCSP). Su ejecución se rige por derecho privado, salvo modificación, plazo de pago e interés de demora y condiciones especiales de ejecución, que se sujeta a reglas que derivan de las normas europeas y se recogen en LCSP para los contratos administrativos (art. 319 LCSP), y 3) los otorgados por un ente del sector público ex artículo 3.1 LCSP que no tenga la consideración de poder adjudicador. Se reputan contratos privados [art. 26.1.c)] y, según el 321 LCSP, se preparan y adjudican conforme a los principios de publicidad, concurrencia, transparencia, confidencialidad, igualdad y no discriminación. La ejecución de estos contratos se ajustará al derecho privado (art. 322 LCSP).

3. Cobertura subjetiva y excepciones del régimen de contratación administrativa (y de otros regímenes de contratación del sector público)

A) *Sujetos incluidos y excluidos en el régimen de contratación administrativa*

El ámbito subjetivo de los contratos administrativos aparece delimitado por la noción *Administración Pública* (art. 3.2 LCSP). Es un concepto específico que comprende, aparte de los entes públicos territoriales, las personificaciones de derecho público que reúnan las tres notas ya indicadas. Se excluyen, por tanto, las personificaciones de derecho privado de la Administración (i. e. sociedades mercantiles, fundaciones públicas). La DA 44ª extiende este régimen a los órganos constitucionales y a los órganos similares de las comunidades autónomas, que "ajustarán su contratación a las normas establecidas en esta Ley para las Administraciones Públicas".

B) *Sujetos incluidos y excluidos en el régimen de contratos armonizados*

El ámbito subjetivo del régimen previsto para los contratos armonizados se delimita por el concepto *poder adjudicador* (art. 3.3 LCSP). Se trata de una noción específica que comprende tanto entes de derecho público como las personificaciones de derecho privado de la Administración (i. e. sociedades mercantiles, fundaciones públicas). Se excluyen aquellas de estas entidades que se constituyen para realizar necesidades industriales o mercantiles, noción de carácter funcional que alude "a la oferta de bienes y servicios en el mercado", esto es, que su actividad se desarrolla en condiciones de mercado y, por tanto, sin disfrutar directa o indirectamente de una posición de ventaja[12]. Los artículos 19 y 23 LCSP prevén la extensión (no completa[13]) de este régimen a cualquier sujeto (integrante del sector público o no) que, no reuniendo la condición de poder adjudicador, otorgue ciertos contratos de obras o de servicios que son subvencionados "en forma directa y en más de un 50 por ciento de su importe" por un poder adjudicador.

[12] SSTJUE BFI Holding, C-360/96, & 50 y 51; y Adolf Truley Gmbh, C-373/00, & 50.
[13] Un ejemplo es la especialidad en materia de prohibiciones de contratar ex art. 65.3 LCSP.

C) *Sujetos cubiertos por otros regímenes de contratación del sector público*

La noción *entidades del sector público* (art. 3.1 LCSP) abarca (a) Administraciones Públicas; b) poderes adjudicadores, y c) el resto de entidades bajo el control de un poder público, salvo las que sirven objetivos industriales o mercantiles en el sentido ya indicado de actuar en régimen de mercado. Pues bien, este *grupo residual de entidades del sector público* (no Administración Pública; ni poder adjudicador) sujetan su actividad contractual a algunas reglas de la LCSP, principalmente se someten en cuanto a las actuaciones de preparación y adjudicación del contrato a los principios de publicidad, concurrencia, transparencia, igualdad y no discriminación.

Prácticamente el mismo régimen de sujeción se predica, de nuevas en la LCSP 2017, de ciertos sujetos que no integran el sector público: *partidos políticos, sindicatos, organizaciones empresariales y asociaciones profesionales, así como fundaciones y asociaciones vinculadas a ellos,* con tal que cumplan los requisitos para ser poder adjudicador (según el Preámbulo, "que su financiación sea mayoritariamente pública") y solo respecto de los contratos armonizados (art. 3.4). Se excluyen ex artículo 11.5 LCSP, algunos servicios que celebran los partidos políticos en relación con las campañas políticas.

D) *Materias excluidas*

a) Las sucesivas leyes de contratos públicos excluyen el *convenio celebrado entre sí por Administraciones Públicas o cualquiera de sus personificaciones,* ya sean públicas o privadas, siempre que tengan la condición de poder adjudicador. La STJUE 13.1.2005 (C-84/03) rechazó que el mero dato subjetivo de que la relación se entablase entre Administraciones Públicas o cualquiera de sus personificaciones fuera suficiente para excluir estos negocios jurídicos del ámbito de los contratos sujetos a las directivas europeas. En consecuencia, la ley española añadió un requisito objetivo, que sucesivamente ha girado en torno al criterio del objeto (Real Decreto-Ley 5/2005), de la naturaleza (Ley 30/2007) y ahora alude al contenido del contrato. Se excluyen estos convenios siempre que "su contenido no esté comprendido en el de los contratos regulados en esta Ley o en normas administrativas especiales" (art. 6.1 LCSP), exigiéndose además que "las entidades intervinientes no han de tener vocación de mercado" y que "el convenio establezca una cooperación" ente ellas. No está claro el alcance de esta nota objetiva. Cabe afirmar que la expresión "contenido del contrato" alude a su objeto, excluyéndose de las leyes de contratos solo aquellos convenios que versen sobre objetos diversos a los regulados en aquellas. Pero es posible entender también que se excluyen los convenios que, a pesar de coincidir en el objeto con un contrato del sector público, se diferencia porque responde más a una idea colaborativa que a la lógica conmutativa propia del contrato[14].

b) Se excluyen también, como caso autónomo, "los *convenios que celebren las entidades del sector público con personas físicas o jurídicas sujetas al derecho privado*, siempre que su contenido no esté comprendido en el de los contratos regulados en esta Ley o en normas administrativas especiales" (art. 6.2 LCSP).

c) No se reputa contrato sino expresión de autoorganización, y por ello no se sujeta a la LCSP, el *encargo a un medio propio (in house providing)*, la relación jurídica que, aunque verse sobre prestaciones propias de contratos típicos y no responda a una lógica colaborativa, se entabla entre un poder adjudicador y una persona jurídica distinta (pública o privada) que quepa calificarse de medio propio de aquel. *Medio propio*, según la jurisprudencia europea[15], es aquella entidad que, a pesar de ser una persona jurídica distinta del poder adjudicador, reúne las siguientes notas: (a) que respecto de ella el poder adjudicador "ejerza un control análogo al que ejerce sobre sus propios servicios" y (b) que "realice la parte esencial de su actividad con el ente o los entes que la controlan". Estos requisitos rigen en la actualidad con el detalle previsto en el artículo 12 DCP y en el artículo 32 LCSP. Obviamente, las personas jurídicas que actúen como medios propios tienen, a su vez, la condición de poder adjudicador y, en consecuencia, los contratos que puedan celebrar con el objeto de cumplir el encargo se someten a la regulación de contratos públicos. Actualmente, el artículo 32.7 LCSP declara expresamente esta sujeción.

d) Tampoco se reputa contrato (art. 9.1 LCSP) el negocio jurídico que permite a un sujeto el *uso de bienes de dominio público* (relación jurídica unilateral mediante autorización o concesión demanial) o *la explotación de un bien patrimonial distinta de la concesión de obra* (sujeta a la legislación patrimonial). De otro lado, cuando la Administración compra, toma en arriendo, permuta o celebra un negocio jurídico análogo *sobre un inmueble, valor negociable o propiedad incorporal* se reputan contratos privados y se someten, en primer término, a su legislación específica que es la patrimonial. Los programas de ordenador no se califican, a este propósito, de propiedad incorporal, sujetándose a la regulación de los contratos de suministro o, si se elaboran *ad hoc*, a la de los de servicios (art. 6.2 LCSP). Además, la *adqui-*

---

[14] La STJUE 19.12.2012, C-159/11, declara que "no se aplicarán las normas del Derecho de la Unión en materia de contratos públicos siempre que, además, tales contratos hayan sido celebrados exclusivamente por entidades públicas sin la participación de una empresa privada, no se favorezca a ningún prestador privado respecto a sus competidores, y la cooperación que establezcan solo se rija por consideraciones y exigencias características de la persecución de objetivos de interés público"(& 35).

[15] STJUE Teckal, C-107/98.

sición de bienes muebles integrantes del Patrimonio Histórico Español no se reputan suministros y se rigen por reglas propias (DA 7ª LCSP).

e) El Derecho europeo prevé reglas específicas respecto del contrato celebrado, incluso por sujetos privados cuando actúen en virtud de derechos especiales o exclusivos, con el fin de operar en los *sectores del agua, la energía, los transportes y los servicios postales*. Es común que los servicios en esos ámbitos se reserven a la Administración pública, que los presta por sí o los atribuye a sujetos privados investidos de "derechos especiales o exclusivos". El carácter cerrado de estos mercados determina que el derecho europeo someta la adjudicación del contrato otorgado para operar esos sectores a reglas públicas de contratación. Se trata, no obstante, de una normativa específica, que se diferencia de la general en que el ámbito subjetivo es más amplio y en que la regulación es menos intensa, buscando en definitiva asegurar que se realicen los principios generales de publicidad, igualdad y no discriminación. Las normas vigentes se hallan en la Directiva 2014/25/UE [DC][16]. En España, la DA 8ª LCSP dispone que cuando el ente contratante sea Administración Pública se le aplicará la LCSP, lo que es un modo singular de trasponer la citada directiva comunitaria, dado que lo hace con creces, pero perfectamente admisible. Ahora bien, para los casos en que el contratante sea otro tipo de entidad del sector público o directamente un sujeto privado que actúe en estos sectores de actividad, al tiempo de escribir este trabajo, aun no hay trasposición de la directiva comunitaria[17]. La ley vigente, aplicable en lo que no contradiga la nueva directiva comunitaria de 2014, será entretanto la Ley 31/2007. Y cuando esta no sea plicable (*i. e.* porque se trate de contratos que no alcancen los umbrales previstos en la directiva comunitaria) se sujetarán, según la DA 8ª, a las normas correspondientes de la LCSP, que en ningún caso serán las propias de los contratos armonizados.

f) Los contratos en *el ámbito de la defensa y la seguridad* enunciados en el artículo 5 LCSP se rigen, al menos como regla general, por la Ley 24/2011, que es trasposición de la Directiva 2009/81/CE, cuyas normas se caracterizan por proteger la información sensible y por conferir mayor discrecionalidad al órgano de contratación[18]. También se excluyen aquellos *contratos o convenios* que, incidiendo en estos ámbitos materiales, tienen un *componente de relación entre sujetos de derecho internacional*. En este caso se ajustan al procedimiento de contratación previsto en el acuerdo o convenio internacio-

---

[16] Los umbrales se revisan cada dos años. El Reglamento Delegado (UE) 2017/2364, de la Comisión, de 18 de diciembre, los fija en: 5.548.000 € (contrato de obras; 443.000 € (contratos de suministros, servicios o concursos de proyectos).

[17] Hay un proyecto de ley en trámite, que puede consultarse en BOCG. Congreso de los Diputados Núm. A-3-1 de 02/12/2016, págs. 1 a 102.

[18] *Vid.* J. A. HUERTA BARAJAS y A. CANALES GIL, "La ley de contratos del sector público en los ámbitos de la defensa y de la seguridad", *CAP* 113, págs. 38 y ss.

nal a cuya realización sirven o en la normativa de la organización internacional que lo financia. Igualmente en aras de la tutela de sus intereses esenciales de seguridad, el artículo 346 TFUE permite al Estado adoptar medidas que considere necesarias en relación con la producción y comercio de armas y la DA 37ª LCSP habilita al Estado a declarar un contrato secreto de conformidad con la Ley 9/1968, de secretos oficiales.

g) Se excluyen los contratos que, aun no versando sobre defensa, supongan una *relación entre sujetos de derecho internacional*, que se ajustarán al procedimiento de contratación previsto en el acuerdo o convenio a cuya realización sirven o en la normativa de la organización internacional que lo financia (art. 7 LCSP).

h) Se excluyen algunos contratos en el ámbito de la investigación, en especial los cofinanciados por el sector privado (art. 9 LCSP); así como los relativos a ciertos servicios financieros o mediante los que se conciertan préstamos u operaciones de tesorería (art. 10); los relativos a servicios de personal (funcionario o laboral), de arbitraje y conciliación o, en fin, aquellos en que la entidad del sector público se obligue a entregar bienes o derechos o prestar servicios (art. 11).

i) Las materias excluidas conllevan, en general, que estos contratos solo pueden adicionar prestaciones propias de materias incluidas si se advierte una suficiente *relación de complementariedad* que convierte el conjunto en una unidad funcional (arts. 18 y 34.2 LCSP). De otro lado, en estos casos *la regla es atribuir prelación a la prestación principal*, que se ubica en principio por el mayor valor estimado. No obstante, el artículo 5 LCSP otorga prelación siempre a la prestación del ámbito de la defensa y la seguridad, aunque no sea principal, con lo que el contrato, aun siendo mixto, siempre quedará excluido de la LCSP y sujeto a su norma específica. Otra excepción atiende a los contratos patrimoniales del artículo 9.2 LCSP, que solo admiten la adición de prestaciones de contratos típicos hasta el 50 por ciento del importe.

4. Contrato menor y otros pasibles de contratación directa "ratio materiae"

A) Se prevé la contratación directa *cuando el valor estimado del contrato es reducido*. En el caso de las Administraciones Públicas (art. 118 LCSP), los PANAP [art. 318 a)] y el resto de entes del sector público [art. 321.2 a)], los *contratos menores*[19] "podrán adjudicarse directamente a cualquier empresario con

---

[19] Son los "de valor estimado inferior a 40.000 €, cuando se trate de contratos de obras, de concesiones de obras y concesiones de servicios, o a 15.000 €, cuando se trate de contratos de servicios y suministros".

capacidad de obrar y que cuente con la habilitación profesional para realizar la prestación objeto del contrato". Nótese que no se exigen requisitos de solvencia ni de no incursión en prohibición de contratar. Al menos en el caso del artículo 118, el contrato menor, aunque pueda adjudicarse sin procedimiento, no puede prescindir enteramente de la preparación mediante la formación de un expediente. No obstante, este es simplificado. Solo requiere que el órgano de contratación justifique la necesidad del contrato, que se apruebe el gasto y que se incorpore la factura, que hará las veces de formalización del contrato. Se exige también presupuesto y proyecto cuando sea un contrato de obras, así como, en todo caso, que se justifique en el expediente que el objeto del contrato no se ha definido así para eludir el procedimiento de contratación. Ciertas cuantías superiores al contrato menor, pero también reducidas[20], permiten utilizar procedimientos simplificados (art. 159 LCSP), pero ya no contratar directamente sin procedimiento.

B) Como se precisará en lugar específico, se admite la contratación directa en caso de *necesidad* (en LCSP, *emergencia*), pero no en el de urgencia, salvo "la prestación de asistencia sanitaria en supuestos de urgencia y con un valor estimado inferior a 30.000 euros", respeto de la que el artículo 131.4 dispone que no se aplicarán las reglas de esta Ley relativas a la preparación y adjudicación del contrato.

C) Hay, en fin, casos de contratación directa *ratione materiae*. Cabe adjudicar directamente *concesiones de obras y de servicios a una sociedad de economía mixta* de capital público mayoritario, siempre que la elección del socio privado se haya efectuado conforme a las normas de esta Ley para adjudicar el contrato cuya ejecución constituya su objeto (DA 22ª LCSP). No se prescinde por completo del procedimiento de contratación, pero se reserva el derecho a participar en él a ciertas empresas en dos materias. El *artículo 310* autoriza asignar directamente contratos de servicios relativos a actividades docentes. La *DA 4ª* impone que respecto de algunos contratos se reserve el derecho de participar en la licitación a empresas que empleen en un 30 por ciento mínimo de personas con discapacidad o en situación de exclusión social. La *DA 48ª* impone una reserva análoga respecto de ciertos contratos de servicios sociales, culturales y de salud. Por último, también se relativiza notablemente el procedimiento de adjudicación en aquellos casos en los que, como luego se indicará, es posible usar el procedimiento negociado sin publicidad (art. 168 LCSP).

---

[20] De valor estimado igual o inferior a 2.000.000 € en el contrato de obra, y 100.000 € en los contratos de suministro y de servicios (art. 159.1). Y el art. 159.6 reduce estos valores, respectivamente, a 80.000 € y 35.000 €.

5. Contratación en estados de urgencia y emergencia (necesidad)

A) La urgencia debe constar en el expediente mediante declaración formal del órgano de contratación, que ha de motivar por referencia a que la "celebración responda a una necesidad inaplazable" o a que "sea preciso acelerarla por razones de interés público" (art. 119 LCSP). La virtualidad de la urgencia se proyecta en tres direcciones: a) sobre la formación del expediente, al que se le debe dar trámite ordinario pero con preferencia para su despacho por los distintos órganos que actúen en la tramitación, quienes dispondrán de un plazo de cinco días para cumplimentar las diligencias correspondientes, plazo que en casos justificados puede prorrogarse hasta diez días; b) sobre el procedimiento de adjudicación, reduciendo a la mitad la generalidad de sus plazos, salvo los que establece el artículo 119.2.b), cuya reducción solo se admite en los términos de las Directivas europeas, cuestión a la que se volverá al tratar de cada uno de esos trámites; c) imponiendo que la ejecución comience dentro del mes siguiente a formalizar el contrato. Hay, en fin, un caso calificado de "imperiosa urgencia [...] que demande una pronta ejecución que no pueda lograrse [con el trámite especial] del art. 119", en el que los contratos de obras, suministros y servicios pueden seguir el procedimiento negociado sin publicidad (art. 168.b.1).

B) Hay emergencia (necesidad), según el artículo 120, cuando "la Administración tenga que actuar de manera inmediata a causa de acontecimientos catastróficos, de situaciones que supongan grave peligro o de necesidades que afecten a la defensa nacional". El régimen excepcional a que da lugar no cabe extenderlo a "las restantes prestaciones que sean necesarias para completar la actuación acometida". Su régimen especial es aun más flexible que el de urgencia. Exime del procedimiento de adjudicación, pero también de la obligación de formar expediente. El órgano de contratación ordena (incluso verbalmente, art. 37) la ejecución de lo necesario sin ajustarse a los requisitos formales de la ley, ni siquiera necesita la existencia de crédito suficiente, caso en que se procederá a su dotación de conformidad con las reglas de la Ley General Presupuestaria. Se exige, en contrapartida, que el órgano de contratación, si pertenece al Estado, informe al Consejo de Ministros y que la ejecución comience dentro del mes siguiente a la orden de ejecución. Por último, el régimen de cumplimiento, recepción y liquidación del contrato será el ordinario.

Los artículos 119 y 120, por su ubicación, se refieren a los contratos de las Administraciones Públicas. Por remisión del artículo 317 se aplican también a los contratos armonizados de los PANAP. Los demás contratos (los no armonizados de los PANAP del artículo 318 y los del resto de entidades del sector público del art. 321) no tienen reglas especiales para casos de urgencia y emergencia, salvo las especialidades previstas en la regulación de cada uno de los procedimientos de adjudicación, en tanto que el artículo 318 remite a ellos.

6. Aptitud para contratar: en especial las prohibiciones de contratar

Pueden contratar "con el sector público"[21] (art. 65.1 LCSP) (a) la persona natural o jurídica, española o extranjera, (b) con plena capacidad de obrar, (c) no incursa en prohibición de contratar, (d) con solvencia económica, financiera y técnica o profesional o, en casos necesarios, debidamente clasificada, y, según añade el artículo 65.3, (e) "con la habilitación empresarial o profesional que, en su caso, sea exigible para la realización de las prestaciones" objeto del contrato. Esta nota última difiere de la solvencia y alude a la aptitud legal que se exige para ejecutar ciertas funciones.

A) *Capacidad jurídica y de obrar*

Es apta para contratar con el sector público la persona física o la organización con personalidad jurídica. No lo es la comunidad de bienes ni la sociedad irregular. Se exceptúa la "unión temporal de empresas", agrupación accidental de empresas con el fin de concurrir y, en caso de lograr la adjudicación, ejecutar un contrato público (art. 69). Sus rasgos principales son que solo si obtienen el contrato han de elevar esta unión sin personalidad a escritura pública y que las participantes responden solidariamente de las obligaciones contractuales. Las empresas no españolas se rigen por un criterio de *reconocimiento mutuo* si son de la UE o de países signatarios del Acuerdo sobre el Espacio Económico Europeo y por la *reciprocidad* si no (arts. 67 y 68). Ahora bien, el artículo 25 DCP prevé que las empresas de países terceros se beneficiarán del criterio de *trato no menos favorable* si son de Estados signatarios del Acuerdo sobre Contratación Pública (ACP) o de otro acuerdo internacional firmado por la UE, en tanto que estos acuerdos lo prevean. Por tal motivo el artículo 68 LCSP incorpora esta especialidad para los contratos armonizados. Contratar con el sector público exige capacidad de obrar *plena*, que en las personas jurídicas se mide por el ámbito de sus fines sociales (art. 66.2). La correspondencia entre contrato y fines estatutarios basta con que sea de sentido, no de literalidad[22].

B) *Prohibiciones de contratar. Naturaleza jurídica,*
    supuestos y funcionalidad

a) El artículo 71 LCSP enuncia una serie de circunstancias que impiden contratar con el sector público (no solo con Administraciones Públicas) a quien incurre en ellas. La prohibición de contratar supone un intenso gravamen para el afectado, pero no tiene naturaleza punitiva. Su fin no es castigarle

---

[21] Más allá del sector público estas notas rigen la aptitud para concurrir a la adjudicación por un sujeto privado de un "contrato subvencionado", con la salvedad de la prohibición de contratar, que solo debe tenerse en cuenta en el caso del art. 71.1.a) LCSP.

[22] STSJ Extremadura de 6 de junio de 2012.

o reprenderle, sino asegurar el buen funcionamiento de la contratación del sector público, ya que estas situaciones hacen dudar de que ese empresario, a pesar de acreditar capacidad y solvencia, sea realmente fiable. El artículo 57.6 DCP[23], en lo que supone avalar la naturaleza no punitiva de las prohibiciones de contratar, prevé que un empresario no será excluido de la licitación si aporta "pruebas de que las medidas adoptadas por él son *suficientes para demostrar su fiabilidad* pese a la existencia de un motivo de exclusión pertinente", con la única salvedad de los que "hayan sido excluidos por sentencia firme [...] durante el período de exclusión resultante de dicha sentencia"[24]. El artículo 72.5 LCSP incorpora esta previsión del artículo 57.6 DCP solo para los tipos de prohibición que exigen declaración previa, pero puede sostenerse que el 72.1 LCSP la extiende al resto de prohibiciones[25] al establecer que "se apreciarán directamente por los órganos de contratación, subsistiendo *mientras concurran las circunstancias que en cada caso las determinan"*. A mi juicio, cabe afirmar que tales circunstancias ya no concurren, y por tanto la prohibición no subsiste, cuando el empresario ha demostrado con la adopción de medidas oportunas del artículo 57.6 DCP que, a pesar de incurrir en situación prohibida, es fiable. Y también esta previsión del artículo 72.1 ofrece un cauce hábil para que el órgano de contratación valore, tal como requiere el artículo 57.4.e) DCP, si un conflicto de intereses exige, por no haber otro medio menos gravoso, la exclusión de un empresario[26].

Esta idea tiene dos puntas. Las prohibiciones de contratar, al no tener propósito penal, no arrastran el régimen propio del Derecho sancionador.

---

[23] El art. 57.6 DCP añade que, a tal efecto, "el operador económico deberá demostrar que ha pagado o se ha comprometido a pagar la indemnización correspondiente por cualquier daño causado por la infracción penal o la falta, que ha aclarado los hechos y circunstancias de manera exhaustiva colaborando activamente con las autoridades investigadoras y que ha adoptado medidas técnicas, organizativas y de personal concretas, apropiadas para evitar nuevas infracciones penales o faltas. Las medidas adoptadas por los operadores económicos se evaluarán teniendo en cuenta la gravedad y las circunstancias particulares de la infracción penal o la falta. Cuando las medidas se consideren insuficientes, el operador económico recibirá una motivación".

[24] Previsiones específicas con función moderadora similar al art. 57.6 DCP son las del art. 57.2 (impago de impuestos o contribuciones sociales) y del inciso final del art. 57.4. b) (insolvencia).

[25] Los aludidos en las letras c), d), f), g) y h) del art. 71.1 LCSP.

[26] Este entendimiento amplio del art. 72.1 LCSP como medio de encauzar las medidas de autocorrección que establece el art. 57.6 DCP encuentra apoyo también en el punto IV del Preámbulo de la LCSP, donde se lee: "se hace una nueva regulación de las prohibiciones de contratar que aumenta los casos de prohibición [...]; al tiempo que transpone las denominadas por las Directivas Comunitarias como «medidas de autocorrección», de manera que determinadas prohibiciones de contratar bien no se declararán o bien no se aplicarán, según el caso, cuando la empresa hubiera adoptado medidas de cumplimiento destinadas a reparar los daños causados por su conducta ilícita, en las condiciones que se regulan en esta Ley".

No rige el veto cualificado a su aplicación retroactiva[27] y tampoco actúa el principio de legalidad en su máximo rigor. Solo así, por otra parte, es admisible una delimitación de las situaciones prohibitivas por remisión a materias abiertas, lo que conlleva que su correcta identificación sea en ocasiones tan incierta. Como contrapartida, la interpretación del alcance de estos conceptos abiertos debe realizarse en conexión con la finalidad de garantía del contrato que la institución presenta. Nótese, además, que muchas de estas nociones, por reproducir literalmente expresiones del artículo 57 DCP, han de leerse en clave europea, evitando las referencias nacionales que puedan inducir a error.

La segunda cara de esta comprensión de las prohibiciones de contratar implica que nada de lo dicho hasta aquí obsta a que una ley contemple el castigo de una conducta constitutiva de delito o de infracción administrativa mediante la inhabilitación o prohibición para contratar con las Administraciones Públicas o con otros entes del sector público. En España hay cuantiosos ejemplos de ello tanto en el Código Penal[28] como en leyes sancionadoras estatales[29] y autonómicas[30]. Ahora bien, si bien el efecto práctico equivale al de las prohibiciones de contratar, excluyendo al empresario de la licitación, resulta meridiano que son manifestaciones de una institución jurídica enteramente distinta. Estos impedimentos, a diferencia de las prohibiciones de contratar en sentido estricto, responden a propósitos de prevención general y especial

---

[27] A. HUERGO, "La prohibición de contratar con el sector público por falseamiento de la competencia", en *REDA*, núm. 182, si bien defiende en general que las prohibiciones de contratar no son sanciones, excluye las que afectan a personas por "haber sido sancionadas con carácter firme por infracción grave [...] de falseamiento de la competencia" [art. 71.1.b], con el corolario de que esta prohibición de contratar no tendrá efecto retroactivo. Invoca la identidad de razón con la prohibición de contratar ligada a las sanciones tributarias. Sin embargo, la Ley 15/2007, de Defensa de la Competencia, al tipificar las infracciones y sanciones en materia de acuerdos colusorios no establece como sanción accesoria la prohibición de contratar con el sector público, a diferencia de lo que sí lo hace la Ley General Tributaria.

[28] El art. 310.bis CP (los delitos contra la Hacienda Pública y contra la Seguridad Social de los que sea responsable una persona jurídica) contempla que "podrá imponerse la prohibición para contratar con las Administraciones Públicas". O el art. 429 dispone que el delito de tráfico de influencias será castigado con "prohibición de contratar con el sector público".

[29] El art. 186.1 de la Ley 50/2003, General Tributaria, dispone que "cuando la multa pecuniaria impuesta por infracción grave o muy grave sea de importe igual o superior a 30.000 euros y se hubiera utilizado el criterio de graduación de comisión repetida de infracciones tributarias, se podrán imponer, además, [...].: b) Prohibición para contratar con la Administración pública que hubiera impuesto la sanción durante un plazo de un año si la infracción cometida hubiera sido grave o de dos años si hubiera sido muy grave".

[30] El art. 60.2 de la Ley Foral 8/2017, para la igualdad social de las personas LGTBI+, dispone que "las infracciones graves serán sancionadas con multa de 3.001 hasta 20.000 euros. Además, podrán imponerse como sanciones accesorias alguna o algunas de las siguientes: b) Prohibición de contratar con la Administración, sus organismos autónomos o entes públicos por un período de hasta un año".

propios de la acción punitiva del Estado y, en consecuencia, llevan consigo todo el ropaje jurídico de garantía construido en torno al Derecho penal y sancionador administrativo. Y cabe apuntar una derivada muy relevante de esa distinta naturaleza. En la medida que las prohibiciones de contratar previstas como penas o sanciones accesorias persiguen fines propios de la acción punitiva del Estado, como la defensa de bienes jurídicos a través de disuadir su lesión, y solo inciden reflejamente, de modo no buscado, en la concurrencia en el mercado de los contratos públicos, quedan fuera del *numerus clausus* de causas prohibitivas[31] que entraña el artículo 57 DCP. En otras palabras, pueden imponerse sanciones o penas accesorias de prohibición de contratar más allá de los casos previstos en el Derecho europeo sin que ello contraríe el carácter exhaustivo de su listado. La facultad de los Estados Miembros que aquí se defiende quizá no sea irrestricta, hallando su límite en el principio de efectividad del Derecho europeo.

b) Se prohíbe contratar con el sector público *al condenado en firme*[32] por un delito de la extensa lista del artículo 71.1.a) o, cualquiera que sea el delito, a cierta pena (inhabilitación para ejercer profesión, oficio, industria o comercio). La exclusión alcanza a la persona jurídica cuando es declarada penalmente responsable[33] de unos de esos delitos y también en caso de que una tal condena recaiga sobre sus administradores o representantes, así como a las empresas que "pueda presumirse que son continuación" de aquellas a que originariamente afectaba la causa prohibitiva (art. 71.3). Esta última extensión opera en este motivo de exclusión e igualmente en el resto de causas prohibitivas que se indicará a continuación. Se sitúa en tal prohibición también [art. 71.1.b)], *el sancionado en firme*[34] por infracción, grave o muy grave según

---

[31] STJUE *La Cascina*, C-226/04 y C-228/04, & 22, afirma esta condición de *numerus clausus*.

[32] La LCAP 1995 ligaba la prohibición al auto de procesamiento. Con ello se entendía que desde entonces se carecía de la honorabilidad necesaria para contratar con el sector público. Vid sobre este concepto, L. Martín Retortillo, "Honorabilidad y buena conducta como requisitos para el ejercicio de profesiones y actividades", en *RAP*, núm. 130, págs. 23 y ss.

[33] En España la Ley Orgánica 5/2010 reformó el Código Penal para establecer que también las personas jurídicas pueden ser penalmente responsables de más de una veintena de delitos, casi los mismos que dan lugar a prohibición de contratar según el art. 71.1.a) LCSP, pero continúan siendo raras las sentencias de condena. Por este motivo (más que por los delitos que no están incluidos) sigue siendo relevante que la condena de administradores y representantes comunica a la empresa la prohibición de contratar.

[34] El Acuerdo JCCAE de 18 de abril de 2002 optó por la firmeza en vía jurisdiccional, pero el mismo órgano consultivo en Informe de 10 de octubre de 2018, con apoyo en STS 8644/2006, de 13 de diciembre, revisó su doctrina en favor de la firmeza en vía administrativa, si bien que, de promoverse recurso contencioso-administrativo y solicitarse la suspensión, la Administración no puede ejecutar su acto hasta que el juez o tribunal no se pronuncie acerca de la suspensión.

el caso, en materia profesional que ponga en entredicho su integridad[35] [art. 57.4.c) DCP]; de disciplina de mercado; de falseamiento de la competencia [art. 57.4.d)]; de derechos laborales de las personas con discapacidad; de extranjería; y en materia medioambiental, laboral o social [art. 57.4.a)]. Merece cautela la definición tan abierta de estas prohibiciones, que además se apoya en conceptos directamente trasladados del Derecho europeo y, más de una vez, en remisiones a la "normativa vigente", lo que no excluye la intervención del reglamento.

Son causa de prohibición para contratar varias situaciones relativas a la *insolvencia del empresario* [art. 71.1.c]. Lo es haber solicitado el concurso voluntario o haberse declarado el concurso o, en fin, estar sujeto a intervención judicial[36], pero también coloca al empresario en esta posición cualquier insolvencia declarada como consecuencia de un procedimiento de gestión recaudatoria por vía de apremio.

Lo es también no estar "al corriente en el *cumplimiento de las obligaciones tributarias o de Seguridad Social* impuestas por las disposiciones vigentes, en los términos que reglamentariamente se determinen" [art. 71.1.d)]. El Real Decreto 1098/2001, que cumple este reenvío normativo, exige hallarse al corriente del pago de impuestos y contribuciones sociales y también cumplir oportunamente obligaciones formales como inscribirse en censos, presentar declaraciones o afiliar trabajadores en la Seguridad Social (arts. 13 y 14). Además, el artículo 71.1.d) añade dos prohibiciones: no cumplir, las empresas de 50 o más trabajadores, con el 2 por ciento de personas discapacitadas o no disponer, las de más de 250, de un plan de igualdad de género.

En fin, al definir este motivo de exclusión se obvia la intensidad del incumplimiento, no se exceptúa ni el adeudo de sumas exiguas ni los pequeños retrasos o desajustes en cumplir obligaciones formales[37]. Sin embargo, dos apuntes modulan esta ausencia. De un lado, la apreciación directa del 72.1 (y lo mismo la declaración previa del art. 72.3, aunque este aquí no es aplicable) debe conferir un margen suficiente de discrecionalidad al órgano decisor para que tenga en cuenta el principio de proporcionalidad a que alude el Considerando 101 de la DCP y, en unión a la interpretación finalista de las causas de prohibición, pueda concluir que ciertos incumplimientos, por su escasa entidad, no llegan siquiera a cuestionar la fiabilidad del empresario. De otro, y partiendo de la lectura conjunta de los artículos 57.6 DCP y 72.1 LCSP postulada *ut supra*, a menor falta en el cumplimiento también menos

---

[35] Véase STJUE *Generali,* C-470-13, & 35.

[36] I. FERNÁNDEZ TORRES, *El concurso de las entidades del sector público y sus contratistas,* Thomson Reuters Aranzadi, 2015

[37] Nótese que el art. 57.3 DCP permite expresamente exceptuar la exclusión respecto de los pequeños incumplimientos de este tipo de obligaciones.

debe exigir el órgano de contratación para admitir que las medidas de auto-corrección adoptadas por el empresario han rehabilitado su fiabilidad y que, en fin, decae el motivo para excluirle de la licitación.

Se excluye igualmente de la licitación [art. 71.1.e)] al que ha incurrido *en falsedad, incluida la ocultación, al informar* respecto a su capacidad, solvencia o ausencia de prohibición de contratar, ya sea al comunicarla en el discurrir de una licitación (art. 140 LCSP) o al hacerlo fuera de él para mantener actualizada la clasificación obtenida (art. 82.4 LCSP) o las inscripciones registrales realizadas (art. 343 LCSP).

El artículo 71.1.f) alude a la prohibición de contratar que se impone como *sanción accesoria* al que comete infracción grave o muy grave en materia *tributaria o subvencional*. Como se dijo ya, este motivo de exclusión, al igual que las condenas por delito del artículo 71.1.a) que llevan anudadas pena accesoria de prohibición de contratar, engrosan una categoría jurídica especial, pues son verdadero ejercicio de la función punitiva del Estado.

Eje del moderno Derecho europeo de contratos públicos es luchar contra la corrupción y *prevenir los conflictos de intereses*. Instrumenta al efecto las prohibiciones de contratar. Se excluyen de la licitación con tal fin, aparte del condenado penalmente por corrupción o tráfico de influencias [arts. 57.1.b) DCP y 71.1.a) LCSP], los empresarios cuya participación da lugar a un conflicto de intereses que no quepa resolver por medio menos intrusivo [art. 57.4.e) DCP], entendiendo por tal conflicto "al menos cualquier situación" en la que el personal del poder adjudicador con influencia en el resultado de la licitación "tenga, directa o indirectamente, un interés financiero, económico o personal que *pudiera parecer* que compromete su imparcialidad e independencia" (art. 24. DCP). La ley española impide contratar por esta razón a la persona física, y a la persona jurídica si sus administradores o accionistas[38] se colocan en tal posición, cuando ocupan en el sujeto contratante un alto cargo (Ley 3/2015) u otro puesto afectado por alguna incompatibilidad legal (Ley 53/1984) o, en fin, un cargo electivo de los previstos al efecto en la Ley Orgánica 5/1985, del Régimen Electoral General. Esta prohibición opera también cuando la relación no es de identidad sino conyugal o análoga, así como en los casos de parentesco hasta el segundo grado por afinidad o consanguinidad [art. 71.1.g)]. También se estima que hay conflicto de intereses en los supuestos típicos de "puertas giratorias", proyectando concretamente la prohibición de contratar sobre las entidades privadas que, dentro de los dos años siguientes a su cese,

---

[38] Como ejemplo, el art. 159.2.e) LOREG, prohíbe "la participación superior al 10 por 100, adquirida en todo o en parte con posterioridad a la fecha de su elección como diputado o senador, salvo que fuere por herencia, en empresas o sociedades que tengan contratos de obras, servicios, suministros o, en general, cualesquiera otros que se paguen con fondos de organismos o empresas del sector público estatal, autonómico o local".

contratan a quienes previamente han ocupado puestos de alto cargo y en tal función han participado en decisiones que les afectaban [art. 71.1.h)].

En fin, un sujeto no podrá contratar (art. 71.2) si en un previo contrato del sector público frustró la licitación (por retirar indebidamente su candidatura o proposición), la adjudicación que iba a recaer en él (por no aportar los documentos que acreditan los requisitos previos) o la ejecución ordenada del contrato (al incumplir cláusulas esenciales que determinen la imposición de penalidades o indemnizaciones por daños, o bien por dar lugar de un modo culpable a la resolución firme[39] del contrato).

c) La operatividad de estas prohibiciones se articula en cuatro modalidades (arts. 72 y 73). En los casos de las letras a) y b) del artículo 71.1, si la sentencia o resolución sancionadora fijan el alcance y duración de la prohibición, surtirán efectos desde su firmeza y durante el plazo indicado en ellas. La sentencia o decisión sancionadora solo hará tal pronunciamiento si la ley penal o sancionadora recoge la prohibición de contratar como pena o sanción accesoria. Lo avala que el artículo 73.4 señale este régimen en todo caso para las prohibiciones ex artículo 71.1 f), que se limitan a reflejar las sanciones accesorias de prohibición de contratar previstas en las leyes 38/2003 y 58/2003. En el resto de casos de condena penal o sanción gubernativa —segundo supuesto— la autoridad judicial o administrativa ha de ceñirse a comunicarlas cuando sean firmes al órgano gubernativo competente (Ministerio de Hacienda o equivalente autonómico), que instruirá el procedimiento en que se fije el alcance y duración de la prohibición y remitirá su resolución al registro de licitadores de su ámbito territorial para su inscripción, momento a partir del cual producirá efectos. El tercer grupo lo integran las causas prohibitivas derivadas de irregularidades cometidas por el contratista en el curso de un anterior contrato del sector público [algunos supuestos del art. 71.1.e) y todos los del art. 71.2], que dan lugar a un trámite en el que, en su caso, recaiga la declaración de prohibición de contratar y, además, se fije su alcance y duración. La competencia para todo ello incumbe al órgano de contratación ante el que se consumó la irregularidad, que enviará la resolución que recaiga al registro de licitadores de su ámbito territorial para su inscripción, momento a partir del cual producirá efectos, los cuales se reducirán al ámbito de dicho órgano de contratación, salvo que se acuerden las extensiones que se regulan en el artículo 73.1.

Entre segundo y tercero se halla el incumplimiento de la obligación de actualizar la información relevante de la clasificación del contratista o de sus ins-

---

[39] Informe de la Junta Consultiva de Contratación Administrativa (JCCAE) de 10 de octubre de 2018 precisa que se trata de firmeza en vía administrativa, si bien que, de promoverse recurso contencioso-administrativo y solicitarse la suspensión, la Administración no puede ejecutar su acto, y por tanto no puede iniciar el procedimiento de declaración de prohibición de contratar, hasta que el juez o tribunal no resuelva sobre la suspensión.

cripciones registrales. Exige como en el tercer supuesto una declaración de prohibición de contratar, pero centralizada en los mismos órganos que en el segundo tipo, con la diferencia que ello trae consigo en el ámbito de los efectos. El cuarto grupo está constituido por las letras c), d), g) y h) del artículo 71.1, prohibiciones que, conforme al artículo 72.1, "se apreciarán directamente por los órganos de contratación, subsistiendo mientras concurran las circunstancias que en cada caso las determinan".

La apreciación directa del último conjunto de prohibiciones, el trámite para fijar el alcance y duración de la prohibición o, en fin, el destinado a formular la declaración de prohibición de contratar deben, en mi opinión, entrañar suficiente margen de juicio para que el órgano competente pueda ponderar el *principio de proporcionalidad*, la *interpretación finalista* de las distintas causas prohibitivas en conexión con el caso concreto y, en fin, la *virtualidad rehabilitadora de las medidas de autocorrección* ex artículo 57.6 DCP, de manera que, atendiendo a estos criterios normativos y a las circunstancias fácticas, pueda acordar o no la exclusión del empresario y, en su caso, determinar el alcance o duración de la prohibición de contratar, decisión que será recurrible, también a través del recurso especial [art. 44.2.b) LCSP].

Otro aspecto, relevante e incierto, es el valor de las circunstancias prohibitivas acaecidas en otro país. El artículo 57 DCP en varios de sus apartados dispone que un poder adjudicador podrá excluir por sí mismo a un sujeto del procedimiento de contratación, y que lo hará, en la mayoría de esos casos, cuando "pueda demostrar por medios apropiados" o "tenga indicios suficientemente plausibles" de que está incurso en la situación prohibitiva. Expresiones tan abiertas permiten, a mi juicio, que el órgano competente, sea mediante la apreciación directa de los apartados 1 y 2 del artículo 72 LCSP o a través del proceso de declaración de prohibición de contratar del artículo 72.3 LCSP, excluya de una cierta licitación a un sujeto por situaciones prohibitivas derivadas de circunstancias verificadas en la relación con la Comisión Europea, o en otro Estado Miembro o probablemente incluso en un Estado tercero.

C) *Condiciones especiales de compatibilidad*

El artículo 57.4.f) DCP admite, si no hay vías menos intrusivas que permitan garantizar una concurrencia no distorsionada, que la empresa que participó en la preparación del contrato, y las vinculadas a ella, sean excluidas de la licitación. El artículo 70 LCSP, en lugar de calificar esta exclusión de prohibición de contratar, la regula como requisito de aptitud autónomo. Las empresas cuya participación en una licitación puedan, por su intervención previa en la preparación del contrato, falsear la competencia no tendrán aptitud para ser contratistas. La exclusión opera como última *ratio*, debiendo ponderar el poder adjudicador, con audiencia del contratista, vías menos gravosas, entre ellas compartir con el resto de licitadores la información conferida a aquel otro.

D) *Solvencia y clasificación de contratistas*

Los entes del "sector público" deben indicar en el anuncio de licitación y detallar en el pliego la solvencia mínima requerida y, de entre los previstos en los artículos 87 a 90, los documentos que la acreditan[40]. La LCSP exige clasificación, en lugar de solvencia, para el contrato de obra de valor igual o superior a 500.000 €[41]. No agota así sus efectos la clasificación. Cabe obtenerla, para un grupo o subgrupo (según el tipo de prestación) y para una categoría (según su valor), respecto de una multitud de obras y servicios, y el artículo 77 prevé que el *poder adjudicador*[42], en los contratos incluidos en algún grupo de clasificación, hará constar la solvencia exigida tanto en términos de los artículos 87 a 90 como en términos de grupo o subgrupo de clasificación y de categoría mínima exigible, pudiendo el licitador probar su solvencia de uno u otro modo. La clasificación, tras acreditar la solvencia con arreglo a los artículos 87 a 90, se otorga por decisión del órgano administrativo que tiene esa atribución específica[43] y se inscribe en el registro de licitadores correspondiente, cuya certificación hace prueba de la clasificación y, por tanto, de la solvencia del licitador. Su vigencia es indefinida, pero el empresario debe comunicar toda alteración en las condiciones relevantes so pena de incurrir en prohibición de contratar, así como justificar periódicamente que conserva tales condiciones, incoándose de faltar a este deber formal un expediente de revisión (arts. 81 y 82).

El Derecho europeo busca eliminar las trabas que sufren las pymes para sumar concurrencia Con tal fin, el Tribunal de Justicia de la Unión Europea (TJUE) acepta que se pruebe la solvencia con medios externos[44]. El artículo

[40] El art. 86.1 permite probar la solvencia económica y financiera por otros medios si el empresario "no est[a] en condiciones de presentar las referencias solicitadas por el órgano de contratación".

[41] En España la clasificación se ha requerido para contratar obras y servicios que superan cierto valor. Desde la ley 25/2013, y de modo efectivo desde el RD 773/2015, la exigencia se restringe a las obras y se eleva el umbral de 350.000 € a 500.000 €, que se calcula por el valor medio anual del contrato.

[42] El sistema de clasificación abarca a todos los poderes adjudicadores, sean o no Administraciones Públicas. Los demás entes del sector público pueden optar por aplicar dicho régimen (art. 77.4).

[43] En el ámbito estatal son las comisiones clasificadoras inscritas en la Junta Consultiva de Contratación Administrativa, órgano consultivo del Ministerio de Hacienda. Hay órganos equivalentes en las comunidades autónomas, pero la eficacia del acuerdo se ciñe a sus contratos y a los de los entes locales de su territorio. Nótese que el art. 64 DCP admite que los Estados miembros confíen la clasificación a entes privadas de certificación e impone que el resto de Estados miembros reconozcan su eficacia. España lo hace en el art. 97.2 LCSP.

[44] STJUE Holst Italia, C-176/98.

63 DCP (art. 75 LCSP) recoge ese criterio, pero con límites: a) si es solvencia técnica o profesional, el tercero ejecutará la prestación que exige tales capacidades; b) si es solvencia económica o financiera, el poder adjudicador puede exigir que se responda conjuntamente de la ejecución, y c) cabe señalar *"tareas críticas"* que ha de realizar el contratista, debiendo justificar la solvencia para ello.

Junto a la solvencia o clasificación, el pliego puede exigir al licitador comprometerse a adscribir a la ejecución medios personales o materiales concretos (art. 76.2). En la fase previa a la licitación opera como un mero compromiso, ya que la disposición efectiva de estos medios se exige solo al adjudicatario (art. 150.2)[45], con lo que no opera como barrera apriorística para participar en la licitación. De otro lado, este compromiso se recoge en el pliego como "obligación esencial" y de ese modo permite asociar a su incumplimiento consecuencias directas en fase de ejecución, en términos de penalidades o incluso de resolución del contrato.

E) *Aspectos procedimentales. Reducir las cargas*
   para aumentar la concurrencia

La aptitud del contratista debe concurrir en la fecha final de presentación de ofertas y subsistir al perfeccionarse el contrato (art. 140.4). En su acreditación, para que las pymes no enfrenten barreras de entrada, se reduce la carga burocrática. En la fase de licitación, la proposición o candidatura no necesita acompañarse de documentos, bastando una declaración responsable (art. 140.1). Además, se agiliza la tramitación administrativa homologando esa declaración mediante la adopción de un formulario llamado Documento Único Europeo de Contratación, al que se ajustará el modelo de declaración responsable que se incluya en el pliego. La acreditación documental de las condiciones de aptitud solo se exigirá si el poder adjudicador precisa comprobar aspectos de lo declarado por el licitador y, en todo caso, antes de la adjudicación. A este efecto adquiere centralidad como instrumento de simplificación el registro de licitadores[46], en el que se inscriben de oficio la clasificación y las prohibiciones de contratar y a instancia de parte el resto de condiciones relativas a la aptitud del contratista, con lo que la certificación de este registro es prueba suficiente de todo ello (arts. 73, 81 y 337 a 345 LCSP).

---

[45] Resolución TACRC 421/2016, de 27 de mayo.

[46] Hay un registro de licitadores estatales (art. 337 y ss), puede haberlos en el ámbito autonómico (art. 341). También producen este efecto los sistemas de certificación análoga, ya sea mediante organismos públicos o entes privados de certificación, que organice otro Estado miembro de la UE (art. 97).

7. Principios de los procedimientos de contratación pública

El Derecho europeo gira en torno a los principios de los procedimientos de adjudicación[47]. El artículo 18 DCP y los artículos 132 y 133 LCSP mencionan los más importantes. El más clásico es el de *igualdad y no discriminación*, que entre otras muchas consecuencias requiere la publicidad de los contratos y que las ofertas no pueden ser alteradas fuera de los procedimientos especiales que contemplan la negociación como su esencia. También destaca el *principio de transparencia*, que, aparte de sus muy relevantes efectos de garantía de los licitadores, adquiere relevancia, en su vertiente de trazabilidad de las decisiones, en la lucha contra la corrupción y el favoritismo (Considerando 126 DCP). Manifestaciones de este principio son las obligaciones de publicar los contratos que se adjudican en el DOUE (anuncio de formalización regulado en el art. 154) y de incorporarlos al llamado Registro de Contratos del Sector Público (art. 346 LCSP). Por su parte, el *principio de proporcionalidad* que implica considerar equilibradamente los bienes en conflicto, muy en particular la garantía de ciertos intereses públicos (fiabilidad del contratista, luchas contra la corrupción y el fraude, etc.) frente al logro de la mayor apertura de los mercados públicos a la competencia. Debe ponderarse sobre todo en las decisiones que cierran el acceso a la licitación. Entre ellas las que se refieren a la aptitud para contratar, como fijar condiciones más exigentes de solvencia o apreciar que concurre en un licitador una prohibición de contratar. Pero igualmente en la definición de objeto del contrato, dado que si se opta por no dividirlo en lotes se obstaculiza el acceso a la licitación de las pymes, mayoría entre los licitadores potenciales. No obstante, reducir el valor del objeto del contrato puede buscar dejarlo por debajo de los umbrales europeos, o incluso colocarlo en valores que habilitan la contratación directa o procedimientos simplificados, eludiendo o rebajando garantías importantes del contrato como su publicidad, con lo que en última instancia se restringe artificialmente la competencia. Otro principio que crece en importancia es la *libre competencia*, en el sentido de impedir que sea la colusión de los propios licitadores la que lastre la competencia dentro del procedimiento de adjudicación, articulándose para ello mecanismos de colaboración entre los órganos que actúan en el sector de la contratación pública y las autoridades de competencia (arts. 132.2 y 150.1). En fin, al *principio de confidencialidad*, distinto del derecho a la protección de datos de carácter personal y que persigue mantener los secretos técnicos o comerciales de las ofertas, se dedica un extenso artículo 133. Tiene claramente dos dimensiones. De un lado, impide por espacio de cinco años

---

[47] J. A. Moreno Molina (2010), "El nuevo Derecho de la contratación pública: de las prerrogativas de la Administración a la garantía de los principios generales", en Arenilla (Coord), *La Administración Pública entre dos siglos*.

que los contratistas divulguen la información confidencial que conocieron con motivo del contrato. De otro lado, se impone ese mismo deber de no divulgación al órgano de contratación. Pero en este caso este principio pugna con otros dos de gran importancia, como son la concurrencia entre los licitadores y la transparencia de la información pública, articulando este precepto una solución que pretende atender equilibradamente a todos estos principios[48].

8. Procedimientos de adjudicación y de mecanismos de racionalidad técnica

A) Los procedimientos de contratación que se presentan aquí se prevén en los artículos 131 a 187 para las Administraciones Públicas, si bien esta regulación se extiende íntegra a los contratos armonizados que celebran los PANAP (art. 317) y en su mayor parte al resto de los contratos celebrados por los PANAP [art. 318 b)]. No así al resto de entes del sector público, para los cuales el artículo 321 recoge reglas especiales.

El artículo 76 DCP y el artículo 19 DC abren espacio a cada EM para definir cómo licitar los servicios relativos a personas (sociales, de salud, educativos, culturales). La LCSP prevé que los *contratos de concesión* de estos servicios siguen el procedimiento restringido con especialidades: convocatoria (DA 36ª); reserva a cierta clase de organizaciones del derecho a participar (DA 48ª). Fuera de este caso, son procedimientos ordinarios el abierto y el restringido (art. 131.2). Se distinguen en que en aquel cualquiera puede presentar una proposición y en este los interesados responden al anuncio de licitación con una solicitud de participación, de modo que solo los que, en función de condiciones objetivas de aptitud señaladas en el pliego, son invitados a participar (cabe fijar un número limitado no menor de 5) presentan oferta. Cursadas las invitaciones a participar, el restringido se tramita igual al abierto, solo que, no siendo ya necesario examinar la aptitud del contratista, se valorará las ofertas

---

[48] Dice el art. 133.1: "El deber de confidencialidad del órgano de contratación así como de sus servicios dependientes no podrá extenderse a todo el contenido de la oferta del adjudicatario ni a todo el contenido de los informes y documentación que, en su caso, genere directa o indirectamente el órgano de contratación en el curso del procedimiento de licitación. Únicamente podrá extenderse a documentos que tengan una difusión restringida, y en ningún caso a documentos que sean públicamente accesibles.

"El deber de confidencialidad tampoco podrá impedir la divulgación pública de partes no confidenciales de los contratos celebrados, tales como, en su caso, la liquidación, los plazos finales de ejecución de la obra, las empresas con las que se ha contratado y subcontratado, y, en todo caso, las partes esenciales de la oferta y las modificaciones posteriores del contrato, respetando en todo caso lo dispuesto en la Ley Orgánica 15/1999, de 13 de diciembre, de Protección de Datos de Carácter Personal".

y adjudicará el contrato. Los datos muestran que, a pesar de que el abierto y el restringido se califican de ordinarios, el más usado es el procedimiento negociado (con publicidad o sin ella)[49]. Para revertir esta realidad, el artículo 159 regula un procedimiento abierto simplificado[50] y aun su apartado 6º una versión abreviada[51]. No son ordinarios por proceder en casos tasados el negociado sin publicidad (art. 168), la licitación con negociación, el diálogo competitivo (para ambos el art. 167), el de asociación para la innovación (art. 177) y el concurso de proyectos (art. 183).

El procedimiento negociado sin publicidad, la licitación con negociación y el diálogo competitivo tienen en común que se adjudican al licitador elegido por el contratante tras negociar las condiciones del contrato con uno o varios candidatos previamente seleccionados, posibilidad que está vedada expresamente en el abierto (art. 156.1) y en el restringido (art. 160.3). Lo que identifica al negociado sin publicidad es que los casos en que procede son de tal excepcionalidad que justifican que, obviando la garantía esencial de la publicidad del contrato, los candidatos (en número no inferior a 3, pero que puede reducirse a 1, como prevé el art. 170.1) sean elegidos directamente[52]. Licitación con

---

[49] Informe Tribunal de Cuentas de 21 de abril de 2017.

[50] Para contratos de obra y de suministros y servicios de valor igual o inferior, respectivamente, a 2.000.000 € y a 100.000 €, y que la adjudicación requiera juicios de valor en un 25 por ciento máximo. Su esencia radica en exigir la inscripción en un registro de licitadores, en suprimir la garantía provisional, en la obligación de presentar las proposiciones en un registro determinado y en medidas adicionales sobre el número de sobres necesario y los trámites de su apertura.

[51] Para contratos de obra y de suministros y servicios de valor igual o inferior, respectivamente, a 80.000 € y a 35.000 € se reduce el plazo de presentación de ofertas, que se evalúan por dispositivos informáticos por responder a criterios cuantificables mediante fórmulas, se exime a los licitadores de acreditar la solvencia y al adjudicatario de prestar garantía definitiva.

[52] Antes de la LCSP se abusaba de esta vía con daño de la competencia, pues la ley vigente admitía su uso para exiguas cuantías (no superior a 200.000 € en obras y a 60.000 € en otros contratos) y para obras, suministros y servicios complementarios. Estos usos, salvo los suministros complementarios, no se prevén en la LCSP en aras de reducir este cauce a su sentido real. Ahora cabe, para contratos y concesiones típicas, (a) si en un trámite previo no se ha presentado oferta o solicitud de participación adecuada, siempre que se repitan sustancialmente las condiciones; (b) si la prestación solo puede encargarse a un empresario, por razones artísticas, técnicas o de derechos exclusivos (propiedad intelectual o industrial). También cabe, respecto de contratos típicos, (a) si hay "imperiosa urgencia" para la que sea insuficiente la tramitación del art. 119 aludida en el punto 5 de este trabajo; y (b) si en trámite previo se registraron solo ofertas irregulares o inaceptables y, en el nuevo, se incluyen todos los que presentaron oferta ajustada a los requisitos formales y se repiten sustancialmente las condiciones. En tercer lugar, cabe, respecto del contrato de suministros, (a) si los productos se fabrican con fines de investigación o estudio; (b) si se necesitan entregas complementarias; (c) si se trata de adquisiciones en mercados organizados o (d) de carácter ventajoso a raíz de una situación de liquidación o quiebra del empresario. Cabe igualmente en relación con contratos

negociación y diálogo competitivo sí publicitan el contrato, escogiendo a los candidatos con quien negociar, conforme a los mismos criterios que en el restringido, de entre quienes, en respuesta al anuncio de licitación, solicitan participar. Licitación con negociación y diálogo competitivo se igualan asimismo por los supuestos en que proceden[53] y se separan por la extensión de la negociación. En el primero el PCAP señala elementos del objeto del contrato que son requisito mínimo, criterios de adjudicación y, en su caso, aspectos técnicos y económicos que se deben negociar. En el segundo, el Pliego de Cláusulas Administrativas Particulares (PCAP) y el Pliego de Prescripciones Técnicas (PPT) se sustituye por un documento descriptivo de las necesidades del ente contratante (art. 116.3), buscando el diálogo competitivo precisamente para "desarrollar una o varias soluciones susceptibles de satisfacer sus necesidades y que servirán de base para que los candidatos elegidos presenten una oferta" (art 172.1). El trámite es similar en ambos, pues se negocian las ofertas presentadas o se dialoga sobre las posibles soluciones hasta que el órgano de contratación fija definitivamente el objeto del contrato, momento en que los candidatos presentan su oferta definitiva y se adjudica el contrato.

El procedimiento de asociación para la innovación (arts. 172 a 182) busca desarrollar un nuevo producto, servicio u obra, así como su adquisición si presenta el nivel de rendimiento y coste previsto. El procedimiento de adjudicación se articula, como la licitación con negociación y el diálogo competitivo, eligiendo candidatos de entre los que soliciten participar y negociando con los mismos hasta acordar la adjudicación a uno de ellos, con el que se constituirá la asociación para la innovación. Su ejecución es singular porque se despliega en una primera fase de investigación y desarrollo, que se rige supletoriamente por las reglas del contrato de servicio, y, de entenderse que el resultado alcanza el nivel de rendimiento y coste previsto, en una segunda fase de adquisición y realización del producto, obra o servicio, que si requiere entregas sucesivas no pueden exceder de cuatro años desde acordar la adquisición.

---

de servicios adjudicados mediante concurso de proyectos donde sean varios los ganadores. Por último, respecto de los contratos de obras y servicios, cuando se trata de prestaciones similares a las previamente adjudicadas con publicidad al mismo contratista, siempre que así se advirtiera en el pliego del primer contrato.

[53] Estos procedimientos son idóneos si el objeto del contrato no está del todo determinado al inicio de la licitación. Así resulta procedente cuando el logro de las necesidades públicas exigen una prestación que necesite (a) diseño o adaptación o (b) incorporar soluciones innovadoras. Y también (c) si, por la complejidad, la configuración jurídica o financiera o los riesgos que entraña la prestación, se requieren negociaciones previas a la adjudicación; o, en fin, (d) cuando la prestación no pueda expresarse de un modo normalizado. Los dos supuestos restantes aluden (e) a que en un procedimiento abierto o restringido solo se hubieran registrado ofertas irregulares o inaceptables y (f) a que se trate de contratos sociales que busquen la continuidad en la atención a las personas que ya eran beneficiarias.

Por último, el uso del concurso de proyectos (arts. 183 a 187) se anuda al objeto de la prestación y al método de adjudicación. Ha de orientarse a "la obtención de planos o proyectos, principalmente en los campos de la arquitectura, el urbanismo, la ingeniería y el procesamiento de datos, a través de una selección que, tras la correspondiente licitación, se encomienda a un jurado", que se compondrá de personas físicas independientes. Además, su uso es necesario cuando se trata de licitar contratos de servicios referidos "a la redacción de proyectos arquitectónicos, de ingeniería y urbanismo *que revistan especial complejidad*".

B) Distintos en su naturaleza a los procedimientos de adjudicación, la LCSP regula, para abordar las necesidades periódicas y masivas de prestaciones estándar, tres mecanismos de racionalización técnica, que aportan eficiencia en el gasto público y una gestión contractual más simple. Uno es el acuerdo marco (arts. 219 y ss.), que uno o varios entes del sector público podrán celebrar con una o varias empresas a fin de fijar las condiciones a que habrán de ajustarse los contratos que se adjudiquen en cierto período. La ventaja es la agilidad en concluir los contratos basados en el acuerdo marco. El peligro es que cierra la competencia durante ese tiempo (máximo cuatro años), pues solo cabe adjudicar estas prestaciones a empresas que sean parte originaria[54] del acuerdo marco, excluyendo la concurrencia de otras, aparte de porque al ser reducido el grupo de los contratistas posiblemente aumenta el riesgo de colusión. El acuerdo marco se adjudica por cualquier procedimiento previsto en la LCSP. El contrato basado en el acuerdo marco, cuando sean varias las empresas incorporadas a este, debe licitarse entre ellas según las reglas del artículo 221.6, salvo si el acuerdo marco señala los términos en que se resolverá qué empresa parte del acuerdo marco debe ser adjudicatario del contrato (i. e. sistema de cascada). Por otro lado, "se podrán articular sistemas dinámicos de adquisición de obras, servicios y suministros de uso corriente" (art. 223). Destaca que son procesos totalmente electrónicos, incluidas todas las comunicaciones con los participantes, con lo que ofrece mayores cotas de agilidad y flexibilidad. De ahí se sigue que, aunque se han de seguir las normas del procedimiento restringido, debe admitirse a todo el que lo solicite y cumpla los criterios de selección, no cabiendo limitar el número; y también se sigue que mientras dure su período de vigencia pueden solicitar su participación otros empresarios.

Durante su período de vigencia se invitará a todos ellos a presentar ofertas a los contratos específicos que se deben celebrar en el marco de ese sistema dinámico, que se registrarán en un plazo muy corto de diez días, decidiéndose a favor de la mejor oferta según los criterios "detallados en el anuncio de li-

---

[54] Tampoco se admite la adhesión ulterior de nuevos órganos de contratación, salvo los acuerdos marco celebrados por centrales de contratación (221.1 y 227.4).

citación para el sistema dinámico de adquisición". Cabe, en tercer lugar, que los entes del sector público centralicen la contratación de obras, suministros y servicios en un servicio especializado llamado central de contratación (art. 227). Debe destacarse que si por el órgano competente de una Administración (en el Estado el Ministro de Hacienda) se acuerda que una cierta prestación se contratará de modo centralizado ello es obligatorio para todas las entidades vinculadas a ella. Junto a esto, se admite la adhesión voluntaria de entidades de otras Administraciones Públicas. La central de contratación (en el Estado, una Dirección General del Ministerio de Hacienda) puede actuar este mecanismo celebrando acuerdos marco o sistemas dinámicos de adquisición para la realización de obras, suministros y servicios destinados a sus partícipes. Los contratos *basados* y los contratos *específicos* serán adjudicados por la misma central, si el destinatario es un ente de la misma Administración, y por el ente destinatario si no lo es. Por último, una central de contratación puede también actuar su función adjudicando contratos para la realización de obras, suministros y servicios destinados a sus partícipes, aplicando al efecto las reglas de esta ley.

9. PREPARACIÓN (FORMACIÓN) DEL CONTRATO

A) *Expediente de contratación*

Antes de licitar y adjudicar el contrato, como tarea preparatoria, debe formarse el expediente de contratación. Su regulación en los artículos 116 LCSP y siguientes se refiere expresamente a los contratos "de las Administraciones Públicas" (art. 116), pero, dada la remisión general a estos preceptos del artículo 317 LCSP, también es aplicable a los contratos armonizados celebrados por PANAP. Sus notas esenciales son:

a) El expediente de contratación se inicia, según los artículos 116 y 28 LCSP, por un acuerdo del órgano de contratación en el que determinará con precisión (a) las necesidades públicas que se quieren cubrir y (b) el contenido proyectado del contrato y por qué motivo tales prestaciones son idóneas para lograr aquéllas. Estas exigencias legales persiguen realizar principios esenciales en la contratación del sector público. De un lado, la racionalidad de la contratación, asegurando que los recursos públicos que se encauzan a través de la contratación pública sirven para el cumplimiento de necesidades generales y no de otro tipo de intereses. Se garantiza, de otro lado, la igualdad de los licitadores, pues con fijarse en la conexión entre objeto contractual y necesidades públicas se pretende evitar que durante su ulterior ejecución surja la necesidad de modificar el objeto contractual para atender nuevas manifestaciones de aquellas necesidades públicas inicialmente insuficientemente concebidas. Se aprecia en la reciente evolución de la normativa contractual que, a la vez que se limitan los supuestos en que se admite el *ius variandi*, adquiere mayor densidad normativa la obligación de definir las necesidades públicas a que el contrato sirve y de justificar la instrumentalidad de las prestaciones contratadas. Esta tendencia llega hasta el punto de que la regulación del *ius variandi* dispone como requisito indispensable para que quepa una modificación contractual que en la propia documentación contractual se detalle, a modo de previsión hipotética, qué alteraciones pueden llegar a tramitarse, no pudiéndose acordar ninguna modificación que no esté así contemplada. En el fondo lo que late es una preocupación por no defraudar la licitación, pues los licitadores no adjudicatarios podrían haber estado dispuestos a realizar mejores ofertas en el caso de que hubieran sabido que el objeto contractual se modificaría durante la ejecución del contrato.

b) En la definición del contenido del contrato se debe partir de que "siempre que la naturaleza o el objeto del contrato lo permitan, deberá preverse la realización independiente de cada una de sus partes mediante su división en lotes" (art. 99.3 LCSP), teniendo en cuenta que como regla general "cada lote constituirá un contrato" (art. 99.7 LCSP). Esta previsión normativa sirve al objetivo de reforzar la concurrencia competitiva mediante la suma de las PYMES que sin la división en lotes resultarían impedidas de participar en la licitación de contratos cuantiosos. De hecho el artículo 28 LCSP destaca como principio que asegura la racionalidad de la contratación del sector público que "las entidades del sector público [...] promoverán la participación de la pequeña y mediana empresa". No hay que perder de vista tampoco que esta división en lotes puede ser fraudulenta, en el sentido de perseguir, en lugar del fin que le es propio, el de eludir las reglas de licitación que la normativa de contratación prevé para los contratos que alcancen ciertos umbrales de valor estimado. A impedir este uso fraudulento responde el artículo 99.6 LCSP, que establece que "las normas procedimentales y de publicidad que deben aplicarse en la adjudicación de *cada lote o prestación* diferenciada se determinarán en función del *valor acumulado del conjunto". Cabe exceptuar, según los artículos 20.2, 21.2 y 22.2, aquellos lotes* cuyo valor estimado sea inferior a cierto umbral[55] y siempre que el importe acumulado de los lotes exceptuados no sobrepase el 20 por ciento del valor acumulado de la totalidad de los mismos.

c) Una vez iniciado del modo indicado, el expediente de contratación se sustanciará según los trámites que permitan dejar constancia en él de lo siguiente: a) del motivo del procedimiento de licitación escogido, del valor estimado del contrato y, en su caso, de la decisión de *no* dividirlo en lotes (adviértase que la regla es la licitación separada de lotes); b) de los pliegos de cláusulas administrativas particulares y de prescripciones técnicas particulares, c) de la certificación de existencia de crédito presupuestario, y d) de la fiscalización

---

[55] Un millón de euros para los contratos de obra, concesión de obra o concesión de servicios; 80.000 € para los contratos de suministro y servicios.

previa de la intervención. Estos trámites han de seguir un cierto orden. Los pliegos (arts. 122 y 124 LCSP) deben aprobarse previamente a, o conjuntamente con, la autorización del gasto, autorización que no debe confundirse con la aprobación del gasto y que se liga contablemente con la certificación de existencia de crédito[56]. La fiscalización previa de la intervención debe producirse al final, pues tiene por objeto el control de la regularidad legal del resto de elementos, de modo que se evite que actos que generan obligaciones económicas para la Hacienda se dicten sin los requisitos exigidos por la ley.

B) *Pliego de cláusulas administrativas particulares*

Este documento contendrá las reglas que rijan la adjudicación del contrato, en especial los criterios de solvencia y de adjudicación, y las condiciones que gobiernen su ejecución, entre ellas, aparte de los derechos y obligaciones de las partes, las modificaciones, prórrogas, cesiones y penalidades que se puedan acordar a lo largo de aquella. Después de su aprobación por el órgano de contratación, es inalterable salvo errores de hecho o aritméticos, debiéndose en caso de otra alteración retrotraerse las actuaciones. El contrato que finalmente se formalice se ajustará a sus cláusulas, que se entenderán parte integrante del mismo.

Su régimen de impugnación es de dos tipos. Si se integra en un contrato que supera los umbrales señalados en el artículo 44, procederá, a modo de recurso administrativo y con carácter potestativo, el recurso especial en materia contractual [art. 44.2.a)] y ante su resolución desestimatoria, queda expedita la vía jurisdiccional contencioso administrativa. En otro caso, se aplica el régimen ordinario de recursos administrativos (Ley 39/2015) y judiciales (Ley 29/1998). Por su relevancia, me detendré en el recurso especial, al que puede acceder cualquiera (licitador o no) con interés legítimo (art. 48)[57], dentro el plazo de quince días hábiles a partir del anuncio de licitación, pudiendo pedir la oportuna suspensión. Se trata de un cauce eficaz, en la medida en que se confía a un órgano administrativo de composición independiente una vía para zanjar los conflictos en un momento incipiente del procedimiento.

10. LICITACIÓN DEL CONTRATO: PROPOSICIÓN, SOLICITUD DE PARTICIPACIÓN, INVITACIÓN A PARTICIPAR, PLAZOS, GARANTÍA PROVISIONAL

Se dota de publicidad al contrato armonizado por tres vías. Mediante el anuncio de información previa (art. 134), que es anticipo de que una

---

[56] Ver Resolución del Órgano Administrativo de Recursos Contractuales del País Vasco 101/2016, de 20 de septiembre.

[57] Este concepto garantiza un amplio acceso a este recurso, El propio art. 48 otorga ese interés a los representantes de los trabajadores cuando entiendan que las condiciones del pliego pueden conllevar que la ejecución no se ajuste a los convenios colectivos relevantes.

prestación se va a licitar en el medio plazo. Su envío al Diario Oficial de la Unión Europea (DOUE) para su publicación en ciertos términos acorta el plazo para registrar la proposición o solicitud de participar[58]. Luego a través del anuncio de licitación (art. 135), que reviste el contenido del Anexo III[59] LCSP y que, funcionando como convocatoria del procedimiento de adjudicación, se publica en el perfil de contratante del órgano de contratación y, con anterioridad, en el DOUE. A partir de la fecha en que se envía al DOUE se cuentan los plazos en que se debe presentar la proposición o la solicitud de participación. Por último, el anuncio de formalización (art. 154), que supone, para promover la transparencia, la publicación en el DOUE del contrato ya celebrado no después de quince días de formalizarse[60].

Ahora importa el anuncio de licitación, frente al que en el procedimiento abierto cualquier interesado puede reaccionar presentando una *proposición* (art. 156). El plazo será el razonable según la complejidad del contrato, mas respetando el plazo mínimo legal, que en general es treinta y cinco días[61], reducible, en los contratos típicos, (a) a quince si se envió anuncio de información previa, (b) a no menos de quince en casos de urgencia y (c) en cinco días si se presenta en vía electrónica, así como, en las concesiones típicas, en cinco días en este último caso[62]. Por otra parte, el plazo se ampliará cuando, solicitada información adicional sobre los pliegos al menos doce días antes del fin del plazo, esta petición no hubiera sido atendida al menos seis días antes de ese término. Los interesados también pueden solicitar aclaraciones, cuya contestación se publicará en el perfil del contratante. En fin, la proposición del licitador presentada en plazo, que implica aceptar las cláusulas de los pliegos y autorizar la consulta de sus datos en los registros de licitadores, irá acompañada de un sobre o archivo electrónico acerca de los requisitos de aptitud, tratados en el punto 6, y de otro con la oferta, que pueden ser dos si hay criterios

[58] Esta reducción del plazo solo será admisible si el anuncio voluntario de información previa se hubiese enviado para su publicación con una antelación máxima de doce meses y mínima de treinta y cinco días antes de la fecha de envío del anuncio de licitación, siempre que en él se hubiese incluido, de estar disponible, toda la información exigida para este [art. 156.3.a)]

[59] Abarca todos los elementos relevantes para la adjudicación y para la posterior ejecución. Va de lo más esencial, como dónde consultar los pliegos, hasta el detalle, como si es aplicable el ACP.

[60] Los datos sensibles excepcionalmente pueden no mencionarse en la publicación (art. 154.7).

[61] Los plazos fijados en días se consideran referidos a días naturales (DA 12ª).

[62] En contratos no armonizados (i. e. no alcanzan el umbral) de las Administraciones o de los PANAP los plazos son menores y se cuentan desde la publicación en el perfil del contratante (arts. 156.6, y 159.3 para el procedimiento abierto simplificado, que ya se dijo exige valores aun inferiores.

de adjudicación que exijan juicios de valor y otros cuantificables mediante aplicación de fórmulas. Si el pliego dispone criterios de adjudicación distintos del precio puede también admitir que la proposición contenga variantes, posibilidad que se indicará asimismo en el anuncio de licitación.

En los otros procedimientos, salvo el negociado sin publicidad claro, el interesado reacciona al anuncio de licitación mediante su *solicitud de participar*. En el restringido (arts. 160 y ss.), que tomamos de muestra porque otros procedimientos remiten a él en cuanto a este trámite[63], para tal solicitud se abre un plazo razonable, que respetará el plazo mínimo legal, que en general es treinta días, reducible a no menos de quince en casos de urgencia. Nótese que la publicación de anuncio de información previa no es causa de reducción de este plazo. De entre los solicitantes, y conforme a reglas objetivas de solvencia preestablecidas, se selecciona a los candidatos, a quienes se envía una *invitación a participar*, que otorga la posibilidad de presentar una *proposición* en un plazo cierto, que será suficiente y, en todo caso, respetará el mínimo legal de treinta días, reducible, en los contratos típicos, (a) a diez si se envió anuncio de información previa, (b) a no menos de diez en casos de urgencia y (c) en cinco días si se presenta en vía electrónica, así como, en las concesiones típicas, en cinco días en este último caso[64].

La garantía provisional, destinada a asegurar que el licitador mantenga su oferta durante la licitación y hasta el perfeccionamiento del contrato, se acreditará mediante documento que acompañe la proposición. No obstante, el órgano de contratación solo la exigirá de forma excepcional y justificándolo en el expediente por relación a motivos de interés público (art. 106). Aparte, nunca se necesitará en el procedimiento abierto simplificado [art. 159.4.b)] ni con la solicitud de participación (art. 160.4). Esta garantía no podrá ser superior a un 3 por ciento del presupuesto base de licitación del contrato, excluido el IVA, y podrá prestarse en alguna o algunas de las formas previstas en el 108.1 para la garantía definitiva. No se extingue hasta el perfeccionamiento del contrato, momento que es posterior a la adjudicación, pues el licitador elegido puede no llegar a formalizar el contrato[65], lo que hará necesaria la adjudicación en favor de otro licitador. En el caso específico del licitador seleccionado como adjudicatario se extinguirá cuando constituya la garantía definitiva, pudiendo aplicar el importe de la garantía provisional a la definitiva o proceder a una nueva constitución de esta última.

---

[63] Ver las remisiones que se hacen en los arts. 169.2 (licitación con negociación) y 174.2 (diálogo competitivo) a muchas partes de los arts. 160 y ss.

[64] Para los contratos no armonizados de las Administraciones o de los PANAP nótese los plazos específicos contenidos en los arts. 161.3 (solicitud de participación) y 164.2 (proposición).

[65] No aportar la documentación previa a la adjudicación (150.2) o, una vez adjudicado, no formalizar el contrato (153.4).

11. ADJUDICACIÓN DEL CONTRATO

A) Verificada la aptitud del contratista en el abierto, y seleccionados los candidatos en los otros procedimientos, se inicia la adjudicación con *apertura de las proposiciones* (art. 157), por la mesa de contratación, que se efectuará en acto público (salvo que se haga por vía electrónica) dentro de los veinte días a contar del fin del plazo de presentación de aquellas. Dicho órgano valora, según los criterios de adjudicación y, si son distintos del precio, con apoyo en los informes que recabe, las proposiciones y formula propuesta de adjudicación al órgano de contratación, que adjudicará el contrato en el *plazo* de quince días a contar de la apertura de proposiciones, si el único criterio fuese el precio, y en el de dos meses o el que fije el PCAP, si debe apreciarse una pluralidad de criterios o ajustarse al menor coste del ciclo de vida. Cabe ampliar los plazos en quince días hábiles si se siguió el trámite de las ofertas anormalmente bajas y suspenderlos caso de que, por apreciar indicios de colusión, se inste a la autoridad de competencia para que se pronuncie previamente a la adjudicación (art. 150.1). La *vigencia de las proposiciones* se mantendrá por lo que duren estos plazos, pero pasados sin decisión cabe optar por su retirada con devolución de la garantía provisional, de existir.

El órgano de contratación, antes de la adjudicación, exigirá al licitador elegido que justifique documentalmente (a) los datos sobre su aptitud para contratar en cuanto a los que hasta entonces solo hizo una declaración responsable; (b) la adscripción de medios concretos a la ejecución del contrato que comprometió, y (c) la constitución de la *garantía definitiva*, que responde de la formalización del contrato, de penalidades que se impongan y de vicisitudes dañinas durante la ejecución o incluso en el período de garantía del contrato, es del 5 por ciento del precio final ofertado. El PCAP, motivándolo, puede eximir de ella (salvo los contratos de obras y las concesiones de obras) o añadirle hasta un 5 por ciento adicional en casos de riesgo como el de la oferta inicialmente incursa en presunción de anormalidad. Esta garantía, que cabe prestar en efectivo, en valores de deuda pública o mediante aval o seguro de caución, se cancela y devuelve al acabar el período de garantía del contrato sin apreciar incumplimientos, o si se resuelve el contrato sin culpa del contratista (arts. 107 y ss.).

Cumplido este requerimiento se adjudica el contrato, se notifica al resto de licitadores y se publica en el perfil de contratante del órgano de contratación, todo ello para facilitar la impugnación de la decisión y, en todo caso, promover la transparencia. De no cumplirse, se entenderá que el licitador retira la oferta, sufriendo una penalidad del 3 por ciento del presupuesto base de licitación e incurriendo en prohibición de contratar, y el órgano de contratación procede con el licitador clasificado a continuación.

Declarar la licitación desierta solo será posible si no hay ninguna oferta acorde a los criterios del pliego. Distinto es que el órgano de contratación decida, por razones de interés público, *no adjudicar o celebrar el contrato*, lo que veda otra licitación de ese mismo objeto mientras subsistan esas razones. No existe este impedimento cuando la decisión es *desistir del procedimiento*, pues esta decisión, al proceder en el solo caso de concurrir infracciones insubsanables de las reglas de preparación o adjudicación, no entraña ninguna discrecionalidad. El órgano de contratación, al desistir, no hace más que cumplir estrictamente la legalidad, con el añadido de que si no lo hace corre el riesgo de que posteriormente se anulen sus acuerdos (arts. 150.3 y 152).

La adjudicación del contrato expuesta se ciñe a valorar ofertas, sin que proceda que el órgano de contratación inste, siquiera parcialmente, su alteración o adaptación. Es más, en los procedimientos abierto y restringido se prohíbe expresamente negociar. Sin embargo, como se indicó en el punto 8 A del trabajo, hay procedimientos cuya esencia es la negociación de las ofertas, o incluso de las soluciones con base en las cuales se formularán las ofertas. Un caso extremo y que es discutible es que en el diálogo competitivo se admite incluso una cierta negociación, "con el fin de confirmar compromisos financieros u otras condiciones contenidas en la oferta" respecto de la oferta definitiva que se considere mejor (art. 176.3).

B) Es pacífico que, al igual que la solvencia del empresario, los *criterios de adjudicación* se relacionan con el objeto del contrato. Esto sigue siendo así, pero en el nuevo sistema de contratos públicos, invadido de lo que se llama contratación pública estratégica, este vínculo con el objeto ha adquirido una fisonomía enteramente distinta. Antes abarcaba exclusivamente aquellos criterios estrictamente relacionados con las características propias de la prestación. Ahora, dado que se abre camino la concepción de que la contratación pública también ha de contribuir a la realización de los fines generales de la sociedad, como los de carácter ambiental o social, y no solo el específico y propio suyo que es obtener la prestación adecuada en las mejores condiciones posibles, los criterios de adjudicación, sin perder el vínculo con el objeto del contrato, pueden relacionarse con él de un modo más abierto, apreciando que hay tal vinculo cuando, aun no mensurando rasgos de la prestación en sí, el criterio de que se trate incida en el proceso previo de su gestación o en el posterior de su eliminación o reciclaje. Se incorporan así a los criterios de adjudicación previstos en las leyes conceptos como "el coste del ciclo de vida" (arts. 145.1 o 146.1) o aparecen definiciones como que "se considerará que un criterio de adjudicación está vinculado al objeto del contrato cuando se refiera o integre las prestaciones que deban realizarse en virtud de dicho contrato, en cualquiera de sus aspectos y en cualquier etapa de su ciclo de vida" (art. 145.6).

Acorde con ello, se usará (art. 145.1) una pluralidad de criterios de adjudicación con fundamento en la mejor calidad-precio o, motivándolo, en atención a la mejor relación coste-eficacia, en términos de "coste del ciclo de vida". La regla de uso preferente de una pluralidad de criterios se convierte en exigencia para los contratos que respondan a una serie de rasgos de complejidad (art. 145.3). Cabe, por excepción, señalar uno solo, que debe estar ligado al coste, pudiendo ser el precio o un criterio de rentabilidad. Si son varios se priorizará los criterios cuantificables con mera aplicación de fórmulas frente a los que exijan juicios de valor, valorándolos una vez que se conoce su resultado. En fin, ciertos criterios pueden preverse en el PCAP solo a efectos de desempate. De no incluirse ninguno, el artículo 147.2 enumera algunos (porcentaje de trabajadores que sean discapacitados, temporales o mujeres).

C) Adjudicar el contrato a una oferta anormalmente baja puede resultar caro para el interés general, por el riesgo de que la prestación no se ejecute o sea deficiente o tardía, y también por el peligro de perjuicio para fines generales como la protección de los trabajadores, de los subcontratistas o del ambiente. Por ello, se estimula que el poder adjudicador esté atento a las ofertas que puede presumirse que están incursas en tal anormalidad. Pero sería excesivo excluir una de estas ofertas sin "requerir al licitador o licitadores que las hubieren presentado dándoles plazo suficiente para que justifiquen y desglosen razonada y detalladamente el bajo nivel de los precios, o de costes, o cualquier otro criterio con fundamento en el cual se haya definido la anormalidad de la oferta" (art. 149.4). Cerrado este trámite de audiencia, que suspende los plazos de adjudicación, el órgano de contratación rechazará la propuesta, decisión recurrible, o la aceptará, en cuyo caso si resulta adjudicataria del contrato debe establecerse un mecanismo de "seguimiento pormenorizado" de la ejecución (art. 149.7).

12. FORMALIZACIÓN Y PERFECCIÓN DEL CONTRATO

Ha sido tradición en España que la doctrina[66] y que también la norma, hasta inclusive la redacción originaria del artículo 27 de la Ley 30/2007 (LCSP 2007)[67], atribuyesen la perfección del contrato público a su adjudicación, mientras que la formalización no tenía carácter constitutivo sino que era un requisito *ad probationem* y una condición de eficacia. La STJUE de 3 de abril de 2008, C-444/06[68], condenó a España por no adaptarse a la norma europea de

[66] R. PARADA VÁZQUEZ, *Derecho administrativo*, vol. I, Madrid, Marcial Pons, 1993, pág. 322; E. GARCÍA DE ENTERRÍA y T. R. FERNÁNDEZ, *Curso de derecho administrativo*, vol. I, Madrid, Civitas, 1993, pág. 687.

[67] Así el art. 54 LCAP 1995 ("los contratos se perfeccionan por la adjudicación realizada por el órgano de contratación competente, cualquiera que sea el procedimiento o la forma de adjudicación") o el art. 27 LCSP 2007 (los contratos armonizados "se perfeccionan mediante su adjudicación definitiva, cualquiera que sea el procedimiento seguido para llegar a ella".

[68] Sobre esta sentencia, J. A. MORENO MOLINA, "Recursos contra la adjudicación del contrato. Condenan a España", en *CAP*, núm. 76; sobre su incidencia en la ley española, F. PUERTA SEGUIDO, "La formalización del contrato", en *Tratado de contratos del sector público, op. cit.*

recursos en materia de contratos públicos (por entonces, la Directiva 89/665/CEE, en la redacción dada por la Directiva 92/50/CEE) y, a raíz de ello, en la medida que la Comisión Europea entendía tal fallo en el sentido de que solo era remedio efectivo el anterior a la celebración del contrato. La Ley 34/2010 reformó el artículo 27 LCSP 2007 al afirmar que "los contratos que celebren los poderes adjudicadores se perfeccionan con su formalización", con la única excepción de los contratos subvencionados, que "se perfeccionarán de conformidad con la legislación por la que se rijan" (si es el derecho privado, el art. 1254 dispone que "por el mero consentimiento"). Esta regulación pasó intacta al artículo 27 TRLCSP 2011, y sumando alguna excepción más[69] la recoge el vigente artículo 36.1 LCSP 2017. Por tanto, y más allá de su acierto[70], la regla legal es que los contratos del sector público, *al menos los que celebren los poderes adjudicadores*, se perfeccionan con la formalización. El espacio entre adjudicación, que debe notificarse a todos los licitadores y publicarse en el perfil de contratante, y formalización busca asegurar que la adjudicación pueda someterse a un recurso efectivo. Se dispone, con este fin, que la formalización debe esperar a la preclusión del plazo para promover el recurso especial contra la adjudicación (art. 153.3), quedando el procedimiento automáticamente en suspensión si dicho recurso se plantea (art. 53) y así seguirá salvo que el órgano competente la alce (art. 56.3). De este modo, si este recurso especial contra la adjudicación resultase estimado, la formalización y, por tanto, el perfeccionamiento del contrato, no se habrá producido y será posible, sin mayores obstáculos, adjudicarlo a otro licitador. Dos apuntes más sobre esto: a) este sistema es posible porque este recurso especial se articula en plazos muy cortos y es servido por órganos administrativos especializados e independientes (art. 59.3); b) la resolución desestimatoria de este recurso, a pesar de ser aun recurrible en vía judicial, es, como regla en los actos administrativos, directamente ejecutiva (art. 59. 2), de suerte que la suspensión del procedimiento solo continuará si se acuerda la suspensión expresamente por el órgano judicial. Por último, las Administraciones Públicas han de formalizar el contrato en un documento administrativo, elevándose a escritura pública solo si el contratista lo pide y a su costa.

[69] Aparte del contrato subvencionado (regido por normas propias), se exceptúan el menor, los basados en un acuerdo marco y los específicos en el marco de un sistema dinámico de adquisición. Ninguno de estos tipos requiere formalización. Los menores se acreditan por los documentos del art. 118 y los dos últimos tipos se perfeccionan por la adjudicación (art. 153). Tampoco se excluye el contrato en caso de emergencia (necesidad), pues los arts. 37 y 120 admiten la contratación verbal en este caso.

[70] J. L. MARTÍNEZ LÓPEZ-MUÑIZ, "El nacimiento de los contratos públicos: reflexiones sobre una equivocada trasposición de la Directiva comunitaria de recursos", en *RAP*, núm. 185, pág. 333.

Distinto del acto de formalizar el contrato es el carácter formal que el artículo 37 predica de la contratación de todas las entidades del sector público (ámbito más amplio que Administraciones Públicas e incluso que poder adjudicador), no permitiéndoles "contratar verbalmente" salvo en caso de emergencia. Es diferente porque el acuerdo administrativo de adjudicación (como en los contratos basados o específicos) u otro modo de documentación administrativa como el contrato (contratos menores) cumplen con el carácter formal sin necesidad de acto de formalización. Por otro lado, nada dice que esta forma que debe revestir el contrato sea constitutiva, lo que es muy relevante para aquellas entidades del sector público que, no siendo poderes adjudicadores, sean personas privadas, o personas públicas sujetas al derecho privado, pues, quizá, cabría invocar que el perfeccionamiento de sus contratos del sector público, a falta de regla especial administrativa, se cumple "por el consentimiento" (C. C., art. 125), imponiendo el carácter formal del artículo 37 solamente un requisito *ad solemnitatem* o una condición de eficacia.

13. EL RECURSO ESPECIAL EN MATERIA DE CONTRATACIÓN

Los actos administrativos son pasibles de un recurso en vía administrativa, a veces potestativo y otras obligatorio para acceder a la vía judicial. Este recurso se sustituye en este ámbito por el denominado recurso especial en materia de contratación, al menos respecto de los actos referidos a una serie de contratos[71], por supuesto todos los armonizados, pero también algunos que por no llegar a la cuantía o *ratione materiae* no son contratos armonizados. Los actos recaídos en la licitación de otros contratos distintos conservan el régimen general de recurso administrativo (Ley 39/2015) y judicial (Ley 29/1998). Merece destacarse que el recurso especial también procede, en los casos indicados, cuando el poder adjudicador no es Administración Pública. En este supuesto la impugnación se hará ante la cabeza de la Administración Pública a la que se adscriba el poder adjudicador de que se trate. Solo de este modo puede ser un recurso administrativo y, en caso de ser desestimado, permitir el acceso a la jurisdicción contencioso-administrativa.

---

[71] Son los siguientes (art. 44): a) contratos de obras y de suministro y servicios superiores a 100.000 €; b) acuerdos marco y sistemas dinámicos de adquisición que tengan por objeto celebrar alguno de los contratos tipificados en la letra anterior, así como los contratos basados en cualquiera de ellos; c) concesiones de obras o de servicios superiores a 3.000.000 €; d) contratos administrativos especiales, cuando no sea posible fijar su precio de licitación o sea superior a lo establecido para los contratos de servicios; e) los contratos subvencionados a que se refiere el art 23, y f) los encargos a medios propios cuando no sea posible fijar su importe o cuando este, atendida su duración total más las prórrogas, sea igual o superior a lo establecido para los contratos de servicios.

Este recurso especial es gratuito y potestativo, con lo que el interesado puede optar por acudir directamente a la vía judicial. No obstante, el recurso especial es atractivo para el interesado porque (a) es rápido, con plazos de días para los distintos trámites; b) lo resuelven órganos administrativos especializados e independientes (i. e. no procederá la revisión de oficio de ninguno de los actos de estos órganos; dichos órganos estarán exentos de fiscalización por órganos de control interno); b) en el caso de que se impugne la adjudicación el recurso suspende automáticamente el procedimiento, lo que no sucede en la vía judicial, donde la suspensión depende del criterio judicial. Es, por ello, un recurso confiable y de lo más efectivo, al intervenir en un momento anterior a la ejecución del contrato. Y siempre es posible, ante su desestimación, acudir a la vía judicial sin mucho retraso.

Este recurso especial suspende automáticamente el procedimiento si se impugna el acuerdo de adjudicación, para evitar que se perfeccione el contrato mediante la formalización antes de que se resuelva el recurso. Y cabe solicitarla, resolviendo el órgano encargado del recurso lo procedente, al impugnar otras actuaciones recurribles como (a) los anuncios de licitación, los pliegos y los documentos contractuales que fijen las condiciones que rigen la contratación; b) el acto de trámite que decida directa o indirectamente la adjudicación, determine la imposibilidad de continuar el procedimiento o produzca indefensión o perjuicio irreparable (i. e. admisión o inadmisión de candidatos o licitadores; admisión o exclusión de ofertas, incluido el rechazo o la aceptación de las incursas en sospecha de ser anormalmente bajas); c) la modificación que se repute irregular por entender que debió ser objeto de una nueva adjudicación; d) la formalización de encargos a medios propios cuando se sostenga que no cumplan los requisitos legales, y, en fin, e) el acuerdo de rescate de concesiones.

14. Ejecución del contrato

A) *Las prerrogativas o cláusulas exorbitantes*

Las prerrogativas, en su noción de regla exorbitante, han vertebrado en el Derecho español la ejecución del contrato administrativo en sentido estricto. No cabe duda de que el Derecho UE ha traído un cambio, ha modulado la virtualidad de algunas prerrogativas, en especial del *ius variandi*, en aras de asegurar un grado mayor de competencia para los mercados públicos nacionales y la gestación de un solo mercado interior. No se trata de que la prerrogativa de modificación haya dejado de ser útil, sino de que, en trance de consolidar un solo mercado interior en Europa, se da prelación a otros fines políticos sobre el de obtener la prestación más adecuada al interés público, que es al que venía sirviendo el *ius variandi*[72]. Pero el péndulo ya empezó a revertirse dado que la DCP admite expresamente que un Estado miembro atribuya, en su caso, al poder adjudicador un cierto margen para modificar un contrato público. Esta opción en España ha conducido a una novedad, puesto que la LCSP (arts. 204 y 205) admite que los poderes de modificación contractual que regula desborden el contrato administrativo y alcancen a los contratos armonizados, entre los que se cuentan algunos que no son contratos administrativos, justamente porque no los celebra un ente que se considere Administración Pública.

Más allá de que algunas prerrogativas específicas se mantengan (i. e. suspensión, interpretación, de un modo limitado modificación, etc.), lo más relevante, y por ello siguen siendo válidas las reflexiones que hacía GARCÍA DE ENTERRÍA en 1963[73], es que continúa asistiendo a la Administración Pública el privilegio de decisión previa y ejecutiva respecto de las vicisitudes de la ejecución del contrato. Por señalar un solo ejemplo, la resolución del contrato por incumplimiento, incluso cuando le es imputable, le incumbe a la propia Administración previo el oportuno procedimiento.

B) *La obligación del contratista de realizar la prestación*

El contratista está obligado a realizar la prestación objeto del contrato. Debe realizarla en tiempo. Si el retraso no le es imputable, tiene derecho a prórroga. En caso de que sí lo sea, la LCSP prevé penalidades, deber de indemnizar daños y, en ciertos casos, resolución del contrato (art. 193). En la ejecución de la prestación tiene que cumplir con condiciones de cuatro procedencias. Primero, atender a las características de la prestación indicadas en el contrato. Segundo, cumplir con lo que se llama *condiciones especiales de ejecución*[74] (art. 202), que son (a) *cláusulas contractuales* (b) vinculadas al

---

[72] Sobre las prerrogativas (dogmática, modulación en función de los fines europeos, penalidades, interpretación y suspensión del contrato, privilegio de decisión previa etc) véase J. A. HERNÁNDEZ CORCHETE (2018), "Prerrogativas, derechos y obligaciones en la ejecución de los contratos administrativos", en *Tratado de contratos del sector público* (dirs. E. GAMERO e I. GALLEGO), vol. III, Valencia, Tirant lo Blanch, págs. 2133 a 2144, con extensa cita de la doctrina española relevante [GARCÍA DE ENTERRÍA (1950 y 1963), MARTÍN RETORTILLO (1959 y 1960), PARADA (1963), PIÑAR (1996), GONZÁLEZ-VARAS (2003), ARIÑO (2007), MORENO (2010), MEILÁN (2013), entre otros].

[73] E. GARCÍA DE ENTERRÍA, "La figura del contrato administrativo", en *RAP*, núm. 41, págs. 121 a 126.

[74] *Vid.* J. A. MORENO MOLINA (2016), *La inclusión de las personas con discapacidad en un nuevo marco jurídico-administrativo internacional, europeo, estatal y autonómico*, Aranzadi; SEBASTIÁN E. MENÉNDEZ (2012), "Introducción de cláusulas sociales en la contratación pública según la doctrina del TJCE", en E. GARCÍA DE ENTERRÍA y R. ALONSO, *Administración y Justicia* (Homenaje T-R Fernández), Thomson Reuters; y P. VALCÁRCEL FERNÁNDEZ (2013), "Promoción de la igualdad de género a través de la contratación pública", en J. J. PERNAS (Coord.), *Contratación pública estratégica*, Thomson-Reuters.

objeto en un sentido amplio, pues no aluden a características de la prestación sino a aspectos de su proceso de producción o de otras etapas de su vida. Es la misma idea expuesta al hablar de los criterios de adjudicación, pero en este caso no se limitan a mejorar o empeorar una oferta, en la medida que son necesarias, que la ejecución debe hacerse en esos términos. Tercero, mantener el compromiso de adscribir concretos medios personales y materiales al contrato, que se prevé en la ley como solvencia adicional que se integra en el contrato con carácter de obligación esencial (art. 76.2, véase punto 6 del trabajo). Y cuarto, la ejecución ha de cumplir las *normas* de todo tipo, y en particular sociales, laborales y ambientales, que rigen en el sector de actividad de que se trate. El incumplimiento de cualquiera de estas condicione supone que la ejecución es deficiente, a lo que la LCSP asocia penalidades, deber de indemnizar daños y, en ciertos casos, resolución del contrato.

El artículo 197 recoge el principio de que el contrato se ejecuta a riesgo y ventura del contratista, siendo de su cuenta los perjuicios o beneficios derivados de su mayor o menor onerosidad. La doctrina destaca que este principio ha de coexistir con el de equivalencia de prestaciones[75] y con el interés público en la continuidad del servicio público, que aconseja compartir la mayor onerosidad si resulta excesiva. Se han elaborado, para ello, técnicas como las *dificultades imprevistas*, el *factum principis* y la *teoría del riesgo imprevisible*[76]. En fin, el artículo 196 aborda el daño que los terceros sufran a raíz de la ejecución del contrato. Prevé quién responde de él, disponiendo que será indemnizado por el contratista salvo que deriven directamente de una orden o de vicios del proyecto. Deja sin resolver cómo será esta responsabilidad, aspecto central porque en España la responsabilidad extracontractual de la Administración es objetiva, mientras la de los sujetos privados es por culpa. La difícil cuestión es, por tanto, ¿será que en relación con una actividad que se realiza en función de un interés público el régimen de responsabilidad extracontractual difiere dependiendo de si se realiza directamente por la Administración o, por el contrario, esta opta por externalizarla mediante un contrato?[77]

---

[75] Sobre el entendimiento del principio de equivalencia de prestaciones, véase Memoria del Consejo de Estado 2011, págs. 154 y ss.

[76] Vid. T. FERNÁNDEZ, "Los riesgos imprevistos en el contrato de obras", en *RAP*, núm. 201, págs. 203 a 217; L. PAREJO, "Un paso atrás en la figura del riesgo imprevisible", en *REDA*, núm. 18, págs. 446 y ss.; T. QUINTANA LÓPEZ (1986) "El anacronismo del *factum principis* en la legislación de contratos", en *REDA*, núm. 50; J. M. GIMENO, *Las claves de la nueva LCSP: hacia una contratación pública transparente y estratégica*, Dossier Thomson-Reuters, noviembre 2017.

[77] M. REBOLLO, "Servicios públicos concedidos y responsabilidad de la Administración: imputación o responsabilidad por hecho de otro", en *Poder Judicial*, núm. 20; E. GAMERO, "Responsabilidad extracontractual de la Administración y del contratista por daños a terceros", en *Tratado de contratos del sector público, op. cit.*, págs. 2201 y ss.

C) *El derecho del contratista a cobrar el precio*

La ley española ha prohibido el pago aplazado del precio en los contratos de las *Administraciones Públicas* (ahora el art. 102. 8), salvo en los casos de arrendamiento financiero o de arrendamiento con opción de compra, así como cuando una ley lo autorice expresamente. La STC 56/2014 precisa que es una norma básica y que la referencia final es exclusivamente a la ley estatal.

El sistema de pago se pacta en el contrato (art. 198). Remitir el pago a cuando la prestación finalmente se realice y entregue (pago único o pago total del precio) no incumple la prohibición de pago aplazado. No obstante, el sistema más común, a fin de liberar al contratista de la carga financiera, es el pago anticipado mediante abono a cuenta de las prestaciones parciales que se vayan ejecutando, estando sujetos estos abonos a la liquidación final, que es cuando se produce el efecto liberatorio del pago. La Administración debe en estos casos abonar el precio dentro de treinta días[78] a partir de que se aprueba el documento acreditativo de la prestación parcial. Faltar a la obligación de pago anticipado no autoriza al contratista a interrumpir su prestación, ni a solicitar la resolución, como ocurre en los contratos sinalagmáticos[79]. Solo se le reconoce esta opción [198.5, 198.6, 212.1 e) y 212.7] en los casos agravados que regula la ley, es decir el retraso en el pago de cuatro meses que habilita al contratista para

suspender la prestación que le incumbe y el de seis meses que le permite optar por la resolución. Como reverso, aunque persigan el fin específico de impulsar el nivel de empleo competencia que aseguran las PYMES, la morosidad de la Administración confiere al contratista derechos singulares; impone unos intereses de demora muy altos (Ley 3/2004) y articula en el artículo 199 un mecanismo especial de reclamación, conforme al cual el contratista puede instar el pago inmediato de la deuda como medida cautelar y el juez debe adoptarla "salvo que la Administración acredite que no concurren las circunstancias".

15. EXTINCIÓN DEL CONTRATO

A) *Extinción por cumplimiento*

Cumple el contratista cuando ejecuta toda la prestación según lo acordado. Ahora bien, para que el cumplimiento produzca el efecto de extinguir el contrato es necesario un acto formal y positivo por el que la Administración

---

[78] Las comunidades autónomas pueden reducir este plazo, y también los de cuatro y seis meses que se indican en el texto.

[79] F. SAINZ MORENO (1978), "La *exceptio non adimpleti contractus* en el contrato administrativo", en *REDA*, núm. 16.

constate que la prestación se corresponde con lo pactado. Desde la LCAP este acto de recepción es único, sin distinción entre provisional y definitiva, pero el sistema sigue girando en torno a los mismos conceptos. El acto de recepción hace comenzar el plazo de garantía, al final del cual el contratista queda liberado de responsabilidad y se le devuelva la garantía definitiva, y también el tiempo para liquidar el contrato y, en su caso, saldar las diferencias. Aunque la recepción es acto formal, algunas resoluciones judiciales admiten supuestos de recepción tácita[80] y el artículo 243.6 atribuye análogos efectos a la ocupación efectiva de las obras y a su puesta a disposición el uso público.

B) *Resolución*

La resolución del contrato también se ve afectada por la prerrogativa de decisión previa. Dispone el artículo 212.1 que la resolución, sin excluir los supuestos que le son a ella imputables, se acuerda por la Administración mediante un procedimiento que se iniciará de oficio o a instancia de parte. En este caso el transcurso del plazo máximo previsto significa silencio negativo según la Disposición Final (DF) 4ª y en aquel caducidad. Justo porque, siendo un trámite complejo, eran muchos los casos de caducidad y reinicio del procedimiento, es por lo que se amplía este plazo máximo hasta los ocho meses.

Determina la resolución del contrato que el contratista pierda ciertos requisitos de aptitud. Así (a) la muerte o incapacidad sobrevenida del contratista individual (si bien se "podrá acordar la continuación del contrato con sus herederos o sucesores" [art. 212.3]), (b) la extinción de la personalidad jurídica de la sociedad contratista (salvo los casos de fusión, excisión o transmisión de empresas o ramas de actividad en que el art. 98 admite la subrogación del sujeto resultante), y (c) la pérdida de condiciones de solvencia por declaración de concurso o de insolvencia en cualquier procedimiento. Son asimismo causa de resolución los incumplimientos más graves del contratista. Así, el artículo 211.1 atribuye este efecto (a) a los retrasos superiores a un tercio de la duración del contrato y a los que hayan provocado penalidades que alcancen un 5 por ciento del importe, (b) al incumplimiento de la obligación principal o de otra que en el contrato haya sido identificada como esencial, y (c) al incumplimiento del contratista, respecto de quienes trabajan en la ejecución del contrato, de su obligación de pagarles o de otras condiciones fijadas en convenio colectivo. E igualmente, en tercer lugar, los incumplimientos de la Administración a los que la LCSP atribuye expresamente este efecto, es decir, (a) el incumplimiento de su obligación de pago si el retraso es superior a seis meses (211.1), (b) en el contrato de obras, la demora injustificada en la comprobación del replanteo (art. 245); y (c) en los contratos de concesión

---

[80] Muy ilustrativa de lo matizada que es esta doctrina jurisprudencial es la STS 29/09/2004.

de obra pública y de concesión de servicios, la demora superior a seis meses en la entrega al concesionario de la contraprestación, de los terrenos o de los medios auxiliares a que se obligó según el contrato (arts. 279 y 294). También cabe la resolución, en cuarto lugar, frente a ciertas manifestaciones de las prerrogativas administrativas, como la modificación no prevista en el pliego cuando la alteración de la prestación excede en más o en menos del 20 por ciento del precio inicial del contrato, IVA excluido (art. 211) y en los contratos típicos la suspensión del contrato por un cierto tiempo, ya sea antes del inicio de la ejecución o una vez iniciada (arts. 245, 306 y 312). En quinto lugar, procede la resolución cuando sea imposible ejecutar la prestación en los términos inicialmente pactados y no se den los presupuestos para que quepa la modificación. En fin, son igualmente causas de resolución el mutuo acuerdo y las específicamente previstas para cada categoría de contrato en los artículos 245, 270.4, 279, 290, 294, 306 y 312, entre las que destaca, en los contratos de concesión de obra pública o de servicio público, que la ejecución hipotecaria se declare desierta o que sea imposible iniciar el procedimiento de ejecución hipotecaria por falta de interesados autorizados para ello.

La resolución por mutuo acuerdo tiene los efectos que las partes estipulen. La de origen en incumplimientos administrativos supone que se indemnice al contratista. Y la que nace de un incumplimiento culpable del contratista conlleva que este, aparte de perder la garantía definitiva, debe "indemnizar a la Administración los daños y perjuicios ocasionados en lo que excedan del importe de la garantía incautada" (art. 213.3). Lo discutible es determinar si un incumplimiento es culpable y, aun más, si en los supuestos conectados con pérdidas sobrevenidas de aptitud también es apreciable la culpa del contratista. En ocasiones el legislador zanja la cuestión, como cuando dispone que los casos de escisión o trasmisión de ramas de actividad en que, por no ser posible la sucesión del contratista, cabe la resolución se considera "a todos los efectos como un supuesto de resolución por culpa del adjudicatario" (art. 98.1). Además, a la resolución del contrato sin culpa del contratista se anuda la devolución de la garantía definitiva.

C) *Supuestos de resolución ligados a la voluntad de una de las partes*

Las causas de resolución del apartado anterior responden a motivos objetivos, del tipo de la pérdida sobrevenida de aptitud en el contratista, el incumplimiento grave del contratista o de la Administración, el ejercicio de una prerrogativa con efectos intensos en el contratista, etc. Hay otras causas que exclusivamente obedecen a la voluntad de una de las partes. Destacan las facultades de la Administración contratante (a) de desistir de los contratos típicos (arts. 245, 306 y 313); (b) de rescatar la explotación de una obra pública (art. 279) o de un servicio objeto de concesión (art. 294), o de un servicio que conlleve prestaciones directas a la ciudadanía objeto de un contrato de servicios (art. 312); (c) de suprimir dichas explotaciones (arts. 279 y 294); y (d) de adoptar acuerdos que hagan imposible dichas explotaciones (arts. 279 y 294). Aparecen reguladas bajo rúbricas tituladas "causas de resolución", pero al tiempo se disponen, al menos en parte, reglas especiales para regir sus efectos, que prevén que el contratista será compensado con determinados porcentajes del importe de adjudicación del todo o de la parte del contrato que quedaba por ejecutar.

El contratista, a su vez, tiene derecho a desistir del contrato de concesión de obra pública (art. 270.4) o del contrato de concesión de servicios (art. 290.6) cuando le resulten extraordinariamente onerosos bien por una disposición general aprobada por una Administración distinta de la concedente con posterioridad a la formalización del contrato, bien por la incorporación de avances técnicos que se hayan producido con posterioridad a la formalización del contrato. Según tales preceptos, la resolución en estos casos "no dará derecho a indemnización alguna para ninguna de las partes".

16. TIPOLOGÍA DE CONTRATOS

A) *Contratos típicos. Régimen general y regímenes especiales*

La LCSP regula cinco tipos contractuales: 1) el contrato de obras, cuyo objeto es un conjunto de actividades que incidan sobre un bien inmueble; 2) el contrato de suministros, relativo a la adquisición (o también arrendamiento financiero o arrendamiento, con opción de compra o sin ella) de productos o bienes muebles; 3) el contrato de servicios, cuyo objeto es el desarrollo de una actividad o la obtención de un resultado distinto de una obra o un servicio, funcionando este contrato por su amplitud como una suerte de categoría residual; 4) el contrato de concesión de obra, que implica la realización de una obra y cuyo rasgo principal es que la contraprestación consiste, al menos en parte, en el derecho a explotar la obra, lo que "deberá implicar la transferencia al concesionario de un riesgo operacional en la explotación de dichas obras abarcando el riesgo de demanda o el de suministro, o ambos", aclarando la misma ley que "la parte de los riesgos transferidos al concesionario debe suponer una exposición real a las incertidumbres del mercado que implique que cualquier pérdida potencial estimada en que incurra el concesionario no es meramente nominal o desdeñable", y 5) el contrato de concesión de servicios, cuyo objeto es el mismo que el contrato de servicios y que se singulariza porque su contraprestación debe, al igual que en el contrato de concesión de obras, girar en torno a la explotación del servicios y entrañar un riesgo operacional no desdeñable. Se suprime, respecto de las leyes anteriores, el clásico contrato de gestión de servicios públicos. Este tipo contractual se caracterizaba porque el contratista se relacionaba directamente con los usuarios del servicio. El derecho europeo no aprecia en ello un rasgo esencial de un tipo contractual, pues resulta posible que el contratista, aun entablando una relación directa con el usuario y aun percibiendo de él cantidades en concepto de retribución, no asuma riesgo alguno, como, por ejemplo, cuando la Administración le garantice un mínimo de ingresos o incluso un cierto beneficio. El derecho europeo, primero a través de la jurisprudencia del TJUE[81] y luego en la DC 2014[82], califica esos contratos, en los que el contratista se relaciona directamente con el usuario pero sin asumir riesgos, de verdaderos contratos de servicios, reservando la condición de contrato de concesión de servicios para aquellos otros que suponen un riesgo significativo para el contratista. El legislador español de 2017 ha preferido, por tanto, eliminar la categoría contractual contrato de gestión de servicios públicos y distribuir los supuestos de gestión indirecta de servicios públicos, según si el contratista asume riesgo o no, entre el contrato de concesión de servicios y el contrato de servicios, incorporando al artículo 312 un régimen especial del contrato de servicios para los casos en que este implique prestaciones directas a los usuarios, pues en estos casos se ha de conservar la intervención previa del poder público, característica del contrato de gestión de servicios públicos, que determine los términos en que el contratista prestará el servicio al usuario. Se suprime igualmente el contrato de colaboración público privada[83], que se incorporó por primera vez en la Ley 30/2007 como un mecanismo de allegar financiación privada a grandes proyectos públicos. No es que se abandone esta finalidad, sino que el legislador prefiere encauzarla a través de los tipos contractuales existentes, en especial los contratos de concesión de obras y de concesión de servicios[84]. En

[81] STJUE 10 de noviembre de 1998, asunto C-360/96, Arnhen, & 25.

[82] Considerando 18: "las dificultades relacionadas con la interpretación de los conceptos de concesión y de contrato público han generado una inseguridad jurídica continua para las partes interesadas y han dado lugar a numerosas sentencias del TJUE. Por lo tanto, debe aclararse la definición de «concesión», en particular haciendo referencia al concepto de riesgo operacional. La característica principal de una concesión, el derecho de explotar las obras o los servicios, implica siempre la transferencia al concesionario de un riesgo operacional de carácter económico que supone la posibilidad de que no recupere las inversiones realizadas ni cubra los costes que haya sufragado para explotar las obras o los servicios adjudicados en condiciones normales de funcionamiento, si bien parte del riesgo siga asumiéndolo el poder o entidad adjudicador".

[83] Dice el Preámbulo que se suprime "como consecuencia de la escasa utilidad de esta figura en la práctica. La experiencia ha demostrado que el objeto de este contrato se puede realizar a través de otras modalidades contractuales, como es, fundamentalmente, el contrato de concesión".

[84] Ilustrativo resulta el art. 28.3: "De acuerdo con los principios de necesidad, idoneidad y eficiencia establecidos en este artículo, las entidades del sector público podrán, previo cumplimiento de los requisitos legalmente establecidos, celebrar contratos derivados de proyectos

distintas leyes[85] se contemplan regímenes especiales de alguno de esos tipos contractuales regulados en la LCSP, pero no tipos contractuales especiales.

B) *Contratos atípicos*

El artículo 25.1 b) LCSP admite que haya contratos distintos de los tipos regulados en esa ley que tengan vinculación con el giro o tráfico específico de la Administración contratante, y los califica de contratos administrativos especiales. No obstante, la tendencia expansiva del contrato de servicios que lo acerca a un tipo contractual residual diluye un tanto esta posibilidad de existencia de contratos atípicos[86].

17. CONTRATACIÓN ADMINISTRATIVA ELECTRÓNICA

El considerando 52 DCP 2014 afirma que "Los medios de información y comunicación electrónicos pueden simplificar enormemente la publicación de los contratos y aumentar la eficiencia y la transparencia de los procedimientos de contratación" y resalta que "hacen aumentar considerablemente las posibilidades de los operadores económicos de participar en dichos procedimientos en todo el mercado interior". Por ello, el artículo 22 DCP convierte en obligatoria a partir del 18 de octubre de 2018 la tramitación electrónica de los procedimientos de contratación pública, salvo las excepciones que dicho precepto admite. El Preámbulo de la LCSP 2017 advierte de "la decidida apuesta que el nuevo texto legal realiza en favor de la contratación electrónica, estableciéndola como obligatoria en los términos señalados en él, desde su entrada en vigor [9 de marzo de 2018], anticipándose, por tanto, a los plazos previstos a nivel comunitario". La regulación a que alude el Preámbulo se recoge en la DA 15ª, cuyo apartado 3 prevé que "la presentación de ofertas y solicitudes de participación se llevará a cabo utilizando medios electrónicos", salvo las excepciones indicadas en ese mismo apartado 3 y en el apartado 4, que coinciden, naturalmente, con las que admite el artículo 22 DCP. La DA 15, dispone en su apartado 2 que la tramitación de estos procedimientos conllevará la práctica de notificaciones y comunicaciones "por medios exclusivamente electrónicos". En estos meses de vigencia ya se han suscitado problemas en torno a esta opción del legislador, en gran medida por su coexistencia con la

---

promovidos por la iniciativa privada, en particular con respecto a los contratos de concesión de obras y concesión de servicios, incluidos en su modalidad de sociedad de economía mixta".

[85] Ley 8/1972, de construcción, conservación y explotación de autopistas en régimen de concesión o las especialidades en materia de contratos de concesión de obras hidráulicas reguladas en los arts. 133 a 135 del Real Decreto Legislativo 1/2001.

[86] Cfr. I. GALLEGO CÓRCOLES, "Contratos administrativos especiales (i)", en *CAP*, núm. 100.

Ley 39/2015, ley que regula en general los procedimientos administrativos y que también impone el uso de medios electrónicos (si bien en este caso exime a la mayoría de personas físicas), disponiendo extensamente el régimen de su uso. La DF 4ª LCSP, al igual que lo han hecho todas las leyes previas de contrato públicos, dispone que la normativa general de procedimiento administrativo (antes la Ley 30/1992 y ahora la Ley 39/2015) es de aplicación supletoria. Sin embargo, es doctrina constante de la JCCCE (órganos consultivo de contratación) y de los tribunales administrativos de contratación que tales leyes generales "sólo resultan de aplicación cuando la normativa específica de contratos del sector público no se pronuncia sobre las actuaciones que se tienen que llevar a cabo en las diferentes fases de los procedimientos de licitación, y su aplicación no sea contraria al contenido y a los principios generales que inspiran la legislación de la contratación pública"[87]. La JCCAE, en sus informes 1/2018 y 2/2018, reitera tal doctrina en relación con los trámites de notificación y de subsanación en procedimientos electrónicos, entendiendo que algunos silencios de la LCSP no son lagunas que abran la aplicación supletoria, sino supuestos en que la legislación especial de contratos contiene una regulación distinta. No faltan opiniones que sostienen que una norma de vocación general en materia de procedimiento administrativo (Ley 39/2015), cuando realiza opciones de principio, no cabe ser excepcionada por la ley que regula un procedimiento especial, aunque sea una ley posterior. Esta idea, con ser razonable, no se ajusta a nuestro sistema constitucional, en el que salvo reservas constitucionales (reparto entre ley orgánica y ley ordinaria, reparto entre ley estatal y ley autonómica) y salvo el principio de primacía del derecho europeo, el legislador posterior puede alterar legítimamente lo dispuesto por el anterior. La idea del legislador razonable es, como sabemos, no más que un mito.

---

[87] Vid, por ejemplo, Resoluciones del Tribunal Central de Recursos Contractuales 738/2015, 422/2015 o 309/2015, o los informes de la Junta Consultiva de Contratación Administrativa 16/00, de 11 de abril, o 35/02, de 17 de diciembre

FRANCIA

QUELQUES ASPECTS ACTUELS DES MARCHÉS PUBLICS EN FRANCE[*]

Pierre Subra de Bieusses[**]

L'étude des contrats des personnes publiques a traditionnellement donné lieu à de nombreux travaux portant sur la théorie générale des contrats[1], soit sur telle ou telle catégorie d'entre eux.

La littérature juridique en la matière est donc particulièrement abondante. Cela sans que la production d'études se soit jamais ralentie puisque, ainsi que le relève le professeur L. Richer[2], « jamais la réflexion sur les contrats administratifs n'a été aussi riche et diversifiée qu'aujourd'hui ».

Dans le cadre de la présente contribution, dont la formule de l'ouvrage collectif implique la brièveté, on se limitera a l'évocation nécessairement restrictive et incomplète d'un aspect, parmi d'autres, de la contractualisation publique dans le système judiciaire français.

A vrai dire, le choix est large des questions susceptibles de faire l'objet d'une communication spécifique dans le cadre de l'ouvrage que nous envisageons.

Ainsi, par exemple, pourrait-on songer à se pencher sur les incidences du droit européen à l'égard de notre conception traditionnelle fondée sur la distinction entre contrats de droit privé et contrats de droit administratif. Contrats administratifs relevant de règles dérogatoires au droit des précédents (autrement dit au droit commun) et, par voie de conséquence de la juridiction administrative. Du fait de l'application de plus en plus prégnante de ce droit européen

---

[*] Les développements qui suivent sont pour une part redevables aux études plus approfondies publiés dans les deux premiers numéros de 2018 de la Revue Française de Droit Administratif (RFDA). En particulier celles des professeurs J. Chevallier; G. Kalfleche; J. M. Pontier et D. Truchet. On pourra donc s'y reporter utilement pour une connaissance plus détaillée des questions qui seront ici évoquées. La même suggestion peut également être faite à l'égard de l'article publié dans la revue RFDA (2014, pag. 407) par le professeur Ph. Terneyre.

[**] Professeur de Droit Administratif. Professeur émérite de la Faculté de Droit de l'Université de Paris X - Nanterre.

[1] Notamment, G. Jeze, *Théorie générale des contrats de l'administration*, 3 vol., 1927-1924; G. Pequignot, *Théorie générale du contrat administratif*, Thèse, Montpellier, 1945. Pour une approche actuelle, voir le rapport public du conseil d'État de 2008, « Le contrat, mode d'action publique et de production de normes », EDCE, nº 79, 2008, pag. 15.

[2] L. Richer, *Droit des contrats administratifs*, Paris, LGDJ, pag. 1.

indifférent aux conceptions nationales relatives à la distinction du droit public et du droit privé, on voit s'opérer inéluctablement un rapprochement entre le contrat de droit privé et le contrat de droit public. Tout particulièrement dans le domaine des marchés publics[3] du fait des directives qui les concernent. Ces directives transcendent la distinction entre le droit public et le droit privé et, par la même, le remettant en cause.

La question ne manque certainement pas d'intérêt, mais on ne choisira pas d'en faire l'objet de notre contribution.

Un autre point digne de retenir l'attention est celui qui touche à la question de savoir ce que recouvre exactement le concept de contractualisation.

En effet, dans la mesure où la contractualisation se fonde sur la négociation et sur le consensus plutôt que sur le principe d'autorité qui prévalait traditionnellement dans notre ordonnancement administratif, il y a matière à interrogations sur ce qu'elle implique quant à la définition de l'acte contractuel. Cela parce que, désormais, contractualisation ne signifie plus nécessairement contrat. Plus précisément on assiste, de plus en plus, à une dénaturation de la conception classique du contrat. La frontière devient floue entre contrat et acte unilatéral, entre contrat et procédés plus souples et informels. De fait on assiste au développement de « formules hybrides qui diluent la formule originelle du contrat dans des solutions négociées ou des pratiques transactionnelles »[4]. Situation d'autant plus complexe que la dénomination donnée à un acte ne détermine pas nécessairement la nature de celui-ci. Il ne suffit pas que les collectivités appellent un acte contrat pour que celui-ci en soit un et à l'inverse il arrive que le juge déclare qu'il y avait contrat là où les parties n'avaient pas eu le sentiment d'en conclure un.

Tout cela n'est évidement pas sans tirer à conséquence, mais, là encore, on ne fera pas le choix d'y consacrer l'essentiel de nos développements.

Une autre option d'étude, parmi plusieurs autres encore, serait celle qui conduirait à se pencher sur des formules contractuelles récemment apparues. Ainsi en va-t-il (et ce n'est encore qu'un exemple) avec le cas des conventions dites de partenariat public privé (PPP).

On sait que le partenariat public privé se définit comme un accord contractuel de long terme entre une autorité publique et un partenaire privé dans le cadre duquel ce partenaire assure et finance des services publics à partir d'un équipement, avec partage des risques entre les deux partenaires[5].

[3] Dans la terminologie juridique française les termes « marché public » sont synonyme de ce qui est ailleurs qualifié de contrato de obras, de suministro, de servicios.

[4] D. MOCKLE, « La gouvernance publique et le droit », *Cahiers de droit*, Montréal, vol. 47, n⁰ 1, mars 2006, pag. 120.

[5] En principe le partenaire privé est responsable des risques liés à la construction, au financement, à l'exploitation et à la maintenance des infrastructures, tandis que le partenaire public prend généralement en charge les risques d'ordre réglementaire et politique.

Importé du Royaume-Uni en France au début des années 2000, ce nouveau type de contrat a aussitôt été considéré avec une grande faveur par les personnes publiques, aussi bien l'État que les collectivités locales qui y ont vu le moyen de réaliser sans attendre des projets d'intérêt général dont elles n'avaient pas le financement et pour lesquels elles ne pouvaient pas recourir au procédé classique du marché public.

L'opérateur privé assure immédiatement la conception, la construction et le financement d'un bâtiment ou d'un équipement public puis son exploitation sur une longue période (de vingt-cinq à trente ans).

En contrepartie la personne publique paye un loyer à compter de la réception du bien et tout au long de la durée du contrat après quoi elle en récupère la propriété.

On trouvait donc là, dans l'intérêt général, la possibilité d'obtenir ce que l'on ne pouvait pas immédiatement payer.

Avec cette vision des choses le PPP a suscité un véritable effet de mode qui a favorisé le développement rapide et important de sa mise en œuvre.

A l'heure actuelle ce sont environs 250 contrats de PPP qui ont étés conclus[6].

Malheureusement, cet engouement pour les PPP s'est, à l'expérience, avéré largement contestable. A l'occasion d'une réforme de la réglementation[7] ces contrats désormais qualifiés de « marchés de partenariat » ont certes été incorporés au domaine des marchés publics et ont, par la même, fait l'objet d'un nouveau régime juridique plus encadré supposé éviter leur développement excessif et les dérives jusqu'alors constatées, mais, à vrai dire, le mal était déjà fait. Cela parce que de nombreux contrats d'ores et déjà mis en œuvre et destinés à ne s'éteindre qu'au terme de nombreuses années se révélaient porteurs de plus d'inconvénients que d'avantages.

De façon concordante un rapport de la commission des lois du Sénat du 16 juillet 2014, le rapport de la Cour des Comptes française de décembre 2017, un rapport spécial de l'Union européenne (rendu public le 20 mars 2018), mettent en évidence les effets pervers de cet outil juridique. Fréquemment les projets ont accusé des retards considérables de construction et présenté des dépassements de coûts significatifs. En raison de leur longue durée ils sont jugés mal adaptés à l'évolution rapide des technologies. La possibilité de les comptabiliser comme éléments hors bilan compromet la transparence et l'optimisation des ressources. On peut aussi ajouter que dans nombre de cas le PPP a été retenu en l'absence d'analyse comparative préalable apportant la preuve qu'il s'agissait de la meilleure option pour optimiser les ressources.

---

[6] Pour l'État ce sont surtout les ministères de la défense, de l'intérieur, de la santé et de la justice qui ont utilisé la formule pour l'édification ou la rénovation de casernes, de gendarmeries, de commissariats, d'hôpitaux, d'établissements pénitentiaires et de palais de justice.

[7] Ordonnance nº 2015-899 du 23 juillet 2015 et Décret nº2016-630 du 25 mars 2016.

En définitive, il apparaissait qu'il convenait, désormais, de recourir le moins possible au partenariat public privé. Dans son rapport précité de 2017 la Cour des Comptes appelle à « mettre fin à la fuite en avant » que constitue le PPP « en raison de son coût et de son insoutenabilité ».

Reprenant à son compte ces critiques notre ministre de la justice a tout récemment renoncé aux PPP qui étaient jusqu'alors prévus pour la construction de divers tribunaux et de 7000 nouvelles places de prison. En définitive, pour ce qui est de la France le partenariat public privé n'aura pas duré plus de quinze ans.

Le constat d'un échec de ce contrat récemment introduit dans notre ordonnancement juridique et a priori porteur de potentialités favorables à l'action publique ne conduisant pas a poursuivre plus avant dans son évocation, c'est a un tout autre aspect des évolutions impliquées par le phénomène de contractualisation de cette action publique que l'on consacrera les pages qui vont suivre.

Même en France où la nature centralisée de l'État découlait d'une conception de l'action publique s'exprimant à l'impératif, sous forme de prescriptions auxquelles les destinataires sont tenus d'obéir, le recours au contrat par les personnes publiques n'a jamais été absent. Il a même été habituellement important, même si, à l'origine, les domaines respectifs des contrats et de l'acte unilatéral constituaient une limite à l'expansion du contrat.

Fréquemment les collectivités publiques ont estimé opportun de se décharger de la gestion directe de tel ou tel service public de sorte que c'est un cocontractant qui est chargé de satisfaire à l'intérêt général.. On a donc là une catégorie de contrats publics qui, sous l'appellation de contrats de délégation de service public (DSP), peuvent revêtir quatre formes distinctes dont la plus classique et la plus connue(sinon la plus pratiquée) est celle de la concession. Traditionnellement le concessionnaire était une personne privée.

Lorsqu'elle n'est pas déléguée, l'activité de service public a besoin de moyens pour fonctionner : moyens humains, financiers ou matériels auxquels elle pourvoit par des contrats. Contrats de recrutement, marchés publics (de services, de fournitures, de travaux), contrats d'emprunt, etc. Là encore, dans tous les cas (qui ne sont pas exhaustifs) le contrat intervient entre la personne publique et un contractant privé.

Pourtant, comme le souligne J. M. PONTIER[8], « le contrat entre collectivités publiques et, notamment, entre l'État et les collectivités locales n'a jamais été interdit ou impossible; il était rare ce qui est tout différent ».

Une première évolution dans le sans de plus de contrats entre personnes publiques est apparue à compter des années 80 du siècle dernier avec l'avènement des contrats dits « contrats de plan » initialement introduits par la loi

---

[8] J. M. PONTIER, « Contractualisation et libre administration », RFDA, pag. 201.

du 29 juillet 1982. Contrats qui, aux termes de ce texte (article 1) pouvaient être conclus par l'État « avec les collectivités territoriales, les régions, les entreprises publiques... » en comportant « des engagements réciproques des parties en vue de l'exécution du plan et de ses programmes prioritaires ». Il était précisé qu'ils étaient « réputés ne contenir que des clauses contractuelles ».

S'il y avait là une étape significative dans le sens d'une véritable avènement de la catégorie des contrats entre personnes publiques, l'hypothèse n'en restait pas moins limitée. Le mouvement était cependant amorcé et, depuis lors, ce type de contrat a connu un succès spectaculaire. Comme l'écrit encore J. M. PONTIER (*op. cit.*, pag. 11) « si au XIXeme il fallait chercher à la loupe les contrats entre personnes publiques, aujourd'hui c'est l'inverse : la prolifération est telle que personne n'est en mesure d'en dresser une liste complète ».

Tel est donc le phénomène que l'on voudrait maintenant tenter d'expliciter. On s'y efforcera par le biais de trois types d'exemples : celui de la décentralisation territoriale; celui de la mise en œuvre des politiques publiques; celui des hypothèses de soustraction des opérations à l'application des règles de concurrence.

1. DÉCENTRALISATION TERRITORIALE ET CONTRACTUALISATION

Cédant à la pensée unique et au politiquement correct qui veulent que les formules de décentralisation et d'autonomie soient, par principe, des formules positives et bénéfiques, notre législateur a, à compter des années 1982/1983, commencé de rompre avec la conception de l'État unitaire français hérité de la Révolution et dont le bilan global était pourtant loin d'être négatif[9]. Le texte fondateur de cette rupture est une loi du 2 mars 1982 (relative aux droits et libertés des communes, des départements et des régions) notamment suivie d'une loi de 7 janvier 1983 et par la suite, et pratiquement sans discontinuité, de plusieurs autre textes et ce jusqu'aux années récentes[10].

Entre autres aspects fondamentaux, la décentralisation ainsi initiée s'est caractérisée par d'abondants transferts de compétences de l'État aux différentes collectivités territoriales (Régions, Départements, Communes). Sans entrer dans le détail de cet aspect des choses (et notamment dans la ventilation des compétences transférées entre les trois entités concernées), notons seulement que dès l'origine (en particulier avec la loi du 7 janvier 1983) l'État s'est dessaisi de compétences sur l'urbanisme et la sauvegarde du patrimoine et des sites; sur le logement; sur la planification et l'aménagement du territoire; sur la formation professionnelle et l'apprentissage; sur l'aide sociale et la

---

[9] Conception unitaire qui n'excluait pas diverses modalités de décentralisation combinées avec l'exercice d'un pouvoir de tutelle de l'État sur les collectivités locales.

[10] Loi de nouvelle organisation de la république, dite loi Notre, du 7 aôut 2015.

santé; sur l'enseignement public et les transports scolaires, sur la protection de l'environnement et des voies d'eau. Le changement induit par la réforme, dès sa première phase, était donc significatif et allait par là même nécessiter une mise en place qui serait d'autant moins aisée que, selon RENE CHAPUS[11], « la législation relative à ces transferts est une des plus complexe qui ait existé »[12]. Non seulement les compétences transférées sont éparpillées entre les différentes catégorie de collectivités locales, mais, de plus, l'État ne s'est pas pleinement retiré du jeu en n'abandonnant rien de façon totale[13]. Au stade des débats parlementaires préalables à l'adoption des premières lois, l'idée était avancée que les compétences transférées devaient être attribuées aux catégories de collectivités territoriales en suivant le principe des « blocs » de compétences, chaque catégorie de collectivités étant supposée avoir vocation à exercer certaines compétences et à exercer l'intégralité de la compétence affairant à un domaine particulier. De fait cela ne s'est pas réalisé et il y a là un point sur lequel il conviendra de revenir ci-après.

Il y avait, dans tout cela, un contexte qui allait conduire à un sensible développement de la contractualisation qui, à la différence de ce qui prévalait jusqu'alors (à savoir la qualité de personne privée du contractant de l'administration) allait se caractériser par l'émergence d'un important secteur de contrats entre personnes publiques. Cela pour une double raison. D'une part la nécessité d'accompagner la mise en place des transferts de compétences, de l'autre celle d'assurer une coordination de leur exercice.

A) *La contractualisation, modalité d'accompagnement des transferts de compétences*

Le fait de transférer une compétence d'une collectivité vers une autre, en l'occurrence de l'État vers une catégorie de collectivité territoriale appelle, en un premier temps transitoire, un régime conventionnel pour définir les modalités du transfert. En effet, si dans cette hypothèse de transfert se trouve transféré le pouvoir de décision correspondant à la compétence en question, cela ne pose normalement pas de difficulté particulière; en revanche il n'est pas nécessairement simple de tenir compte de ce que la mise en oeuvre de ladite compétence est faite par des personnels, au moyen de biens (mobiliers et

---

[11] *Droit Administratif général*, t. 1, 9ème éd., pag. 258.

[12] Complexité source de difficultés puisque dans son rapport public de 1993 le Conseil d'État a été amené à attirer l'attention sur les atteintes qu'une « construction complexe et instable » porte à des principes fondamentaux tels que ceux de l'indivisibilité de la République et de l'unité de l'État, de la continuité des services publics, de l'égalité des citoyens, de la neutralité des fonctionnaires.

[13] Voir, sur ce point, l'analyse du professeur J. M. PONTIER, *op. cit.*, pag. 9 et suiv.

principalement immobilier). Cela demande donc à être organisé et l'on en vient alors à la contractualisation entre la personne qui transfère (ici l'État) et celle qui bénéficie du transfert (ici les collectivités locales). C'est ce qu'ont prévu les lois de décentralisation francise de 1982 et 1983 avec comme conséquence une extension notable du domaine des contrats entre personnes publiques.

Dès l'origine avec la loi du 2 mars 1982, a été mise en place une formule de conventions (selon un modèle de convention-type) devant être conclues entre le représentant de l'État et l'exécutif départemental ou régional pour fixer les modalités selon lesquelles les services correspondant aux nouvelles compétences du département ou de la région seraient placées sous l'autorité du Président du Conseil général (c'est a dire de l'assemblée départementale) et du président du Conseil régional[14]. Précisant les choses, la loi précitée du 7 janvier 1983 prévoyait la passation de conventions destinées « à déterminer les conditions dans lesquelles les services extérieurs et l'État chargé au titre principal de la mise en œuvre d'une compétence dévolue au département ou à la région seront réorganisées... avant leur transfert à l'autorité locale concernée ». Si les transferts des biens et des services ne soulevait pas, à tout le moins pour l'essentiel, de difficultés majeures, la situation était moins simple pour les personnels dans la mesure où, pour beaucoup, ceux-ci relevaient, en qualité d'agents de l'État, d'une situation statutaire qui excluait le recours au contrat. La difficulté a pu être surmontée grâce à la formule de la mise à disposition[15] qui se pratiquait déjà dans d'autres contextes[16] et qui à été retenue par les lois de 1982 et 1983. Mais là encore la contractualisation n'a pas été absente étant donné que des modèles de conventions de mise à disposition ont été établies par circulaires. Plus précisément les mises à disposition ont été effectuées selon une convention établie entre l'administration d'origine et la collectivité d'accueil. La convention définit la nature des activités exercées, les conditions d'emploi, les modalités du contrôle et de l'évaluation des activités. Elle définit aussi la nature du complément de rémunération dont peut bénéficier un fonctionnaire mis à disposition. Celui-ci doit donner son accord à la mise à disposition mais il n'est pas partie à la convention.

[14] Saisi, à propos de ce type de convention, d'un recours de requalification en acte réglementaire au motif qu'elle portait sur l'organisation du service public, le Conseil d'État a conclu à sa nature contractuelle (CE sect, 31/05/1989, Département de la Moselle, AJDA 1989, p339). Sur cette décision, voir E. FATOME et J. MOREAU, « Les relations contractuelles entre les collectivités publiques: l'analyse juridique dans le contexte de la décentralisation, AJDA 1990, pag. 142.

[15] Formule selon laquelle le fonctionnaire mis à disposition reste titulaire dans son administration d'origine.

[16] Fondamentale pour régler le problème des personnels, la mise à disposition a été pratiquée, quoique dans une moindre mesure, pour certains biens.

B) *La contractualisation, moyen de coordination*
   de l'exercice des compétences

Sur les plans normatif et administratif la décentralisation est, nécessairement, plus complexe qu'un système dans lequel les collectivités ne sont que
des exécutants. En France, la réforme décentralisatrice fait inexorablement
passer de la première à la seconde de ces situations. La complication qui en
résulte dans le partage des compétences et, par la même, la nécessité d'assurer
une certaine coordination de leur exercice, génèrent un profond accroissement
de la contractualisation.

On a relevé plus haut qu'au stade préparatoire de la réforme l'idée avait
été avancée que la complexité a priori inhérente à la décentralisation pourrait
être évitée, ou à tout le moins atténuée, moyennant l'attribution par blocs de
ce qui allait être transféré.

La législation n'y est, en réalité, pas parvenue, parce que, ainsi que le
souligne J. M. PONTIER (*op cit.*, pag. 9), « il s'agit d'une vue de l'esprit car il
est parfaitement impossible d'attribuer à une catégorie de collectivités, quelle
quelle soit, l'intégralité d'une compétence déterminée. » De ce fait, dans tous
les domaines qui demeurent partagés entre l'État et les collectivités locales,
quelles que soient les conditions dans lesquelles ces collectivités peuvent intervenir, quelle que soit leur liberté réelle, il faut trouver un procédé qui permette
une exercice effectif de leurs compétences. En l'occurrence le procédé qui est
apparu comme le plus adéquat et le mieux adapté est le système contractuel.

La nécessaire coordination de l'exercice des compétences conduisait
donc bien, elle aussi, à un essor de la contractualisation entre personnes publiques. Divers exemples pourraient en être données; on retiendra ici celui du
domaine, aujourd'hui particulièrement sensible, de la sécurité des personnes
en empruntant les indications qui suivent à l'étude précitée de J. M. PONTIER
(*op. cit.*, pag. 10).

Une première illustration significative est celle des contrats locaux de sécurité (CLS) de la loi du 21 janvier 1995. Loi d'orientation et de programmation
relative à la sécurité qui dispose que « s'il revient à l'État d'utiliser au mieux
les moyens dont il dispose en propre, il lui appartient aussi de veiller à ce
que d'autres acteurs de la sécurité qui sont les maires et leurs divers services,
d'une part, et d'autre part, les professions de sécurité, exercent leurs fonctions
ou leurs activités dans un cadre clair qu'organise cette complémentarité. »

Un autre exemple, toujours dans le domaine de la sécurité, de la nécessité de coordonner les compétences étatiques et locales est représenté par les
programmes d'action de prévention des inondations, consacrés parla loi (art
L.561-3 du Code de l'environnement). Programmes visant à une stratégie locale
établie sur la base d'un diagnostic de territoire, comportant des objectifs et
des mesures, identifiant, pour chaque action, les maîtres d'ouvrage concernés,

prévoyant un programme d'action avec un calendrier et une hiérarchisation des actions. Ces programmes sont des instruments contractuels auxquels sont parties, l'État, des collectivités locales, certains établissements publics.

S'il y a là une illustration significative du phénomène d'expansion des contrats entre personnes publiques, les exemples pourraient être multipliés car c'est en réalité tout le champ des transferts de compétences qui se trouve concerné. Cela d'autant plus qu'a partir de la situation initiale du début des années quatre-vingt le phénomène s'est régulièrement et considérablement amplifié. Citons encore J. M. PONTIER qui observe que « les différentes lois intervenues depuis plusieurs années et qui concernent les collectivités territo-riales[17] sont de véritables machines à fabriquer de la contractualisation parce qu'elles prévoient l'intervention plus ou moins prononcée de l'une ou l'autre catégorie, ou de l'ensemble des catégories de ces collectivités.

La récente loi NOTRE, déjà citée, est, si l'on peut dire, un modèle du genre, avec, tout à la fois, la suppression de la clause de compétence générale pour les départements et les régions; de nouvelles possibilités de délégation de com-pétences; le renforcement des compétences régionales au détriment de celles des départements; de nouveaux transferts de compétences aux collectivités ou aux groupements de collectivités(ex en matière d'aéroports); la modification du régime des intercommunalités; de nouvelles dispositions sur les métro-poles[18] et sur leurs compétences. Tout cela implique, à l'évidence, un nouvel accroissement du domaine de la contractualisation, une multiplication des conventions de coordination de l'exercice des compétences. Avec, en particulier des conventions de délégation de compétences entre l'État et les collectivités territoriales et les conventions territoriales d'exercice concerté (CTEC)[19].

On notera enfin, sans y insister, que les transferts de compétences effectués des communes vers les établissements publics de coopération (Communautés de Communes, métropoles) s'accompagnent eux aussi de conventions. Avec, pour simplifier les choses (là encore la loi NOTRE), le fait que si les transferts de compétences opérés par les communes sont obligatoires, l'exercice de ces compétences peut, sous certaines conditions, être rétrocédé par l'établissement public bénéficiaire du transfert.

---

[17] Entre 2010 et 2015, pas moins de six lois dont la loi du 7 août 2015 portant nouvelle organisation de la République (Notre), précédée de la loi du 27 janvier 2014 sur » la moder-nisation de l'action publique territoriale et d'affirmation des métropoles (Maptam).

[18] Qui, après la Région, le Département et la Commune constituent maintenant un qua-trième échelon administratif local.

[19] Ces conventions dont le contenu a été précisé par le loi Maptam du 27 janvier 2014 ont pour objet de fixer les objectifs de rationalisation et les modalités de l'action commune pour chacune des compétences concernées. Leur durée maximale est de six ans et elles peuvent être révisées tous les trois ans.

On le voit, la décentralisation contribue de façon significative à une évolution qui, à partir d'une quasi absence de contrats entre personnes publiques conduit à leur multiplication. S'il y a donc là une cause majeure du phénomène, elle n'est pas la seule. On peut, par exemple, observer que la mise en œuvre de certaines politiques publiques va également de pair avec la contractualisation.

2. MISE EN ŒUVRE DES POLITIQUES PUBLIQUES ET CONTRACTUALISATION

On aborde ici un domaine où la contractualisation entre personnes publiques va éventuellement concerner, en quelques cas, des collectivités locales, mais, d'une façon plus essentielle, il s'agira surtout de contractualisation entre l'État et des établissements publics ou des organismes assimilés[20].

Ce qui est alors à envisager c'est la contractualisation en tant qu'élément de politique stratégique de l'État vis à vis d'opérateurs dont il s'agit d'orienter l'action (à moyen ou long terme) pour qu'elle soit cohérente avec les politiques ou le stratégies nationales. « Autrement dit, la contractualisation est pour l'État un moyen de mener ses propres politiques publiques »[21]. Les contrats ont pour objet d'amener le cocontractant à réaliser les objectifs économiques et sociaux définis par l'État. On vise donc à intégrer l'action des établissements publics à des politiques publiques nationales, en se mettant d'accord sur leurs objectifs et sur les moyens de les atteindre. On peut, estime D. TRUCHET (*ibid.*) « voir dans ce phénomène une logique de subsidiarité. »

A vrai dire cette démarche a des origines déjà anciennes. Dans le développement des rapports contractuels entre l'État et les entreprises publiques (et donc, pour beaucoup, entre personnes publiques) un moment déterminant fur, en avril 1967, la publication d'un rapport sur les entreprises publiques, dit rapport Nora[22]. Rapport qui, au nom de l'efficience, préconisait de substituer à la logique de commandement qui prévalait entre l'État et les entreprises publiques une logique contractuelle qui pourrait se caractériser par des contrats alors qualifiés de « contrats de programme ». Le premier d'entre eux fut conclu en 1969 avec la SNCF.

Avec la loi du 29 juillet 1982, évoquée plus haut à propos des contrats de plan État – Régions, furent également prévus des contrats de plan entre l'État et les entreprises publiques.

A l'origine ces contrats avaient pour objet la mise en œuvre du plan national. Ainsi, par exemple, la lutte contre la crise énergétique ou le développement

---

[20] Question dont traite de façon exhaustive et approfondie l'étude précitée de D. TRUCHET, pag. 37 et s.

[21] D. TRUCHET, *op. cit.*, pag. 38.

[22] Du nom du haut fonctionnaire qui en était l'auteur.

du TGV furent inscrits dans des contrats signés entre l'État et Électricité de France (EDF) ou la SNCF pour les chemins de fer.

Toutefois ces contrats de plan allaient connaître une progressive mais notable désaffection qui s'expliquait d'autant mieux que se trouvait abandonnée la formule de plan national dont ils n'étaient qu'un moyen d'exécution. Paradoxalement on avait laissé subsister un instrument dont le support n'existait plus.

Pourtant, cette désaffection ne sera que passagère. Ils vont en effet se trouver réactivés sur la base de nouvelles dispositions introduites par la loi du 15 mai 2001 relative aux « nouvelles régulations économiques ». Loi qui leur donne pour objet de déterminer « les objectifs liés à la mission de service public assignée à l'entreprise, les moyens à mettre en œuvre pour les atteindre et les relations financières entre l'État et l'entreprise » et qui, logiquement, modifie leur nom pour les intituler « contrats d'entreprise[23] ».

Quantitativement peu nombreux les contrats de cette nature n'en retiennent pas moins l'attention en raison de l'importance des cocontractants concernés[24] et de celle de leurs objectifs, à savoir la détermination et les conditions d'exercice des missions de service public qui leur sont assignées[25].

Si, quelle que soit leur appellation momentanée, les contrats de plan paraissent emblématiques des contrats de mise en œuvre des politiques de l'État, ce même objectif a, au fil du temps, suscité l'apparition d'autres formules contractuelles.

D. TRUCHET qui en dresse une liste détaillée[26] relève, une grande diversité de contrats, parmi lesquels des contrats pluriannuels d'objectifs et de moyens (par ex entre l'État et l'Institut National de l'Audiovisuel); des contrats d'objectifs et de performances (prévus par la circulaire du 26 mars 2010 relative au pilotage stratégique des opérateurs de l'État); des « contrats pluriannuels d'établissement » entre l'État et les Universités[27]; les contrats d'entreprise entre l'État et La Poste, etc.

---

[23] De fait, et bizarrement, ces contrats vont connaître des variations quant à leur appellation: contrats de plan, contrats d'entreprise, contrats de projets, pour redevenir « contrat de plan » en 2014.

[24] EDF – GDF; la SNCF; La Poste.

[25] Le contrat 2013/2017 de La Poste met en œuvre la mission de service public de cet opérateur en précisant la fréquence de distribution du courrier; la présence postale sur l'ensemble du territoire; la présence d'un service bancaire de proximité.

[26] *Ibid.*, pag. 37 et s.

[27] Leur fonctionnement est encadré de façon exigeante. Les contrats pluriannuels d'établissement dont elles relèvent (et qui sont obligatoires) couvrent l'ensemble de leurs activités, fixent les objectifs qu'elles s'engagent à atteindre, prévoient les moyens et les emplois alloués par l'État, calculés en fonction de la performance et de l'activité.

Autant de contrats spécifiques qui contribuent (ou, comme on va le préciser, ont contribué) à l'amplification du phénomène de contractualisation entre l'État et d'autres personnes publiques, en l'occurrence des établissements publics intervenant traditionnellement dans le cadre d'une décentralisation fonctionnelle.

S'il y a donc là un facteur lui aussi important d'amplification et de diversification du domaine des contrats entre personnes publiques, il convient cependant d'en relativiser la portée actuelle. S'agissant en effet de cette hypothèse de contractualisation en tant qu'élément de politique stratégique de l'État on pouvait habituellement constater qu'elle intervenait, le cas échéant avec des contractants privés. Cela parce que la contractualisation s'inscrit en réalité dans une perspective plus fonctionnelle qu'organique. Si les contractants sont nécessairement des personnes morales, ils n'ont jamais tous été des établissements publics, ni même des personnes publiques, on pouvait rencontrer des entreprises à capital public et à statut de société, voir des entreprises privées à capitaux privés investis d'une mission de service public[28]. Indifférente au statut des contractants de l'État, la contractualisation s'adresse à des opérateurs qui transcendent la distinction française traditionnelle entre catégories publique et privée des personnes morales.

Par là même, la contractualisation n'a jamais alimenté de façon totale la catégorie des contrats entre personnes publiques. Toutefois, jusqu'à une période encore récente, la plupart des contrats que l'on vient de mentionner étaient conclus entre l'État et des établissements publics.

La situation est maintenant différente et ce dans le sens d'un certain amenuisement du nombre des contrats entre personnes publiques. Cela parce que certains opérateurs contractants, qui en leur qualité d'établissements publics, étaient initialement des personnes publiques ont depuis lors cessé de l'être. En effet, la nécessité de se conformer aux exigences communautaires et du principe du « tout concurrence » sur lequel elles se fondent a engendré divers bouleversements dans l'ordonnancement juridique qui était celui du secteur de nos entreprises publiques. Entre autres conséquences des entreprises majeures telles qu'Électricité de France (EDF) et Gaz de France (GDF) ont cessé d'être des établissements publics (personnes publiques) pour devenir des sociétés (personnes privées) de sorte que les contrats les concernant ne pouvaient plus être des contrats administratifs. Ainsi des contrats de droit privé se sont substitués aux précédents[29].

---

[28] Par exemple le cas de France Télévision, Radio France et France Média Monde qui sont des sociétés de droit privé dont le capital est entièrement détenu par l'État.

[29] Contrats que la législation a prévu comme mesure d'accompagnement de la privatisation pour sauvegarder les missions de service public.

Si ce qui précède révèle un amoindrissement récent de la catégorie des contrats entre personnes publiques, leur diversité reste grande et leur nombre très conséquent.

Cela étant le fait, comme on vient de le faire, de considérer la contractualisation comme génératrice de contrats entre personnes publiques, encourait évidemment la critique s'il s'avérait qu'en dépit de leur appellation les actes considérés, à tout le moins pour nombre d'entre eux, ne seraient pas des contrats.

La question, qui a largement alimenté la réflexion doctrinale, vaut d'être posée[30]. Pour J. M. Pontier[31] « la contractualisation est beaucoup moins bien définie que le contrat et l'on peut penser qu'elle recouvre en fait une réalité autre que celle du contrat », de sorte que la contractualisation serait « l'expression d'un para-contractuel plus que du contractuel proprement dit ». Dans le même sens, J. Chevallier[32] estime qu'avec « la contractualisation mise au service de l'action publique et conçue comme un instrument de gouvernance, on assiste à une dénaturation de la conception classique du contrat. » parce que « les frontières entre contrat et acte unilatéral, contrat et procédés plus souples et informels de régulation deviennent floues ».

On n'adhérera pourtant pas à ces façons de voir en considérant avec D. Truchet[33] que la « contractualisation comporte une véritable procédure contractuelle et débouche de plus en plus sur de véritables engagements », ce qui caractérise bien la présence du contrat.

Véritable procédure contractuelle parce que s'agissant certes d'une procédure simple (en particulier exempte d'obligation d'appel à concurrence) on n'en constate pas moins, le plus souvent qu'existe de part et d'autre une réelle liberté de négociation. Nombre de clauses n'étant pas écrites à l'avance, elle font l'objet de négociations effectives. Les opérateurs n'obtiennent sans doute pas toujours satisfaction, mais l'État non plus. Chacun marque ces limites et entre elle existe une véritable marge de discussion et d'accord.

On pourrait néanmoins douter encore de la réalité du contrat si les hypothèses dont il s'agit ne débouchaient que sur des déclarations d'intention non contraignantes, mais, à bien y regarder, tels n'est pas le cas. La tendance dominante va vers des accords fermes et précis. Si les engagements administratifs (par opposition aux engagements financiers) ne sont exprimés qu'en terme d'objectifs à atteindre, en règle générale ces objectifs sont précisément

[30] Sauf pour deux sortes de contrats, et non des moindres, qu'elle ne peut concerner. Il s'agit des contrats de plan et des contrats pluriannuels d'entreprise pour lesquels la législation a disposé qu'ils étaient réputés ne contenir que des clauses contractuelles.

[31] Op. cit., pag. 6.

[32] Op. cit., pag. 14.

[33] Op. cit., pag. 41 et s. développe de façon convaincante le point de vue selon lequel la contractualisation conduit bel et bien à des contrats administratifs.

définis. Ainsi, par exemple, dans le cas des contrats d'objectifs et de performance il est distingué entre les objectifs stratégiques qui sont d'ordre qualitatif
et les objectifs opérationnels qui sont quantifiés. On peut vérifier que « sous
des formes diverses les objectifs sont souvent détaillés en éléments chiffré»[34]
qui permettent un suivi de l'exécution du contrat. Si l'on s'arrête, à titre d'illustration, au cas des contrats d'établissements universitaires, on voit qu'il y
est précisé que l'État partage les orientations définies par le présent contrat et
apporte sont soutien à leur mise en œuvre dans les conditions fixées en an-
nexe. Il y a donc un réel engagement de l'État ce qui montre l'esprit bilatéral
caractéristique du contrat.

Il y a donc bien lieu de toujours considérer que même si cela a diminué, la
vaste catégorie des contrats entre personne publique continue d'inclure nombre
de contrats qui par le biais de la contractualisation, interviennent dans la mise
en œuvre des politiques publiques.

3. La soustraction de certaines opérations à l'application
des règles de concurrence[35]

On relevait plus haut que pour assurer le fonctionnement de leurs services
publics les personnes publiques ont besoin de moyens (en personnel, en fournitures, en équipements immobiliers). Pour y satisfaire elles sont amenées à
contracter, tout particulièrement par la passation de marchés publics. Démarche
pour laquelle elles se trouvent astreintes au respect du droit de la concurrence,
aussi bien communautaire que national.

Pouvoir être soustrait à cette exigence serait évidemment de nature à simplifier les choses. Seulement, si elle existait, cette hypothèse de soustraction
au droit de la commande publique se limitait (sur le fondement initial d'une
jurisprudence de la CJCE[36]   ) au cas particulier des prestations intégrées
dites prestations « in house »[37].

[34] *Ibid.*, pag. 43.

[35] Comme pour les exemples précédents, les limites quantitatives d'une contribution à un
ouvrage collectif impliquent le caractère succinct des considérations qui suivent. On pourra
donc se reporter sur ce même thème, à des études plus substantielles comme, par exemple,
celle du professeur Ph. TERNEYRE, « L'avenir de la coopération entre personnes publique... »,
RFDA, 2014, pag. 407 et s.

[36] CJCE 18/11/1999, Teckal Sr, aff.C-107/98

[37] On sait qu'il s'agit de la faculté pour un acheteur public de s'affranchir des règles de
publicité et de mise en concurrence dès lors qu'il recourt aux services d'une entité sur laquelle
il exerce un contrôle comparable à celui qu'il exerce sur ces propres services et qui réalise
l'essentiel des activités pour lui.

Plus récemment, et là encore en vertu d'une jurisprudence européenne, est apparue la possibilité d'une plus ample dérogation au droit de la concurrence. Cela à certaines conditions parmi lesquelles le fait que le marché soit conclu par deux entités publiques.

Le point de départ est donc, là encore, communautaire[38]. Si, y compris en matière économique, une autorité publique a toujours la possibilité d'accomplir les taches qui lui incombent par ses propres moyens administratifs, techniques et humains, sans être obligés de faire appel à des outils externes n'appartenant pas à ses services, cette possibilité peut être exercée en collaboration avec d'autres autorités publiques[39].

Il y a donc là une nouvelle hypothèse de collaboration entre personnes publiques mais a des conditions précisées par la jurisprudence de la cour de Luxembourg[40]. Plus précisément, les règles du droit de l'Union européenne en matière de marchés publics ne s'appliquent pas lorsque se trouvent réunies les conditions suivantes :

• le contrat de coopération doit être conclu exclusivement par des entités publiques;

• aucun prestataire privé ne doit être placé dans une situation privilégiée par rapport à ses concurrents;

• la coopération instaurée doit uniquement être régie par des considérations et des exigences propres à la poursuite d'objectifs d'intérêt public.

La condition de la conclusion du contrat de coopération exclusivement ente entités publiques situe donc bien dans la perspective d'amplification du domaine des contrats entre personne publique.

A partir de la jurisprudence communautaire, et c'est surtout ce qui nous concerne ici, notre Conseil d'État français a développé cette théorie de la coopération hors concurrence entre les personnes publiques.

Saisie d'un recours contre une convention conclue sans publicité ni mise en concurrence entre une communauté d'agglomération (c.a.d un établissement public) et une commune limitrophe, avec pour objet de faire exploiter le service public de la distribution d'eau potable de la Commune par les services de la Communauté, le Conseil d'État a décidé[41] « qu'une commune peut accomplir

[38] V/ notamment, CJCE 13/06/2013, Piebenbrock, aff.C-386/11; ADJA 2013, 1751, note J.D. Dreyfus.

[39] Arrêt Coditel Brabant SA, CJCE 13/11/2008, aff. C-324/07; AJDA 2008, 2140.

[40] Outre l'arrêt Piebenbrock, précité, v. CJCE Commission C/RFA, 09/06/2009, aff. C-480/06; Azienda sanitaria locale di lecce, 19/12/2012, aff. C-159/11.

[41] CE 3/02/2012, Commune de Veyrier-du-lac, Communauté d'agglomération d'Annecy, Rec., pag. 18, concl. B. Dacosta.

les missions de service public qui lui incombent par ses propres moyens ou en coopération avec d'autres personnes publiques, selon les modalités prévues par le législateur; qu'elle peut ainsi conclure, hors règles de la commande publique... une convention constitutive d'une entente pour exercer une coopération avec des communes, établissements publics de coopération intercommunale ou syndicats mixtes, de mêmes missions, notamment par la mutualisation des moyens dédiés à l'exploitation d'un service public, à la condition que cette entente ne permette pas une intervention à des fins lucratives de l'une de ces personnes publiques, agissant tel un opérateur sur un marché concurrentiel ».

Considérant qu'en l'espèce la condition se trouvait remplie le Conseil d'État a jugé que « la convention litigieuse, conclue à des fins de coopération entre personnes publiques dans le cadre de relations qui ne sont pas celles du marché, n'était pas soumise aux règles de la commande publique »[42].

On voit donc bien, si l'on synthétise l'hypothèse, que lorsque cette coopération conventionnelle entre personnes publiques organise une activité de service public commune, à objectif matériellement économique mais sans faire de l'une ou des deux parties contractantes un opérateur sur un marché concurrentiel, le droit national et le droit européen de la commande publique ne s'appliquent pas à ces relations contractuelles non plus d'ailleurs que le droit commun de la concurrence. Jusqu'ici la formule n'a été que très peu exploitée; on peut toutefois persister à penser que, compte tenu de la commodité que représente la non soumission au droit de la concurrence, elle devrait progressivement finir par se révéler attractive.

L'estimant séduisante, sans qu'il y est pour autant lieu de la surestimer, dans son étude précitée Ph. TERNEYRE voit pour l'avenir « de probables coopérations entre personnes publiques locales (collectivités territoriales; EPCI; syndicats mixtes; ententes) pour gérer des services publics communs, mutualiser des services, des matériels... permettre à d'importantes personnes publiques de rendre service à de plus petites qui leurs seraient limitrophes »[43].

Au delà pourrait s'ajouter le fait que seraient envisageables « des coopérations entre personnes publiques à la recherche, dans une ambiance budgétaire de plus en plus contrainte, d'économies d'échelle, de synergies pour satisfaire au moindre coût des besoins publics communs ».

Si tel devait être le cas, le domaine des contrats entre personnes publiques se trouverait encore enrichi mais en tout état de cause il est d'ores et déjà

---

[42] Dans le prolongement des deux jurisprudences, les modalités de cette coopération contractuelle entre personnes publiques ont été déterminées par les législateurs communautaires (directives 2014/23, 2014/24 et 2015/25 du 26 février 2014) et national (Premières dispositions inscrites dans la loi précitée du 16 décembre 2010 de réforme des collectivités territoriales, puis dans des textes ultérieurs dans le cadre de la réformes de la commande publique).

[43] Cas de l'affaire Commune de Veyrier – du – Lac, précité.

considérable. D'une situation de quasi-absence, encore au début du siècle dernier, la contractualisation entre personnes publiques[44] connaît désormais « un succès au-delà de toute espérance... la prolifération est telle que personne n'est en mesure d'en dresser une liste »[45].

[44] Tous ces contrats étant, en principe, des contrats administratifs parce que, d'après la jurisprudence (TC 21/03/1983, Union des Assurances de Paris) un contrat conclu entre deux personnes publiques revêt en principe un caractère administratif.

[45] J. M. PONTIER, *op. cit.*, pag. 11.

ALGUNOS ASPECTOS ACTUALES
DE LA CONTRATACIÓN PÚBLICA EN FRANCIA[*]

Pierre Subra de Bieusses[**]

El estudio de los contratos de las personas públicas ha dado lugar tradicionalmente a numerosos trabajos sobre la teoría general de los contratos[1] o sobre una categoría particular de ellos.

La literatura jurídica en esta materia es particularmente abundante. Esto, sin que la realización de estudios nunca se haya estancado, como lo señaló el profesor L. Richer[2]: "La reflexión sobre los contratos administrativos nunca ha sido tan rica y diversa como hoy".

En el contexto de esta contribución, cuya fórmula de trabajo colectivo implica brevedad, nos limitaremos a la evocación necesariamente restrictiva e incompleta de un aspecto, entre otros, de la contratación pública en el sistema jurídico francés.

De hecho, la elección de las preguntas probablemente será objeto de un estudio específico en el marco del trabajo que nos proponemos.

Por ejemplo, ¿podríamos considerar las implicaciones que tiene el derecho europeo en nuestra visión tradicional sobre la distinción entre contratos de de-

[*] Los siguientes desarrollos se deben en parte a los estudios más profundos publicados en los dos primeros números de 2018 de la *Revue Française de Droit Administratif* (RFDA), en particular los de los profesores J. Chevallier, G. Kalfleche, J. M. Pontier y D. Truchet. Por lo tanto, podemos referirnos útilmente a ellos para un conocimiento más detallado de los problemas que se mencionarán aquí. La misma sugerencia también puede hacerse con respecto al artículo publicado en la revista RFDA (2014, pág. 407) por el Profesor Ph. Terneyre.

[**] Catedrático de Derecho Administrativo. Profesor emérito de la Facultad de Derecho de la Universidad París X - Nanterre.

Traducción de Gustavo Quintero Navas: Doctor en Derecho Público, Universidad de Nantes-Francia. Profesor Asociado de la Facultad de Derecho de la Universidad de los Andes. Abogado de la Universidad Santo Tomás de Bogotá.

[1] En particular, G. Jèze, *Théorie général des contrats de l'administration*, 3 vols, 1927-1924; G. Pequignot, *Théorie général du contrat administratif*, Tesis, Montpellier, 1945. Para un enfoque actual, ver el informe público del Consejo de Estado de 2008, "El contrato, modo de acción pública y de producción de normas", EDCE, nº 79, 2008, pág. 15.

[2] L. Richer, *Droit des contrats administratifs*, Paris, LGDJ, pág. 1.

recho privado y contratos de derecho administrativo? Contratos administrativos regidos por normas que derogan la ley de precedentes (en otras palabras, el derecho común) y, en consecuencia, de la jurisdicción administrativa. Debido a la aplicación cada vez más importante de esta ley europea indiferente a las concepciones nacionales sobre la distinción entre derecho público y privado, vemos aparecer ineludiblemente un acercamiento entre el contrato de derecho privado y el contrato de derecho público[3,] especialmente en el campo de la contratación pública debido a las directivas que les conciernen. Estas directivas trascienden la distinción entre derecho público y privado y, como tal, lo ponen en tela de juicio.

La pregunta no carece de interés, pero no será materia de esta contribución.

Otro punto digno de atención es el que aborda la cuestión de qué cubre exactamente el concepto de contratación.

De hecho, en la medida en que la contratación se basa en la negociación y el consenso más que en el principio de autoridad que tradicionalmente prevaleció en nuestro orden administrativo, hay espacio para preguntarse qué implica con respecto a la definición del acto contractual. Esto se debe a que, a partir de ahora, la contratación no significa necesariamente un contrato. Más exactamente, estamos presenciando, cada vez más, una distorsión de la concepción clásica del contrato. La frontera se vuelve borrosa entre contrato y acto unilateral, entre contrato y procesos más flexibles e informales. De hecho, estamos presenciando el desarrollo de "fórmulas híbridas que diluyen la fórmula original del contrato en soluciones negociadas o prácticas transaccionales"[4]. Esta situación es un tanto más compleja, en la medida en que el nombre que se da a un acto no necesariamente determina su naturaleza. No es suficiente que las colectividades llamen a un acto contrato para que sea un contrato y, al contrario, puede suceder que el juez declare que hubo contrato allí donde las partes no tuvieron la intención de celebrarlo.

Obviamente, todo esto no está exento de consecuencias, pero, una vez más, no tomaremos la decisión de dedicar la mayor parte de nuestro estudio a esta cuestión.

Otra opción de estudio, entre muchas otras, sería la que llevaría a concentrarse en el análisis de fórmulas contractuales de reciente aparición. Así es (y esto es solo un ejemplo) en el caso de las denominadas convenciones de asociación público-privada (APP).

---

[3] En la terminología jurídica francesa, la expresión "mercado público" es sinónimo de lo que en otras partes se denomina contrato de obra, suministro o servicios.

[4] D. MOCKLE, "La gouvernance publique et le droit", en *Cahiers de droit*, Montréal, vol. 47, nº 1, marzo de 2006, pág. 120.

Sabemos que la asociación público-privada se define como un acuerdo contractual a largo plazo entre una autoridad pública y un socio privado en el que este socio ofrece y financia los servicios públicos a partir de una infraestructura, con riesgo compartido entre los dos socios[5].

Este nuevo tipo de contrato, importado del Reino Unido a Francia a principios de la década de 2000, fue recibido inmediatamente con gran fervor por las personas públicas, estatales y territoriales que vieron ahí los medios para desarrollar proyectos de interés general para los cuales no contaban con financiamiento y no podían utilizar el proceso clásico de contratación conocido como mercado público.

El operador privado garantiza inmediatamente el diseño, la construcción y la financiación de un edificio o de una infraestructura pública y su explotación durante un tiempo bastante amplio (de veinticinco a treinta años).

A cambio, la persona pública paga un alquiler a partir de la recepción de la propiedad y durante la duración del contrato, después de lo cual recupera la propiedad.

Se encuentra entonces, en interés general, la posibilidad de obtener lo que no podía pagarse de inmediato.

Con esta visión de las cosas, las asociaciones público-privadas, han generado una moda real que ha favorecido el rápido e importante desarrollo de su implantación, al punto que a la fecha se han celebrado alrededor de 250 de estos contratos[6].

Infortunadamente, esta pasión por las asociaciones público privadas ha resultado, en la práctica, ampliamente cuestionable. Con motivo de una reforma de la reglamentación[7], estos contratos, conocidos ahora como "contratos de asociación", ciertamente se han incorporado al campo de la contratación pública y, por lo tanto, han sido objeto de un nuevo régimen más reglado para evitar los excesos observados hasta ahora, pero, a decir verdad, el daño ya estaba hecho. Esto se debe a que muchos contratos ejecutados y destinados a darse por terminados después de muchos años, han demostrado tener más inconvenientes que ventajas.

En este sentido, los informes de la Comisión de Legislación del Senado de 16 de julio de 2014, del Tribunal de Cuentas francés de diciembre de 2017 y

---

[5] En principio, el socio privado es responsable de los riesgos asociados con la construcción, financiamiento, operación y mantenimiento de infraestructura, mientras que el socio público generalmente asume riesgos regulatorios y políticos.

[6] Para el Estado, son principalmente los Ministerios de Defensa, Interior, Salud y Justicia quienes utilizaron la fórmula para la construcción o renovación de cuarteles, gendarmerías, estaciones de policía, hospitales, prisiones y juzgados.

[7] Ordenanza nº 2015-899 de 23 julio 2015 y Decreto nº 2016-630 de 25 marzo 2016.

un informe especial de la Unión Europea (publicado el 20 de marzo de 2018), destacan el efecto perverso de este instrumento jurídico. Con frecuencia, los proyectos han experimentado considerables retrasos en la construcción y han sobrepasado los costos de manera significativa. Debido a su larga duración, se consideran mal adaptados a la rápida evolución de las tecnologías. La posibilidad de contabilizarlos como elementos fuera de balance compromete la transparencia y la optimización de los recursos. También se puede agregar que, en muchos casos, se optó por la asociación público privada en ausencia de un análisis comparativo previo que proporcione evidencia de que esta fue la mejor opción para optimizar los recursos. Finalmente, hoy parece necesario utilizar la asociación público-privada lo menos posible. En el informe mencionado de 2017, el Tribunal de Cuentas pide que "se ponga fin al salto al vacío" que constituye la asociación público privada "por su costo y su insostenibilidad".

Nuestro Ministro de Justicia aceptó estas críticas y ha renunciado recientemente a las asociaciones público privadas que se habían planeado para la construcción de varios edificios para sedes de los tribunales y 7000 nuevos cupos en las cárceles. Finalmente, en lo que respecta a Francia, la asociación público-privada no ha durado más de quince años.

La comprobación del fracaso de este contrato, recientemente introducido en nuestro ordenamiento jurídico y que, *a priori,* conducía a potenciar favorablemente la actividad pública sin que llamase a ir más allá de su evocación, es un aspecto bien diferente de la evolución que implica el fenómeno de contratación de esta actividad pública, a la que le dedicaremos las páginas que siguen.

Aun en Francia, donde la naturaleza centralizada del Estado se deriva de una concepción de la actividad pública expresada imperativamente, en forma de órdenes que los destinatarios deben obedecer, el acudir al contrato por parte de las personas públicas nunca estuvo excluido. Con frecuencia, esto también ha sido importante, incluso si, en principio, los campos respectivos de los contratos y del acto unilateral constituían un límite a la expansión del contrato.

De ordinario, las colectividades públicas han considerado oportuno deshacerse de la gestión directa de un servicio público, de suerte que sea un contratista el responsable de satisfacer el interés general. De esta manera, tenemos ahí una categoría de contratos públicos que, con el nombre de contratos de delegación de servicio público (DSP), pueden tomar cuatro formas distintas de las cuales la más clásica y conocida (si no la más practicada) es la de la concesión. Tradicionalmente el concesionario era una persona privada.

Cuando la actividad de servicio público no se delega, ella necesita medios para funcionar: medios humanos, financieros o materiales que se proveen mediante contratos. Contratos de vinculación de personal, contratos públicos (servicios, suministros, obras), contratos de préstamo, etc. Aquí, una vez más, en todos los casos (que no son exhaustivos) el contrato es entre el organismo público y un contratista privado.

Sin embargo, como señala J. M. Pontier[8], "el contrato entre las autoridades públicas y, en particular, entre el Estado y las autoridades locales nunca ha sido prohibido o imposible; era raro, lo que es muy diferente".

Una primera evolución en el sentido de más contratos entre entidades públicas apareció a partir de los años ochenta del siglo pasado con el advenimiento de los llamados "contratos de planes", previstos inicialmente por la ley de 29 de julio de 1982. Contratos que, en los términos de este texto (art. 1º) podían celebrarse por el Estado "con las colectividades locales, las regiones, las empresas públicas", que comprendía "compromisos recíprocos de las partes para la implementación del plan y sus programas prioritarios". Se afirmó que se consideraba que "contenían únicamente cláusulas contractuales".

Si hubo allí una etapa significativa en el sentido de un advenimiento real de la categoría de contratos entre personas públicas, la hipótesis era, sin embargo, limitada. Sin embargo, el movimiento había comenzado y, desde entonces, este tipo de contrato ha tenido particular éxito. Como escribe Pontier (*op. cit.*, pág. 11), "si en el siglo XIX había que buscar con lupa los contratos entre entidades públicas, hoy ocurre lo contrario: la proliferación es tal que nadie puede para hacer una lista completa".

Este es el fenómeno que pasamos a explicar. Esto se hará por medio de tres tipos de ejemplos: el de la descentralización territorial; el de la implantación de políticas públicas, y el de las hipótesis de eliminación de las operaciones en que se aplican de reglas de competencia.

1. Descentralización territorial y contratación

Al ceder al pensamiento único y políticamente correcto de que las fórmulas de descentralización y autonomía son, en principio, fórmulas positivas y beneficiosas, nuestro legislador, a partir de los años 1982-1983, comenzó a romper con la concepción del Estado unitario francés heredado de la Revolución y cuyo balance general distaba mucho de ser negativo[9]. El texto fundador de esta ruptura es una ley de 2 de marzo de 1982 (relativa a los derechos y libertades de las comunas, los departamentos y las regiones) en particular, seguida por una ley de 7 de enero de 1983 y posteriormente, y en la práctica sin discontinuidad, de varios textos, y esto, hasta los años más recientes[10].

Entre otros aspectos fundamentales, la descentralización iniciada de este modo se caracterizó por una gran transferencia de poderes del Estado a las diversas colectividades territoriales (regiones, departamentos, municipios).

---

[8] J. M. Pontier, "Contractualisation et libre administration", RFDA, pág. 201.

[9] Concepción unitaria que no excluía varias formas de descentralización combinada con el ejercicio de un poder de tutela del Estado en las autoridades locales.

[10] Ley de nueva organización de la república, conocida como la ley Notre, de 7 de agosto de 2015.

Sin entrar en detalles sobre este aspecto (y especialmente en el desglose de los poderes transferidos entre las tres entidades involucradas), debe notarse que desde el principio (en particular con la ley de 7 de enero de 1983) el Estado se deshizo de las competencias sobre planificación urbana y salvaguarda del patrimonio y los sitios clasificados; en vivienda; en planificación y ordenamiento territorial; en formación profesional y aprendizaje; sobre asistencia social y salud; en educación pública y transporte escolar, en protección del medio ambiente y vías navegables. El cambio contemplado por la reforma desde su primera fase fue por lo tanto significativo y, por ende, requeriría un desarrollo que sería tanto más difícil que, según René Chapus[11], "la legislación relacionada con estas transferencias es una de las más complejas que ha existido"[12]. Las competencias transferidas no solo están dispersas entre las diferentes categorías de comunidades locales, sino que, además, el Estado no se ha retirado completamente del juego al no abandonar nada por completo[13]. En la etapa de los debates parlamentarios previos a la adopción de las primeras leyes, se planteó la idea de que las competencias transferidas debían atribuirse a las categorías de las colectividades territoriales de acuerdo con el principio de "bloques" de competencias, y se suponía que cada categoría de colectividad tenía vocación para ejercer ciertas competencias y toda la gama de competencias en un campo particular. De hecho, esto no ha ocurrido y ahí hay un punto en el que será necesario volver a más adelante.

En todo esto, había un contexto que conduciría a un desarrollo significativo de la contratación que, a diferencia de lo que prevalecía hasta entonces (como era la calidad de persona privada del contratista de la administración) se caracterizaría por el surgimiento de un importante sector de contratos entre entidades públicas. Esto por una doble razón. Por un lado, existe la necesidad de apoyar la transferencia de competencias y, por otro, garantizar la coordinación de su ejercicio.

A) *La contratación, modalidad de acompañamiento*
de las transferencias de competencias

El hecho de transferir una competencia de una colectividad a otra, en este caso al Estado, a una categoría de colectividad territorial conlleva inicial y transitoriamente, un régimen convencional para definir los términos de la trans-

---

[11] *Droit Administratif général*, t. 1, 9ª ed., pág. 258.

[12] Esta complejidad es una fuente de dificultades ya que, en su informe público de 1993, el Consejo de Estado llamó la atención sobre las infracciones que una "construcción compleja e inestable" conlleva a principios fundamentales como los de la indivisibilidad de la República y la unidad del Estado, la continuidad de los servicios públicos, la igualdad de los ciudadanos, la neutralidad de los funcionarios públicos.

[13] Ver, en este punto, el análisis del profesor J. M. Pontier, *op. cit.*, págs. 9 y s.

ferencia. De hecho, si en esta hipótesis se transfiere el poder de decisión correspondiente a la competencia en cuestión, esto normalmente no plantea ninguna dificultad particular; en cambio, no es necesariamente simple tener en cuenta que el desarrollo de esta competencia es hecha por el personal, por medio de bienes (bienes muebles y principalmente bienes raíces). Esto requiere entonces ser organizado y así llegamos a la contratación entre la persona que transfiere (aquí el Estado) y la persona que se beneficia de la transferencia (aquí las colectividades locales). Esto es lo que prevén las leyes de descentralización francesa de 1982 y 1983, y como consecuencia una extensión significativa del campo de los contratos entre entidades públicas.

Desde el principio, la ley de 2 de marzo de 1982, previó desarrollar una fórmula de convenciones (según un modelo de convención tipo) celebradas entre el representante del Estado y el ejecutivo departamental o regional para fijar las modalidades según las cuales los servicios correspondientes a las nuevas competencias del departamento o de la región quedarían bajo la autoridad del presidente del Consejo General (es decir, de la Asamblea Departamental) y del presidente del Consejo Regional[14]. Precisando las cosas, la mencionada ley de 7 de enero de 1983 preveía la celebración de acuerdos diseñados "para determinar las condiciones bajo las cuales los servicios externos y el Estado, responsable principal de la implementación de una competencia delegada al departamento o a la región, serán reorganizadas [...] antes de su transferencia a la autoridad local correspondiente". Si las transferencias de bienes y servicios no plantearon, al menos en general, grandes dificultades, la situación fue menos simple para el personal ya que muchos se vieron afectados, en calidad de agentes del Estado, de una situación estatutaria que excluía la celebración de contratos. La dificultad se pudo superar gracias a la fórmula de dejarlos a disposición[15] que ya se practicaba en otros contextos[16] y que fue prevista por las leyes de 1982 y 1983. Pero nuevamente, la contratación no estuvo ausente dado que se han establecido modelos de convenciones de puesta a disposición que fueron establecidos mediante circulares. Más precisamente, las puestas a disposición se realizaron de acuerdo con una convención establecida entre la administración de origen y la colectividad de acogida. El acuerdo define la

---

[14] A propósito de este tipo de convenio, el Consejo de Estado, conociendo de un recurso de recalificación de un acto reglamentario porque afectaba la organización del servicio público, se refirió a su naturaleza contractual (CE, sección 31 / 05/1989, Departamento de Moselle, AJDA 1989, pág. 339). Sobre esta decisión, ver E. FATOME y J. MOREAU, "Les relations contractuelles entre les colletivités publiques: l'analyse juridique dans le contexte de la décentralisation", AJDA 1990, pág. 142.

[15] La fórmula según la cual el funcionario puesto a disposición sigue siendo titular en su administración de origen.

[16] Fundamental para resolver el problema del personal, la provisión se practicó, aunque en menor medida, para algunos bienes.

naturaleza de las actividades realizadas, las condiciones de empleo, los procedimientos para el control y la evaluación de las actividades. También define
la naturaleza de la remuneración adicional que puede recibir un funcionario
puesto a disposición. Este último debe dar su consentimiento a la puesta a
disposición, pero él no es parte del acuerdo.

B) *Contratación, un medio de coordinar el ejercicio de competencias*

En los niveles normativo y administrativo, la descentralización es necesariamente más compleja que un sistema en el que las colectividades son
solo implementadores. En Francia, la reforma de la descentralización va
inexorablemente de la primera a la segunda de estas situaciones. La dificultad
resultante en la división de competencias y, en consecuencia, la necesidad de
asegurar una cierta coordinación de su ejercicio genera un gran crecimiento
en la contratación.

Anteriormente se señaló que en la etapa preparatoria de la reforma se había
planteado la idea de que la complejidad *a priori* inherente a la descentralización
podía evitarse, o al menos mitigarse, mediante la asignación por bloques de
lo que iba a ser transferido.

La legislación, de hecho, no se alcanza a aplicar porque, como lo señaló
PONTIER (*op. cit.*, pág. 9), "es una visión de la mente porque es imposible
atribuirle a una categoría de colectividad, cualquiera que sea la naturaleza, la
integralidad de una competencia determinada". Así, en todas las potestades
que permanecen compartidas entre el Estado y las colectividades locales,
independientemente de las condiciones bajo las cuales estas colectividades
puedan operar, independientemente de su libertad real, se debe encontrar un
proceso que permita un ejercicio efectivo de sus competencias. En este caso,
el proceso que ha surgido como el más apropiado y el más adecuado es el
sistema contractual.

La coordinación necesaria del ejercicio de las competencias condujo, por
lo tanto, también a un aumento de la contratación entre entidades públicas.
Se podrían dar varios ejemplos; destacaremos aquí un aspecto particularmente
sensible, como lo es la seguridad de las personas, tomando prestadas las in-
dicaciones que siguen al estudio mencionado anteriormente de PONTIER (*op.
cit.*, pág. 10).

Un primer ejemplo significativo es el de los contratos de seguridad local
(CLS) contemplados en la ley de 21 de enero de 1995. Esta ley, de orientación
y programación de la seguridad, establece que "si corresponde al Estado hacer
el mejor uso de los medios a su disposición, también es su responsabilidad
asegurar que otros actores de la seguridad como los alcaldes y sus diversos
servicios, por un lado, y las profesiones de seguridad, por otro, ejerzan funciones o actividades en un marco claro que organice esta complementariedad".

Otro ejemplo, aún en el campo de la seguridad, de la necesidad de coordinar las competencias estatales y locales, está representado por los programas de acción de prevención de inundaciones, consagrados por la ley (art. L.561-3 del Código del Medio Ambiente). Programas dirigidos a una estrategia local basada en un diagnóstico territorial, que incluye objetivos y medidas, identificando, para cada acción, los jefes del proyecto en cuestión, proporcionando un programa de acción con un calendario y una jerarquía de acciones. Estos programas son instrumentos contractuales en los que el Estado, las autoridades locales y ciertas instituciones públicas son parte.

Si hay una ilustración significativa del fenómeno de la expansión de los contratos entre entidades públicas, los ejemplos podrían multiplicarse porque en realidad es todo el campo de la transferencia de competencias. Ello, tanto más que a partir de la situación inicial de principios de los años ochenta, el fenómeno se ha ampliado de manera regular y considerable. Mencionemos otra vez a PONTIER, quien observa que "las diversas leyes que han estado vigentes durante varios años y que conciernen a las colectividades locales[17] son verdaderas máquinas para hacer contratos porque prevén la intervención más o menos pronunciada de una u otra categoría, o de todas las categorías de estas colectividades".

La reciente ley Notre, ya mencionada, es, si se puede decir, un modelo de este tipo, con, al mismo tiempo, la supresión de la cláusula de competencia general para departamentos y regiones; nuevas posibilidades de delegación de competencias; el refuerzo de las competencias regionales en detrimento de las de los departamentos; nuevas transferencias de competencias a las colectividades o grupos de colectividades (por ejemplo, en relación con aeropuertos); la modificación del régimen intermunicipal; nuevas disposiciones sobre áreas metropolitanas[18] y sus competencias. Todo esto implica un aumento adicional en el campo de la contratación, una multiplicación de los acuerdos para coordinar el ejercicio de competencias. En particular, con los convenios sobre la delegación de competencias entre el Estado y las colectividades locales y los Convenios de Ejercicio Concertado Territorial (CETC)[19].

[17] Entre 2010 y 2015, no menos de seis leyes, incluida la ley de 7 de agosto de 2015 sobre la nueva organización de la República (Notre), precedida por la ley de 27 de enero de 2014 sobre "la modernización de la acción pública territorial y la afirmación de metrópolis (Maptam)".

[18] Quienes, después de la Región, el Departamento y la Comuna constituyen ahora un cuarto nivel administrativo local.

[19] Estos acuerdos, cuyo contenido fue especificado por la ley Maptam de 27 de enero de 2014, tienen como finalidad establecer los objetivos de la racionalización y las modalidades de acción conjunta para cada una de las competencias en cuestión. Su duración máxima es de seis años y se puede revisar cada tres años.

Por último, cabe señalar, sin insistir, que las transferencias de poderes de los municipios a las instituciones públicas de cooperación (comunidades de comunas, áreas metropolitanas) también están acompañadas de convenios. Para simplificar las cosas (de nuevo la ley Notre), el hecho de que, si la transferencia de competencias por parte de los municipios es obligatoria, el ejercicio de estas competencias puede, bajo ciertas condiciones, ser devuelto por el establecimiento público beneficiario de la transferencia.

Como podemos ver, la descentralización contribuye significativamente a una evolución que, a partir de la quasi ausencia de contratos entre entidades públicas, lleva a su multiplicación. Así, si por lo tanto hay una causa importante del fenómeno, no es la única. Por ejemplo, se puede observar que el desarrollo de ciertas políticas públicas también va de la mano con la contratación.

2. POLÍTICAS PÚBLICAS Y CONTRATACIÓN

Esta es un área en la que la contratación entre entidades públicas eventualmente afectará, en algunos casos, a las colectividades locales, pero, lo que es más importante, implicará principalmente la contratación entre el Estado y los establecimientos públicos u organismos similares[20].

Lo que se considerará entonces es la contratación como parte de la política estratégica del Estado frente a los operadores cuyo objetivo es orientar la acción (a mediano o largo plazo) para que la contratación sea coherente con las políticas o estrategias nacionales. "En otras palabras, la contratación es una forma en que el Estado puede llevar a cabo sus propias políticas públicas"[21]. El propósito de los contratos es llevar a la parte contratante a lograr los objetivos económicos y sociales definidos por el Estado. Por lo tanto, el objetivo es integrar la acción de las instituciones públicas en las políticas públicas nacionales, acordando sus objetivos y los medios para alcanzarlos. Uno puede, considera D. TRUCHET (*ibid.*) "ver en este fenómeno una lógica de subsidiariedad".

A decir verdad, este enfoque tiene orígenes antiguos. En el desarrollo de las relaciones contractuales entre el Estado y las empresas públicas (y, por lo tanto, en gran medida, entre personas públicas), un momento decisivo fue abril de 1967 con la publicación de un informe sobre las empresas públicas, llamado el informe Nora[22]. Informe que, en nombre de la eficiencia, abogaba por una sustitución de la lógica de mando que prevalecía entre el Estado y las

[20] Cuestión de la que se ocupa exhaustiva y profundamente el estudio mencionado anteriormente de D. TRUCHET, págs. 37 y s.

[21] D. TRUCHET, *op. cit.*, pág. 38.

[22] Del nombre del alto funcionario que fue el autor.

empresas públicas por una lógica contractual que podría caracterizarse por contratos calificados como "contratos de programa". El primero de estos se celebró en 1969 con la Sociéte Nationale de Chemins de Fer (SNCF).

Con la ley de 29 de julio de 1982, mencionada a propósito de los contratos de planes estatales-regionales, también se previeron contratos de planes entre el Estado y las empresas públicas.

Originalmente, estos contratos estaban destinados a desarrollar el plan nacional. Así, por ejemplo, la lucha contra la crisis energética o el desarrollo del TGV (Tren Gran Velocidad) se incluyó en los contratos firmados entre el Estado y Electricidad de France (EDF) o SNCF para los ferrocarriles.

Sin embargo, estos contratos de planes irían a sufrir una desafección gradual pero notable, que se explicaba aún mejor por el abandono de la fórmula del plan nacional, de la cual eran simplemente un medio de ejecución. Paradójicamente, se dejó que existiera un instrumento cuyo soporte ya no existía.

Sin embargo, esta desafección solo sería temporal. De hecho, se reactivaron sobre la base de las nuevas disposiciones previstas en la ley del 15 de mayo de 2001, sobre "nuevas regulaciones económicas". Una Ley cuyo propósito es determinar "los objetivos relacionados con la misión de servicio público asignada a la empresa, los medios que se deben disponer para lograrlos y las relaciones financieras entre el Estado y la empresa" y que, lógicamente, cambia su nombre a "contratos de empresa"[23].

A pesar de ser cuantitativamente pocos los contratos de esta naturaleza no dejan de llamar la atención debido a la importancia de los cocontratantes implicados[24] y la de sus objetivos, a saber, la determinación y las condiciones de ejercicio de las misiones de servicio público que les son asignadas[25].

Aunque, independientemente de su denominación momentánea, los contratos del plan parecen ser emblemáticos para los contratos de ejecución de políticas estatales. Ese mismo objetivo, con el tiempo, suscitó la aparición de otras fórmulas contractuales.

TRUCHET, que elabora una lista detallada[26], toma nota de una amplia variedad de contratos, incluidos contratos plurianuales de objetivos y medios (por ejemplo, entre el Estado y el Instituto Nacional del Audiovisual); contratos de objetivos y desempeño (previstos en la circular de 26 de marzo de 2010 sobre

---

[23] De hecho, y curiosamente, estos contratos variarán en relación con su nombre: contratos del plan, contratos de empresa, contratos del proyecto, para convertirse en un "contrato del plan" nuevamente en 2014.

[24] EDF – GDF; la SNCF; La Poste.

[25] El contrato 2013/2017 de La Poste desarrolla la misión de servicio público de este operador al especificar la frecuencia de entrega de correo; presencia postal en todo el país; la presencia de un servicio bancario de cercanía.

[26] *Ibid.*, pág. 37 y s.

la gestión estratégica de los operadores estatales); "contratos de establecimiento plurianuales" entre el Estado y las universidades[27]; contratos comerciales entre el Estado y la Oficina de correos —la Poste—, etc.

Tantos contratos específicos que contribuyen (o, como lo aclararemos, han contribuido) a la amplificación del fenómeno de contratación entre el Estado y otras personas públicas, en este caso los establecimientos públicos que tradicionalmente intervienen en el marco de la descentralización funcional.

Si bien este también es un factor importante para ampliar y diversificar el campo de los contratos entre entidades públicas, es importante relativizar su alcance actual. De hecho, tratándose de esta hipótesis de contratación como parte de la política estratégica del Estado, generalmente se puede ver que intervino, si es necesario, con contratistas privados. Esto se debe a que la contratación es en realidad parte de una perspectiva más funcional que orgánica. Si los contratistas son necesariamente personas morales, nunca han sido todos establecimientos públicos, ni siquiera personas públicas, se podría encontrar empresas con capital público y con estatuto societario, o ver empresas privadas con capital privado revestido de una misión de servicio público[28]. Indiferente al estado de los contratistas estatales, la contratación está dirigida a operadores que trascienden la distinción tradicional francesa entre las categorías públicas y privadas de personas morales.

De la misma manera, la contratación nunca ha alimentado completamente la categoría de contratos entre entidades públicas. Sin embargo, hasta hace poco, la mayoría de los contratos recién mencionados eran entre el Estado y los establecimientos públicos.

La situación ahora es diferente, en el sentido de una cierta reducción en el número de contratos entre entidades públicas. Esto se debe a que algunos operadores contratantes, que, en su calidad de establecimientos públicos eran inicialmente personas públicas ya no lo son. De hecho, la necesidad de cumplir con los requisitos comunitarios y el principio de "toda competencia" en la que se basan, ha llevado a varios cambios en el marco legal del sector de nuestras empresas públicas. Entre otras consecuencias, empresas importantes como Electricidad de France (EDF) y Gaz de France (GDF) dejaron de ser establecimientos públicos (personas públicas) para convertirse en sociedades (personas privadas), por lo que en los contratos que las conciernen, ya no

---

[27] Su funcionamiento se enmarca de manera exigente. Los contratos de establecimiento plurianuales a los que pertenecen (y que son obligatorios) cubren todas sus actividades, establecen los objetivos que se comprometen a alcanzar, proporcionan los medios y empleos asignados por el Estado, calculados de acuerdo con el rendimiento y la actividad.

[28] Por ejemplo, el caso de France Télévision, Radio France y France Média Monde, que son empresas de derecho privado cuyo capital es propiedad exclusiva del Estado.

podía haber contratos administrativos. Los contratos de derecho privado han sustituido los anteriores[29].

Si lo anterior revela una disminución reciente en la categoría de contratos entre entidades públicas, su diversidad sigue siendo grande y su número es muy importante.

Siendo este el caso, como acabamos de hacerlo, de considerar la contratación como un generador de contratos entre personas públicas, obviamente habría críticas si resultare que, a pesar de la denominación, los actos considerados, al menos para muchos de ellos, no serían contratos.

La pregunta que ha alimentado en gran medida la reflexión doctrinal vale la pena formularse[30]. Para PONTIER[31], "la contratación está mucho menos bien definida que el contrato y uno podría pensar que cubre una realidad distinta a la del contrato", por lo que la contratación sería "la expresión de un paracontrato más que lo contractual en sí mismo". En el mismo sentido, J. CHE-VALLIER[32] cree que con la "contratación puesta al servicio de la acción pública y concebida como un instrumento de gobernanza, estamos presenciando una distorsión del concepto clásico del contrato", debido a que "las fronteras entre el contrato y el acto unilateral, el contrato y los procesos de regulación más flexibles e informales no son claros".

Sin embargo, uno no se apegará a estas formas de pensar al considerar con TRUCHET[33] que la "contratación implica un verdadero procedimiento contractual y conduce cada vez más a verdaderos compromisos", lo que caracteriza bien la presencia del contrato.

Verdadero procedimiento contractual porque es ciertamente un procedimiento simple (en particular sin obligación de llamar a la competencia) pero no muestra, casi nunca, que hay libertad real de negociación para ambas partes. Muchas de esas cláusulas no están escritas con anticipación, y están sujetas a negociaciones efectivas. Los operadores probablemente no siempre obtienen satisfacción, pero tampoco la obtiene el Estado. Cada uno marca estos límites y entre ellos hay un margen real de discusión y acuerdo.

Sin embargo, se podría dudar de la realidad del contrato si las hipótesis en cuestión solo daban lugar a declaraciones de intención no vinculantes, pero, como resultado de un examen más detenido, ese no es el caso. La tendencia

---

[29] Contratos que la legislación ha previsto como medida complementaria de la privatización para salvaguardar las misiones de servicio público.

[30] A excepción de dos tipos de contratos, y no menos importantes, que no se pueden tratar. Se trata de contratos de planes y contratos de empresas plurianuales para los cuales la legislación ha estipulado que se considera que solo contienen cláusulas contractuales.

[31] *Op. cit.*, pág. 6.

[32] *Op. cit.*, pág. 14.

[33] *Op. cit.*, pág. 41 y s. Desarrolla de manera convincente el punto de vista de que la contractualización conduce efectivamente a contratos administrativos.

dominante es hacia acuerdos firmes y precisos. Si los acuerdos administrativos (a diferencia de los acuerdos financieros) se expresan solo en términos de los objetivos que deben alcanzarse, por regla general, estos objetivos se definen con precisión. Por ejemplo, en el caso de los contractos de objetivos y de desempeño, se distingue entre objetivos estratégicos que son cualitativos y objetivos operacionales que se cuantifican. Se puede verificar que "bajo formas diversas, los objetivos a menudo se detallan en elementos numéricos"[34] que permiten un seguimiento de la ejecución del contrato.

Como ilustración, en el caso de los contratos universitarios, vemos que establecen que el Estado comparte las pautas definidas por este contrato y brinda apoyo para su ejecución en las condiciones establecidas en el anexo. Por lo tanto, existe un compromiso real del Estado que muestra el espíritu bilateral característico del contrato.

De esta manera, debe tenerse en cuenta que, aunque esto ha disminuido, la amplia categoría de contratos entre entidades públicas continúa incluyendo muchos contratos que, por la vía de la contratación, intervienen en el desarrollo de las políticas públicas.

3. SUSPENSIÓN DE CIERTAS OPERACIONES EN LA APLICACIÓN
   DE LAS REGLAS DE COMPETENCIA[35]

Para garantizar el funcionamiento de sus servicios públicos, las personas públicas necesitan medios (personal, suministros, equipo inmobiliario). Para satisfacer el funcionamiento de los servicios públicos se contrata, especialmente mediante la adjudicación de contratos públicos. Enfoque para el cual están obligados a respetar la ley de competencia, tanto de la Comunidad Europea como nacional.

Estar exento de este requisito obviamente sería una manera para simplificar las cosas. Sin embargo, si existía esta hipótesis de evasión de la ley de compras públicas, se limitaba (sobre la base inicial de una jurisprudencia de la CJCE)[36] al caso específico de prestaciones integradas llamadas prestaciones *"in house"*[37].

---

[34] *Ibid.*, pág. 43.

[35] Al igual que en los ejemplos anteriores, los límites cuantitativos de una contribución a un trabajo colectivo implican el carácter sucinto de las siguientes consideraciones. Por lo tanto, podemos referirnos, sobre este mismo punto, a estudios más sustanciales como, por ejemplo, el del Profesor Ph. TERNEYRE, "L'avenir de la coopération entre personnes publique...", en *RFDA*, 2014, pág. 407 y s.

[36] CJCE 18/11/1999, Teckal Sr, aff. C-107/98

[37] Sabemos que esta es la capacidad de un comprador público para superar las reglas de publicidad y competencia cuando utiliza los servicios de una entidad sobre la cual ejerce un control comparable al que practica en sus propios servicios y realiza la mayoría de las actividades para él.

Recientemente, y nuevamente conforme a la jurisprudencia europea, ha surgido la posibilidad de una nueva derogación de la ley de competencia. Esto está sujeto a ciertas condiciones, incluido el hecho de que el contrato es celebrado por dos entidades públicas.

El punto de partida, entonces, es de nuevo comunitario[38]. Si incluso en asuntos económicos una autoridad pública siempre tiene la posibilidad de realizar las tareas que le incumben por sus propios medios administrativos, técnicos y humanos, sin tener que recurrir a herramientas externas que no pertenecen a sus servicios, esta posibilidad se puede ejercer en colaboración con otras autoridades públicas[39].

Por lo tanto, existe una nueva hipótesis de colaboración entre las personas públicas, pero con condiciones precisadas por la jurisprudencia del Tribunal de Luxemburgo[40]. Más específicamente, las normas de la legislación de la Unión Europea sobre contratación pública no se aplican cuando se cumplen las siguientes condiciones:

• El contrato de cooperación debe ser celebrado exclusivamente por entidades públicas.

• Ningún proveedor privado debe ser colocado en una posición privilegiada en comparación con sus competidores;

• La cooperación establecida debe regirse únicamente por consideraciones y requisitos específicos para la consecución de objetivos de interés público.

La condición para concluir el acuerdo de cooperación exclusivamente entre entidades públicas está, por lo tanto, en línea con la perspectiva de ampliar el campo de los contratos entre entidades públicas.

Desde la jurisprudencia comunitaria, y esto es especialmente lo que nos preocupa aquí, nuestro Consejo de Estado francés ha desarrollado esta teoría de la cooperación no competitiva entre personas públicas.

Conociendo de una demanda contra un acuerdo celebrado sin publicidad o competencia entre una comunidad de aglomeración (es decir, un establecimiento público) y un municipio vecino, con el fin de prestar el servicio público de distribución de agua potable de la ciudad con los servicios de la Comunidad, el Consejo de Estado ha decidido[41] "que un municipio puede realizar las tareas de servicio público que le incumben por sus propios medios o en cooperación con otras personas públicas, de acuerdo con los procedimientos establecidos por el legislador; que puede también celebrar, por fuera de las reglas de la compra

[38] Ver especialmente, CJCE 13/06/2013, Piebenbrock, aff. C-386/11; ADJA 2013, 1751, nota J.D. Dreyfus.

[39] Decisión Coditel Brabant SA, CJCE 13/11/2008, aff. C-324/07; AJDA 2008, 2140.

[40] Además de la decisión Piebenbrock, ya citada, ver: CJCE Commission C/RFA, 09/06/2009, aff.C-480/06; Azienda sanitaria locale di lecce, 19/12/2012, aff.C-159/11.

[41] CE 3/02/2012, Commune de Veyrier-du-lac, Communauté d'agglomération d'Annecy, Rec., pág. 18, concl. B. Dacosta.

pública ... un convenio que constituya un acuerdo para ejercer una cooperación con municipios, instituciones públicas de cooperación intercomunal o sindicatos mixtos, de las mismas misiones, en particular mediante la mutualización de los medios dedicados a la operación de un servicio público, siempre que este entendimiento no permita una intervención con fines de lucro de una de estas entidades públicas, actuando como un operador en un mercado competitivo".

Teniendo en cuenta que en este caso se cumplió la condición, el Consejo de Estado sostuvo que "el convenio materia del litigio, celebrado a efectos de cooperación entre personas públicas en el contexto de relaciones que no son las del mercado, no estaba sujeto a las normas de compra pública"[42].

Por lo tanto, si sintetizamos la hipótesis, cuando esta cooperación convencional entre entidades públicas organiza una actividad de servicio público común, con un objetivo económico importante, pero sin hacer de una o ambas partes contratantes un operador en el mercado competitivo, el derecho nacional y el derecho europeo de la compra pública no se aplica a estas relaciones contractuales, ni tampoco el derecho común de la competencia. Hasta ahora la fórmula ha sido muy poco explotada; sin embargo, se puede suponer que, en vista de la conveniencia de no someterse a la ley de competencia, gradualmente debería ser atractivo.

Considerando esta decisión atractiva, aunque no es necesario sobreestimarlo, en su estudio TERNEYRE en el futuro "probables cooperaciones entre entidades públicas locales (autoridades locales, EPCI, sindicatos mixtos, acuerdos) para administrar servicios públicos comunes, servicios de piscina, equipos, etc., que puedan permitir que importantes personas del sector público presten servicios a los más pequeños adyacentes a ellos" [43]. Más allá de eso, podría agregarse el hecho de que sería posible "la cooperación entre personas públicas en búsqueda, en un entorno presupuestal cada vez más limitado, de economías de escala, sinergias para cubrir el menor costo de las necesidades públicas comunes". Si este fuera el caso, el campo de los contratos entre entidades públicas todavía se enriquecería, pero en cualquier caso ya es considerable. Desde una situación de casi ausencia, aun a principios del siglo pasado, la contratación entre entidades públicas[44] es ahora "un éxito más allá de toda esperanza ... la proliferación es tal que nadie puede hacer una lista de ellas"[45].

---

[42] En la extensión de las dos jurisprudencias, los términos de esta cooperación contractual entre entidades públicas han sido determinados por los legisladores comunitarios (2014/23, 2014/24 y 2015/25 de 26 de febrero de 2014) y nacionales (primeras disposiciones de la ley mencionadas anteriormente del 16 de diciembre de 2010 sobre la reforma de las autoridades locales, y en textos posteriores en el marco de las reformas de compras públicas).

[43] Caso Commune de Veyrier – du – Lac, ya citada.

[44] Todos estos contratos son, en principio, contratos administrativos porque, según la jurisprudencia (TC 21/03/1983, Union des Assurances de Paris), un contrato celebrado entre dos entidades pú blicas es, en principio, de naturaleza administrativa.

[45] J. M. PONTIER, *op. cit.*, pág. 11.

PERÚ

EL RÉGIMEN DE LOS CONTRATOS PÚBLICOS

Juan Carlos Morón Urbina[*]
Víctor Baca Oneto[**]

1. El régimen constitucional de la contratación administrativa

En el constitucionalismo americano, la formación de los contratos estatales ha cobrado singular relevancia, lo que se evidencia en la preocupación de los constituyentes por consagrar la licitación pública como una garantía institucional que permita desarrollar en este ámbito diversos derechos y valores constitucionales como la igualdad, la libre competencia, la transparencia, la imparcialidad de las autoridades y la probidad, entre otros.

Por la consagración constitucional de la licitación pública como principio o regla general, estos Estados han optado por los sistemas de restricción en las compras públicas, dejando de lado el sistema de libre elección que provenía de los orígenes del derecho administrativo en Francia. Además, los constituyentes consagran la reserva de ley, de modo que sea la función normativa —los Congresos en particular— quienes regulen la materia y dejan a las autoridades administrativas como ejecutores y operadores de dicha normativa.

[*] Abogado por la Universidad San Martín de Porres. Maestría en Derecho Constitucional por la Pontificia Universidad Católica del Perú. Cursa el Doctorado en Derecho Administrativo Iberoamericano por la Universidad de La Coruña. Directivo de la Asociación Peruana de Derecho Administrativo, miembro de la Asociación Peruana de Derecho Constitucional y de la Sociedad Peruana de Derecho de la Construcción. Miembro del Foro Iberoamericano de Derecho Administrativo y del Instituto Internacional de Derecho Administrativo – IIDA. Profesor Ordinario de la Pontificia Universidad Católica del Perú y de diversos cursos de derecho administrativo en pregrado y postgrado en las Facultades de Derecho de la Universidad de San Martin de Porres, y en la Universidad de Piura. Socio del Estudio Echecopar. Juancarlos.moron@echecopar.com.pe

[**] Abogado por la Universidad de Piura. Doctor en Derecho por la Universidad de Valladolid. Profesor ordinario principal de la Universidad de Piura, donde también es Director Académico del Campus Lima, Director del Programa Académico de Derecho en Campus Lima y Director de la Maestría en Derecho Administrativo y regulación del mercado. Vocal de la Sala de Eliminación de Barreras Burocráticas del Tribunal del INDECOPI. Of. Counsel y Jefe del área de Derecho público de la oficina de Garrigues en Lima. Miembro del Foro Iberoamericano de Derecho Administrativo (FIDA) y del Instituto Internacional de Derecho Administrativo (IIDA).

En nuestro país, el artículo 76 de la Constitución Política da continuidad a esa tendencia al establecer que cuando se contrata con fondos o recursos públicos —cualquiera sea el sujeto y el objeto del contrato— la vía procedimental para seleccionar al contratista debe ser la licitación y el concurso, con la excepción de los supuestos expresamente calificados por la ley.

Cuando el constituyente opta por la licitación como regla, no se refiere a un procedimiento de selección en particular, sino a que, cualquiera sea el procedimiento que se estructure, debe responder a los siguientes estándares: conformarse con fundamento en una estructura-invitación a ofrecer, con redacción previa por la autoridad de las reglas esenciales de la selección, existencia de libre concurrencia de postores a partir de su propia iniciativa, la comparación de las ofertas producto de la oposición entre quienes concurren en función a factores de competencia conocidos, automaticidad de la elección a partir de criterios públicos, objetivos y aceptados y, finalmente, que se desarrolle mediante una secuencia procedimental sujeta al escrutinio público que respete los derechos de transparencia en las operaciones, imparcialidad de la autoridad, libre competencia para acudir al proceso, trato justo e igualitario a los potenciales proveedores.

En nuestro ordenamiento, los procedimientos que son compatibles con estas exigencias constitucionales son la licitación pública, el concurso público, la subasta inversa electrónica, y, en su primera fase, los acuerdos marco. *A contrario sensu*, los procedimientos de selección que constituyen más bien excepciones legales al régimen de licitación son: las contrataciones directas, los supuestos excluidos del ámbito de aplicación de la ley que disponen de recursos o fondos públicos, en particular, las adquisiciones de menor valor, la comparación de precios, ya que en todos estos casos la autoridad tiene discrecionalidad para invitar al proveedor de su elección al proceso y los potenciales postores no tienen plena libertad para acudir a estos procedimientos.

La reserva de ley que impone la Constitución a la regulación de los procesos de selección impide que se creen procedimientos de contratación por normas reglamentarias u ordenanzas, debiendo ser únicamente por ley, decreto legislativo, ley orgánica o decreto de urgencia. En esa misma línea, la reserva de ley no implica la existencia de una única ley de contratación; pueden existir varias, según la libertad de configuración del legislador, pero, eso sí, deben fundarse en las específicas características, propiedades, exigencias o calidades de determinados asuntos (ej. tipo de contrato o sector específico) pero no en función de alguna entidad en particular. Es contrario al esquema constitucional crear procedimientos singulares únicamente para establecer privilegios a una entidad determinada.

Del artículo 76 de la Constitución se derivan seis importante reglas para el régimen de contrataciones nacionales: la obligatoriedad de contratar con terceros las obras y suministros de bienes con fondos públicos así como la adquisición o enajenación de bienes; la obligatoriedad de emplear la licitación pública para seleccionar contratistas de obra y suministro de bienes; la obligatoriedad de acudir al concurso público para seleccionar contratistas de servicios y proyectos; el deber funcional de las autoridades de privilegiar la licitación y el concurso públicos antes que otras modalidades de contratación; la competencia de la ley de presupuesto para fijar los montos para aplicar la licitación y concursos públicos y la reserva de ley para establecer las causales de exoneración (compras directas) y demás supuestos excepcionales de compra.

2. CONCEPTO JURÍDICO POSITIVO DE CONTRATO ADMINISTRATIVO

La legislación peruana no ha considerado necesario adoptar un concepto jurídico positivo de contrato administrativo.

3. COBERTURA SUBJETIVA Y EXCEPCIONES DEL RÉGIMEN
DE CONTRATACIÓN ADMINISTRATIVA

La determinación del ámbito de aplicación del régimen de contrataciones está dado por tres elementos concurrentes: que el sujeto adquirente califique como entidad pública dentro de las calificaciones que da la norma, que la contraprestación se financie con recursos públicos y que la naturaleza de los contratos sea de adquisiciones, servicios, obras o consultorías.

A) *Sujetos incluidos o cubiertos*

Se encuentran comprendidos dentro de los alcances de la ley, bajo el término genérico de entidad: los ministerios y sus organismos públicos, programas y proyectos adscritos, el poder legislativo, el poder judicial y organismos constitucionalmente autónomos, los gobiernos regionales y sus programas y proyectos adscritos, los gobiernos locales y sus programas y proyectos adscritos, las universidades públicas, las sociedades de beneficencia pública y juntas de participación social, las empresas del Estado pertenecientes a los tres niveles de gobierno, los fondos constituidos total o parcialmente con recursos públicos, sean de derecho público o privado, así como las Fuerzas Armadas, la Policía Nacional del Perú y sus órganos desconcentrados.

B) *Sujetos y materias excluidas*

Los contratos que han sido excluidos de la aplicación del régimen son: los contratos bancarios y financieros que provienen de un servicio financiero, las contrataciones que realicen los órganos del servicio exterior de la República, exclusivamente para su funcionamiento y gestión, fuera del territorio nacional, las que efectúe el Ministerio de Relaciones Exteriores para atender la realización en Perú, de la transmisión del mando supremo y de cumbres internacionales previamente declaradas de interés nacional, y sus eventos conexos, que cuenten con la participación de jefes de Estado, jefes de Gobierno, así como de altos dignatarios y comisionados, la contratación de notarios públicos para que ejerzan las funciones dentro de la ley de contrataciones, los servicios brindados por conciliadores, árbitros, centros de conciliación, instituciones arbitrales, miembros o adjudicadores de la Junta de Resolución de Disputas y demás derivados de la función conciliatoria, arbitral y de los otros medios de solución de controversias, las contrataciones realizadas de acuerdo con las exigencias y procedimientos específicos de una organización internacional, Estados o entidades cooperantes, siempre que se deriven de operaciones de endeudamiento externo o de donaciones ligadas a dichas operaciones, los contratos de locación de servicios celebrados con los presidentes de directorios, que desempeñen funciones a tiempo completo en las entidades o empresas del Estado, la compra de bienes que realicen las entidades.

4. CONTRATACIÓN DIRECTA O SIN PROCEDIMIENTOS DE SELECCIÓN

La regla del sistema cerrado asume tres presupuestos necesarios para aplicarse: un presupuesto lógico, consistente en la existencia de pluralidad de oferentes y bienes o servicios no singulares; un presupuesto jurídico, que es la aptitud para seleccionar la oferta más conveniente, y un presupuesto fáctico, la existencia de interesados en competir por el contrato. Sin embargo, cuando alguno de estos supuestos no aparece, surge la necesidad de ir a la contratación directa del proveedor.

En ese sentido, la contratación directa se realiza previa aprobación de la exoneración del proceso de selección por la autoridad superior de la entidad, y constituye un procedimiento específico, excepcional y subsidiario de selección directa del contratista por parte de la Administración, sin concurrencia o competencia de otros postores. Las contrataciones directas son permitidas por nuestra legislación debido a que, por causales especificas previstas en la ley, se hace imposible o es inviable realizar la selección del contratista en el marco de competencia. Las causales de exoneración más usuales son:

• Contratar a otra entidad pública, siempre que en razón de costos de oportunidad resulten más eficientes y técnicamente viables para satisfacer la necesidad y no se contravenga lo señalado en el artículo 60 de la Constitución Política.

• Situación de emergencia derivada de acontecimientos catastróficos, de situaciones que supongan grave peligro o que afecten la defensa y seguridad nacional, que exijan a la entidad actuar inmediatamente de modo preventivo y asistencial.

• Situación inminente, extraordinaria e imprevisible de desabastecimiento de un bien o servicio debidamente comprobada que afecte o impida la continuidad de las funciones, servicios, actividades y operaciones de la entidad.

• Compras con carácter de secreto, secreto militar o por razones de orden interno, por las Fuerzas Armadas, la Policía Nacional de Perú y los organismos que integran el Sistema Nacional de Inteligencia, que deban mantenerse en reserva conforme a la ley.

• Cuando en el país exista un único proveedor de bienes o servicios que no admiten sustitutos, o cuando por razones técnicas o relacionadas con la protección de derechos, se haya establecido la exclusividad del proveedor.

• Servicios personalísimos prestados por personas naturales con la debida sustentación objetiva que se trata de un proveedor especializado, que cuente con reconocida experiencia en la prestación objeto del contrato y se trate de un objeto contractual complejo.

• Servicios de publicidad que prestan medos de comunicación televisiva, radial, escrita, entre otros.

Como lo hemos mencionado, para contratar directamente, se debe aprobar previamente la exoneración del proceso de selección, para cuyo efecto se debe contar con los informes técnico y legal que justifiquen la causal. La aprobación de la exoneración debe efectuarse mediante resolución del titular de la entidad, acuerdo del directorio, en el caso de empresas del Estado, acuerdo del consejo regional o del concejo municipal, según se trate de gobiernos regionales o locales. La resolución que aprueba la exoneración debe publicarse en el SEACE. Una vez aprobada la exoneración, la entidad debe identificar al proveedor que cumpla con los requisitos de las bases, y luego proceder a su contratación.

5. Contratación en estados de urgencia y necesidad

La contratación directa por motivo de urgencia es denominada en nuestro derecho como situación de desabastecimiento. Para su configuración debe producirse la ausencia inminente de determinado bien, servicio en general o consultoría, debido a la ocurrencia de una situación extraordinaria e imprevisible, que compromete la continuidad de las funciones, servicios, actividades u operaciones que la entidad tiene a su cargo.

Dicha situación faculta a la entidad a contratar bienes y servicios solo por el tiempo o la cantidad necesarios para resolver la situación y llevar a cabo el procedimiento de selección que corresponda.

No puede invocarse la existencia de una situación de desabastecimiento en las contrataciones cuyo monto de contratación se encuentre bajo la cobertura de un tratado o compromiso internacional, cuando el desabastecimiento se hubiese originado por negligencia, dolo o culpa inexcusable del funcionario o servidor de la entidad, por períodos consecutivos que excedan el lapso del tiempo requerido para superar la situación, para satisfacer necesidades anteriores a la fecha de aprobación de la contratación directa, por prestaciones cuyo alcance exceda lo necesario para atender el desabastecimiento, ni en vía de regularización.

6. PROHIBICIONES Y CONSECUENCIAS (OFERENTES O PROPONENTES, FUNCIONARIOS QUE PARTICIPAN EN PROCEDIMIENTOS DE SELECCIÓN, MIEMBROS SUPREMOS DE PODERES PÚBLICOS)

Cualquiera sea el régimen legal de contratación aplicable, están impedidos de ser participantes, postores, contratistas o subcontratistas, las siguientes personas:

a) En todo proceso de contratación pública, hasta doce meses después de haber dejado el cargo, el presidente y los vicepresidentes de la República, los congresistas de la República, los vocales de la Corte Suprema de Justicia de la República, los titulares y los miembros del órgano colegiado de los organismos constitucionales autónomos.

b) Durante el ejercicio del cargo los gobernadores, vicegobernadores y los consejeros de los gobiernos regionales, y en el ámbito regional, hasta doce meses después de haber dejado el cargo.

c) Durante el ejercicio del cargo los ministros y viceministros, y en el ámbito de su sector, hasta doce meses después de haber dejado el cargo.

d) Durante el ejercicio del cargo los jueces de las cortes superiores de justicia, los alcaldes y regidores, y en el ámbito de su competencia territorial, hasta doce meses después de haber dejado el cargo.

e) Durante el ejercicio del cargo los titulares de instituciones o de organismos públicos del poder ejecutivo, los funcionarios públicos, empleados de confianza y servidores públicos, según la ley especial de la materia, gerentes y trabajadores de las empresas del Estado con dedicación exclusiva, y respecto a la entidad a la que pertenecen, hasta doce meses después de haber dejado el cargo. En el caso de los directores de las empresas del Estado, el impedimento aplica, en la empresa a la que pertenecen, hasta doce meses después de haber dejado el cargo.

f) En la entidad a la que pertenecen, quienes por el cargo o la función que desempeñan tienen influencia, poder de decisión, o información privilegiada sobre el proceso de contratación o conflictos de intereses, hasta doce meses después de haber dejado el cargo.

g) En el correspondiente proceso de contratación, las personas naturales o jurídicas que tengan intervención directa en la determinación de las características técnicas y del valor referencial, en la elaboración de bases, selección y evaluación de ofertas de un proceso de selección y en la autorización de pagos de los contratos derivados de dicho proceso, salvo en el caso de los contratos de supervisión.

h) En el ámbito y tiempo establecidos para las personas naturales señaladas en los literales precedentes, el cónyuge, conviviente o los parientes hasta el segundo grado de consanguinidad o afinidad.

i) En el ámbito y tiempo establecidos para las personas señaladas en los literales precedentes, las personas jurídicas en las que aquellas tengan o hayan tenido una participación superior al 30 por ciento del capital o patrimonio social, dentro de los doce meses anteriores a la convocatoria del respectivo procedimiento de selección.

j) En el ámbito y tiempo establecido para las personas señaladas en los literales precedentes, las personas jurídicas sin fines de lucro en las que aquellas participen o hayan participado como asociados o miembros de sus consejos directivos, dentro de los doce meses anteriores a la convocatoria del respectivo proceso.

k) En el ámbito y tiempo establecidos para las personas señaladas en los literales precedentes, las personas jurídicas cuyos integrantes de los órganos de administración, apoderados o representantes legales sean las referidas personas. Idéntica prohibición se extiende a las personas naturales que tengan como apoderados o representantes a las citadas personas.

l) Las personas naturales o jurídicas que se encuentren sancionadas administrativamente con inhabilitación temporal o permanente en el ejercicio de sus derechos para participar en procesos de selección y para contratar con entidades, de acuerdo con lo dispuesto por la norma pertinente y su reglamento.

m) Las personas condenadas, en el país o en el extranjero, mediante sentencia consentida o ejecutoriada por delitos de concusión, peculado, corrupción de funcionarios, enriquecimiento ilícito, tráfico de influencias, delitos cometidos en remates o procedimientos de selección, o delitos equivalentes en caso de que estos hayan sido cometidos en otros países. El impedimento se extiende a las personas que, directamente o por sus representantes, hubiesen admitido o reconocido la comisión de cualquiera de los delitos antes descritos ante alguna autoridad nacional o extranjera competente.

n) Las personas jurídicas cuyos representantes legales o personas vinculadas que (i) hubiesen sido condenadas, en el país o en el extranjero, mediante sentencia consentida o ejecutoriada por delitos de concusión, peculado, corrupción de funcionarios, enriquecimiento ilícito, tráfico de influencias, delitos cometidos en remates o procedimientos de selección, o delitos equivalentes en caso de que estos hayan sido cometidos en otros países; o, (ii) directamente o a través de sus representantes, hubiesen admitido o reconocido la comisión de cualquiera de los delitos antes descritos ante alguna autoridad nacional o extranjera competente. Tratándose de consorcios, el impedimento se extiende a los representantes legales o a personas vinculadas a cualquiera de los integrantes del consorcio.

o) Las personas naturales o jurídicas a través de las cuales, por razón de las personas que las representan, las constituyen o participan en su accionariado o cualquier otra circunstancia comprobable se determine que son continuación, derivación, sucesión, o testaferro, de otra persona impedida o inhabilitada, o que de alguna manera esta posee su control efectivo, independientemente de la forma jurídica empleada para eludir dicha restricción, tales como fusión, escisión, reorganización, transformación o similares.

p) En un mismo procedimiento de selección las personas naturales o jurídicas que pertenezcan a un mismo grupo económico, conforme se define en el reglamento.

q) Las personas inscritas en el Registro de Deudores de Reparaciones Civiles (REDERECI), sea en nombre propio o a través de persona jurídica en la que sea accionista u otro similar, con excepción de las empresas que cotizan acciones en bolsa, así como en el registro de abogados sancionados por mala práctica profesional, en el registro de funcionarios y servidores sancionados con destitución por el tiempo que establezca la ley de la materia y en todos los otros registros creados por ley que impidan contratar con el Estado.

r) Las personas jurídicas nacionales o extranjeras que hubiesen efectuado aportes a organizaciones políticas durante un proceso electoral, por todo el período de gobierno representativo y dentro de la circunscripción en la cual la organización política beneficiada con el aporte ganó el proceso electoral que corresponda.

7. PRINCIPIOS DE LOS PROCEDIMIENTOS DE CONTRATACIÓN ADMINISTRATIVA

Los principios de la contratación estatal tienen diversas fuentes originarias. Por ejemplo, la más representativa fuente es la constitucional, debido a que el Tribunal Constitucional peruano ha establecido en su jurisprudencia que todo régimen de contrataciones, que utilice recursos públicos, para ser constitucional, debe respetar los principios de eficiencia, transparencia en el manejo de recursos, imparcialidad y trato igualitario a los postores. Ahora bien, los principios tienen una base legal ordinaria, como por ejemplo, los que encontramos en la Ley de Contrataciones del Estado, como, en vía supletoria y respecto a la fase de selección, la Ley del Procedimiento Administrativo General, que contienen un listado de principios que son de aplicación a los contratos administrativos (en particular, el debido procedimiento, el informalismo moderado, la presunción de veracidad, la búsqueda de la verdad material, así como los principios contenidos en el decreto legislativo 1012, referidos a las asociaciones público privadas. Finalmente, encontramos algunos principios en materia de contratación que han sido desarrollados por la jurisprudencia y la doctrina hasta el momento, pero que encuentran acogida por vía arbitral (ej. equilibrio económico financiero del contrato, confianza legítima, actos propios, buena fe contractual).

A) *El principio de moralidad*

Según este principio, los actos de los sujetos que intervienen en la contratación estatal, tanto por parte de la administración, como los administrados, deben caracterizarse por la honradez, veracidad, intangibilidad, justicia y probidad.

La aplicación de este principio se verifica en el cumplimiento de impedimentos y prohibiciones para ser postor o integrante del comité especial; las reglas de conflictos de intereses o información privilegiada, la exigibilidad de responsabilidad en caso de infracción; la prohibición de enriquecimiento sin causa (ej. cuando las entidades solicitan la presentación de muestras del producto y no las devuelven a los postores, luego de culminado el proceso de selección); prohibición de ir contra sus propios actos (ej. cuando el comité especial, que tiene a su cargo el proceso de selección, al evaluar las propuestas de los postores actúa de forma contraria a lo que, al absolver las consultas, anunció).

B) *El principio de imparcialidad*

De acuerdo con este principio, las decisiones y resoluciones de los órganos de la Administración que intervienen en la contratación pública, deben atender a criterios técnicos objetivos y sujetarse a la norma.

En tal sentido, este principio prohíbe emplear conceptos jurídicos carentes de contenido único o términos subjetivos en las bases, que implican apreciaciones valorativas subjetivas; establecer métodos de evaluación de propuestas carentes de base objetiva demostrable, como, por ejemplo, la degustación para evaluar la calidad de productos alimenticios, o considerar calificaciones subjetivas como "satisfactorio", "regular", "bueno"; dejar sin definir en qué consisten las "prestaciones similares" o las mejoras que darán lugar a la asignación de puntaje.

C) *El principio de transparencia y publicidad*

Que ordena que se brinde acceso a los participantes del proceso de selección a las bases del proceso de selección y todo aquel documento vinculado a su desarrollo, tales como las actas de asignación de puntaje y resultados.

Se vulnera este principio cuando no hay claridad en la metodología de evaluación de propuestas o en lo que respecta al cumplimiento de las prestaciones contractuales (ej. no hay reglas claras sobre las formalidades y plazos para los pagos, y condiciones de entrega de los bienes, supuestos que darán lugar a la imposición de penalidades, etc.); o cuando se omite información que resulta indispensable para que los postores logren presentar sus propuestas; o cuando la entidad se niega a entregar información a los postores durante el proceso (ej. estudio de mercado, resolución que aprueba las bases o que designa al Comité); o cuando se niega o retarda la entrega de la copia de las propuestas de otros postores, luego de adjudicada; cuando las consultas que formulan los participantes de un proceso de selección son absueltas de modo evasivo, contradictorio o sin que se sustente su posición de manera clara e inequívoca.

D) *El principio de libre concurrencia o competencia*

Según el cual las reglas del proceso de selección, su interpretación y aplicación deben tener como objetivo: i) fomentar la pluralidad de concurrentes al proceso de selección, entendido como la estimulación al mayor número de posibles interesados al proceso (ej. precio atractivo, inexistencia de cargas u obligaciones costosas o irracionales, vinculado al número de postores); ii) promover que la concurrencia de postores tenga las características de amplitud, objetividad e imparcialidad (se refiere a la calidad de los postulantes); y, iii) permitir un desenvolvimiento libre de los postores en respeto a su competitividad, tanto para el acceso al proceso, como dentro del proceso licitatorio (dimensión dinámica de la competencia dentro del proceso). A dicho efecto, una política de compras públicas alineada a este principio debe identificar y suprimir los diversos factores que impiden, desalientan e intimidan el acceso a las compras públicas a postores. Los hay de origen técnico (requisitos técnicos mínimos complejos, condiciones desproporcionadas o irracionales), económicos (costos que se deben asumir aun sin ser adjudicatarios de contrato alguno como garantías que deben mantenerse vigentes hasta que el contrato se extinga o aun con posterioridad a ello, demoras en los pagos del Estado, prórrogas de calendarios, tasas y registros, costos de documentaciones irrelevantes o que la entidad posee), administrativas/legales (obtención de certificaciones complejas, traducciones, copias, etc.), informativas (complejidad de normas y modalidades de contratación, profusión de fuentes e instrumentos normativos, necesidad de tener una experticia distinta para compras públicas, etc.).

E) *Los principios de eficiencia y eficacia*

Conforme a los cuales los bienes, servicios u obras deben reunir requisitos de calidad, precio, plazo de entrega y demás condiciones para su uso final; siendo que debe privilegiarse la finalidad de la contratación respecto de aspectos meramente formales que no inciden en la consecución de los fines de la contratación estatal.

En virtud de este principio es necesario realizar el estudio de mercado previo al proceso de selección, para indagar las mejores posibilidades de calidad, precio y plazo de entrega de las prestaciones requeridas por la entidad, así como la regulación prolija de las formas y reglas para la recepción y conformidad de servicios.

Además, de acuerdo con este principio, se debe admitir que el contratista pueda, luego de suscrito el contrato, entregar bienes o servicios distintos a los ofertados, siempre que se cuente con aceptación de la entidad, y reúnan mejores características técnicas, sin implicar un incremento en el precio, cuando se produzcan situaciones como el desabastecimiento del bien, desaparición de la marca, obsolescencia del modelo, encarecimiento desproporcionado del bien ofrecido, etc.

Este principio ordena suprimir requisitos técnicos mínimos o factores de evaluación, que puedan conllevar la adquisición de bienes que no cuentan con un perfecto estado de mantenimiento y funcionamiento (por ejemplo, si se calificara separadamente la operatividad de los componentes de vehículos —chasis, motor, cabina, luces, torque, frenos y dirección—, y no de manera integral, de modo que se asegure que en conjunto los bienes tengan la calidad necesaria que permitan una adecuada prestación del servicio, se estaría afectando el principio).

F) *El principio de economía*

Por este principio, la entidad convocante debe conducir sus actos con simplicidad, austeridad y ahorro de recursos, evitando el costo administrativo que significa la duplicidad, reiteración, redundancia o dispersión de procedimientos y trámites administrativos, entre otros.

Así, en orden del principio de economía, la entidad debe concentrar su demanda de bienes, servicios y obras, y convocar un solo proceso de selección por cada tipo de necesidad, evitando el fraccionamiento. Del mismo modo, la entidad debe contratar los bienes y servicios, de manera conjunta con otras entidades, mediante las compras corporativas; debe recurrir a la contratación a través del catálogo de Convenio Marco de precios, y, respecto de aquellos bienes denominados comunes debe utilizar el mecanismo de subasta inversa.

En el caso de los postores, el principio de economía opera a su favor, pues quedarán liberados de incurrir en costos innecesarios para postular, pues se proscriben exigencias tales como presentación de traducciones oficiales, documentos originales o copias autenticadas, y no tendrán que presentar aquella información con la que entidad ya cuenta, etc.

Una de las expresiones contemporáneas del principio de economía en las contrataciones públicas es la búsqueda de la mejor alternativa posible con los recursos disponibles (*value for money*), que es la expresión de origen anglosajón referida a la necesidad que en las decisiones en materia de compra y contratación pública se busque satisfacer la necesidad identificada obteniendo el mayor valor de cada unidad de medida monetaria asociado a tal decisión, por lo cual debe tenerse en cuenta la calidad, la oportunidad y la relación costo-beneficio durante la vida útil del bien, obra o servicio adquirido.

G) *El principio de vigencia tecnológica*

Este principio constituye una extensión del principio de eficiencia, pues indica que los bienes, servicios o las obras contratadas deben satisfacer dos condiciones:

• Al momento de su contratación, reunir las condiciones de calidad y modernidad tecnológica necesarias para los fines requeridos por la entidad, y

• Permitir que durante su período de duración o funcionamiento, pueda adecuarse, integrarse y repotenciarse con el avance tecnológico.

En orden de este principio, las bases deben establecer, según la necesidad, la contratación de prestaciones accesorias por parte del proveedor; la reparación o mantenimiento del objeto del contrato, incluso garantizando su fiel cumplimiento.

Las entidades, con fundamento en este principio, deben requerir que los bienes sean de primer uso y no reciclados, recuperados o ensamblados de partes de origen dudoso. Si se requiere adquirir bienes usados (por razones presupuestales —escasez de recursos para adquirir bienes nuevos— o de mercado, por inexistencia en plaza de bienes nuevos de la misma especie, por ejemplo si alguna biblioteca pública requiere adquirir libros usados no reeditados), los requerimientos técnicos mínimos deben atender a que el desgaste o uso dado a los bienes no afecte su funcionalidad y permitan realmente satisfacer las necesidades de la entidad. Aun cuando la entidad haya convocado un proceso de selección para la adquisición de bienes usados, no será compatible con este principio restringir la presentación de ofertas de proveedores de bienes nuevos, en las condiciones indicadas en las bases.

Este principio se encuentra más afianzado en aquellos objetos contractuales que se vinculan con la tecnología, tales como equipamiento, software, etc. En el caso del software, por ejemplo, si una entidad desea adquirir un software a medida, debe prever en las bases condiciones contractuales necesarias para hacerse de los derechos de propiedad que le permitan actualizar, adaptar o modificar el software respectivo.

H) *El principio de trato justo e igualitario*

De acuerdo con este principio, todo postor de bienes, servicios o de obras debe tener participación y acceso para contratar con las entidades en condiciones semejantes, estando prohibida la existencia de privilegios, ventajas o prerrogativas. En la legislación comparada y en los acuerdos internacionales también se recoge el principio de trato justo e igualitario como uno de los principios rectores en la contratación estatal.

Por este principio, solo es posible diferenciar a los postores en razón del mérito de su oferta, y no por razones de orden subjetivo. Por tanto:

• Las bases de los procesos de selección deben establecer reglas generales e impersonales y no discriminatorias.

• El órgano que tiene a cargo el proceso de selección, debe permitir que todos los participantes del proceso tengan la misma oportunidad de formular sus consultas y observaciones a las bases, y obtener, en el mismo plano de igualdad, las respuestas correspondientes.

• Cuando las bases son modificadas, por la absolución de las consultas de las observaciones, el nuevo contenido (bases integradas) debe ser puesto en conocimiento de todos los participantes oportunamente, sin admitir favorecimientos.

• Debe otorgarse idéntico plazo a todos los participantes para que presenten sus ofertas, y no se debe permitir a los postores que alteren o modifiquen el alcance de sus ofertas, una vez presentadas.

• En la admisión de las ofertas, la entidad debe acoger todas las propuestas que cumplan con los requisitos establecidos en las bases, sin descalificaciones arbitrarias, como, por ejemplo, por omisiones o defectos irrelevantes que no impiden entender el contenido y alcances de la oferta.

• En la evaluación de las ofertas, la entidad debe sujetarse estricta y uniformemente a las bases que han servido de referente al postor para formular su mejor oferta posible, sin modificarlas, alterarlas o completarlas, debiendo evaluar integralmente la oferta.

• En la subsanación de ofertas, todos los postores pueden enmendar los errores intrascendentes de sus ofertas, y que ninguno pueda hacerlo respecto de los errores esenciales que afecten la competitividad.

• En la estipulación del contrato adjudicado no está permitido introducir alteraciones al modelo de contrato que forma parte de las bases, distintas a las estrictamente derivadas de las ofertas, de las aclaraciones y las observaciones, etc.

Ahora bien, el principio de trato justo e igualitario no excluye a las denominadas compras estratégicas, en las que se usa la contratación como vía de apoyo y promoción de concretas políticas públicas: políticas económicas (diferentes estrategias en épocas de crisis y expansión económica), políticas sociales (ej. empleo, pymes, compras verdes), políticas de inclusión de minorías (personas con discapacidad y minorías) y políticas de protección de industrias. La clave es realizar este fomento de modo racional, proporcional y temporal. En algunos casos se emplea uno o más de estas técnicas de fomento: sistema de cuotas rígidas o reserva de mercados para determinados proveedores (Mypes, empresas nacionales, empresas regionales), el sistema de puntaje adicional o bonificación, el sistema de facilitación (información, costos,), el sistema de trato preferencial en caso de empate, entre otros.

I) *Los principios de proporcionalidad y razonabilidad*

De acuerdo con este principio, en todos los procesos de selección el objeto de los contratos debe ser razonable, en términos cuantitativos y cualitativos, para satisfacer el interés público y el resultado esperado.

Razonable implica, según el Diccionario de la Real Academia Española "adecuado, conforme a razón", "proporcionado o no exagerado". Si recurrimos al desarrollo que efectuó el Tribunal Constitucional, respecto de los principios de razonabilidad y proporcionalidad, en torno a actos de gravamen que impone la Administración a los administrados, y lo concordamos con el principio de razonabilidad que recoge el artículo 4 de la Ley de Contrataciones del Estado, apreciaremos que tal razonabilidad se vincula con la exigencia de cumplir y no desnaturalizar la finalidad de la contratación, manteniendo la proporción entre los medios y los fines para los que se convoca el proceso de selección, que es satisfacer el interés público y el resultado esperado en términos cuantitativos y cualitativos.

J) *El principio de sostenibilidad ambiental*

Por el cual en toda contratación se aplicarán criterios para garantizar la sostenibilidad ambiental, procurando evitar impactos ambientales negativos en concordancia con las normas de la materia. Esta sostenibilidad ha tenido tanto desarrollo que ha dado lugar a influencia en las denominadas compras públicas verdes o ecológicas, que resultan particularmente en contratos como los de construcción, suministro de comida, servicios de transporte y vehículos, suministro de energía, equipos de oficina, uniformes, servicios de limpieza, entre otras.

La clave en estas compras verdes es como aplicarlas para que sean compatibles con otros principios de la contratación estatal. Se ha mencionado que la sostenibilidad ambiental ha de apoyarse en la definición de los objetos contractuales y especificaciones técnicas, de modo que se definan prioritariamente objetos contractuales sustentables, pero también puede tener presencia en la determinación de bienes, servicio o diseño de obras por contratar (por ejemplo, calificar mejor aquellas que cuenten con un impacto medioambiental reducido durante su ciclo de vida, escoger productos en función de su composición, contenido, envoltorio, las posibilidades de que sean reciclados, el residuo que generan, la eficiencia energética), en la preparación de las bases, de modo de bonificar a proveedores ecológicos que poseen certificaciones ambientales

(ISO 140000), a quienes ofrecen bienes reciclados o reciclables, pero también se ha manifestado como momento adecuado para valorar la sostenibilidad ambiental a través de la exigencia de condiciones ecológicas para la ejecución del contrato, independientemente de quien sea el seleccionado, como la disposición de residuos o reducción de impacto sonoro, eficiencia energética. No obstante existen disposiciones para preferir objetos contractuales ecológicos dentro de una política general de adopción de medidas de ecoeficiencia, tales como adquisición de lámparas ahorradoras y dispositivos que maximicen la luminosidad; la exigencia de contar con estudios de impacto ambiental para las obras públicas, la necesidad que las entidades opten preferentemente por productos y servicios de reducido impacto ambiental negativo que sean durables, no peligrosos y susceptibles de reaprovechamiento.

K) *La promoción del desarrollo humano por medio de la contratación estatal*

La contratación debe coadyuvar al desarrollo humano en el ámbito nacional, de conformidad con los estándares aceptados sobre la materia. De este modo, la Administración-contratante debe actuar como promotora de políticas sociales inclusivas en los proveedores y como garante del cumplimiento de estándares laborales aplicables en el mercado. En aplicación de este principio, se puede exigir al contratista mantener registros de obligaciones laborales durante la ejecución del contrato y el sometimiento a inspección de estas obligaciones, la conversión de una falta laboral en un incumplimiento contractual con la Administración, y la previsión de mecanismos de reacción de la Administración contratante frente al contratista-infractor en materia laboral: sea como condición habilitadora o excluyente para poder postular, como un factor de ponderación positivo o como factores de desempate en los procesos de selección, o como condición para la ejecución de sus prestaciones contractuales, bajo riesgo de penalización o resolución de contrato.

L) *El principio de equidad*

Este principio dispone que las prestaciones y derechos de las partes deben guardar razonable relación de equivalencia y proporcionalidad, sin perjuicio de las facultades que corresponden al Estado en la gestión del interés general. El principio de equidad hace referencia a criterios propios del carácter conmutativo de todo contrato celebrado en el marco de la Ley de Contrataciones del Estado. Por el carácter conmutativo del contrato, las partes han establecido una equivalencia entre las obligaciones recíprocas y, además, han asumido el compromiso de que esta equivalencia se mantenga hasta la conclusión del contrato.

Así, el carácter conmutativo del contrato se verifica cuando ambas prestaciones se corresponden, es decir, el pago del precio y la ejecución de la prestación resultan equivalentes entre sí, con lo cual es dicha equivalencia la que determina que las partes celebrarán el contrato, siendo que si dichas prestaciones no se debieran la una a la otra, no se hubiera celebrado el mismo.

Por otra parte, el principio de buena fe contractual, que también se vincula con el principio de equidad, impone a las partes el deber de actuar con ética en la celebración, interpretación y ejecución de los contratos. Por ello, la ley otorga validez y obligatoriedad a los contratos siempre que los acuerdos se basen en la buena fe de ambas partes. Así pues, sobre la base del principio de buena fe contractual las partes deben otorgar a las cláusulas del contrato el sentido que confluya a mantener el equilibrio económico del contrato.

En razón del principio de equidad, recogido en la Ley de Contrataciones del Estado se refleja el carácter conmutativo del contrato y del principio de buena fe contractual, la obligación del contratista debe guardar plena equivalencia con la retribución que debe abonarle la entidad.

8. TIPOLOGÍA DE LOS PROCEDIMIENTOS DE SELECCIÓN DEL CONTRATISTA

Los procedimientos más usuales en la contratación estatal son aquellos que se efectúan por propia iniciativa de las entidades para atender sus planes y programas. Estos procedimientos presentan una fase interna de preparación y una fase externa de formación del consentimiento propiamente dicho. En esta fase externa, aparecen algunos hitos relevantes, como son: la aprobación de bases o términos de referencia (objeto contractual, requisitos de postulación, factores de competencia, organización del proceso), la convocatoria, el registro de participantes, la formulación y absolución de consultas, la formulación y absolución de observaciones, la integración de bases, la presentación de ofertas, la calificación y evaluación de ofertas, el otorgamiento de buena pro y el perfeccionamiento del contrato. Los principales procedimientos de formación del contrato son:

A) *La licitación pública*

La licitación pública es un procedimiento administrativo, dirigido a un número indeterminado e ilimitado de postores que cumplen las condiciones básicas de admisibilidad al proceso, a fin de seleccionar la mejor propuesta en bienes, suministros y obras (de mayores montos), para lo cual, por lo general, se evalúan las condiciones económicas y la condiciones técnicas ofrecidas por los interesados (factores de competencia).

B) *El concurso público*

El concurso público es un procedimiento administrativo, dirigido a un número indeterminado e ilimitado de postores que cumplan las condiciones básicas de admisibilidad al proceso, para seleccionar la mejor propuesta en servicios, consultorías y similares (ej. personal) de mayores montos, donde el factor de competencia más importante es la mayor capacidad técnica, científica, cultural o artística de los competidores (factores personales o intelectuales).

C) *La adjudicación directa (pública o selectiva)*

La adjudicación directa pública, selectiva y la adjudicación de menor cuantía son procesos de selección que se realizan para contratar bienes, servicios y obras de menor valor, que se distinguen de la licitación pública y del concurso público, además de la cuantía involucrada, en la duración del proceso, las complejidades, exigencias y etapas procedimentales.

D) *La subasta pública o remate*

Es el procedimiento aplicable para actos de disposición de patrimonio público (ej. inmuebles, acciones, vehículos, bienes dados de baja, etc.) por medio del cual se pretende determinar el comprador y el precio, según un sistema de competencia a partir de un precio base, adjudicando el contrato a quien mayor precio ofrezca. En la subasta pública participa un agente especializado (martillero) quien a partir de la determinación objetiva de un precio base (tasación oficial) promueve las posturas sucesivas mediante lances verbales de los interesados hasta alcanzar la propuesta más conveniente.

E) *La subasta inversa*

Es el procedimiento de selección para adquirir bienes o servicios comunes, cuyas características técnicas han sido predeterminadas por la autoridad (OSCE) mediante fichas técnicas, invitando a postores a que compitan únicamente en función de la mejor propuesta económica que se entiende como la más baja.

Este procedimiento comprende dos fases sucesivas: la interna y la externa. La fase interna es el procedimiento de generación de las fichas técnicas de bienes y servicios comunes (a cargo de OSCE, las entidades y mediando exposición pública). Y, luego sigue una fase externa, que puede ser presencial o virtual, en la que cada entidad convoca al proceso verificando que el bien o servicio está incluido en fichas técnicas y finalmente aplica el procedimiento de licitación o concurso según objeto y monto.

Los bienes o servicios que pueden ser adquiridos por subasta inversa son aquellos cuyos patrones de calidad y de desempeño pueden ser objetivamente definidos por características o especificaciones usuales en el mercado o han sido estandarizados como consecuencia de un proceso especifico realizado por el Estado. Las características de tales bienes o servicios se aprueban oficialmente en fichas técnicas centralizadamente aprobadas por la autoridad de compras del Estado (OSCE), de modo que los postores se adhieren a ofertar esos bienes y solo compiten por el precio. Los bienes y servicios comunes (fichas técnicas oficialmente aprobadas) a los cuales se aplica esta modalidad son: alimentos, bebidas y productos de tabaco; combustibles, aditivos para combustibles, lubricantes y materiales anticorrosivos; componentes y suministros de construcciones, estructuras y obras; componentes y suministros de fabricación; componentes, equipos y sistemas de acondicionamiento y de distribución; equipo de laboratorio, medición, observación y comprobación; material, accesorios y suministros de plantas y animales vivos; medicamentos y productos farmacéuticos; servicios financieros y de seguros.

F) *El convenio marco*

El convenio o acuerdo marco es el procedimiento por el cual el OSCE de manera centralizada, a través de una licitación o un concurso público, selecciona a uno o más proveedores por cada bien o servicio (precios y condición de compra) y pacta con ellos las condiciones técnicas, comerciales y económicas que regirán los futuros contratos que todas las entidades contratarán —durante el periodo de vigencia del convenio— directamente con ellos —sin necesidad de realizar un proceso de selección individual— y que serán ofertados por el OSCE a través del. Catalogo Electrónico (ej. útiles de escritorio, materiales de oficina y papelería en general, impresoras, consumibles y accesorios, computadoras de escritorio, portátiles, proyectores y escáneres).

El convenio marco consta de dos fases: centralizada y descentralizada. La fase centralizada es la etapa dirigida a producir el convenio marco y a dicho efecto, el OSCE convoca y adjudica un convenio a uno o más proveedores para vender a las entidades sus productos —únicamente bienes y servicios— durante un determinado plazo; por dicho acuerdo se fijan las condiciones (técnicas, comerciales y económicas) que regirán los contratos que las entidades les pueden adjudicar durante un período determinado (largo plazo) y OSCE difunde los postores adjudicados en su portal (Catálogo Electrónico de Convenio Marco). La fase descentralizada está dirigida a la adjudicación de contratos específicos una vez que se encuentra vigente un convenio marco, y para ello cada entidad envía sus pedidos de compra a los contratistas incluidos en el convenio marco, bajo las condiciones pactadas. La elección del contratista, entre todos los que aparecen en el catálogo electrónico, por parte de la entidad, es discrecional, por lo que trae la necesidad de explicar las razones de una elección y no otra. Excepcionalmente, si la entidad encuentra que en el mercado existen propuestas más convenientes que las obtenidas en el convenio marco, previo procedimiento puede adjudicar el contrato a otros proveedores.

G) *Las compras corporativas y la centralización de la demanda*

La compra corporativa es el procedimiento de contratación por el cual, mediante convenios interinstitucionales o por mandato normativo, las entidades adquieren bienes y servicios generales en forma conjunta o agregada, por un proceso de selección único, aprovechando los beneficios de la economía de escala, en las mejores y más ventajosas condiciones para el Estado. En esta modalidad, las entidades que participarán en la compra corporativa encargan a una de ellas el desarrollo, la ejecución y la conducción del proceso de selección, que les permita seleccionar al proveedor o proveedores que les brindarán los bienes requeridos.

Entre los beneficios de la centralización de las compras públicas se aprecia la obtención de precios propios de economía de escala y ofertas con beneficios adicionales; se reducen costos administrativos y financieros, pues ya no se realizan múltiples procesos de selección para que las entidades compren lo mismo, liberando recursos y personal para otras fases del contrato, propendiendo a una mejor supervisión de la ejecución de los contratos; y, al estandarizar requerimiento y especificaciones se mejora la posibilidad de negociación con los proveedores a fin de obtener beneficios para el Estado.

Asimismo, al haber mayor volumen de demanda y utilidad, los proveedores concentran su fuerza de venta, disminuyendo el costo de acceso a compras públicas, y pueden planificar la producción de bienes y servicios.

Entre las limitaciones a las compras corporativas se advierte que solo aplican a bienes o servicios de uso común o generalizado, solo se puede agregar demanda homogénea, se centraliza el proceso de selección pero no la suscripción ni ejecución de contratos, se producen recelos institucionales, existiendo resistencia a unificar requerimiento y a que sean funcionarios de otra entidad quienes se encarguen de seleccionar al proveedor, la complejidad del proceso de agregación de demanda, la dificultad para promover mejor número de oferentes debido al volumen del requerimiento, el centralismo geográfico en desmedro de las ofertas locales, la disminución de negocio para oferentes (mercados con alta participación del Estado).

Por su parte, los principales desafíos que implica este procedimiento para la gestión pública son la tendencia a demorar en la adquisición (acumulación de la demanda, homogenizar especificaciones técnicas, factor de evaluación, observaciones), la necesidad de facilitar el perfeccionamiento del contrato (cierre contractual, firmas, documentos, fianzas, etc.), los costos para valor referencial (transporte, entrega, etc.), la falta de previsibilidad de pagos, y la necesidad de satisfacer a las distintas áreas usuarias.

H) *Los procedimientos con precalificación*

La licitación pública con calificación previa tiene por finalidad preseleccionar a aquellos postores que sí se encuentren en posibilidad de competir, en razón de su capacidad y solvencia técnica y económica, experiencia en la actividad y en la ejecución de prestaciones similares, y en función del equipamiento o infraestructura física y de soporte con que cuentan. La calificación previa tendrá como propósito identificar, mediante una preselección, a los postores que, por poseer capacidades semejantes, pueden competir en el proceso de selección, de modo tal que la evaluación se efectúe entre proveedores que acreditaron determinados estándares, a saber: capacidad y solvencia técnica; capacidad y solvencia económica; experiencia en la actividad; experiencia en la ejecución de prestaciones similares; equipamiento e infraestructura física o de soporte.

9. Garantía para participar como oferente

En el régimen se ha suprimido la garantía para ser participante o postor en un proceso de selección de cualquier tipo. Únicamente al adjudicatario se le exige para la firma una garantía de fiel cumplimiento de las prestaciones.

10. Perfección del contrato

Normalmente, los procedimientos de selección de contratistas culminan con la adjudicación y posterior perfeccionamiento del contrato, mediante su formalización. Sin embargo, los procedimientos de selección pueden concluir también sin ningún postor adjudicatario, en los supuestos en los cuales la convocatoria es declarada desierta y cuando se cancela el procedimiento de selección, antes del otorgamiento de la buena pro.

A) *Adjudicación (concepto, plazo, impugnación, aprobación interna o externa)*

En Derecho peruano, si bien se usa cotidianamente el término "adjudicación", nuestra legislación sigue empleando la expresión "otorgamiento de la buena pro" para referirse al acto mediante el cual la Administración pública, luego de un proceso abierto a la competencia, elige al postor que ha presentado la mejor oferta. Esta decisión es tomada por los órganos encargados de la contratación o por los comités especiales, y no requiere de aprobación por el titular de la entidad.

De cara a la adjudicación, en primer lugar deben evaluarse las ofertas, las cuales pueden ser rechazadas en los siguientes supuestos: (i) en el caso de bienes y servicios, si se trata de una oferta por debajo del valor referencial, en la cual luego de la investigación correspondiente, se acredita mediante razones objetivas un posible incumplimiento; (ii) en el caso de bienes y servicios, si se trata de una oferta que supera la disponibilidad presupuestal y esta no se ha podido incrementar, pese a los intentos realizados; (iii) en el caso de ejecución o consultoría de obras, si se encuentran por debajo del 90 por ciento del valor referencial o lo exceden en más del 10 por ciento, y (iv) en el caso de ejecución o consultoría de obras, que superen el valor referencial en menos del 10 por ciento, si no se puede incrementar la disponibilidad presupuestal. Una vez realizada esta evaluación, se determinará si las dos ofertas más ventajosas cumplen o no los requisitos exigidos en las bases, analizándose las demás únicamente si estas son descalificadas. Lógicamente, se otorgará la buena pro a la mejor oferta.

En principio, podría entenderse que la adjudicación es el acto definitivo, que pone fin al procedimiento de selección, el cual puede ser materia de recurso. Al respecto, debe tomarse en cuenta que en Derecho peruano solo cabe interponer recurso administrativo contra los actos que ponen fin al procedimiento de selección (como la adjudicación, la declaración de desierto o la cancelación) o que declaran la nulidad de oficio, antes de la suscripción del contrato. El recurso será resuelto por el Tribunal de Contrataciones del OSCE cuando se trate de procedimientos cuyo valor referencial supere las 50 UIT o de procedimientos para implementar o mantener Catálogos Electrónicos de Acuerdos Marcos, y por la propia entidad cuando no supere estos márgenes. Sin embargo, en el caso de los recursos contra la declaración de nulidad de oficio, la cancelación del procedimiento o la declaración de desierto, estos siempre serán conocidos por el Tribunal. En consecuencia, si bien nuestra legislación llama "recurso de apelación" al mecanismo de impugnación, dicha denominación es cuanto menos equívoca, dado que es resuelto en numerosas ocasiones por un órgano que no es el superior jerárquico de quien dictó el acto impugnado. Por esta razón, sería más correcto denominarlo, como ocurre en España, recurso administrativo especial.

Más allá de los cuestionamientos que puedan hacerse a dicha calificación, de acuerdo con el Acuerdo de Sala Plena 002-2012 del Tribunal del OSCE, el procedimiento para resolver este recurso es un procedimiento administrativo trilateral. El órgano encargado de conocer el recurso no solo puede anular, sino que puede también sustituir la decisión del órgano que dictó el acto impugnado, siempre y cuando cuente con los datos necesarios para hacerlo. Como se indicará más adelante, mientras se resuelve este recurso no es posible suscribir el contrato. Debido a este carácter suspensivo, se ha establecido que la falta de respuesta del recurso implica una "denegatoria ficta", que no es un silencio negativo, sino más bien un acto presunto negativo (a partir del cual se contará el plazo para presentar una acción contencioso administrativa), lo que no deja de resultar llamativo.

De acuerdo con la LCE, es necesario aportar una garantía al momento de presentar el recurso, que no puede ser superior al 3 por ciento del valor referencial del Contrato. Además, dicha garantía se ha extendido a los supuestos en los cuales se solicita la declaración de la nulidad de oficio, dado que este era un instrumento habitualmente utilizado por los postores para evitar su presentación. Al respecto, dicha garantía ha sido materia de diversos cuestionamientos, tomando en cuenta que el Tribunal Constitucional en su momento declaró que era inconstitucional exigir el pago de tasas por recurrir (exp. 3741-2004-AA/TC). El Reglamento es la norma encargada de establecer el monto máximo de la garantía, especialmente en aquellos casos de contratos por montos muy altos, en los cuales el 3 por ciento del valor referencial representa una cifra excesiva. Además, dado que la legislación establece que únicamente se habría evaluado si las dos ofertas más ventajosas cumplen con los requisitos de calificación, el incentivo para que presenten un recurso cualquier de los otros postores es incluso menor, porque no saben si eventualmente podrían ser adjudicatarios.

B) *Concurso infructuoso o desierto*

No siempre que se inicia un procedimiento de contratación, este termina con la suscripción del contrato. Así, en primer lugar, puede declararse *desierto,* cuando no quede *ninguna* oferta válida. Es decir, si solo se presenta una oferta, el procedimiento puede seguir adelante, y adjudicársele el contrato, salvo en el caso de la subasta inversa electrónica, en que se requieren al menos dos ofertas. La declaración de desierto de un proceso de selección obliga a la entidad a formular un informe que evalúe las causas que motivaron dicha declaratoria debiéndose adoptar las medidas correctivas, antes de convocar nuevamente, bajo responsabilidad. Como regla general, una vez declarado desierto el procedimiento, la siguiente convocatoria debe hacerse siguiendo el mismo procedimiento de selección, salvo en los supuestos de licitación pública sin modalidad y concurso público, en los cuales la segunda convocatoria se hará mediante el procedimiento de adjudicación simplificada.

C) *Cancelación*

Por último, la Administración pública puede (hasta antes de haber concedido la buena pro) cancelar el procedimiento de selección de contratistas, "por razones de fuerza mayor o caso fortuito, cuando desaparezca la necesidad de adquirir o contratar, o cuando persistiendo la necesidad el presupuesto asignado tenga que destinarse a otros propósitos de emergencia declarados expresamente bajo su exclusiva responsabilidad".

En estos casos, la LCE expresamente indica que la cancelación del procedimiento no genera, por sí sola, responsabilidad respecto de los proveedores que hubieran presentado ofertas.

D) *Garantía para cumplir o ejecutar el contrato*

A diferencia de las garantías de seriedad de la oferta, que hace tiempo fueron eliminadas en Perú, la LCE mantiene la obligación de presentar una garantía de fiel cumplimiento, por el 10 por ciento del monto del contrato. Además, si el contratista recibe un adelanto directo o para materiales, debe también garantizarlos íntegramente. A diferencia de las garantías por adelantos, que van amortizándose con los respectivos pagos, la garantía de fiel cumplimiento debe mantenerse vigente hasta la culminación del contrato. Además, si están previstas prestaciones accesorias, como mantenimiento, reparación o prestaciones afines, se debe otorgar una garantía adicional por este concepto.

Se exceptúan del otorgamiento de garantías los contratos de bienes y servicios, distintos de la consultoría de obras, por montos menores de cien mil soles, la adquisición de bienes inmuebles, los contratos de arrendamiento de bienes muebles e inmuebles y las contrataciones complementarias, siempre y cuando sus montos se encuentren por debajo de los cien mil soles.

Las garantías deben ser incondicionales, solidarias, irrevocables y de realización automática en el país, a solo requerimiento de la respectiva entidad, bajo responsabilidad de las empresas que las emiten. Además, deben ser emitidas por entidades supervisadas por la Superintendencia de Banca y Seguros o por bancos extranjeros de primera categoría, según la lista que publica el Banco Central de Reserva. En general, las garantías se ejecutan si no se renuevan a tiempo. En el caso de la garantía de fiel cumplimiento, procede su ejecución una vez quede consentida la resolución por causa atribuible al contratista o cuando el contratista no cumple con pagar el saldo a su cargo establecido en el acta de conformidad (bienes, servicios y consultoría de obra) o en la liquidación del contrato (contrato de obra). La garantía por los adelantos, por su parte, se ejecuta cuando el contrato es resuelto o declarado nulo, por el monto pendiente de amortizar.

E) *Formalización del contrato*

En Derecho peruano, el contrato se perfecciona mediante su formalización, la cual puede ocurrir mediante la suscripción del contrato o mediante una orden de compra o servicio, en los casos que así lo establece el reglamento. En consecuencia, una vez queda consentida la adjudicación, surge la obligación de ambas partes para perfeccionarlo. La formalización únicamente es posible si la buena pro ha quedado consentida o ha sido confirmada una vez resuelto el recurso administrativo correspondiente, pues de lo contrario se entiende que el contrato es nulo, pudiéndose declarar de oficio dicha invalidez incluso luego de que este ha sido suscrito.

Si un proveedor incumple injustificadamente su obligación de contratar, pierde la buena pro y puede ser objeto de sanción pecuniaria. En estos casos, la entidad puede requerirle al postor que ocupó el segundo lugar en el orden de prelación, cuya oferta también fue calificada, como indicamos más arriba, la presentación de los documentos para la suscripción del contrato, correspondiendo declarar desierto el procedimiento si en este caso tampoco se logra perfeccionar el contrato. No obstante, la indeterminación del plazo de vigencia de la oferta puede resultar perjudicial para este postor.

Por su parte, la entidad únicamente puede negarse a suscribir el contrato en tres supuestos: (i) recorte presupuestal correspondiente al objeto materia del procedimiento de selección; (ii) por norma expresa, y (iii) porque desaparezca la necesidad. Además, en este caso no puede volver a convocar un procedimiento de selección con el mismo objeto, salvo que la razón de la no suscripción sea la falta de presupuesto.

La norma no indica si en estos casos podría exigirse responsabilidad precontractual, ya sea a la entidad o al postor que no suscribe, por los daños causados por la no suscripción. En el caso de la responsabilidad de la entidad, el reglamento de la derogada ley 26.850, modificado mediante decreto supremo 064-2006-EF, establecía que el postor podía exigirle una indemnización por lucro cesante, que no podría ser superior al 10 por ciento del monto adjudicado. Esta regulación se mantuvo en la primera versión del reglamento del decreto legislativo 1017, aprobado mediante decreto supremo 184-2008-EF. Sin embargo, la mención a la posibilidad de exigir dicha indemnización fue derogada mediante el decreto supremo 138-2012-EF, debido a que, según la exposición de motivos de dicha norma, se había fortalecido la opción del postor ganador de requerir la suscripción y por su poca aplicación práctica. Desde entonces no hay referencia expresa a esta eventual indemnización por daños.

A lo largo de los últimos años, han sido numerosos los cambios en el procedimiento para la suscripción de los contratos, alternándose etapas en las cuales se otorgaba un plazo para la presentación de documentos y luego un plazo para suscribir, con etapas en las cuales se otorgaba un plazo único, en el cual se debían entregar los documentos exigidos (entre los cuales están las garantías de fiel cumplimiento) y se debía suscribir el contrato. Actualmente, se diferencia entre ambos plazos, de modo que primero deben entregarse los documentos, en un plazo que puede ser materia de prórroga por razones justificadas, y luego debe suscribirse el contrato o notificar la orden de servicio.

11. EJECUCIÓN DEL CONTRATO

Una vez suscrito el contrato, este debe ejecutarse de acuerdo con sus propios términos. Nuestra legislación no establece unos principios específicos de la ejecución del contrato, aun cuando diversas opiniones del OSCE reconocen el principio de colaboración (en tanto el contratista en un colaborador de la Administración en la satisfacción del interés público) y el equilibrio económico del contrato, este último recogido en la LCE como un límite para la modificación de los contratos. Sin embargo, no se recoge de manera expresa el principio de inalterabilidad del contrato, que impediría aquellas modificaciones que perjudiquen a los otros postores del procedimiento de selección, alterando la competencia (en el caso de los contratos de asociación público privada sí se recoge este límite). Adicionalmente, a diferencia de lo que sucede en otros ordenamientos jurídicos, no se les ha reconocido legitimación a dichos postores para impugnar los actos por los cuales se modifica el contrato.

A) *Obligaciones y derechos de las partes*

a) *Obligaciones y derechos del contratista.* La legislación peruana de contratos con el Estado no establece, de modo general, cuáles son las obligaciones y derechos de las partes contratantes. En general, estas se establecerán en cada contrato, de modo que el contratista se obligará a cumplir con sus prestaciones, mientras que en el caso de la entidad su obligación generalmente será efectuar el pago, dentro de los plazos previstos, para lo cual antes debería haber dado las respectivas conformidades. El contratista está obligado a renovar las garantías durante la ejecución del contrato, pues de lo contrario estas podrán ser ejecutadas por la entidad. En el caso de los contratos de ejecución de obra, el contratista es responsable durante los siete años siguientes a la recepción de la obra. El mismo plazo aplica para la responsabilidad por vicios ocultos o por deficiencias en la elaboración de expedientes técnicos. En los contratos de bienes y servicios, el contratista es responsable por la calidad ofrecida y por los vicios ocultos por un plazo no menor a un año.

Además, si se acuerdan ampliaciones del plazo, conforme se explicará más adelante, el contratista tiene derecho a que se le retribuyan los mayores gastos generales conforme a lo establecido en el reglamento, así como los mayores pagos correspondientes, en caso de la aprobación de adicionales. Al respecto, debe tomarse en cuenta que cualquier controversia surgida durante la ejecución del contrato se resolverá mediante conciliación y arbitraje, dentro de los plazos de caducidad establecidos para tal efecto por la ley. La única excepción respecto de la arbitrabilidad es la decisión de la entidad o de la Contraloría General de la República de aprobar o no la ejecución de adicionales, así como las pretensiones relacionadas al enriquecimiento sin causa, pago de indemnizaciones o cualquier otra que se derive de la no aprobación de dichos adicionales o por su aprobación parcial.

Por otro lado, la normativa regula que el incumplimiento del contratista dará paso a la imposición de penalidades, ya sea por la demora en la ejecución o por algún otro supuesto, regulado en el contrato. Al respecto, existe una diferencia, pues las penalidades por mora serán automáticas, mientras que las otras penalidades únicamente pueden imponerse luego de un procedimiento, en el cual se le permita al contratista justificar su supuesto incumplimiento. Las penalidades se deducen de las respectivas valorizaciones o pueden ser pagadas con cargo a la garantía de fiel cumplimiento, al culminar la ejecución del contrato. Por su parte, si la entidad no paga las respectivas valorizaciones, el contratista tiene derecho al reconocimiento de los intereses legales efectivos.

Finalmente, si bien la única mención en la norma al enriquecimiento sin causa en la legislación es para excluirlo del arbitraje cuando se produzca por la no aprobación de adicionales de obra, se entiende que es posible que esta figura sea alegada por el contratista (así, por ejemplo, véase la opinión 037-2017-DTN), más allá de que en algunos supuestos deba reclamarse judicialmente. Es más, si el enriquecimiento sin causa deriva de la nulidad del contrato, existe una opinión en arbitraje que reconoce que se pueda alegar, incluso arbitralmente (opinión en arbitraje 004-2012-DAA).

b) *Obligaciones y derechos de la entidad.* Además de los derechos contractuales, la entidad puede imponer penalidades (por demora en la ejecución o por otras razones, previstas en el contrato) y la facultad de intervenir la obra, cuando por caso fortuito, fuerza mayor o por incumplimientos contractuales a juicio de la entidad la terminación de los trabajos no pueda hacerse a tiempo. Además, en el caso de los contratos de ejecución de obra, la entidad tiene la obligación de nombrar un inspector o supervisor de obra, que tiene importantes facultades sobre el contratista, especialmente para la aprobación de ampliaciones de plazo, adicionales de obra y para ordenar la presentación de un calendario acelerado, en caso de demoras injustificadas. Como se explicará más adelante, la entidad debe aprobar la subcontratación, a propuesta del contratista, y puede ordenar o aprobar la modificación del contrato, mediante adicionales, deductivos y ampliaciones de plazo. Además, se ha reconocido a las entidades la potestad de anulación de oficio, incluso cuando el contrato esté suscrito, al menos en ciertos casos.

Por otro lado, la LCE contempla la posibilidad de que la Administración imponga sanciones, en virtud de infracciones vinculadas a la normativa de contrataciones con el Estado, ya sea por incumplimientos vinculados a la actuación del proveedor frente al OSCE (al momento de la inscripción en el Registro Nacional de Proveedores, por ejemplo), durante el procedimiento de selección de contratistas o durante la ejecución del contrato. Estas infracciones, que pueden acarrear sanciones pecuniarias o inhabilitaciones, temporales o definitivas, son castigadas por el Tribunal de Contrataciones del OSCE, y no por las entidades contratantes.

B) *Vicisitudes en la ejecución del contrato*

a) *Modificación en el elemento subjetivo.* En primer lugar, en relación con los cambios en el elemento subjetivo del contrato, nuestra norma es bastante clara: está prohibida la cesión de posición contractual, y no es posible sustituir uno de los miembros del consorcio. La razón es simple: la contratación pública es *intuito personae*, en tanto las calidades del contratista (como la experiencia) fueron evaluadas al momento de otorgar la buena pro. Sin embargo, existen tres excepciones: (i) los casos de transferencia de propiedad de bienes que se encuentren arrendados a las entidades; y (ii) cuando se produzcan fusiones o escisiones; o (iii) que exista norma legal que lo permita expresamente. Este último es el caso de la ley 30.237, que permite la sustitución de aquellos consorciados que hubieran sido condenados o hubieran reconocido actos de corrupción. Además, debe distinguirse la cesión de posición contractual de la cesión de derechos, que estaría permitida de acuerdo con la legislación aplicable.

Por otro lado, la subcontratación no implica un cambio en el elemento subjetivo del contrato, porque el contratista no deja de ser responsable frente a la Administración por la ejecución del contrato. Como regla general, la subcontratación está permitida (salvo que las bases del procedimiento de selección la excluyan), aunque con ciertos límites. Así, debe ser expresamente aprobada en cada caso por la entidad, no puede superar el 40 por ciento del total del contrato y el subcontratista debe estar inscrito en el Registro Nacional de Proveedores. No es posible subcontratar aquellas prestaciones esenciales del contrato vinculadas a los aspectos que determinaron la selección del contratista. En relación con la subcontratación, debe tomarse en cuenta que esta es diferente de la contratación de proveedores a cargo del contratista, por lo que esta no se encuentra condicionada a aprobación ni tampoco afecta los límites porcentuales arriba señalados.

b) *Modificación en el elemento material del contrato.* La legislación vigente contempla la modificación del contrato, a pedido del contratista o por orden de la entidad, debido a ampliaciones o reducciones de la prestación contratada y por la ampliación del plazo, que puede producirse debido a dichas ampliaciones o por atrasos y paralizaciones ajenas a la voluntad del contratista. Tanto las ampliaciones del plazo como los adicionales y deductivos tienen limitaciones, establecidas en la LCE. Así, en el caso de los contratos sobre bienes, servicios y consultorías, la entidad puede ordenar la ejecución de prestaciones adicionales o la reducción de estas hasta por un 25 por ciento del monto del contrato adicional (este porcentaje, y todos los demás, se calculan sumando todos los adicionales, restando los deductivos).

En el caso de obras, si los adicionales no superan el 15 por ciento, pueden ser aprobados por la entidad. Sin embargo, se admiten adicionales por un monto mayor, hasta el 50 por ciento del monto del contrato, siempre y cuando estos se justifiquen en deficiencias del expediente técnico o situaciones imprevisibles posteriores al perfeccionamiento del contrato o por causas no previsibles en el expediente técnico de obra y que no son responsabilidad del contratista. En este caso, se requiere autorización previa a la aprobación por la Contraloría General de la República, salvo en el supuesto de los adicionales de emergencia, en que dicha autorización es previa al pago. No obstante, la aprobación de estos adicionales, hasta el 50 por ciento del monto del contrato, es una facultad de la entidad, que alternativamente puede decidir resolver el contrato.

En el caso de los contratos de supervisión de obras, en tanto están vinculados a un contrato de obra, los adicionales pueden derivar de variaciones en el plazo de la obra o en el ritmo de trabajo de esta o de adicionales en el contrato de obra. En ambos casos, los adicionales se aprobarán siempre que sean necesarios para la ejecución del contrato de supervisión. En el primer supuesto (adicionales derivados de variaciones en el plazo de la obra), los adicionales podrán ser aprobados por el titular de la entidad mientras no superen el 15 por ciento del monto del contrato y requerirán autorización de la Contraloría General de la República, previa al pago, cuando lo superen. En el caso de los adicionales derivados de adicionales en el contrato de obra no aplican estas limitaciones porcentuales.

Aparte estas modificaciones, la norma permite que las partes puedan pactar otras modificaciones al contrato, siempre que las mismas deriven de hechos sobrevinientes a la presentación de ofertas que no sean imputables a alguna de las partes, permitan alcanzar su finalidad de manera oportuna y eficiente, y no cambien los elementos determinantes del objeto. Cuando la modificación implique el incremento del precio debe ser aprobada por el titular de la entidad. Como puede apreciarse, la regulación de las modificaciones del contrato es bastante generosa, comparada con los recientes cambios introducidos en otros ordenamientos jurídicos, en aplicación del Derecho comunitario europeo.

No existe acuerdo en Derecho peruano respecto a si estas modificaciones implican un ejercicio de prerrogativas, en virtud de las cuales cabría reconocer la categoría del contrato administrativo. Por un lado, hay quien sostiene que no se trata de verdaderas potestades, más aún si las controversias al respecto pueden ser arbitrables (con la importante excepción de las controversias sobre adicionales). Además, en la misma línea, se sostiene que estas prerrogativas son habituales también en los contratos privados. Sin embargo, también se ha sostenido que se trata de verdaderas potestades, derivadas de la norma, que se materializan mediante actos administrativos, arbitrables porque existe una ley que expresamente lo admite. En este caso, la potestad implicada sería la misma que ejerció la Administración al otorgar la buena pro, al adjudicar derechos a los que todos tenían el mismo derecho a optar, de modo que dicha modificación no podría afectar las condiciones iniciales de competencia. Al respecto, la legislación peruana no soluciona dicha discusión, ni hace diferencia entre contratos administrativos y contratos privados de la Administración.

12. Extinción del contrato

A) *Extinción por cumplimiento*

El mecanismo normal de extinción del contrato es su cumplimiento, ya sea porque se vence el plazo contractual o porque se ejecutan las prestaciones a cargo de las partes. En el caso de los contratos por los cuales se adquieren bienes y servicios, la culminación del contrato se produce con la conformidad y pago de las prestaciones ejecutadas (de modo que la garantía de fiel cumplimiento debe mantenerse vigente hasta la conformidad de la recepción). En el caso de los contratos de obra, está regulado el procedimiento de liquidación de obra, la cual se realiza una vez que se produce la recepción de la obra. Este procedimiento implica la elaboración de la liquidación y su presentación, otorgando un plazo para que la otra parte realice observaciones. Si no se presentan observaciones en el plazo que la normativa establece, se entiende aprobada la liquidación presentada. En caso se realicen observaciones, éstas deben ser levantadas dentro del plazo establecido, o se entenderá aprobada la liquidación con las observaciones planteadas. Finalmente, si no se acogen las observaciones, es necesario indicarlo y llevar la controversia a conciliación o arbitraje, dentro del plazo fijado por la norma.

B) *Extinción por resolución del contrato*

Como explicaremos a continuación, la LCE regula dos grupos de supuestos de resolución del contrato: el incumplimiento de alguna de las partes o los hechos que no les son imputables, que hacen imposible su ejecución. No se establece, por tanto, una causal de resolución del contrato por interés general, a diferencia de lo que ocurre en la legislación de asociaciones público privadas, donde dicha prerrogativa sí ha sido expresamente reconocida.

a) *La resolución por incumplimiento.* La legislación peruana establece que es obligatorio incluir en todos los contratos una cláusula que establezca la resolución por incumplimiento de las obligaciones del contratista o de las obligaciones esenciales de la Administración, entre las cuales destaca la obligación de pagar. Como regla general, la resolución requiere de una previa intimación, exigiendo el cumplimiento de la obligación, bajo apercibimiento de resolver el contrato. Sin embargo, es posible que la entidad resuelva el contrato sin necesidad de esta previa comunicación cuando la causa de la resolución sea la acumulación del monto máximo de penalidad por mora, equivalente al 10 por ciento del monto del contrato, o cuando la situación de incumplimiento no pueda ser revertida.

En general, se reconoce que la resolución del contrato por causa imputable a una de las partes puede implicar el deber de indemnizar por los daños y perjuicios. En los contratos de obra, se establece que si la resolución es por incumplimiento de la entidad, esta debe reconocerle al contratista en la liquidación que se practique, el 50 por ciento de la utilidad prevista, calculada sobre el saldo de obra que se deja de ejecutar, lo que deja la duda sobre si el contratista podría exigir una indemnización mayor por los daños y perjuicios, que sí se señala para el caso en que la resolución le sea imputable. Adicionalmente, la resolución por causa imputable al contratista es también un supuesto infractor, sancionable con inhabilitación para contratar con el Estado.

De acuerdo con la norma, la resolución se produce de pleno derecho con la recepción de la comunicación. Es admisible la resolución parcial. En el caso del contrato de obras, una vez producida la resolución se debe proceder al inventario de los avances de obra y de los materiales que se encuentren almacenados. Si hubieren prestaciones pendientes luego de la resolución, y existe la necesidad de culminar con su ejecución, la normativa habilita a la Administración a contratar a alguno de los postores que participaron en el procedimiento de contratación, para lo cual debe invitarlos a manifestar su intención de ejecutar las prestaciones pendientes, por el precio y condiciones señaladas en la invitación. Si más de uno manifiesta su disposición a ejecutar dichas prestaciones, el orden de preferencia se determinará según el puesto que ocuparon en el procedimiento de selección. Si fuera necesario, deben calificarse aquellas propuestas que no lo hubieran sido.

Finalmente, uno de los supuestos particulares de resolución por incumplimiento del contratista que se ha regulado recientemente es la cláusula anticorrupción, que de acuerdo con la LCE debe estar presente en todos los contratos bajo su ámbito (algo similar ocurre en los contratos de asociación público privada). Estas cláusulas implican un compromiso del contratista de no haber ofrecido o pagado ningún beneficio ilícito en relación al contrato y de no hacerlo tampoco durante su ejecución, además de comprometerse a comunicar a las autoridades competentes cualquier conducta corrupta de la que tuviera conocimiento y de implantar prácticas apropiadas para evitarlas. Si se incumple alguno de estos compromisos, la entidad puede resolver unilateralmente y de pleno derecho el contrato.

b) *La resolución por causas no imputables a las partes: caso fortuito, fuerza mayor o hecho sobreviniente al contrato.* La LCE regula la resolución por fuerza mayor, caso fortuito o hecho sobreviniente al contrato, que no sea imputable a ninguna de las partes, siempre que constituya un impedimento definitivo para la ejecución del contrato. A diferencia del caso anterior, en estos supuestos no corresponde indemnizar por los daños y perjuicios que hubieran sido causados. Uno de los supuestos en donde debería resolverse el contrato por esta razón es cuando se supera el tope del 50 por ciento de adicionales en un contrato de obra. No existe una mención expresa a la resolución por acuerdo entre las partes, aun cuando —de admitirla— en este caso siempre debería ser necesario justificar que la razón que motivó la contratación ha desaparecido.

C) *Nulidad del contrato*

La legislación sobre contratos del Estado peruana no regula la rescisión del contrato. Sin embargo, la LCE, a diferencia de la normativa sobre asociaciones público privadas, regula expresamente la posibilidad de que la Administración pueda declarar de oficio la nulidad, incluso después de celebrado el contrato, en una lista cerrada de supuestos. No obstante, se ha reconocido que es posible que la entidad no declare la nulidad de oficio, si existen razones justificadas que así lo justifiquen. Es más, la LCE, en su modificación más reciente, expresamente permite que el titular de la entidad pueda autorizar la continuación de la ejecución del contrato, siempre que cuente con informes legales y técnicos que justifiquen dicha necesidad.

Los supuestos en los cuales la entidad podría declarar la nulidad de oficio son los siguientes: (i) si se contrata con un sujeto impedido; (ii) si se verifica la vulneración del principio de veracidad durante el procedimiento de selección o durante el perfeccionamiento del contrato; (iii) si se suscribe el contrato pese a encontrarse en trámite un recurso impugnativo; (iv) cuando se contrate utilizando un mecanismo de contratación directa, si no se cumplían las condiciones para hacerlo; (v) cuando no se utilicen los métodos de contratación previstos en la LCE, pese a que correspondía emplearlos; (vi) cuando se emplee un método de contratación distinto al que corresponde, y (vii) cuando por sentencia consentida ejecutoriada o reconocimiento del contratista ante la autoridad competente nacional o extranjera, se evidencie que durante el procedimiento de selección o para el perfeccionamiento del contrato, este, sus titulares o sus representantes, ha pagado, recibido, ofrecido, intentado pagar o recibir u ofrecer en el futuro algún pago, beneficio indebido, dádiva o comisión.

Si la parte perjudicada por la anulación no está de acuerdo con esta, debe cuestionarla arbitralmente, lo que constituiría un caso de arbitraje sobre el ejercicio de una tradicional potestad administrativa, reconocido por ley. Si el contrato es inválido por cualquier otra causa, tanto la entidad como el contratista debe usar también la vía arbitral para pretender que se declare la nulidad. En este caso, se deben evaluar primero las causales previstas en la legislación de contratos del Estado y luego las demás causales de nulidad recogidas en el ordenamiento peruano.

13. TIPOLOGÍA DE CONTRATOS REGULADOS EN LA LEY Y LOS REGLAMENTOS

En primer lugar, conviene recordar que en Perú no existe una regulación única para todos los contratos públicos. Así, existe una regulación especial aplicable a los contratos de asociación público privada y los contratos mediante los cuales la Administración pública dispone de sus bienes se regulan mediante la regulación de bienes estatales. Por otro lado, algunos normas especiales regulan contratos para el aprovechamiento de recursos naturales o la prestación de servicios públicos. Además, los que serían los "contratos públicos" en Derecho alemán, los acuerdos procedimentales o contratos sobre actos y potestades, se regulan por normativa especial, cuando esta los reconoce. Finalmente, existen algunos contratos, excluidos de la aplicación de la LCE, que tienen una regulación especial, como es el caso de los contratos financieros y de endeudamiento del Estado.

La LCE regula los contratos por los cuales el Estado adquiere bienes y servicios o encarga la ejecución de obras. En este sentido, podrían considerarse como contratos "típicos" estos contratos, en especial los contratos de adquisición de bienes, suministro, prestación de servicios (que incluye servicios en general, consultoría en general y consultoría de obras, para la elaboración de expedientes o servicios de supervisión) y de ejecución de obras, que tienen una regulación especial. También existen algunas menciones al contrato de arrendamiento, para regular la presentación de garantías, por lo que también cabría incluirlo en esta categoría. La LCE reconocía la existencia de modalidades mixtas de contratación, que implicaban la prestación de servicios y ejecución de obras de manera conjunta. Sin embargo, la más reciente modificación de dicha norma ha eliminado dicha referencia.

En relación con los contratos atípicos, no hay una posición unánime ni tampoco previsión normativa, referida a su admisión o no en nuestro ordenamiento jurídico. Generalmente su admisión está vinculada al reconocimiento de una libertad de pactos o autonomía contractual de la Administración, la cual no se encontraría recogida de manera expresa en la LCE. No obstante, en el caso de los contratos de asociación público privada, la definición normativa es suficientemente amplia como para permitir la creación de contratos, cuyo contenido sea regulado por las estipulaciones contractuales, dentro del marco general establecido por la legislación.

14. CONTRATACIÓN ADMINISTRATIVA ELECTRÓNICA

En los procedimientos de contratación en el marco de la LCE se utilizan diversos instrumentos propios de la contratación electrónica. En primer lugar, las convocatorias se hacen utilizando el Sistema Electrónico de Contrataciones del Estado (SEACE). Por otro lado, en el SEACE también se deja constancia de todos los actos principales del procedimiento de selección, pudiéndose encontrar en este portal los datos relevantes del procedimiento, así como los principales actos del procedimiento. Mediante directivas se han regulado algunos supuestos en los cuales el procedimiento se realiza íntegramente de manera electrónica, ya que la inscripción como participante, la presentación de consultas, observaciones, así como la presentación de la oferta y la adjudicación se realiza por medio del SEACE. Es el caso, por ejemplo, de la adjudicación simplificada electrónica. Además, la legislación contempla también la llamada subasta inversa electrónica, que se realiza también por medios electrónicos. No obstante, incluso en estos casos la presentación de los recursos es física o presencial. Además, junto a estos procedimientos electrónicos, conviven otros en los cuales todavía la inscripción como participante y la presentación de ofertas se hacen presencialmente, al igual que la buena pro, la cual se realiza en un acto público.

BIBLIOGRAFÍA BÁSICA

BACA ONETO, VÍCTOR SEBASTIÁN: "La distinción entre contratos administrativos y contratos privados de la Administración en el Derecho peruano. Notas para una polémica", en *El derecho administrativo y la modernización del Estado peruano. Ponencias presentadas en el III Congreso Nacional de Derecho administrativo*, Lima, Grijley, 2008.

— "La anulación de los contratos públicos regulados en la nueva Ley de contrataciones del Estado y su Reglamento", en *Revista de Derecho administrativo*, editada por el Círculo de Derecho administrativo de la Pontificia Universidad Católica del Perú, 7, 2009.

— "El arbitraje con el Estado como alternativa de control de la actuación de la Administración", en *Contratación pública. Doctrina nacional e internacional*, vol. II, Lima, Adrus Editores, 2013.

— "El concepto, clasificación y regulación de los contratos públicos en el Derecho peruano", en Revista *Ius et Veritas* 48, 2014.

— "La modificación del régimen jurídico de los contratos de gestión patrimonial en Derecho peruano", en *Derecho administrativo. Hacia un Estado más confiable. Libro de ponencias del VII Congreso Nacional de Derecho administrativo*, Lima, Thomson Reuters, 2016.

BACA ONETO, VÍCTOR SEBASTIAN y ORTEGA SARCO, EDUARDO: "Los esquemas contractuales de colaboración público-privada y su recepción por el Derecho peruano", en *Revista de Derecho administrativo* editada por el Círculo de Derecho administrativo de la Pontificia Universidad Católica del Perú, 13, 2013.

CÉSPEDES ZAVALETA, ADOLFO: "La *potestas variandi* de la Administración pública en los contratos de concesiones de obras y servicios públicos", en *Revista de Derecho Administrativo*, editada por el Círculo de Derecho administrativo de la Pontificia Universidad Católica del Perú, *Revista de Derecho administrativo del Círculo de Derecho administrativo* 1, 2006.

DANÓS ORDÓÑEZ, JORGE: "Régimen de los contratos estatales en el Perú", en *Revista de Derecho administrativo*, editada por el Círculo de Derecho administrativo de la Pontificia Universidad Católica del Perú, *Revista de Derecho administrativo del Círculo de Derecho administrativo* 2, 2006.

HUAPAYA TAPIA, RAMÓN: "Potestades y prerrogativas en los contratos públicos en el Derecho peruano", en *Derecho administrativo: innovación, cambio y eficacia. Libro de ponencias del Sexto Congreso Nacional de Derecho Administrativo*, Lima, Thomson Reuters, 2014.

— "Concepto, especie y criterios del contrato público", en *Estudios de Derecho administrativo. El derecho administrativo iberoamericano. Innovación y reforma. Libro homenaje al profesor Juan Carlos* Cassagne, tomo I, Coord. MORÓN URBINA, JUAN CARLOS y DANÓS ORDÓÑEZ, JORGE, Lima, Gaceta Jurídica, 2018.

JIMÉNEZ MURILLO, ROBERTO: "Los contratos administrativos derivados de los actos patrimoniales estatales", en *Revista de Derecho Administrativo*, editada por el Círculo de Derecho administrativo de la Pontificia Universidad Católica del Perú, 7, 2009.

KUNDMÜLLER CAMINITI, FRANZ: "El arbitraje en contratación pública: (Des)confianza y Aporía", en *Derecho & Sociedad* 44, 2015.

LINARES JARA, MARIO: "El contrato administrativo en el Perú", en *Revista de Derecho Administrativo*, editada por el Círculo de Derecho administrativo de la Pontificia Universidad Católica del Perú, *Revista de Derecho Administrativo del Círculo de Derecho administrativo* 1, 2005.

— "Adicionales de obra pública. Obra pública y contrato, adicionales, función administrativa, control público, arbitraje y enriquecimiento sin causa", en *Revista de Derecho Administrativo*, editada por el Círculo de Derecho administrativo de la Pontificia Universidad Católica del Perú, 7, 2009.

— *Contratación pública. Derecho local, internacional y de la integración*, Lima, Linares Consultores, 2008.

LINARES JARA, MARIO y POMASONCCO VILLEGAS, ELIZABETH: "El régimen facultativo de las exoneraciones de los procedimientos administrativos de selección de contratistas", en "La responsabilidad objetiva de los proveedores el Estado en la presentación de documentación falsa o declaración jurada inexacta", en *Derecho & Sociedad* 44, 2015.

MARTÍNEZ ZAMORA, MARCO ANTONIO: "Luces, sombras y claroscuros de la nueva Ley de Contrataciones del Estado", en *Actualidad Jurídica* 249, 2014.

— "La responsabilidad objetiva de los proveedores el Estado en la presentación de documentación falsa o declaración jurada inexacta", en *Derecho & Sociedad* 44, 2015.

MARTIN TIRADO, RICHARD: "La naturaleza del contrato estatal. La necesidad de contar con un régimen unitario de contratación pública", en *Revista Peruana de Derecho Administrativo Económico* 1, 2006.

— "El laberinto estatal: historia, evolución y conceptos de la contratación administrativa en el Perú", en *Revista de Derecho Administrativo,* editada por el Círculo de Derecho administrativo de la Pontificia Universidad Católica del Perú, 13, 2013.

MORÓN URBINA, JUAN CARLOS: "El fraccionamiento ilícito en la contratación administrativa", en *Advocatus* 7, 2002.

— "La subcontratación de contratos administrativos", en *Derecho & Sociedad* 26, 2006.

— "Los principios inspiradores de la contratación administrativa y sus aplicaciones prácticas", en *Themis* 52, 2006.

— "Redescubriendo una institución escondida: el rescate de las concesiones", en *El derecho administrativo y la modernización del Estado peruano. Ponencias presentadas en el III Congreso Nacional de Derecho administrativo*, Lima, Grijley, 2008.

— "La inconstitucionalidad del régimen de impugnación en la Ley de Contrataciones del Estado", en *Actualidad Jurídica* 182, 2009.

— "Las cláusulas sociales en la contratación pública: hacia una contratación responsable", en *Aportes para un Estado eficiente. Ponencias del V Congreso Nacional de Derecho administrativo*, Lima, Palestra, 2012.

— "¡Muchas gracias, que Dios se lo pague! El enriquecimiento sin causa de la Administración pública con motivo de la contratación estatal", en *Derecho administrativo en el siglo XXI,* vol. I, Lima, Adrus Editores, 2013.

— "Las prerrogativas de la administración y las garantías del contratista: un desafío contemporáneo en la contratación estatal", en *Contratación pública. Doctrina Nacional e Internacional,* vol. II, Lima, Adrus Editores, 2013.

— "Los acuerdos colusorios en las licitaciones públicas: cuando los postores afectan la libre competencia", en *Derecho administrativo: innovación, cambio y eficacia. Libro de ponencias del Sexto Congreso Nacional de Derecho Administrativo*, Lima, Thomson Reuters, 2014.

— *La contratación estatal. Análisis de las diversas formas y técnicas contractuales que utiliza al Estado,* Lima, Gaceta Jurídica, 2016.

— "El estatuto jurídico del segundo mejor postor en las licitaciones: ¿expectativa, derecho u obligación", en AA. VV., *Derecho administrativo: hacia un Estado más confiable. Libro de Ponencias del VII Congreso Nacional de Derecho administrativo,* Lima, Thomson Reuters, 2016.

MORÓN URBINA, JUAN CARLOS y AGUILERA BECERRIL, ZITA: *Aspectos jurídicos de la contratación estatal,* Colección Lo esencial del Derecho, Fondo Editorial PUCP, 2017.

RETAMOZO LINARES, ALBERTO: *Contrataciones y adquisiciones del Estado y normas de control: análisis y comentarios,* 12ª ed., Lima, Gaceta Jurídica, 2018.

REVILLA VERGARA, Ana Teresa: "La transparencia en la Ley de Contrataciones del Estado", en *Derecho PUCP* 66, 2011.

ROJAS MONTES, VERÓNICA: "El principio de eficacia en las contrataciones públicas", en *Contratación pública. Doctrina nacional e internacional,* vol. II, Lima, Adrus Editores, 2013.

RODRÍGUEZ MANRIQUE, CARLOS: "Las garantías en la Ley de Contrataciones y Adquisiciones del Estado", en *Revista de Derecho Administrativo,* editada por el Círculo de Derecho Administrativo de la Pontificia Universidad Católica del Perú, 7, 2009.

Rubio Salcedo, César: "Revisión de la potestad sancionadora en contratación pública", en *Derecho & Sociedad* 44, 2015.

Salazar Chávez, Ricardo: "La contratación administrativa", en *Derecho & Sociedad* 17, 2001.

— "La contratación de la administración pública en función a los intereses involucrados en cada contrato", en *Derecho & Sociedad* 23, 2004.

Zegarra Pinto, José: "Modificación al contrato en normativa de contrataciones del Estado (ley No. 30225")", en *Derecho & Sociedad* 44, 2015.

URUGUAY

RÉGIMEN DE LOS CONTRATOS PÚBLICOS EN URUGUAY

CARLOS E. DELPIAZZO[*]

1. RÉGIMEN NACIONAL

A) *Marco normativo*

En Uruguay no existe una normativa legal ordenada y sistemática en materia de contratación pública. Por el contrario, existe un conjunto de disposiciones que regulan diversos procedimientos administrativos de formación de los contratos y múltiples normas dispersas referentes a distintos aspectos de los diferentes contratos posibles[1]. Al respecto, pueden considerarse cuatro momentos o épocas.

---

[*] Doctor en Derecho y Ciencias Sociales por la Universidad Mayor de la República Oriental del Uruguay. Director de la Escuela de Posgrado de dicha Facultad. Catedrático de Derecho Administrativo en la Facultad de Derecho de la Universidad de Montevideo. Ex Catedrático de Derecho Administrativo, de Derecho Informático y de Derecho Telemático en la Facultad de Derecho de la Universidad Mayor de la República. Ex Decano de la Facultad de Derecho de la Universidad Católica del Uruguay Dámaso Antonio Larrañaga. Autor de 75 libros y más de 500 trabajos publicados en el país y en el exterior. Profesor Invitado del Instituto Nacional de Administración Pública (España). Profesor Visitante de la Especialización en Derecho Administrativo de la Universidad de Belgrano (Argentina). Profesor Extraordinario Visitante de la Universidad Católica de Salta (Argentina). Miembro del Comité Académico de la Maestría de Derecho Administrativo de la Facultad de Derecho de la Universidad Austral (Argentina) y de la Comisión Académica del Programa de Doctorado de Derecho Administrativo Iberoamericano liderado por la Universidad de La Coruña (España). Ex Director y miembro del Instituto Uruguayo de Derecho Administrativo, del Instituto de Derecho Administrativo de la Universidad Notarial Argentina, de la Asociación Argentina de Derecho Administrativo, de la Asociación de Derecho Público del Mercosur, de la Asociación Centroamericana de Derecho Administrativo, de la Academia Internacional de Derecho Comparado, de la Asociación Iberoamericana de Derecho Administrativo, y del Instituto Internacional de Derecho Administrativo. Secretario General del Foro Iberoamericano de Derecho Administrativo.

[1] CARLOS E. DELPIAZZO, *Normas y principios de la contratación administrativa*, Montevideo, F.C.U., 2002, págs. 9 y ss.; y "La contratación pública en Uruguay", en JOSÉ A. MORENO MOLINA y ANDRY MATILLA CORREA (Coord.), *Contratos públicos en España, Portugal y América Latina*, Madrid, Difusión, 2008, págs. 707 y ss.

Prescindiendo de otros antecedentes, una *primera época* está pautada por la aprobación de la *ley 9.542 de 31 de diciembre de 1935*, sobre la cual pudo señalarse que "excepto las leyes de 1829 y 1860 y las relativas a los gobiernos municipales —hay además algunas disposiciones aisladas— todo el régimen de licitaciones ha sido y es aún en gran parte administrativo, es decir, creado por reglamentos y decretos del propio Poder Ejecutivo, con el plausible propósito de introducir la máxima corrección y moralidad posible en las contrataciones del Estado"[2].

En una *segunda época*, debido a que la contratación pública implica normalmente un egreso de fondos para la Administración y a veces un ingreso de recursos, no es de extrañar que muchas disposiciones relativas a la materia se hayan incluido en normas presupuestales. Entre ellas, merecen reseñarse el *artículo 512 de la ley 13.640 de 26 de diciembre de 1967*, en virtud del cual el Poder Legislativo autorizó al Poder Ejecutivo "a poner en vigencia, por vía reglamentaria y con carácter experimental, de acuerdo con el Tribunal de Cuentas, las bases del sistema de registración, administración y contralor financiero, contenidas en el Proyecto de Ley de Contabilidad y Administración Financiera aprobado por el Tribunal de Cuentas, dando cuenta a la Asamblea General".

Al amparo de la citada norma legal, se dictó el *Decreto 104/968 de 6 de febrero de 1968,* disponiéndose la aplicación del referido Proyecto por todos los organismos estatales, que contenía una sección dedicada a los "contratos del Estado" (arts. 29 a 61)[3].

En una *tercera época*, dicho reglamento recibió reconocimiento legislativo por medio de los *artículos 450 a 592 de la ley 15.903 de 10 de noviembre de 1987*, superando así algunas vacilaciones interpretativas acerca del rango normativo del contenido del anterior Decreto 104/968[4].

En el año 1990, mediante un proceso de consultas y reflexión que contó con la participación de todos los organismos involucrados, se gestó un conjunto de reformas que fueron aprobadas en los *artículos 653 a 660 de la ley 16.170 de 28 de diciembre de 1990*[5], encomendándose al Poder Ejecutivo (art. 656) "la confección de un Texto Ordenado de las Normas sobre Ordenamiento Financiero contenidas en el artículo 450 y siguientes de la ley Nº 15.903 de 10 de noviembre de 1987 y sus modificativas".

---

[2] ENRIQUE SAYAGUÉS LASO, *La licitación pública*, Montevideo, Acali, 1978, pág. 16.

[3] CARLOS E. DELPIAZZO, "El Proyecto de Ley de Contabilidad y Administración Financiera. Consideraciones acerca de su jerarquía normativa", *en La Justicia Uruguaya*, t. LXXVIII, sección Doctrina, págs. 45 y ss.

[4] CARLOS E. DELPIAZZO, "Acerca de una reciente modificación al Proyecto de Ley de Contabilidad y Administración Financiera", en *Anales del Foro*, núm. 46, págs. 18 y ss.

[5] ALBERTO SAYAGUÉS ARECO, *El nuevo régimen de compras*, Montevideo, F.C.U., 1991, págs. 39 y ss.

Ese mandato fue cumplido por el Poder Ejecutivo mediante el *Decreto 95/991 de 26 de febrero de 1991*, cuyo artículo 6º autorizó su cita como "Texto Ordenado C.A.F." o "TOCAF"[6].

Dicho primer TOCAF mantuvo una sección dedicada a los "contratos del Estado" (arts. 33 a 67), que regulaba fundamentalmente los procedimientos de contratación[7], que sufrió distintas modificaciones en los años sucesivos[8].

Al presente, en lo que puede considerarse una *cuarta época*, conforme a los *artículos 13 a 57 de la ley 18.834 de 4 de noviembre de 2011* se dedicó el capítulo I de su sección III a modificar el régimen de "Compras estatales" y su control por el Tribunal de Cuentas[9].

Atento a la calidad y cantidad de los cambios introducidos, el artículo 55 de dicha ley encomendó al Poder Ejecutivo la actualización del TOCAF, dando cuenta a la Asamblea General, y el artículo 56 cometió a la Agencia de Compras y Contrataciones del Estado (ACCE) su difusión[10].

Dando cumplimiento al mandato legislativo, el Poder Ejecutivo emitió el *Decreto 150/012 de 11 de mayo de 2012*, el cual aprueba el actual TOCAF con una estructura similar a las normas anteriores, que contiene un conjunto de disposiciones de lo que sigue denominándose "contratos del Estado" (arts. 33 a 79), y comprende las siguientes materias[11]:

a) normas sobre procedimientos (arts. 33 a 37 y 44 a 46);

b) normas sobre determinados contratos (arts. 40 a 44);

c) normas relativas a los pliegos de condiciones (arts. 47 y 48);

d) normas sobre publicidad (arts. 50 a 56);

e) normas sobre preferencias (arts. 57 a 62);

f) normas sobre las ofertas y sus garantías (arts. 63 a 65);

g) normas sobre admisibilidad, conveniencia y adjudicación de las ofertas (arts. 66 a 68), y

h) normas sobre celebración y ejecución contractual (arts. 69 a 79).

---

[6] CARLOS E. DELPIAZZO, "Génesis y evolución del TOCAF", en CARLOS E. DELPIAZZO (Coord.), *Comentarios al TOCAF sobre la Hacienda Pública,* Montevideo, U.M., 2012, págs. 11 y ss., y *Texto Ordenado de la Ley de Contabilidad y Administración Financiera actualizado, anotado y concordado*, Montevideo, Editorial Universidad, 1996.

[7] CARLOS E. DELPIAZZO, *Manual de contratación administrativa*, t. I, Montevideo, 1992, págs. 159 y ss.

[8] CARLOS E. DELPIAZZO, *Texto Ordenado de Contabilidad y Administración Financiera*, 2ª a 8ª eds., Montevideo, F.C.U., 2001 a 2010.

[9] ALBERTO SAYAGUÉS ARECO, *Reformas al sistema de compras estatales*, Montevideo, 2011, págs. 119 y ss.

[10] CARLOS E. DELPIAZZO, "A propósito del tercer TOCAF", en *La justicia uruguaya,* t. 146, Sección Doctrina, Montevideo, 2012, págs. 3 y ss.

[11] CARLOS E. DELPIAZZO, "Texto Ordenado de Contabilidad y Administración Financiera", 9ª ed. act., Montevideo, F.C.U., 2012.

Paralelamente, con la aprobación de la *ley 18.786 de 19 de julio de 2011*, se reguló con detalle el contrato de participación público privada, siendo el único contrato que tiene una ley específica[12], rigiéndose los demás, en cuanto a su objeto por normas aisladas o previsiones contenidas en los pliegos de condiciones.

La indicada ausencia de un régimen general de contratación pública, unida a la dispersión normativa señalada, ha determinado que se atribuya una especial importancia a los *principios generales de Derecho*, tanto por la doctrina[13] como por la jurisprudencia[14], algunos de los cuales se encuentran enumerados no taxativamente en el artículo 149 del TOCAF.

B) *Alcance*

Desde el punto de vista de la organización administrativa, la Constitución uruguaya ofrece una arquitectura relativamente cerrada, que reconoce como entidades jurídicas personificadas al Estado (persona pública mayor comprensiva de los tres Poderes de Gobierno y los órganos de control —Tribunal de Cuentas, Tribunal de lo Contencioso Administrativo y Corte Electoral—), a los entes autónomos y servicios descentralizados (que expresan la descentralización funcional o por servicios) y a los gobiernos departamentales (que encarnan la descentralización territorial)[15].

Consecuentemente, la normativa antes reseñada alcanza a todos los órganos estatales, cualquiera sea su posición institucional, que tengan competencia para gastar, a los cuales el aludido TOCAF denomina ordenadores de gastos y pagos, distinguiendo entre primarios (los jerarcas máximos de cada Administración) y secundarios (los sometidos a jerarquía).

[12] Carlos E. Delpiazzo (Coord.), *Comentarios a la ley de participación público privada*, Montevideo, U.M., 2012, págs. 11 y ss., y "PPP y concesiones en Uruguay", en Bruno Cavalcanti y Andry Matilla (Coords.), *Estudios latinoamericanos sobre concesiones y PPP*, São Paulo, Ratio Legis, 2013, págs. 299 y ss.

[13] Carlos E. Delpiazzo, "Recepción de los principios generales de Derecho por el Derecho positivo uruguayo", en AA. VV., *Los principios en el Derecho Administrativo Iberoamericano*. Actas del VII Foro Iberoamericano de Derecho Administrativo, La Coruña, Netbiblo, 2008, págs. 607 y ss., y "Reconocimiento de los principios generales de Derecho en el Derecho Administrativo uruguayo", en Jaime Arancibia y José Ignacio Martínez (Coords.), *La primacía de la persona*. Estudios en homenaje al Prof. Eduardo Soto Kloss, Santiago de Chile, Legal Publishing, 2009, págs. 229 y ss.

[14] Carlos E. Delpiazzo y Graciela Ruocco, *Tratado jurisprudencial y doctrinario sobre actos y contratos de la Administración*, t. i, La Ley Uruguay, Montevideo, 2013, págs. 226 y ss., y t. ii, págs. 1095 y ss.

[15] Carlos E. Delpiazzo, *Derecho administrativo uruguayo*, México, Porrúa - UNAM, 2005, págs. 37 y ss., y *Derecho administrativo especial*, vol. 1, 3ª ed. actualizada y ampliada, capítulos 2 a 6, Montevideo, A.M.F., 2015.

2. Procedimientos de contratación

De acuerdo con el artículo 33 del TOCAF se establece que "Las contrataciones se realizarán mediante licitación pública u otro procedimiento competitivo expresamente previsto, de acuerdo a lo que mejor se adecue a su objeto, a los principios generales de la contratación administrativa y de acuerdo a lo previsto en la normativa vigente".

De este modo, se erige como solución de principio la adopción de un "procedimiento competitivo expresamente previsto" —siendo la licitación pública el más regulado— y siempre teniendo presentes los principios generales de Derecho[16].

A) *Principios generales*

Comenzando por los principios generales como reglas de Derecho con máximo valor y fuerza, el aludido artículo 149 del TOCAF enuncia expresamente los de flexibilidad, publicidad, igualdad, concurrencia, razonabilidad, delegación, ausencia de ritualismo, materialidad frente al formalismo, veracidad salvo prueba en contrario, transparencia y buena fe, señalando que los mismos "servirán de criterio interpretativo para resolver las cuestiones que puedan suscitarse en la aplicación de las disposiciones pertinentes"[17].

En primer lugar, *el principio de flexibilidad* se define por contraposición a la noción de rigidez y apunta a que la relación entre la Administración y el cocontratante no quede encorsetada en reglas pétreas sino que ambiente una vinculación fluida y dinámica de colaboración entre las partes.

En cuanto a su alcance, en sentido amplio, se ha dicho que "la flexibilidad que se plantea es lo opuesto a la rigidez y al uniformismo. Implica reconocer el hecho de la imposibilidad de prever todas las situaciones y de reglamentar su resolución. Implica darle al administrador y al controlador una batería de instrumentos para utilizar en función del objetivo a lograr. Lo que implica confiar en su honestidad y buen juicio y hacerle asumir su responsabilidad [...]. Y el intérprete deberá abandonar las construcciones jurídicas literales indiferentes a la realidad y atender al espíritu de la norma y a la realidad de la compra más que a la letrita chica y fría, ajena a la necesidad a satisfacer"[18].

---

[16] Carlos E. Delpiazzo, *Derecho administrativo general*, vol. 1, 2ª ed. actualizada y ampliada, Montevideo, A.M.F., 2015, págs. 470 y ss.

[17] Carlos E. Delpiazzo, "Los principios generales en la contratación pública", en Juan Carlos Cassagne y Enrique Rivero Isern (Dirs.), *La contratación pública*, t. I, Buenos Aires, Hammurabi, 2007, págs. 543 y ss., y "Eficacia aplicativa de los principios generales de Derecho en la contratación administrativa", en *Anuario de Derecho Administrativo*, t. XIII, Montevideo, 2006, págs. 65 y ss.

[18] Alberto Sayagués Areco, *El nuevo régimen de compras,* Montevideo, F.C.U., 1991, págs. 45 y 46.

Con un sentido más restringido, se ha enfatizado que el principio de flexibilidad es aplicable a los requisitos de forma y de los procedimientos de contratación administrativa, pero ajeno al estricto cumplimiento de los requisitos esenciales o sustanciales[19]. Consiguientemente, dichos procedimientos no deben estar sometidos a una secuencia ritual, rígida y predeterminada de actos y trámites; por el contrario, su flexibilidad debe permitir adecuarlos a las características y necesidades de cada caso, sin omitir aquellos que condicionan la validez del acto final que debe dictarse[20].

Las proyecciones de este principio son múltiples, pero merece destacarse la que tiene en el ámbito de la moderna contratación electrónica, realizada por medio de las nuevas tecnologías de la información y las comunicaciones.

En segundo lugar, *el principio de publicidad* —que abarca todo el obrar administrativo[21]— adquiere una especial tonalidad en el campo de la contratación pública, donde debe reputarse fundante de la misma, junto a los de igualdad y concurrencia.

Su alcance es doble. Así, desde el llamado, la publicidad implica la posibilidad de que el mayor número de interesados tome conocimiento de la voluntad administrativa de contratar, y luego, durante el procedimiento de selección, la publicidad implica que las actuaciones administrativas se cumplan en forma pública[22] y no de manera clandestina y oculta a los ojos de los participantes, lo que no equivale a permitir a los oferentes inmiscuirse en el procedimiento de evaluación de las ofertas, pues este es un trámite interno de la Administración, pero sí implica el derecho a conocer las ofertas de los demás oferentes de modo de poder impugnar con fundamentos la preadjudicación, si así correspondiere[23].

En sus proyecciones, la recta aplicación del principio de publicidad apunta a superar la interpretación maniquea de que es suficiente publicar un anuncio en un determinado lugar para satisfacer el requisito; la publicidad debe realizarse también por medios electrónicos y a través de Internet, con la máxima información posible. Su finalidad debe ser no solo promover la más amplia

[19] JUAN PABLO CAJARVILLE PELUFFO, "Sobre procedimientos de contratación de la Administración", en *Anuario de Derecho Administrativo*, t. VII, pág. 15.

[20] JUAN PABLO CAJARVILLE PELUFFO, *Procedimiento administrativo*, Montevideo, Idea, 1992, pág. 26.

[21] HORACIO CASSINELLI MUÑOZ, "El principio de publicidad en la gestión administrativa", en *Revista Derecho, Jurisprudencia y Administración*, t. 58, págs. 162 y ss., y ELBIO J. LOPEZ ROCCA, "Publicidad y secreto en la Administración Pública", en *Revista de Derecho Público*, Montevideo, 2003, núm. 24, págs. 39 y ss.

[22] ROBERTO DROMI, *Licitación pública*, Buenos Aires, Ediciones Ciudad Argentina, 1995, pág. 104.

[23] HÉCTOR MAIRAL, *Licitación pública*, Buenos Aires, Depalma, 1975, pág. 18.

concurrencia sino también permitir la crítica pública, facilitar la participación ciudadana y potenciar el control judicial[24].

En tercer lugar, *el principio de igualdad* referido a los oferentes, es una aplicación al caso concreto de los procedimientos competitivos, lo que no excluye hacer caudal del mismo más allá de dicho supuesto.

En cuanto a su alcance, dicho principio trasciende el trámite de selección[25] y debe regir, con ciertas modulaciones, durante la ejecución del contrato a fin de preservar los derechos de los oferentes ante eventuales cambios del contrato que podrían permitirles sostener que, de haberlos conocido en su momento, hubieran variado el contenido y alcance de sus ofertas[26].

Pese a sus amplias proyecciones, el principio de igualdad no impide el establecimiento previo de preferencias impersonales para todos los que se hallen en determinada situación, siempre que respondan a categorías objetivas razonablemente fundadas.

En cambio, cabe sostener que atenta contra el principio cualquier forma de exclusión de ofertas que apareje una posición de privilegio para otros oferentes, a la vez que un trato discriminatorio para el excluido no respaldado por ninguno de los criterios tradicionalmente usados por la doctrina y la jurisprudencia para justificar tratos diferenciados[27].

Asimismo, por aplicación de este principio, la Administración no puede establecer cláusulas discriminatorias ni beneficiar o perjudicar con su comportamiento a uno de los licitantes frente a los demás. Sin embargo, la mayor o menor experiencia que pueda alguien tener frente al objeto que se debe licitar en modo alguno atenta contra el principio de igualdad.

Según la certera enseñanza de Julio Rodolfo Comadira, las proyecciones del principio de igualdad operan frente a los pliegos de condiciones, a las ofertas y al contrato[28].

En cuarto lugar, *el principio de concurrencia* tiene el alcance de postular la participación "en la comparación de ofertas de la licitación de la mayor cantidad posible de oferentes, de modo tal que la autoridad cuente con la mayor

[24] Agustín Gordillo, *Tratado de derecho administrativo*, t. 2, 3ª ed., Buenos Aires, F.D.A., 1998, págs. XII-9 y ss.

[25] Mauricio Beau Taramburelli, "El principio de igualdad en el procedimiento de licitación pública", en *Anuario de Derecho Administrativo*, t. xi, págs. 9 y ss.

[26] Beltrán Gambier, "El principio de igualdad en la licitación pública y la potestad modificatoria en los contratos administrativos", en *Revista de Derecho Administrativo*, Buenos Aires, 1995, Año 7, núms. 19-20, págs. 442 y ss.

[27] Martín Risso Ferrand, *Derecho constitucional*, t. i, Montevideo, F.C.U., 2005, págs. 471 y ss.

[28] Julio Rodolfo Comadira, *La licitación pública. Nociones, principios, cuestiones*, Buenos Aires, Depalma, 2000, págs. 46 y ss.

cantidad posible de alternativas de elección, para escoger con más posibilidad de acierto la que proponga las mejores condiciones en el objeto contractual: en general, precio, cantidad, calidad, condiciones, y en ocasiones, proyecto técnico, financiamiento, etc., según el objeto específico de cada licitación"[29].

Su aplicación no impide admitir limitaciones fundadas en el interés público, como cuando se exige determinada capacidad técnica o solvencia económico financiera. No obstante, en caso de duda, la misma debe ser resuelta a favor del principio de concurrencia[30].

En quinto lugar, *el principio de razonabilidad* impone que la actuación pública sea idónea, indispensable y proporcionada, es decir, adecuada en relación al fin debido, necesaria respecto a los demás medios igualmente eficaces, y proporcionada en la ecuación costo beneficio y en el respeto de los derechos involucrados[31].

En cuanto a su alcance, el recordado EDUARDO J. COUTURE enseñó que la idea de razonabilidad es uno de los más valiosos estándares jurídicos de nuestro tiempo, que constituye un límite infranqueable a toda actividad del Estado[32].

Respecto a sus proyecciones, la razonabilidad del comportamiento se debe apreciar desde múltiples perspectivas[33] y primeramente según las reglas de la lógica.

Además, la razonabilidad debe apreciarse según las reglas técnicas de la materia de que se trate.

Aún desde la valoración jurídica, la razonabilidad implica ponderar adecuadamente los intereses contenidos en el sector del ordenamiento jurídico que vincula la actuación respectiva. Es que la actividad administrativa, en cuanto medio para obtener un fin, debe ser apta o idónea para conseguirlo y esta es una cuestión de legitimidad y no de mérito porque la vinculación de la Administración al fin debido es cuestión de legitimidad y no de oportunidad o conveniencia.

En sexto lugar, la proclamación *del principio de delegación* en el campo contractual se hace por oposición al centralismo, entendido como el fenómeno

---

[29] AGUSTÍN GORDILLO, "El informalismo y la concurrencia en la licitación pública", en *Revista de Derecho Administrativo*, Buenos Aires, 1992, Año 4, núm. 11, pág. 301.

[30] MARÍA DE LAS MERCEDES CALOGERO, "Los principios en los procedimientos de selección del contratista", en *Revista de Derecho Administrativo*, Buenos Aires, 1999, Año 11, núms. 30-31, págs. 236 y 237.

[31] JUAN CIANCIARDO, *El principio de razonabilidad*, Buenos Aires, Abaco, 1998, pág. 25.

[32] EDUARDO J. COUTURE, *Estudios de derecho procesal civil*, t. II, Buenos Aires, Ediar, 1978, págs. 225 y 226.

[33] CARLOS E. GUARIGLIA, "Razonabilidad y legitimidad en el Derecho Administrativo", en *Estudios Jurídicos en homenaje al Prof. Mariano R. Brito*, Montevideo, F.C.U., 2008, págs. 470 y ss., y "Proporcionalidad y discrecionalidad en el Derecho Administrativo", *en Estudios de Derecho Administrativo*, Montevideo La Ley Uruguay, 2010, núm. 1, págs. 280 y ss.

en virtud del cual se hace depender toda decisión formal de la autoridad máxima de cada Administración, de modo que aun las cuestiones de índole más rutinaria son elevadas al pronunciamiento de la autoridad, con el consiguiente enlentecimiento y desborde de los trámites y decisiones.

Siendo así, el alcance y la proyección de este principio radica en neutralizar o contrarrestar ese centralismo, que deriva la decisión final al jerarca y que es germen de lentitud, irresponsabilidad de los mandos medios y autoritarismo.

En séptimo lugar, *el principio de ausencia de ritualismo* se define negativamente por oposición al ritualismo entendido como el exagerado predominio de las formalidades y trámites reglamentarios, que lleva a ejecutar y exigir en forma monocorde y carente de significado trámites y requisitos de cuya utilidad o sentido nadie se pregunta.

Consecuentemente, el alcance de dicho principio connota que la forma es un medio y no un fin en sí misma; que la actividad administrativa se debe juzgar en función de la sustancia y no de la forma; que deben eliminarse trámites o recaudos innecesarios o arbitrarios que compliquen o dificulten el desenvolvimiento de cualquier actuación[34].

En su proyección práctica, la aplicación de este principio conduce a descartar soluciones apegadas a viejas prácticas rituales —porque "siempre se hizo así"— que desnaturalizan el quehacer administrativo y opacan la relación entre las partes, que debe ser de colaboración y no de confrontación, máxime cuando ésta está determinada por ritos carentes de sustancia o significación.

En octavo lugar, *el principio de materialidad* refiere a lo que, en la Ciencia de la Administración, se denomina significatividad[35] y que, con una terminología jurídica más usual, puede traducirse como relevancia o trascendencia[36].

Quiere decir que su alcance es el de realzar lo verdaderamente importante frente a la mera forma o formalismo, que es, patológicamente, la tendencia a concebir las cosas como formas y no como esencias, a sustentar la creencia de que aprobando reglas formales, los problemas se solucionan.

Por lo tanto, su proyección aplicativa es la de neutralizar el formalismo y evitar actitudes formalistas, procurando subsanar las irregularidades de detalle, como por ejemplo centrando el análisis comparativo sobre los aspectos de fondo de cada oferta. Asimismo, el principio de materialidad aboga contra la severidad en la admisión y la exclusión por omisiones intrascendentes sugiriendo su reemplazo por aclaraciones oportunas y actos de subsanación de

---

[34] HÉCTOR FRUGONE SCHIAVONE, "Principios del procedimiento administrativo", en AA. VV., *El nuevo procedimiento administrativo*, Montevideo, Pronade, 1991, pág. 33.

[35] ALBERTO SAYAGUÉS ARECO, *El nuevo régimen de compras,* cit., pág. 47.

[36] JUAN PABLO CAJARVILLE PELUFFO, "Sobre procedimientos de contratación de la Administración", cit., pág. 15 y *Procedimiento Administrativo*, cit., pág. 26.

deficiencias de carácter leve que no vulneren la esencia del trato igualitario ya que la Administración tiene la carga de obviar inconvenientes menores y permitir la mayor afluencia posible de ofertas.

En noveno lugar, *el principio de veracidad* enfatiza la cualidad de veraz del obrar general, presumiéndolo hasta que se pruebe lo contrario.

En tal sentido, su alcance implica el rechazo a la mentira y la desconfianza. Mientras que en nuestra sociedad el principio general es que las personas son honestas y puede confiarse en ellas hasta que se demuestre lo contrario, en la Administración pública muchas veces parece ocurrir al revés[37].

Frente a esa patología, la proyección práctica de erigir a la veracidad como principio tiene el efecto de oponerse a la desconfianza, evitando que esa desconfianza y el ritualismo se retroalimenten.

En gráficas palabras, "lo que todo procedimiento administrativo procura es hacer honor a la verdad, que es única y objetiva, constituyendo el reflejo de una realidad ajena a las apetencias personales, de las cuales no depende, ya que lleva en sí misma la pauta cierta, a partir de la cual deberán deducirse las consecuencias jurídicas que de ella derivan [...] Es este un principio que gravita con pretensiones imperativas no solo respecto de la autoridad licitante sino también en relación con los propios oferentes sobre quienes pesa el deber de colaborar con la Administración, deber este que, cuando se incumple, genera consecuencias disvaliosas sobre ellos"[38].

En décimo lugar, *el principio de transparencia* refiere a la diafanidad debida del obrar público en su triple dimensión jurídica, ética y tecnológica[39].

En cuanto a su alcance, la transparencia supone algo más que la publicidad ya que supone dar un paso más respecto a la publicidad: mientras que la publicidad implica mostrar, la transparencia implica algo más, implica dejar ver, que el actuar de la Administración se deje ver como a través de un cristal[40].

La proyección expansiva de este principio es evidente ya que la lucha contra la corrupción y la transparencia confluyen en destacar lo que es visible y

---

[37] JOSÉ PINI y ALBERTO SAYAGUÉS ARECO, "Desburocratización y desestatización", en AA. VV., *Gestión del Estado y desburocratización*, Montevideo, O.N.S.C. - I.L.P.E.S., 1989, págs. 216 y 217.

[38] JULIO RODOLFO COMADIRA y HÉCTOR JORGE ESCOLA, *Derecho administrativo argentino*, México, Porrúa - UNAM, 2006, págs. 627 y 628.

[39] CARLOS E. DELPIAZZO, "Triple dimensión del principio de transparencia en la contratación administrativa", en *Revista Trimestral de Direito Publico*, São Paulo, 2007, núm. 46, págs. 5 y ss., y "Transparencia en la contratación administrativa", en *Liber Amicorum Discipulorumque José Aníbal Cagnoni*, Montevideo, F.C.U., 2005, págs. 138 y ss.

[40] CARLOS E. DELPIAZZO, "De la publicidad a la transparencia en la gestión administrativa", en *Revista de Derecho de la Universidad de Montevideo*, Montevideo, 2003, Año II, núm. 3, págs. 113 y ss.

accesible, lo que puede ser conocido y comprendido, por contraposición a lo cerrado, misterioso, inaccesible o inexplicable. Además, del contraste entre las sombras y la luz, entre opacidad y transparencia, nacen nuevos métodos que tratan de referir el principio de legalidad, como límite y fundamento de la acción administrativa, al principio de consecución del interés público y del respeto por los derechos de los ciudadanos en el marco del bien común, métodos que tratan de promover los principios de colaboración ciudadana, de participación y de promoción de una nueva y diferente forma de concebir el poder administrativo más próximo a los ciudadanos[41].

En undécimo lugar, bien se ha dicho que *el principio de buena fe* representa una de las vías más fecundas de irrupción del contenido ético social en el orden jurídico y, concretamente, el valor de la confianza en la conducta de los agentes públicos y de los administrados[42].

Respecto a su alcance, corresponde coincidir con JESÚS GONZÁLEZ PÉREZ en cuanto a que "La aplicación del principio de buena fe permitirá al administrado recobrar la confianza en que la Administración no va a exigirle más de lo que estrictamente sea necesario para la realización de los fines públicos que en cada caso concreto persiga. Y en que no le va a ser exigido en el lugar, en el momento ni en la forma más inadecuados, en atención a sus circunstancias personales y sociales, y a las propias necesidades públicas. [...] La aplicación del principio de buena fe, por otra parte, conllevará la confianza de la Administración en que el administrado que con ella se relaciona va a adoptar un comportamiento leal en la fase de constitución de las relaciones, en el ejercicio de sus derechos y en el cumplimiento de sus obligaciones frente a la propia Administración y frente a otros administrados"[43].

En sus proyecciones en materia contractual, el principio de buena fe ha tenido importantes aplicaciones jurisprudenciales, tanto con referencia a la celebración cuanto a la ejecución de los contratos[44].

Desde la perspectiva de nuestro Derecho positivo, no puede prescindirse de considerar que "Todos [los contratos] deben ejecutarse de buena fe", según el claro tenor del artículo 1291 del Código Civil, en disposición que no puede limitarse en su eficacia aplicativa tan solo a los contratos regulados por el Derecho privado.

---

[41] JAIME RODRÍGUEZ-ARANA, *La dimensión ética*, Madrid, Dykinson, 2001, pág. 312.

[42] MARIANO R. BRITO, "Principios del procedimiento administrativo común", en AA. VV., *Procedimiento administrativo*, Montevideo, UCUDAL, 1991, págs. 14 y 15; y HÉCTOR FRUGONE SCHIAVONE, "Principios del procedimiento administrativo", cit., pág. 35.

[43] JESÚS GONZÁLEZ PÉREZ, *El principio general de la buena fe en el Derecho Administrativo*, Madrid, Civitas, 1999, págs. 91 y 92.

[44] ALBERTO REYES TERRA, *El principio de la buena fe en la práctica judicial civil*, Montevideo, F.C.U., 1969, págs. 71 y ss. y 89 y ss.

B) *Licitación pública*

La licitación pública es el procedimiento competitivo de contratación que nuestro Derecho regula con mayor detalle[45].

Tradicionalmente se la ha definido de modo descriptivo como un procedimiento, relativo al modo de celebrarse determinados contratos, cuya finalidad es la determinación de la persona que ofrece a la Administración condiciones más ventajosas; consiste en una invitación a los interesados para que, sujetándose a unas determinadas bases, llamadas pliegos de condiciones, formulen propuestas de las cuales la Administración selecciona la más ventajosa, y todo el procedimiento se inspira para alcanzar la finalidad buscada, en los principios de igualdad de los licitantes y cumplimiento estricto del pliego.

Su estudio suele realizarse siguiendo la ya decantada diferenciación que hace la doctrina entre las etapas preparatoria, esencial e integrativa[46].

En la *etapa preparatoria*, que es interna de la Administración, revisten especial importancia los trabajos de preparación, la presupuestación necesaria y la confección de los pliegos de condiciones.

Seguidamente, la *etapa esencial* comprende los actos dirigidos a lograr la manifestación de voluntad común de la Administración y de un tercero cocontratante.

Consecuentemente, esta etapa comienza con el *llamado a licitación,* que es un acto administrativo consistente en un llamado de demanda que involucra un pedido de ofertas. Como tal, el llamado a licitación requiere ser dotado de publicidad, aún cuando no debe confundirse la manifestación de voluntad de la Administración (acto jurídico) con la publicidad de la misma (operación material).

Al respecto, el artículo 51 del TOCAF preceptúa que "se deberá efectuar la publicación en el Diario Oficial y en el sitio web de Compras y Contrataciones Estatales, sin perjuicio de otros medios que se consideren convenientes para asegurar la publicidad del acto" (inc. 1º).

Agrega que "La publicación deberá hacerse con no menos de quince días de anticipación a la fecha de apertura de la licitación o con no menos de veinte días cuando se estime necesaria o conveniente la concurrencia de proponentes radicados en el exterior. Este término podrá ser reducido por el ordenador

---

[45] CARLOS E. DELPIAZZO, *Derecho administrativo general*, cit., vol. 1, págs. 486 y ss., y CARLOS E. DELPIAZZO y GRACIELA RUOCCO, *Tratado jurisprudencial y doctrinario sobre actos y contratos de la Administración*, cit., t. I, págs. 239 y ss.

[46] RENATO ALESSI, *Instituciones de derecho administrativo*, t. I, Barcelona, Bosch, 1970, págs. 193 y ss.; ROBERTO DROMI, *Licitación pública*, cit. págs. 96 y ss.; y ALBERTO RAMÓN REAL, "Licitación pública. Adjudicación y contrato. Vicios", en *La Justicia Uruguaya*, t. 76, sección Doctrina, págs. 77 y ss.

competente en cada caso, cuando la urgencia o conveniencia así lo requiera, pero en ningún caso podrá ser inferior a cinco o diez días respectivamente (inc. 2º). Los motivos de la excepción deberán constar en el acto administrativo que disponga el llamado (inc. 3º). El inicio del cómputo de los plazos para realizar los llamados a licitación pública y remate se contará a partir del día hábil siguiente a la publicación realizada en el sitio web de Compras y Contrataciones Estatales (inc. 4º). El plazo que se establezca para la presentación de ofertas debe ser apropiado para que los oferentes puedan preparar adecuadamente sus ofertas y solicitar precios en plaza o al exterior, sin perjuicio de la eventual urgencia o conveniencia del llamado que requiera establecer plazos menores" (inc. 5º).

En la fecha prevista se procederá al *acto de apertura* de las propuestas, en el que se dan a conocimiento público las ofertas y lo normal es que se documente en un acta[47].

Conforme al artículo 65 del TOCAF, "La apertura de las ofertas se hará en forma pública en el lugar, día y horas fijados en las publicaciones en presencia de los funcionarios que designe a tal efecto la Administración pública licitante y de los oferentes o sus representantes que deseen asistir (inc. 1º). Abierto el acto no podrá introducirse modificación alguna en las propuestas, pudiendo, no obstante, los presentes formular las manifestaciones, aclaraciones o salvedades que deseen (inc. 2º). En dicho acto no se podrá rechazar la presentación de ninguna propuesta sin perjuicio de su invalidación posterior y se controlará si en las propuestas se ha adjuntado la garantía constituida, cuando ello correspondiera (inc. 3º). Finalizado el acto, se labrará acta circunstanciada que será firmada por los funcionarios actuantes y los oferentes que lo deseen hacer, quienes podrán dejar consignadas las constancias que estimen necesarias (inc. 4º)".

Con posterioridad al acto de apertura, sobrevendrá el *examen de admisibilidad* en función del cual las propuestas serán rechazadas o admitidas[48].

Cumplido el examen de admisibilidad de cada una de las propuestas (por separado), se pasa al estudio (comparativo) de las mismas a fin de realizar el *examen de conveniencia*, al que el artículo 66 del TOCAF pone a cargo de una Comisión Asesora de Adjudicaciones.

El pronunciamiento de la Comisión Asesora de Adjudicaciones contentivo del estudio de las ofertas presentadas es normalmente llamado *preadjudicación*.

---

[47] José Miguel Delpiazzo Antón, "Presentación y apertura de ofertas", en Carlos E. Delpiazzo (Coord.), *Comentarios al TOCAF sobre la contratación pública*, t. i, Montevideo, U.M., 2013, págs. 371 y ss.

[48] Carlos E. Delpiazzo y Graciela Ruocco, *Tratado jurisprudencial y doctrinario sobre actos y contratos de la Administración*, cit., t. i, págs. 263 y ss., y *Contratación administrativa*, cit., págs. 207 y ss.

Consiste en un informe que, desde el punto de vista formal, debe ser fundado y necesario, es decir, que debe contener la explicitación de las razones en base a las cuales se aconseja la adjudicación a favor de una oferta en detrimento de otra y a la vez debe existir, o sea, no se puede prescindir de ese dictamen. En cambio, no es vinculante, es decir, que no obliga al órgano de adjudicación a proceder conforme a lo dictaminado.

Recaída la preadjudicación, conforme al artículo 67 del TOCAF, se prevé que en todo procedimiento competitivo de contratación cuyo valor supere el cuádruple del monto máximo para la licitación abreviada correspondiente al organismo, la Administración debe dar vista del expediente a los oferentes, a cuyo efecto se pondrá el expediente de *manifiesto por cinco días*, notificándose a los interesados en forma personal o por telegrama colacionado, dentro de las veinticuatro horas de decretado el trámite aludido.

Dentro de dicho término, los oferentes podrán formular por escrito las *consideraciones* que les merezca el proceso cumplido hasta el momento y el dictamen o informe (no se habla de acto administrativo) de la Comisión Asesora de Adjudicaciones. Los escritos que se formulen en esta etapa por los interesados serán considerados por la Administración como una petición, de acuerdo con lo dispuesto por los artículos 30 y 318 de la Constitución, a tener en consideración al momento de dictar la resolución de adjudicación, y respecto de la que debe existir informe fundado.

Con la resolución de *adjudicación*, prevista en el artículo 68 del TOCAF, se cierra la etapa esencial del procedimiento licitatorio. Se trata de un típico acto administrativo, precontractual y separable cuyo contenido y fin es determinar la oferta más ventajosa y conveniente para la Administración. Se distingue del pronunciamiento de la Comisión Asesora de Adjudicaciones por su radical diversidad de naturaleza jurídica.

Determinada la voluntad administrativa en el caso concreto, comienza la *etapa integrativa* o de formalización del contrato, que se opera en la forma que el Derecho positivo prevea para cada caso.

C) *Otros procedimientos legalmente previstos*

El Derecho uruguayo reconoce multiplicidad de procedimientos de selección del cocontratante de la Administración[49].

a) *Licitación abreviada*. La denominada "licitación abreviada", aparece mencionada en el artículo 33 del TOCAF, que establece un límite cuantitativo para este procedimiento, y regulada en el artículo 52 del mismo.

---

[49] CARLOS E. DELPIAZZO, *Derecho administrativo general*, cit., vol. 1, págs. 501 y ss., y CRISTINA VÁZQUEZ, "Variedad de procedimientos de contratación", en CARLOS E. DELPIAZZO (Coord.), *Renovación de la contratación pública*, Montevideo, F.C.U., 2013, págs. 117 y ss.

El procedimiento de la licitación abreviada se inicia, como todo procedimiento administrativo de contratación, con una decisión de la Administración, es decir, con un acto administrativo por el cual esta dispone lo conveniente en orden al contrato que procura celebrar, en función del cual va a poner en marcha el procedimiento apropiado, para seleccionar al sujeto con el cual alcanzar ese contrato.

De acuerdo con el artículo 52 del TOCAF, "Cuando corresponda el procedimiento de licitación abreviada, se debe publicar la convocatoria en el sitio web de Compras y Contrataciones Estatales, sin perjuicio de otros medios que se estimen convenientes, debiendo realizarse la publicación en dicho sitio web como mínimo tres días antes de la apertura de ofertas. Este plazo podrá reducirse hasta cuarenta y ocho horas anteriores a la apertura, cuando la urgencia o conveniencia así lo requieran" (inc. 1º). "Los motivos de la excepción deberán constar en el acto administrativo que disponga el llamado y deberá, en este caso, invitarse como mínimo a tres firmas del ramo, asegurándose que la recepción de la invitación se efectúe por lo menos con dos días de antelación a la apertura de la propuesta. Deberán aceptarse todas las ofertas presentadas por firmas no invitadas" (inc. 2º).

b) *Licitación privada*. Con la denominación de "licitación privada" he designado antes de ahora al procedimiento legalmente innominado a que refiere el artículo 33, literal c, numeral 2 del TOCAF, a cuyo tenor procederá "cuando la licitación pública, abreviada o remate resultaren desiertos, o no se presentaren ofertas válidas o admisibles, o las mismas sean manifiestamente inconvenientes". En tales supuestos, "la contratación deberá hacerse con bases y especificaciones idénticas a las del procedimiento fracasado y, en su caso, con invitación a los oferentes originales, además de los que estime necesarios la Administración"[50].

Se trata pues, de un procedimiento subsidiario y de excepción. Nunca puede ser un procedimiento principal, porque está previsto como un sucedáneo de un procedimiento previo frustrado.

c) *Contratación directa*. En orden a la caracterización de la contratación directa, cabe decir que es un procedimiento por medio del cual la Administración elige discrecionalmente al cocontratante y luego celebra con él, el contrato respectivo[51].

---

[50] CARLOS E. DELPIAZZO, *Manual de contratación administrativa*, t. I, 3ª ed. actualizada, Montevideo, Editorial Universidad, 1996, págs. 49 y ss., y *Contratación administrativa*, cit., págs. 82 y ss.

[51] CRISTINA VIGNONE, NATALIA CARBAJAL y ALBERTO CANESSA, "La contratación directa en el Estado: concepto y realidad actual", en *Revista de Derecho y Tribunales*, Montevideo, 2009, núm. 10, págs. 63 y ss.

Por eso, el calificativo de directa alude a ese poder jurídico, que en determinados supuestos tiene la Administración, de seleccionar discrecionalmente al cocontratante.

Esta discrecionalidad de que goza la Administración no debe confundirse con el sistema de libre elección en la formación del contrato. La contratación directa es también una manifestación del sistema de restricción, porque está regulada y prefigurada como un mecanismo excepcional; solo puede verificarse en determinadas hipótesis, que son las que prevé expresamente la ley, sea por razón de monto o por alguna de las causales establecidas al efecto.

d) *Pregón o puja a la baja.* Conforme al artículo 34 del TOCAF, se estatuye la aplicación del procedimiento de pregón o puja a la baja "cuando de la contratación a realizar se deriven gastos de funcionamiento o de inversión para la Administración y la misma tenga un objeto preciso, concreto y fácilmente determinable que permita establecer y uniformizar, en forma previa, sus requisitos básicos y esenciales así como los extremos que deberán acreditar y cumplir los eventuales oferentes. La adjudicación se realizará al postor que ofrezca un precio menor excepto que se haya previsto la adjudicación parcial a dos o más oferentes (inc. 1º). El pregón o puja a la baja podrá realizarse en forma convencional o electrónica (inc. 2º). El Poder Ejecutivo, con el asesoramiento de la Agencia de Compras y Contrataciones del Estado, reglamentará este procedimiento previo dictamen del Tribunal de Cuentas (inc. 3º).

"Guardando paralelismo con la regulación del remate, el pregón o puja a la baja tiende a objetivar el procedimiento, para lo cual se requiere que el objeto de que se trate sea preciso, concreto y fácilmente determinable o estandarizado, de modo que la variable precio devenga la decisiva"[52].

De acuerdo con el artículo 54 del TOCAF, se prevé que "Cuando se utilice el procedimiento de pregón o puja a la baja, deberá conferirse amplia publicidad al mismo y se efectuarán publicaciones en el sitio web de Compras y Contrataciones Estatales y otros medios idóneos de publicidad, con una antelación no menor a diez días de la fecha fijada para la puja (inc. 1º). También podrá invitarse a firmas del ramo a que corresponda el contrato, asegurándose que la recepción de la invitación se efectúe por lo menos con cinco días de antelación a la puja, debiendo igualmente aceptarse la participación de firmas no invitadas (inc. 2º)".

Según dicha normativa, se posibilita la opción de que el procedimiento se tramite a través de medios convencionales o de las nuevas tecnologías de la información y las comunicaciones.

---

[52] Lucía Villamil, "El pregón, subasta inversa o puja a la baja", en Carlos E. Delpiazzo (Coord.), *Renovación de la contratación pública*, Montevideo, F.C.U., 2013, págs. 191 y ss.; y Laura Scavone, "El pregón o puja a la baja", en Carlos E. Delpiazzo (Coord.), *Comentarios al TOCAF sobre la contratación pública*, t. I, Montevideo, U.M., 2013, págs. 265 y ss.

e) *Subasta o remate*. Conforme al artículo 35 del TOCAF, "Se podrá aplicar el procedimiento de subasta o remate cuando de la contratación a realizar se deriven entradas o recursos para la Administración y la misma tenga un objeto preciso, concreto y fácilmente determinable. La adjudicación se realizará al mejor postor".

Agrega el artículo 53 del TOCAF, que "Cuando se utilice el procedimiento de subasta o remate, deberá conferirse amplia publicidad al mismo y se efectuarán publicaciones en el sitio web de Compras y Contrataciones Estatales y en un diario de circulación nacional con una antelación no menor a quince días de la fecha fijada para la subasta (inc. 1º). Cuando la subasta se realice en un departamento del interior del país, se efectuará dicha publicación en un diario de circulación del respectivo departamento (inc. 2º). La subasta o remate podrá realizarse en forma convencional, electrónica o a través de las bolsas de valores en su caso (inc. 3º)".

Como es sabido, el remate consiste en la adjudicación de bienes ajenos, en público y al mejor postor, hecha por personas que hacen de ello su profesión habitual, que son obviamente los rematadores. Dicha actividad profesional está regulada en el llamado estatuto jurídico de los rematadores, en cuyo marco se prevén las normas sobre los denominados remates oficiales, que no son otros que aquellos que se celebran por encargo de Administraciones públicas.

Tal estatuto está contenido básicamente en el Decreto Ley 15.508 de 23 de diciembre de 1983 y en su Decreto Reglamentario 495/984 de 7 de noviembre de 1984[53].

f) *Convenios marco*. Se trata de un procedimiento nuevo altamente condicionado por el empleo de las nuevas tecnologías[54]. En virtud del artículo 36 del TOCAF, "El Poder Ejecutivo podrá crear con el asesoramiento de la Agencia de Compras y Contrataciones del Estado, previo dictamen del Tribunal de Cuentas, un régimen de convenios marco, para bienes, obras y servicios de uso común en las Administraciones Públicas Estatales, basado en que:

"a) el objeto del contrato sea uniforme y claramente definido;

"b) se realice un llamado público a proveedores;

"c) haya acuerdo con un número mínimo, si es posible, de dos proveedores en precios, condiciones de compra y especificaciones de cada objeto de compra por un período de tiempo definido;

"d) se publiquen los catálogos electrónicos de bienes y servicios comprendidos en convenios marco;

[53] Mario San cristóbal, "Remate", en Carlos E. Delpiazzo (Coord.), *Comentarios al TOCAF sobre la contratación pública*, t. i, Montevideo, U.M., 2013, págs. 285 y ss.; y Amaro Flores Sienra, *Práctica profesional del rematador*, Montevideo, F.C.U., 1990.

[54] Isabel Segade, "Convenios marco", en Carlos E. Delpiazzo (Coord.) *Comentarios al TOCAF sobre la Contratación Pública*, t. i, Montevideo, U.M., 2013, págs. 297 y ss.

"e) los ordenadores competentes de los organismos públicos tengan la posibilidad de compra directa por excepción, de los objetos y a las empresas comprendidas en el convenio, previa intervención del gasto;

"f) de corresponder, los precios o costos estén escalonados según el volumen de compras que se realicen en el período; y

"g) los bienes y servicios que se incluyan en este régimen deberán ser objeto de estudios de mercado previos a su inclusión".

Explicitando el nuevo régimen, el Decreto Reglamentario 42/015 de 27 de enero de 2015 establece que "Un convenio marco comprende la publicación de un listado de productos, en el que se establecen proveedores, precios y otras condiciones de compra que se mantendrán durante un período de tiempo predefinido" (art. 2º) en una "tienda virtual" (art. 1º), la cual es definida como "el espacio electrónico donde se encontrará el conjunto de productos disponibles correspondiente a los Convenios Marco vigentes, sus condiciones de contratación y los proveedores asociados" (art. 15).

Significa que "Toda Administración pública estatal interesada en la adquisición de un producto incluido en un Convenio Marco vigente, podrá adquirirlo al proveedor y en las condiciones allí establecidas, sin necesidad de gestionar un nuevo procedimiento" (art. 20).

A tales efectos, las contrataciones "se formalizarán con la orden de compra sin necesidad de trámite adicional entre adjudicatario y comprador. Conforme lo preceptuado por la normativa vigente, en cada orden de compra se deberá dejar constancia de la motivación del acto, expresando las resultancias de hecho y fundamentos de Derecho que ameritan el proceder del ordenador del gasto" (art. 21).

g) *Iniciativas*. Al presente, coexisten en el Derecho uruguayo dos procedimientos de contratación administrativa promovidos por los interesados, similares en nombre y regulación[55].

Por una parte, con antecedentes de rango reglamentario en materia de obras públicas, los artículos 19 y 20 de la Ley 17.555 de 18 de setiembre de 2002 regularon la llamada simplemente *iniciativa*, como un procedimiento autónomo, el cual se encuentra reglamentado por el Decreto 442/002 de 28 de septiembre de 2002.

Conforme a dicha normativa, se faculta al Estado, a los entes autónomos, a los servicios descentralizados y a los gobiernos departamentales "a recibir iniciativas relativas a actividades susceptibles de ser ejecutadas directamente por los organismos referidos o de ser concesionadas de acuerdo".

---

[55] CARLOS E. DELPIAZZO y GRACIELA RUOCCO, *Tratado jurisprudencial y doctrinario sobre actos y contratos de la Administración*, cit., t. I, págs. 255 y 256.

Al respecto, el procedimiento y los derechos de los promotores de la iniciativa se ajustarán a las siguientes bases:

a) en la fase de presentación de la iniciativa, el promotor asumirá los riesgos de su elaboración y la Administración dispondrá de un plazo máximo de noventa días para examinarla, debiendo guardarse confidencialidad;

b) en caso de ser aceptada la iniciativa por la Administración, esta levantará la confidencialidad y requerirá los estudios de factibilidad, los que serán llevados a cabo por el promotor a su cargo y controlados en su calidad, costo y plenitud por la Administración;

c) cumplida dicha etapa a satisfacción de la Administración, esta dispondrá de un plazo máximo de ciento veinte días para convocar a audiencia pública, llamar a licitación o promover el procedimiento competitivo que determine por razones de buena administración, el cual podrá adjudicarse por subasta pública;

d) adoptada por la Administración la decisión de someter la iniciativa a cualquiera de los procedimientos competitivos señalados, la iniciativa quedará transferida de pleno derecho a la Administración;

e) si el promotor se presentare al procedimiento competitivo solo o integrado a un consorcio o sociedad, tendrá como única compensación el derecho a beneficiarse con un porcentaje no menor al 5 por ciento ni mayor al 20 por ciento sobre el valor ofertado, no deberá abonar los pliegos y si su oferta no resultare ganadora, podrá solicitar que se promueva un procedimiento de mejora de oferta; y

f) si el promotor resolviese no presentarse al procedimiento competitivo, tendrá como única compensación el derecho al cobro de una compensación por única vez equivalente al costo efectivamente incurrido y comprobado en la etapa previa, la que será abonada por el adjudicatario.

Por otra parte, una nueva modalidad de *iniciativa privada* se introduce en la ley de participación público privada 18.876 de 19 de julio de 2011[56].

De acuerdo con el artículo 35 de dicha ley, "Las iniciativas privadas cuya ejecución, a juicio del proponente, requiera de la implantación de un contrato de participación público privada, serán presentadas ante la Corporación Nacional para el Desarrollo, acompañadas de la información relativa al proyecto y a su viabilidad, analizada a nivel de prefactibilidad".

Continúa el artículo 36, en paralelo con la normativa general que viene de reseñarse, estableciendo que "Aceptada la proposición inicial, con o sin modificaciones, el proponente deberá elaborar y presentar el estudio de factibilidad".

Una vez obtenido el preceptivo informe de la Oficina de Planeamiento y Presupuesto y del Ministerio de Economía y Finanzas a que refiere el artículo

---

[56] MAXIMILIANO CAL LAGGIARD, "Procedimiento de iniciativa privada", en CARLOS E. DELPIAZZO (Coord.), *Comentarios a la ley de participación público privada*, Montevideo, U.M., 2012, págs. 231 y ss.

18 de la ley, se realizará un llamado público en los términos del artículo 19, es decir, para un procedimiento competitivo, que podrá ser una licitación, subasta o cualquier otro que no fuere contrario a los principios generales admitidos en la normativa vigente.

En cuanto a los derechos del proponente de un proyecto a ser ejecutado mediante un contrato de participación público privada, también son similares a los del régimen general, a saber (arts. 37 y 38):

a) obtener el reembolso de los costos aceptados vinculados con la realización del estudio de factibilidad en caso de resultar adjudicatario;

b) obtener una ventaja de hasta el 10 por ciento de la valoración que se realice de su oferta respecto a la mejor;

c) no abonar los pliegos; y

d) mantener la confidencialidad del proyecto hasta el llamado público o por dos años si el mismo no se efectuare.

h) *Procedimientos especiales.* De acuerdo con el artículo 37 del TOCAF, "el Poder Ejecutivo, los órganos de los artículos 220 y 221 de la Constitución de la República y los gobiernos departamentales, con el asesoramiento de la Agencia de Compras y Contrataciones del Estado, podrán promover regímenes y procedimientos de contratación especiales basados en los principios generales de contratación administrativa, cuando las características del mercado o de los bienes o servicios lo hagan conveniente para la Administración [...] En todos los casos será necesario contar previamente con el dictamen favorable del Tribunal de Cuentas".

Consecuentemente, a partir de 1993, invocando expresamente lo dispuesto en la citada disposición, se aprobaron *diversos regímenes especiales*, contemplando realidades tan diversas como la contratación de servicios de recapacitación laboral, de transporte de personal, materiales, equipos y otros implementos de trabajo mediante vehículos con chofer, de suministro de sistema computarizado de control vehicular, o de implementación de mesas de compras de ciertos insumos[57].

Más cerca en el tiempo, a partir de la aplicación de una serie de procedimientos especiales establecidos al amparo del artículos 37 del TOCAF, nacen en nuestro Derecho las denominadas *centrales de compras*[58].

Al presente, en virtud del artículo 163 de la Ley 18.172 de 31 de agosto de 2007, funciona "en el Ministerio de Economía y Finanzas la Unidad Cen-

[57] CARLOS E. DELPIAZZO, *Derecho administrativo general*, cit., vol.1, 2ª ed. actualizada y ampliada, págs. 512 y ss.; y CARLOS E. DELPIAZZO y GRACIELA RUOCCO, *Tratado jurisprudencial y doctrinario sobre actos y contratos de la Administración*, cit., t. I, págs. 256 y ss.

[58] SOLANGE NOGUES, CAROLINA GARCÍA, EDGARDO MARTÍNEZ, GERMÁN PÉREZ y MARIANA BUZO, "Sistema de compras centralizadas en el Uruguay", en *Revista de Derecho de la Universidad de Montevideo*, Año IX, 2010, núm. 18, págs. 47 y ss.

tralizada de Adquisiciones (UCA), como órgano desconcentrado del Poder Ejecutivo, la que actuará con autonomía técnica", incorporando anteriores unidades centralizadas con competencia en materia de medicamentos y alimentos.

3. FORMACIÓN DE LOS CONTRATOS

La formación de los contratos puede ser examinada desde la perspectiva de la Administración y desde la situación de los potenciales interesados en contratar con ella.

A) *Preparación del llamado público*

Desde el punto de vista de la Administración, es inocultable la trascendencia teórica e importancia práctica que tiene la adecuada preparación de los pliegos de condiciones en orden a la buena administración[59].

Para su *caracterización*, puede decirse que el pliego de condiciones es el conjunto de cláusulas elaboradas unilateralmente por la Administración con el triple fin de especificar el suministro, obra o servicio que se licita (objeto), establecer las condiciones del contrato que deba celebrarse (relación jurídica) y determinar aspectos del trámite que se debe seguir (procedimiento)[60].

Además de ese triple fin —definir el objeto, la relación jurídica y el procedimiento para la selección del cocontratante— el pliego de condiciones cumple una *doble función*[61]:

a) antes del perfeccionamiento del contrato, indica a los interesados las condiciones que deben reunir sus ofertas, las características de lo que se demanda y aspectos tan importantes para los proponentes como modalidades de cotización, formas de pago del precio, plazo de mantenimiento de la oferta, monto y formas de la garantía, lugar, día y hora del acto de apertura, etc.; y

b) cuando el contrato se perfecciona, el pliego se convierte en la parte sustancial del contenido contractual, incorporándose al mismo y constituyéndose, al decir de la doctrina, en "ley del contrato".

Desde el punto de vista de su *naturaleza jurídica*, es necesario distinguir entre los pliegos de condiciones generales y los pliegos de condiciones par-

---

[59] CARLOS E. DELPIAZZO, "Planificación de la contratación pública", en JAIME RODRÍGUEZ ARANA, CARLOS E. DELPIAZZO y otros (Eds.), *Bases y retos de la contratación pública en el escenario global. Actas del XVI Foro Iberoamericano de Derecho Administrativo*, Caracas, Editorial Jurídica Venezolana International, 2017, págs. 311 y ss.

[60] CARLOS E. DELPIAZZO, *Manual de contratación administrativa*, cit., t. I, págs. 94 y ss.; *Contratación administrativa*, cit., pág. 166; *Derecho administrativo uruguayo*, cit., págs. 262 y ss.; y *Derecho administrativo general,* cit., vol. 1, 2ª ed., actualizada y ampliada, págs. 487 y ss.

[61] JOSÉ MARÍA BOQUERA OLIVER, *La selección de contratistas*, Madrid, Instituto de Estudios Políticos, 1963, pág. 48.

ticulares. Respecto a los primeros, se entiende que constituyen verdaderos reglamentos —así los califica expresamente por dos veces el artículo 47 del TOCAF— y que, como tales, deben publicarse. En cambio, los segundos se reputan actos administrativos para cuya comunicación basta la notificación a los interesados[62].

En el Derecho uruguayo, se realizan varias distinciones en cuanto a la tipología de pliegos de condiciones.

En primer lugar, *atendiendo a su contenido*, los artículos 47 y 48 del TOCAF distinguen entre "pliegos de bases y condiciones generales" y "pliegos de bases y condiciones particulares".

Según decantada enseñanza, "Los primeros contienen cláusulas aplicables a todos los contratos de la misma categoría; los segundos las cláusulas relativas a un contrato determinado"[63].

Al tenor del mencionado artículo 47 del TOCAF, "El Poder Ejecutivo, previo informe de la Agencia de Compras y Contrataciones del Estado y con la conformidad del Tribunal de Cuentas, podrá formular reglamentos o pliegos únicos de bases y condiciones generales para los contratos de:

"a) Suministros y servicios no personales[64].

"b) Obras públicas[65].

"Dichos pliegos deben contener como mínimo:

"1) Los requisitos de admisibilidad de las propuestas, los efectos de la falta de cumplimiento del contrato y, en particular, las penalidades por mora, causales de rescisión y la acción a ejercer con respecto a las garantías y los perjuicios del incumplimiento, determinados con precisión y claridad.

"2) Las condiciones económico-administrativas del contrato y su ejecución.

"3) Los derechos y garantías que asisten a los oferentes.

"4) Toda otra condición o especificación que se estime necesaria o conveniente, o ambas cualidades, para asegurar la plena vigencia de los principios generales de la contratación administrativa.

"Dichos reglamentos o pliegos serán de uso obligatorio para todas las administraciones públicas estatales en las contrataciones que superen $ 1.500.000

---

[62] CARLOS E. DELPIAZZO, *Derecho administrativo general*, cit., vol. 1, 2ª ed., actualizada y ampliada, pág. 488.

[63] ENRIQUE SAYAGUÉS LASO, *Tratado de derecho administrativo*, t. I, Montevideo, 1963, pág. 561.

[64] Por Decreto 131/014 de 19 de mayo de 2014 se aprobó el Pliego Único de Bases y Condiciones Generales para la Contratación de Suministros y Servicios no Personales.

[65] Por Decreto 257/015 de 23 de setiembre de 2015 se aprobó el Pliego Único de Bases y Condiciones para los Contratos de Obra Pública, y por Decreto 171/016 de 6 de junio de 2016 se le hizo un agregado al art. 11.3.5 sobre actualización de precios.

(un millón quinientos mil pesos uruguayos) salvo en lo que no fuere conciliable con sus fines específicos, establecidos por la Constitución de la República o la ley".

Por su parte, el artículo 48 del TOCAF establece que "El pliego de bases y condiciones generales será complementado con un pliego de bases y condiciones particulares por cada contratación" (inc. 1º).

En lo sustancial, "Dicho pliego deberá contener como mínimo (inc. 2º):

"a) La descripción del objeto.

"b) Las condiciones especiales o técnicas requeridas.

"c) El o los principales factores que se tendrán en cuenta para evaluar las ofertas, así como la ponderación de cada uno a efectos de determinar la calificación asignada a cada oferta, en su caso.

"d) El o los tipos de moneda en que deberá cotizarse, el procedimiento de conversión en una sola moneda para la comparación de las ofertas y el momento en que se efectuará la conversión.

"e) Las clases y monto de las garantías, si corresponden.

"f) El modo de la provisión del objeto de la contratación.

"g) Si se otorgan o no beneficios fiscales o de otra naturaleza y la determinación de los mismos.

"h) Toda otra especificación que contribuya a asegurar la claridad necesaria para los posibles oferentes.

"El ordenador interviniente determinará el precio del pliego particular o que no tenga costo.

"El pliego particular podrá establecer que la adjudicación se pueda dividir de determinada forma entre dos o más oferentes.

"Cuando el pliego particular no determine precisamente la cantidad a comprar, los oferentes podrán proponer precios distintos por cantidades diferentes de unidades que se adjudiquen".

En segundo lugar, otra clasificación interesante es la que, *atendiendo al criterio de la mayor o menor exhaustividad de sus estipulaciones,* distingue entre pliegos de condiciones analíticos y sintéticos.

Así, en tanto en los pliegos de condiciones analíticos se establecen minuciosamente todas las condiciones relativas al objeto, la relación jurídica y el procedimiento, dejando librado a los oferentes prácticamente la sola indicación del precio como elemento variable, en los pliegos de condiciones sintéticos se fijan las bases de modo abreviado y se habilita a los proponentes la determinación de la forma, modo, precio, plazo y demás especificaciones de la prestación solicitada[66].

---

[66] Bartolomé Fiorini e Ismael Mata, *Licitación pública. Selección del contratista estatal*, Buenos Aires, Abeledo-Perrot, 1972, pág. 79.

En tercer lugar, *atendiendo a la sustantividad de su contenido*, suelen contraponerse los denominados pliegos administrativos a los pliegos técnicos.

Mientras que los primeros contienen fundamentalmente cláusulas de orden jurídico, los segundos se caracterizan por contener primordialmente cláusulas de carácter técnico[67].

B) *Respuesta de los interesados*

Desde el punto de vista de los interesados (primero) y oferentes (después), es decir, los sujetos que responden a la invitación formulada por una Administración pública con el propósito de seleccionar a aquel con quien pretende contratar una obra, un suministro o un servicio[68], es posible reconocer al menos los siguientes cinco momentos en el proceso de gestación de la oferta: preparación, presentación, recepción, apertura y admisión.

En primer lugar, la *preparación* consiste en la actividad interna de cada potencial oferente[69] de elaborar su propuesta teniendo en cuenta las estipulaciones contenidas en los pliegos de condiciones generales y particulares.

En tal sentido, es valor generalmente aceptado que la formulación de la oferta debe contemplar tres tipos de requisitos: subjetivos, objetivos y formales[70].

Los *requisitos subjetivos* se relacionan con el sujeto de Derecho que oferta. Significa que, más allá de la capacidad, legitimación, ausencia de impedimentos y cumplimiento de exigencias registrales, la oferta debe ser emitida personalmente por el oferente o a través de mandatario con poder en forma, y, tratándose de personas jurídicas, deben actuar sus representantes.

Los *requisitos objetivos* son los relativos a aquello sobre lo que la oferta versa, o sea, que tienen que ver con la obra, servicio o suministro de que se trate, y, en su caso, con el precio, que debe cierto e incondicionado.

Los *requisitos formales* son los que conciernen a la instrumentación de la propuesta, la cual normalmente debe ser escrita, clara e incondicionada.

En segundo lugar, con respecto a la *presentación*, se trata de un acto jurídico particular y unilateral de quien ha decidido ser oferente y que traduce su voluntad de contratar en los términos de la misma.

Al respecto, el artículo 63 del TOCAF dispone que "Los oferentes deberán presentar sus ofertas en las condiciones que se establezcan en los pliegos respectivos, agregando cualquier otra información complementaria pero sin omitir

---

[67] ROBERTO DROMI, *Licitación pública*, cit., pág. 259.

[68] EDUARDO ORTIZ, "Régimen público y privado en la oferta a la Administración Pública", en *Primer Congreso Internacional de Derecho Administrativo. Contratos públicos*, Mendoza, 1978, pág. 336.

[69] CARLOS E. DELPIAZZO, *Contratación administrativa*, cit., pág. 172.

[70] ROBERTO DROMI, *Licitación pública*, cit., págs. 357 y ss.

ninguna de las exigencias esenciales requeridas, pudiendo la Administración definir los medios que regirán en cada caso, para su presentación, según lo considere más adecuado para lograr la mayor concurrencia de oferentes" (inc. 1º).

En cuanto a su contenido, agrega la norma que "Las ofertas deberán ajustarse razonablemente a la descripción del objeto requerido, teniendo en cuenta la complejidad técnica del mismo" (inc. 2º).

Desde el punto de vista formal, la disposición se cierra disponiendo que "Las ofertas podrán presentarse personalmente contra recibo, en el lugar habilitado al efecto o por correo, fax, en línea a través de los sitios web de compras estatales u otros medios remotos de comunicación electrónica según lo disponga el llamado, no siendo de recibo si no llegaren cumpliendo el plazo, lugar y medio establecido" (inc. 5º)[71].

Por eso, bien se ha dicho que la presentación de la propuesta "es la actuación física o virtual del proveedor participante en el proceso de selección por la que hace conocer ante la entidad su oferta para competir por hacerse del contrato"[72].

En tercer lugar, en tanto acto receptorio, la presentación de la oferta requiere como contrapartida obligatoria para la Administración su *recepción*.

Sobre el particular, es claro el artículo 64 del TOCAF cuando establece que "no se podrá rechazar la presentación de ninguna propuesta sin perjuicio de su invalidación posterior" (inc. 3º).

En cuarto lugar, la *apertura* de las ofertas es la etapa en que se dan a conocimiento público las ofertas y lo tradicional es que se documente en un acta[73].

El ya citado artículo 65 del TOCAF subraya el carácter de acto público de la apertura. Conforme a esta disposición, "La apertura de las ofertas se hará en forma pública en el lugar, día y hora fijados en las publicaciones en presencia de los funcionarios que designe a tal efecto la Administración pública licitante y de los oferentes o sus representantes, que deseen asistir" (inc. 1º).

Desde el punto de vista formal, la apertura puede concretarse no solo en forma presencial sino también virtual.

Para el primer caso, establece la norma que "Finalizado el acto, se labrará acta circunstanciada que será firmada por los funcionarios actuantes y los oferentes que lo deseen hacer, quienes podrán dejar consignadas las constancias que estimen necesarias" (inc. 4º).

En cambio, para el segundo caso, dispone que "La apertura de las licitaciones electrónicas se efectuará en forma automática y el acta se remitirá a

[71] José Miguel Delpiazzo Antón, *Presentación y apertura de ofertas*, cit., págs. 381 y ss.

[72] Juan Carlos Moron Urbina, *La contratación estatal*, Lima, Gaceta Jurídica, 2016, pág. 517.

[73] Carlos E. Delpiazzo, *Contratación administrativa*, cit., pág. 173.

la dirección electrónica de los oferentes, de acuerdo con lo establecido en la reglamentación" (inc. 9º).

En la medida que con la apertura se consolida la etapa externa de las ofertas, es claro que "Abierto el acto no podrá introducirse modificación alguna en las propuestas, pudiendo no obstante los presentes formular las manifestaciones, aclaraciones o salvedades que deseen" (inc. 2º).

En quinto lugar, cumplida la recepción de las ofertas y efectuada la apertura de las mismas, la Administración debe proceder a su *admisión*, conforme a la cual "previa verificación de ciertos requisitos reglados, se inviste a una persona de una determinada situación jurídica subjetiva. Es un acto de atribución individual y personal, que legitima al oferente como parte" en el procedimiento de contratación, pudiendo operar de modo tácito o explícito[74].

Significa que el examen de admisión o de admisibilidad de las ofertas es una cuestión previa y distinta a la valoración de su conveniencia, consistente en apreciar la "correspondencia" de la oferta presentada a tiempo, a las exigencias contenidas en los pliegos de condiciones y demás normas aplicables[75].

Por eso, no puede confundirse el examen de admisibilidad de cada oferta (analizada individualmente) con la posterior valoración de su conveniencia (realizada comparativamente con las demás admitidas).

Mientras que el primero traduce una actividad primordialmente reglada consistente en apreciar la correspondencia de cada oferta con los requerimientos subjetivos, objetivos y formales consignados en el ordenamiento jurídico aplicable que no precisa para su comprobación de ningún cotejo con las demás propuestas (porque es una calidad que refiere a la oferta considerada en sí misma), el análisis de conveniencia es el resultado de una comparación (porque refiere a la relación de la oferta con las demás admitidas) donde, dependiendo de los pliegos, puede existir un cierto margen de discrecionalidad[76].

En tal sentido, el artículo 47 del TOCAF incluye en su numeral 1 "los requisitos de admisibilidad de las propuestas" como parte de los pliegos generales, en tanto que el artículo 48 refiere en su literal C) a "el o los principales factores que se tendrán en cuenta para evaluar las ofertas así como la ponderación de cada uno" como contenido necesario de los pliegos particulares[77].

Del mismo modo, el artículo 66 del TOCAF prevé que "El informe de la Comisión Asesora de Adjudicaciones deberá contener los fundamentos que

[74] ROBERTO DROMI, *Licitación pública*, cit., pág. 379.

[75] CARLOS E. DELPIAZZO, *Contratación administrativa*, cit., págs. 207 y ss.

[76] CARLOS E. DELPIAZZO y GRACIELA RUOCCO, *Tratado jurisprudencial y doctrinario sobre actos y contratos de la Administración*, cit., t. I, págs. 263 y ss.

[77] CARLOS E. DELPIAZZO, "Diseño de pliegos contractuales y buena administración", en CARLOS E. DELPIAZZO y JOSÉ LUIS ECHEVARRÍA PETIT (Coords.), *Cuaderno 2 de Contratación Pública*, Montevideo, U.M., 2017, págs. 36 y ss.

respalden su juicio de admisibilidad y su opción por la oferta más conveniente, exponiendo las razones de la misma" (inc. 3º).

Más específicamente, el examen de admisibilidad aparece regulado en los artículos 63 y 65 del TOCAF[78].

De acuerdo al ya citado inciso 1º del artículo 63 del TOCAF, "Los oferentes deberán presentar sus ofertas en las condiciones que se establezca en los pliegos respectivos, pudiendo agregar cualquier otra información complementaria pero sin omitir ninguna de las exigencias *esenciales* requeridas".

A su vez, el artículo 65 del TOCAF establece en su inciso 5º que "La admisión inicial de una propuesta no será obstáculo a su rechazo si se constataren luego defectos que violen los requisitos legales o aquellos *sustanciales* contenidos en el respectivo pliego". Y agrega en el inciso 6º: "Se consideran apartamientos *sustanciales* aquellos que no pueden subsanarse sin alterar materialmente la igualdad de los oferentes"

De dichos textos merece destacarse la referencia a "esenciales" y "sustanciales" para calificar las exigencias requeridas para la admisibilidad de las propuestas. Quiere decir que las mismas pueden omitir exigencias no esenciales y contener apartamientos no sustanciales sin que tales circunstancias aparejen su inadmisión o rechazo.

Adicionalmente, para la realización del juicio de admisión, agrega el artículo 65 en su inciso 7º que, "La Administración podrá otorgar a los proponentes un plazo máximo de dos días hábiles para salvar los defectos, carencias *formales* o errores evidentes o *de escasa importancia*". Por lo tanto, a diferencia de los aspectos sustanciales o esenciales, los defectos o carencias formales así como los errores evidentes o de escasa importancia no ameritan el rechazo de una oferta sino el otorgamiento de un plazo de dos días para su subsanación.

Por su parte, respecto a la posterior comparación de las ofertas admisibles[79], al tenor de los artículos 65 y 68 del TOCAF, el criterio legal impone "determinar la *oferta más conveniente a los intereses de la Administración pública y las necesidades del servicio*".

4. Perfeccionamiento de los contratos

A través de los diversos procedimientos legalmente previstos en orden a la selección del cocontratante, se avanza hacia el perfeccionamiento de los contratos.

---

[78] Carlos E. Delpiazzo y Graciela Ruocco, *Tratado jurisprudencial y doctrinario sobre actos y contratos de la Administración*, cit., t. I, pág. 266.

[79] Carlos E. Delpiazzo y Graciela Ruocco, *Tratado jurisprudencial y doctrinario sobre actos y contratos de la Administración*, cit., t. I, págs. 266 y 267.

A) *Criterios de selección*

Ya ha quedado dicho que dentro de la denominada etapa esencial de cualquier procedimiento competitivo de contratación, corresponde distinguir entre el examen de admisibilidad (reglado e individual) y la valoración de conveniencia (discrecional y comparativa) de las ofertas.

Respecto a esta segunda tarea, conforme al citado artículo 65 del TOCAF, "Examinada la admisibilidad de las ofertas, a los efectos de determinar la *oferta más conveniente a los intereses de la Administración pública y las necesidades del servicio*, se tendrán en cuenta los factores de evaluación cuantitativos y cualitativos aplicables en cada caso, que deberán constar en el pliego de condiciones particulares. Se deberá:

"a) Prever razonablemente una ejecución efectiva y eficiente del contrato.

"b) Obtener las mejores condiciones de contratación de acuerdo con las necesidades de la Administración.

"c) Juzgar los antecedentes de los oferentes y el contenido de las ofertas en base a los criterios objetivos que se determinen en los pliegos".

El mismo concepto de *"oferta más conveniente a los intereses de la Administración pública y las necesidades del servicio"* se reitera en el artículo 68 del TOCAF.

En esta etapa, dos cuestiones adquieren importancia relevante: en primer lugar, los criterios de evaluación de las ofertas; y en segundo lugar, las denominadas preferencias a favor de determinadas propuestas.

En cuanto a los criterios de evaluación a los efectos de determinar cuál es la oferta más conveniente, cabe distinguir entre elementos cualitativos y cuantitativos, remitiendo a los pliegos[80].

Son elementos cualitativos aquellos que apuntan a consideraciones subjetivas de la propuesta, tales como antecedentes, calidad, experiencia, prestación de mejor asistencia técnica, etc.

Son, en cambio, elementos cuantitativos aquellos que refieren a criterios medibles, como precios, volumen, peso, cantidad, etc.

De lo dicho resulta que los criterios de selección básicos en función de los cuales la Administración habrá de seleccionar la oferta que considere más conveniente, son principalmente el precio, la calidad, el financiamiento, el plazo de ejecución, la asistencia técnica ofrecida por el proponente, las garantías, y todo otro elemento que en orden a la comparación pueda haber sido establecido concretamente en cada pliego.

---

[80] CARLOS E. DELPIAZZO, *Derecho administrativo general*, cit., vol. 1, 2ª ed. actualizada y ampliada, pág. 495; y CARLOS E. DELPIAZZO y GRACIELA RUOCCO, *Tratado jurisprudencial y doctrinario sobre actos y contratos de la Administración*, cit., t. I, págs. 267 y ss.

Además, la legislación nacional consagra un *régimen de preferencias*, orientado en cuatro sentidos principales:

a) las preferencias a los bienes, servicios y obras públicas nacionales (arts. 58 y 45 del TOCAF);

b) la preferencia a las empresas ubicadas en el departamento en que se efectúa la obra, en el caso de determinadas construcciones (art. 117 de la ley de viviendas 13.728 de 17 de diciembre de 1968);

c) las preferencias a las propuestas que ofrezcan soluciones favorables para la colocación de productos nacionales exportables (art. 62 del TOCAF), y

d) las preferencias a los bienes, servicios y obras públicas fabricados o brindados por micro, pequeñas y medianas empresas (art. 69 del TOCAF y art. 136 de la ley 18.046 de 24 de octubre de 2006, con la redacción actual del art. 46 de la ley 18.362 de 6 de octubre de 2008).

B) *Adjudicación*

En orden a su *caracterización*, mientras que la llamada preadjudicación es un dictamen, o sea, una opinión calificada por la idoneidad de los integrantes de la Comisión Asesora de Adjudicaciones, la adjudicación es la decisión del ordenador competente, o sea, una manifestación de voluntad de la Administración, emanada de un órgano de la misma, que se imputa como voluntad de la persona pública estatal de que se trata. No es, por consiguiente, una mera opinión sino que es una decisión.

Por su *naturaleza jurídica*, la adjudicación es un acto administrativo que traduce un obrar discrecional de la Administración que no la habilita a proceder arbitrariamente, ya que la elección de la oferta más conveniente requiere razonablemente y de buena fe que se hayan comparado las ofertas, se haya justificado la opción desde el punto de vista económico, se haya demostrado su ventaja, se hayan respetado los límites establecidos en los pliegos, y haya habido ajuste a los dictámenes previamente emitidos o, en caso de verificarse apartamiento de los mismos, la motivación suficiente para justificar ese apartamiento.

En cuanto a sus efectos, el acto de adjudicación genera un derecho subjetivo a favor del adjudicatario y produce para la Administración el correlativo deber jurídico de contratar con el adjudicatario. Este deber administrativo se traduce en el impedimento de contratar el objeto licitado, con cualquier otro sujeto.

C) *Integración de voluntades*

En orden al perfeccionamiento contractual, de acuerdo con nuestra doctrina tradicional, si no se exige la firma del contrato u otra formalidad, se entiende que el vínculo contractual queda perfeccionado luego de la adjudicación en el entendido de que esta implica la aceptación de una propuesta y, por ende, la conjunción de propuesta más aceptación determinan el perfeccionamiento del contrato, de lo cual el interesado toma conocimiento mediante la notificación[81].

No obstante, corresponde separar conceptualmente la adjudicación del contrato, entendiendo que la licitación pública es un procedimiento administrativo previo y distinto a la contratación, por lo que corresponde separar el acto de adjudicación —que es un acto administrativo unilateral de la Administración— y el contrato —que es un acto bilateral— en el cual se verifica la conjunción de dos voluntades, la de la Administración y la del proponente gananciosos[82].

La precedente distinción entre el procedimiento administrativo de selección, el acto de adjudicación como manifestación unilateral de voluntad administrativa y el contrato como vínculo bilateral, es útil en orden a determinar en qué momento y cómo nacen los recíprocos derechos y obligaciones entre Administración y administrado[83].

Cuando ese contrato debe ser formalizado en documento público o privado, la distinción teórica surge palmariamente manifestada también en la práctica, porque tenemos un acto administrativo que adjudica y luego un contrato que las partes firman.

La dificultad se plantea cuando el contrato no se celebra por escrito. Para esta segunda hipótesis en que el contrato no se documenta, la opinión mayoritaria se inclina por entender que el acuerdo de voluntades se produce con la notificación aceptada del acto de adjudicación[84].

Así parece recogerlo el artículo 69 del TOCAF, a cuyo tenor "El contrato se perfeccionará con la notificación al oferente del acto de adjudicación dictado por el ordenador competente, previo cumplimiento de lo dispuesto en el artículo 211, lit. B) de la Constitución de la República, sin perjuicio de que en los pliegos de bases y condiciones generales y particulares o en la resolución de adjudicación, se establezca la forma escrita o requisitos de solemnidad

---

[81] Enrique Sayagués Laso, *Licitación pública*, cit., pág. 103.

[82] Juan José Carbajal Victorica, "Consulta", en *Revista de Derecho Público y Privado*, t. 41, Montevideo, 1958, págs. 282 y ss.

[83] Carlos E. Delpiazzo, *Manual de contratación administrativa*, cit., t. i, 3ª ed. actualizada, págs. 119 y ss.; *Contratación administrativa*, cit., pág. 166; *Derecho administrativo uruguayo*, cit., págs. 202 y ss.; y *Derecho administrativo general*, cit., vol. 1, 2ª ed. actualizada y ampliada, págs. 499 y ss.

[84] José Luis Echevarria Petit, "Acerca de la adjudicación en la licitación pública", en *Revista de Derecho*, Montevideo, U. M., 2002, Año I, núm. 1, págs. 107 y ss.; y Elías Mantero Mauri, *Perfeccionamiento y responsabilidad civil en los contratos con la Administración*, Montevideo, A.M.F., 2011, y "Perfeccionamiento del contrato y responsabilidad estatal en el procedimiento licitatorio", en *Revista de Derecho de la Universidad de Montevideo*, Año II, 2003, núm. 4, págs. 125 y ss.

a cumplir con posterioridad al dictado del mencionado acto o existan otras condiciones suspensivas que obsten a dicho perfeccionamiento".

5. EJECUCIÓN DE LOS CONTRATOS

Para diseccionar el estudio de la ejecución de los contratos de la Administración, cabe agrupar su estudio en torno a los poderes jurídicos de la Administración, los derechos del cocontratante, y la importancia del equilibrio contractual[85].

A) *Poderes de la Administración*

La doctrina tradicional, seguida por la jurisprudencia mayoritaria, ha sostenido la existencia de poderes o prerrogativas exorbitantes de principio en cabeza de la Administración, incluyendo las de dirección y control, sancionatoria, de modificación unilateral y de rescisión unilateral[86].

En cambio, la doctrina actual, con apoyo de calificada jurisprudencia, ha reaccionado contra ese enfoque[87], rechazando la teoría de los poderes implícitos en el caso y postulando un enfoque de la cuestión desde la perspectiva de la eficacia vinculante del contrato como regla de Derecho obligatoria para ambas partes[88].

Consecuentemente, a falta de norma expresa, se postula la ilegitimidad de los actos administrativos que modifican o extinguen los contratos[89].

En primer lugar, respecto al denominado *poder de dirección y control* del contrato, el mismo no es de principio y debe estar expresamente previsto, de modo que su ejercicio estará acotado por tal previsión y por el objeto del con-

---

[85] CARLOS E. DELPIAZZO, "Aspectos de interés en la ejecución de los contratos públicos", en *Revista de Derecho y Tribunales,* Montevideo, 2017, núm. 32, págs. 45 y ss.

[86] ENRIQUE SAYAGUÉS LASO, *Tratado de derecho administrativo*, cit., t. I, págs. 569 y ss. y 574 y ss.

[87] AUGUSTO DURÁN MARTÍNEZ, "¿Prerrogativas exorbitantes?", en *Estudios de Derecho Administrativo*, Montevideo, La Ley Uruguay, 2013, núm. 8, págs. 565 y ss.

[88] CARLOS E. DELPIAZZO, *Contratación administrativa*, Montevideo, U. M., 1999, reed. 2005, págs. 213 y ss. y 241 y ss.; *Derecho administrativo uruguayo*, México, Porrúa - UNAM, 2005, págs. 211 y ss. y 220 y ss.; *Derecho administrativo general*, Montevideo, A.M.F., 2009, cit., vol. 1, 2ª ed. actualizada y ampliada, págs. 387 y ss. y 402 y ss.; *Los contratos como reglas de derecho*, en RODRÍGUEZ ARANA, JAIME y otros (Coords.), *Fuentes del derecho administrativo,* IX. Foro Iberoamericano de Derecho Administrativo, Buenos Aires, R.A.P., 2010, págs. 667 y ss.; y "Nuevamente sobre el contrato como regla de Derecho", en *Estudios de derecho administrativo*, Montevideo, La Ley Uruguay , 2011, núm. 3, págs. 57 y ss.

[89] CARLOS E. DELPIAZZO y GRACIELA RUOCCO, *Tratado jurisprudencial y doctrinario sobre actos y contratos de la Administración,* cit., t. I, pág. 222.

trato, que no podrá ser desnaturalizado, pudiendo referir a aspectos materiales, técnicos, financieros u otros[90].

A falta de ley —que no existe— dicha previsión puede estar contenida en un reglamento, o incluso en el contrato (que comprende el pliego). Si no hay previsión legal, reglamentaria o contractual, no es posible el ejercicio de poderes de dirección o de fiscalización, porque no son potestades que la Administración tenga por el solo hecho de ser Administración, sino que requieren de fundamento jurídico positivo.

En segundo lugar, el llamado *poder de modificación unilateral* tampoco es de principio sino que debe estar previsto, sea por vía legal, sea por vía reglamentaria o contractual, con la precisión realizada en cuanto a la posible previsión en el pliego y su incorporación al contrato. Al igual que en el caso anterior, no puede considerarse un poder ilimitado sino que está acotado por el principio de juridicidad, por la imposibilidad de alterar la esencia del objeto del contrato, y por la incolumidad de la ecuación económico financiera del contrato[91].

Este enfoque que limita y en muchos casos niega el poder unilateral de modificación por parte de la Administración tiene apoyatura positiva en nuestra Constitución y en nuestra legislación.

Por un lado, *de acuerdo con la Constitución* (arts. 7, 10 y 32), solo puede admitirse una modificación unilateral si existe ley formal que la prevea. En efecto, el artículo 7, cuando reconoce los derechos, incluye entre otros los de seguridad, trabajo y propiedad, y dispone que nadie puede ser privado de ellos sino conforme a las leyes que se establezcan por razones de interés general. A la vez, el artículo 10 dice que ningún habitante de la República será

[90] CARLOS E. DELPIAZZO, *Contratación administrativa*, cit., págs. 215 y ss.; *Derecho administrativo uruguayo*, cit., págs. 220 y 221; y *Derecho administrativo general*, cit., vol. 1, pág. 397, y CARLOS E. DELPIAZZO y GRACIELA RUOCCO, *Tratado jurisprudencial y doctrinario sobre actos y contratos de la Administración*, cit., t. I, págs. 338 y ss.

[91] CARLOS E. DELPIAZZO, *Contratación administrativa*, cit., págs. 216 y ss.; *Derecho administrativo uruguayo*, cit., págs. 221 y ss.; y *Derecho administrativo general*, cit., vol. 1, 2ª ed. actualizada y ampliada, págs. 397 y ss., y CARLOS E. DELPIAZZO y GRACIELA RUOCCO, *Tratado jurisprudencial y doctrinario sobre actos y contratos de la Administración*, cit., t. I, págs. 338 y ss., AUGUSTO DURÁN MARTÍNEZ, *Ejecución de los contratos administrativos*, en Instituto de Derecho Administrativo, *Contratación administrativa*, Montevideo, F.C.U., 1989, págs. 59 y ss., y *Efectos y cumplimiento de los contratos administrativos*, en AA. VV., *La contratación administrativa en España e Iberoamérica*, Londres, Cameron May, 2008, págs. 743 y ss.; MARIELLA SAETTONE, "Algunas reflexiones sobre el jus variandi en la contratación administrativa uruguaya", en CARLOS E. DELPIAZZO (Coord.), *Renovación de la contratación pública*, Montevideo, F.C.U., 2013, págs. 307 y ss.; CARLOS GUARIGLIA, "Mutabilidad o inmutabilidad de las prestaciones objeto de los contratos administrativos en el Derecho Administrativo uruguayo", en *Estudios de derecho administrativo*, Montevideo, La Ley Uruguay, 2013, núm. 8, págs. 461 y ss.; y PABLO LEIZA ZUNINO, *Contratos de la administración pública. Teoría. Principios. Aplicación práctica*, Montevideo, F.C.U., 2012, págs. 464 y ss.

obligado a hacer lo que no manda la ley ni privado de lo que ella no prohíbe. Complementariamente el artículo 32 reconoce a la propiedad como un derecho inviolable, de manera que, no mediando ley, la Administración no puede obligar a alguien a hacer lo que no está mandado por un acto legislativo.

De todas maneras si existe ley que habilite a limitar derechos por la vía de una modificación administrativa, siempre corresponderá la indemnización, la cual surge entre otros fundamentos de los artículos 8 y 72 de la Constitución. De acuerdo con el artículo 8, todas las personas son iguales ante la ley, no reconociéndose otra distinción entre ellas sino la de los talentos y las virtudes, de forma tal que la Administración no podría generar una desigualdad, sin repararla. A su vez, el artículo 72 consagra la intangibilidad de todo derecho aún no incluido expresamente en la Carta que sea inherente a la personalidad humana o se derive de la forma republicana de gobierno. En la hipótesis bajo análisis, podrían darse los dos supuestos: la violación de un derecho inherente a la personalidad humana (como son los del art. 7) o también los derivados de la forma republicana de gobierno, donde la Administración está sometida a la ley; no es una Administración omnipotente sino que encuentra en la ley la fuente de su accionar, al revés que los particulares que encuentran en ella el límite a su actuación.

Por otro lado, *este enfoque resulta ratificado por la legislación*. Así, el Código Civil cuando disciplina los aspectos generales del contrato como género, con independencia de sus especies, contiene un conjunto de reglas aplicables a los contratos públicos. Entre esas normas, no son de las menos relevantes las del artículo 1291, conforme al cual no solo se consagra la fuerza vinculante para las dos partes en el contrato, sino que además se encuentra la cláusula *rebus sic stantibus*. Asimismo, el decreto ley orgánico del Tribunal de lo Contencioso Administrativo 15.524, en su artículo 23, literal a), incluye al contrato como una regla de Derecho.

Más concretamente, los artículos 33 y 74 del TOCAF contienen disposiciones que vedan la modificación cualitativa del contrato, y habilitan la modificación cuantitativa, pero no irrestricta, sino sometida a determinados límites. Conforme a este último texto, "las prestaciones objeto de los contratos podrán aumentarse o disminuirse, respetando sus condiciones y modalidades y con adecuación de los plazos respectivos, hasta un máximo del 20 % (veinte por ciento) o del 10 % (diez por ciento) de su valor original en uno y otro caso y siempre que el monto definitivo no sobrepase el límite máximo de aprobación para el cual está facultada la respectiva autoridad. Cuando exceda ese límite deberá recabarse la aprobación previa de la autoridad competente. También podrá aumentarse o disminuirse en las proporciones que sea de interés para la Administración y que excedan de las antes indicadas, con acuerdo del adjudicatario y en las mismas condiciones preestablecidas en materia de su aprobación. En ningún caso los aumentos podrán exceder el 100 % (cien por ciento) del objeto del contrato".

Para el caso específico del contrato de participación público privada, la ley 18.786 de 19 de julio de 2011 establece en su artículo 47 que, para reconocer la potestad de la Administración contratante de modificar el contrato, debe estipularse expresamente "los aspectos concretos del contrato susceptibles de tal modificación, las contraprestaciones que en su caso correspondan, así como el monto máximo de la inversión adicional que las modificaciones podrán requerir y el plazo dentro del cual la potestad podrá ser ejercida"[92].

En tercer lugar, el denominado *poder sancionatorio*, respecto al cual tradicionalmente se ha dicho que para su aplicación la Administración puede proceder de oficio, unilateralmente (sin necesidad de acudir ante el juez), tampoco es implícita ni de principio y, por ende, solo podrá ejercitarse si existe previsión en el contrato o en los pliegos, ya que se carece de una norma general que lo contemple[93].

Así ocurre, por ejemplo, en la citada ley de participación público privada 18.786, cuyo artículo 42 impone establecer en los contratos "las sanciones aplicables para los distintos casos de incumplimiento o cumplimiento defectuoso de la prestación objeto del mismo, así como los factores agravantes o atenuantes en caso de corresponder". Agrega el artículo 43 que "La determinación de las sanciones aplicables tendrá lugar bajo los principios de legalidad, debido proceso, igualdad, proporcionalidad, generalidad y adecuación al fin" (inc. 1º) y ellas "se harán efectivas de inmediato, sin perjuicio de las acciones a que tenga derecho el contratista en el marco de los procedimientos de solución de controversias y recursos previstos en la ley, en la reglamentación o en el contrato" (inc. 3º). Asimismo, según el artículo 46, "La Administración pública contratante podrá retener de los pagos que en virtud del contrato le correspondiera realizar, las sumas necesarias para hacer efectivo el cobro de las sanciones pecuniarias impuestas".

B) *Derechos del cocontratante*

El primero de los derechos del cocontratante es el derecho al *cumplimiento de las obligaciones asumidas por la Administración* que, en muchos casos, se concreta en el derecho a percibir el precio, lo cual nos enfrenta al tema del pago de las obligaciones contractuales debidas por la Administración.

---

[92] Augusto Durán Martínez, "Modificación de los contratos de participación público privada", en *Estudios de derecho administrativo*, Montevideo, La Ley Uruguay, 2012, núm. 6, págs. 329 y ss.

[93] Carlos E. Delpiazzo, *Contratación administrativa*, cit., págs. 219 y ss.; *Derecho administrativo uruguayo*, cit., págs. 224 y 225; y *Derecho administrativo general*, cit., vol. 1, 2ª ed. actualizada y ampliada, págs. 438 y 439, y Carlos E. Delpiazzo y Graciela Ruocco, *Tratado jurisprudencial y doctrinario sobre actos y contratos de la Administración*. cit., t. I, págs. 338 y ss.

Este tema puede tener, desde el punto de vista teórico, un doble enfoque.

En primer lugar, puede ser examinado *desde la perspectiva del proceso del gasto*, el cual se inicia, existiendo una partida presupuestal habilitada, con el denominado acto de compromiso, seguido luego por la liquidación y finalmente el pago, conforme a lo previsto en los artículos 21 y 22 del TOCAF respectivamente.

En segundo lugar, *desde la perspectiva del cumplimiento de las obligaciones contractuales* de la Administración, es posible indagar cómo cumple la Administración sus obligaciones de pagar, lo que conduce a analizar la cuestión en vía administrativa y en vía jurisdiccional, según la Administración pague espontáneamente o deba ser forzada a pagar.

Por una parte, la ocurrencia del pago en vía administrativa, admite distinguir entre el pago contado y el pago diferido, con diferentes regulaciones positivas.

Por otra, cuando el pago no se verifica espontáneamente y es necesario acudir a la vía jurisdiccional, son de aplicación un conjunto de normas presupuestales y procesales de carácter general. Entre ellas, cabe citar el decreto ley 14.500 de 8 de marzo de 1976 sobre reajuste de las obligaciones, y los artículos 400 y 401 del Código General del Proceso, relativos a la ejecución de sentencias contra las entidades estatales.

La problemática referida a la obligación de la Administración de pagar y, por lo tanto, al derecho del cocontratante a percibir el pago respectivo, tiene relación directa con su derecho al *mantenimiento de la ecuación económico financiera* del contrato, la que reviste particular trascendencia en aquellos casos en que el contrato no se cumple instantáneamente, sino que la prestación que lo motiva se ve diferida en el tiempo[94].

Evidentemente, en todo negocio siempre hay un elemento de *riesgo normal* desde el punto de vista de su consideración económica —el riesgo que asume todo empresario cuando encara una determinada actividad— pero puede haber también hipótesis de riesgo anormal.

Ese álea o *riesgo anormal* es el que plantea alguna dificultad en su consideración desde el punto de vista jurídico, cuando se rompe el equilibrio económico financiero del contrato.

Dentro del álea anormal, la ruptura del equilibrio económico financiero del contrato, puede producirse por causas imputables a la Administración, en cuanto no cumpla lo pactado; por causas imputables al Estado que modifica el contrato; por causas originadas fuera de la Administración e incontrolables por ella, y por hechos de la naturaleza o del hombre, ajenos a las partes contratantes.

---

[94] CARLOS E. DELPIAZZO, "Aspectos de interés en la ejecución de los contratos públicos", en *Revista de Derecho y Tribunales*, Montevideo, 2017, núm. 32, págs. 59 y ss.; y GRACIELA RUOCCO, "Ejecución de los contratos", en *Instituto de Derecho Administrativo*, *Contratación administrativa*, Montevideo, F.C.U., 1989, págs. 77 y ss.

En el primer caso, es decir, cuando el equilibrio económico financiero se ve quebrado por causas inherentes a la Administración contratante que no cumple lo pactado, se configura un *supuesto de incumplimiento*, conforme a las normas del Derecho común.

En el segundo caso, o sea, cuando hay causas que son imputables al Estado y que modifican el contrato (cuando hay lo que se denomina un "álea administrativa"), entonces se verifica la denominada *teoría del hecho príncipe*.

En el tercer caso, vale decir, cuando las causas son originadas fuera de la Administración y son incontrolables por ella (cuando hay un "álea económica"), pero no dependientes directamente de la parte administrativa contratante, se configura la *teoría de la imprevisión*.

Una variante en el planteo de las consecuencias del álea económica, es la que deriva de la *teoría de las sujeciones imprevistas*.

Finalmente, en el cuarto caso, cuando el equilibrio económico financiero del contrato se rompe por hechos de la naturaleza o del hombre, pero ajenos a la Administración y a su cocontratante, la hipótesis que ocurre es *el caso fortuito o la fuerza mayor*.

C) *Importancia del equilibrio contractual*

Tradicionalmente, según nuestra mejor doctrina, en todo contrato que celebra la Administración debe protegerse "el resultado económico que perseguía el contratante, es decir, usando la denominación generalizada en el Derecho francés, la ecuación financiera del contrato [...] En todos los casos la situación del contratante debe ser finalmente tal que pueda lograr las ganancias razonables que habría obtenido de cumplirse el contrato en las condiciones originarias. La situación del contratante en este aspecto resulta a veces más ventajosa que si estuviera bajo las reglas del Derecho privado, como lo demuestra la elaboración jurisprudencial y doctrinaria sobre la teoría de la imprevisión"[95].

Al presente, existe acuerdo en que el equilibrio económico financiero del contrato público es, a la vez, un principio general de Derecho, un derecho del contratista y una obligación de la Administración.

En primer lugar, el equilibrio financiero del contrato administrativo es un *principio general de Derecho* que preside toda manifestación de la contratación administrativa, no requiriendo, por tanto, de explicitación en normas positivas[96].

Como se ha dicho, "Si bien depende de cada contrato, existen principios o criterios generales que dominan el contractualismo administrativo tales como

---

[95] ENRIQUE SAYAGUÉS LASO, *Tratado de derecho administrativo*, cit., t. I, págs. 569 y 570.

[96] CARLOS E. DELPIAZZO y GRACIELA RUOCCO, *Tratado jurisprudencial y doctrinario sobre actos y contratos de la Administración,* cit., t. I, págs. 346 y ss.; y JULIO A. PRAT, *Derecho administrativo*, t. 3, vol. 2, Montevideo, Acali, 1978, págs. 306 y ss.

los de colaboración, equilibrio económico e interés público, sin perjuicio de la plena aplicación de principios generales como son la equidad, buena fe, intención común y negación del enriquecimiento sin causa. De la conjunción de esos principios derivan prerrogativas de la Administración [...] y correlativas garantías para el cocontratante". Entre ellas, se destaca "el derecho a percibir una retribución que ante el equilibrio dinámico de los contratos administrativos, deberá ser adecuada especialmente en los contratos de tracto sucesivo, para asegurar el resultado lícito que el cocontratante persiguió al contratar ante circunstancias supervinientes. Se trata de mantener la ecuación o equilibrio financiero respecto a la cual DE LAUBADÈRE expresa que no es una especie de seguro del contratista contra los déficits eventuales de la explotación sino una equivalencia honesta entre cargas y ventajas que el contratante ha tomado como un cálculo al contratar y que le llevó a ello"[97].

En segundo lugar, el mantenimiento de la ecuación económico financiera contractual no es solo un principio rector de toda contratación pública, sino también un *derecho del cocontratante* de la Administración que no requiere de texto expreso en el contrato, sino que es de principio[98].

En tercer lugar, la proclamación del mantenimiento de la ecuación económico financiera de los contratos de la Administración, conlleva necesariamente el reconocimiento del derecho del contratista a que así ocurra y de la correlativa *obligación de la Administración* al respecto.

Así lo ha reconocido nuestra jurisprudencia[99] ya que "La relación sinalagmática de las prestaciones recíprocas existente al momento de la constitución del vínculo jurídico debe mantenerse incólume durante toda la etapa de ejecución del contrato. Es el rasgo más relevante de la contratación estatal respecto de la contratación privada, que se traduce en el derecho inalienable del contratista al precio cierto o la intangibilidad de la remuneración, puesto que las condiciones económicas pactadas se configuran como un elemento *no varietur* del contrato, que no pueden ser alteradas unilateralmente por la Administración Pública ni por el acaecimiento de circunstancias externas a las partes"[100].

---

[97] FELIPE ROTONDO TORNARIA, *Manual de derecho administrativo*, Montevideo, Del Foro, 2002, págs. 242 y 243.

[98] CARLOS E. DELPIAZZO, *Derecho administrativo uruguayo*, cit., págs. 220 y 226; *Derecho administrativo general*, cit., vol. 1, págs. 404 y ss.; CARLOS E. DELPIAZZO y GRACIELA RUOCCO, *Tratado jurisprudencial y doctrinario sobre actos y contratos de la Administración*, cit., t. I, págs. 343 y ss.; y JULIO A. PRAT, *Derecho administrativo*, cit., t. III, vol. 2, págs. 306 y ss.

[99] CARLOS E. DELPIAZZO y GRACIELA RUOCCO *Tratado jurisprudencial y doctrinario sobre actos y contratos de la Administración*, cit., t. II, págs. 1457 y ss.

[100] RODRIGO ESCOBAR GIL, *Teoría general de los contratos de la administración pública*, Bogotá, Legis, 2003, pág. 400.

6. Extinción de los contratos

En orden a la extinción de los contratos, cabe distinguir entre motivos de extinción y modos de extinción. Son *motivos* de extinción aquellas circunstancias de hecho o de Derecho que llevan a la finalización del contrato mientras que son *modos* de extinción las formas o actos jurídicos por medio de los cuales la extinción se produce[101].

A) *Motivos*

En cuanto a los motivos de extinción, ellos pueden ser: relativos al propio contrato, relativos a la ejecución del contrato, o relativos a los sujetos contratantes[102].

En primer lugar, entre los *motivos relativos al propio contrato*, tenemos la ilegitimidad y el mérito.

Cuando el contrato se extingue por razones de juridicidad puede aparejar o no según los casos la obligación de reparar, pero cuando se extingue por razones de mérito, es decir, de oportunidad o de conveniencia, siempre debe mediar reparación.

En segundo lugar, en cuanto a los *motivos relativos a la ejecución del contrato*, cabe señalar el cumplimiento, el incumplimiento, la fuerza mayor y la modificación unilateral por la Administración.

No merece especial análisis la hipótesis normal de extinción por *cumplimiento*.

Respecto al *incumplimiento*, es preciso reafirmar que el causado por la Administración la obliga a indemnizar, mientras que el incumplimiento provocado por el cocontratante implica la pérdida del depósito de garantía, una eventual indemnización, y la posibilidad de que el contrato sea ejecutado por un tercero a cargo del adjudicatario.

Con relación a la *fuerza mayor*, no da derecho a la indemnización, pero parte de la doctrina distingue entre la fuerza mayor absoluta, que es precisamente la que no da lugar a indemnización, y la fuerza mayor relativa, que puede dar lugar a reparaciones parciales.

Por lo que refiere a la *modificación unilateral por la Administración*, debe ser siempre indemnizada, asumiendo que su procedencia en el caso deriva de una previsión expresa.

En tercer lugar, respecto a los *motivos relativos a los sujetos contratantes*, son aquellos que refieren a la propia Administración o al cocontratante como,

---

[101] Juan Pablo Cajarville Peluffo, *Sobre derecho administrativo*, cit., t. II, págs. 422 y ss.

[102] Carlos E. Delpiazzo, *Derecho administrativo general*, cit., vol. 1, 2ª ed. actualizada y ampliada, págs. 454 y ss.

por ejemplo, la supresión de la Administración que contrató y del lado del cocontratante su muerte o incapacidad si es una persona física, y su liquidación si se trata de una persona jurídica.

B) *Modos*

Respecto a los modos de extinción de los contratos, estos pueden ser: de pleno Derecho, por mutuo acuerdo, por decisión de un juez, por decisión del cocontratante, o por decisión unilateral de la Administración[103].

Desde el punto de vista del Derecho positivo uruguayo, salvo el caso de la potestad administrativa de extinguir el contrato por decisión unilateral, los demás modos de extinción mencionados no plantean dificultades.

Cuando el modo de extinción del contrato obedece a una decisión unilateral de la Administración, ella puede estar basada en distintos supuestos: que el contrato sea ilegítimo, que el contrato sea inconveniente, que el contrato haya sido incumplido por el cocontratante, que se declare que el contrato fue integralmente cumplido, que se declare la fuerza mayor o por circunstancias relativas a los sujetos.

En tales casos, es evidente que puede generarse un conflicto entre las partes, el que debe ser sometido, en principio, a resolución de un juez o, eventualmente, de uno o más árbitros si mediare compromiso en tal sentido.

Tres aspectos merecen especial atención en cuanto a la pretendida prerrogativa de extinción unilateral por la Administración de los contratos que celebra: su fundamento teórico, su base positiva y las defensas de que dispone la contraparte frente a tal caso[104].

En primer lugar, en cuanto al *fundamento teórico* de la extinción del contrato por decisión unilateral, se invoca generalmente a la doctrina francesa, que se basa en el interés público que está en juego en los contratos administrativos.

No obstante, debe tenerse en cuenta que el respeto de los individuos y sus derechos fundamentales —los cocontratantes son individuos, sean personas físicas o empresas— también es de interés público; una vez celebrado el contrato, este genera derechos además de obligaciones y estos derechos no pueden extinguirse unilateralmente por la Administración, porque ello implicaría avasallar derechos adquiridos por el cocontratante por virtud de la eficacia vinculante del contrato, que es regla de Derecho conforme a la ley orgánica del Tribunal de lo Contencioso Administrativo, y es la ley de las partes, como lo dice el Código Civil.

---

[103] CARLOS E. DELPIAZZO, *Derecho administrativo general*, cit., vol. 1, 2ª ed. actualizada y ampliada, págs. 455 y ss.

[104] CARLOS E. DELPIAZZO, *Derecho administrativo general*, cit., vol. 1, 2ª ed. actualizada y ampliada, págs. 455 a 457, y CARLOS E. DELPIAZZO y GRACIELA RUOCCO, *Tratado jurisprudencial y doctrinario sobre actos y contratos de la Administración*, cit., t. I, págs. 386 y 387.

En realidad, no hay que preguntarse si la Administración puede extinguir unilateralmente los contratos que celebra, sino si la Administración puede dictar actos administrativos unilaterales, que extingan un contrato, que es bilateral. Porque cuando la Administración extingue un contrato mediante un acto administrativo, lo hace mediante la manifestación de voluntad de una sola de las partes que intervino en el pacto.

Por lo tanto, para determinar si la Administración puede por la vía del acto administrativo (unilateral) extinguir el contrato (bilateral), es imprescindible analizar las distintas hipótesis en que ello podría teóricamente ocurrir.

En cuanto a la revocación por mérito, es necesario que ella esté pactada en el contrato o que surja de la ley ya que la potestad de rescindir unilateralmente no es un poder de principio o implícito de la Administración, es decir, que disponga de él sin basamento legal o contractual, porque no se dan los supuestos de la teoría de los poderes implícitos que son: que sea imprescindible (no lo es porque siempre se puede acudir al juez), que no esté conferido a otro órgano del Estado y que no viole reglas de Derecho (que en este caso se violarían, porque el contrato es regla de Derecho)[105].

En los demás casos que no son por razones de mérito, la extinción que se deriva del conflicto entre las partes debe ser resuelta por el juez y esta competencia del Poder Judicial no puede descartarse por ley ya que esa ley sería inconstitucional; no puede descartarse por el contrato, porque la competencia es de orden público; y tampoco puede descartarse en virtud de la denominada teoría de los poderes implícitos porque acabamos de ver que no se configuran los supuestos requeridos para que ella sea aplicable.

En segundo lugar, en cuanto a la *base positiva* de esta potestad exorbitante, tradicionalmente nuestro Derecho careció de ella. En época reciente dos normas de carácter autoritario —que deben interpretarse restrictivamente— han contemplado tal posibilidad en determinados supuestos.

Por un lado, se establece en el *artículo 70 del TOCAF* que "La Administración podrá rescindir unilateralmente el contrato por incumplimiento grave del adjudicatario, debiendo notificarlo de ello. No obstante, la misma se pro-

[105] CARLOS E. DELPIAZZO, "Acerca de la extinción de los contratos públicos", en CARLOS E. DELPIAZZO (Coord.), *Renovación de la contratación pública*, Montevideo F.C.U., 2013, págs. 359 y ss.; *Contratación administrativa*, cit., págs. 249 y ss.; *Derecho administrativo uruguayo*, cit., págs. 234 y ss.; y *Derecho administrativo general*, cit., vol. 1, págs. 416 y ss., y CARLOS E. DELPIAZZO y GRACIELA RUOCCO, *Tratado jurisprudencial y doctrinario sobre actos y contratos de la Administración*, cit., t. I, págs. 385 y ss.; JUAN PABLO CAJARVILLE PELUFFO, "Extinción de los contratos de la Administración", en Instituto de Derecho Administrativo, *Contratación administrativa*, Montevideo, F.C.U., 1989, págs. 123 y ss.; MARIELLA SAETTONE, "Extinción del contrato administrativo", en *Estudios de derecho administrativo*, Montevideo, La Ley Uruguay, 2013, núm. 8, págs. 527 y ss., y PABLO LEIZA ZUNINO, *Contratos de la administración pública. Teoría. Principios. Aplicación práctica*, cit., págs. 588 y ss.

ducirá de pleno derecho por la inhabilitación superviniente por cualquiera de las causales previstas en la ley" (inc. 1º). Agrega la norma que "La rescisión por incumplimiento del contratista aparejará su responsabilidad por los daños y perjuicios ocasionados a la Administración y la ejecución de la garantía de fiel cumplimiento del contrato, sin perjuicio del pago de la multa correspondiente" (inc. 2º).

Aunque la disposición circunscribe la hipótesis de aplicación al caso de incumplimiento grave, lo cierto es que reconoce el ejercicio de la potestad rescisoria unilateral sin necesidad de previsión contractual solo a favor de la Administración y no de su cocontratante, implicando una distorsión del equilibrio contractual debido y, por ende, una desnaturalización del contrato como tal[106].

Por otro lado, el *artículo 51 de la ley 18.786 de 19 de julio de 2011*, limitado al ámbito del contrato de participación público privada y con un alcance más acotado, en tanto requiere la previsión en el propio contrato (como lo confirma el art. 17, lit. i) contempla entre las causales de extinción del contrato la "rescisión unilateral y anticipada del contrato por incumplimiento del contratista" (lit. c)[107].

7. INCIDENCIA DE LAS NUEVAS TECNOLOGÍAS

El tránsito de la contratación administrativa a la contratación electrónica plantea una serie de peculiaridades que la diferencian de la contratación convencional[108].

A) *Variantes que plantean*

Con carácter sistemático, pueden señalarse los siguientes caracteres o rasgos que singularizan a la contratación electrónica:

a) el *medio de realización del contrato es electrónico o digital* ya que se lleva a cabo a través de un computador conectado a la red de redes;

---

[106] FLORENCIA BERRO, "Extinción del contrato por rescisión unilateral por la Administración", en CARLOS E. DELPIAZZO (Coord.), *Comentarios al TOCAF sobre la contratación pública*, t. I, Montevideo, U.M., 2012, págs. 475 y ss.

[107] CARLOS E. DELPIAZZO, "Extinción del contrato de participación público privada", en *Estudios de derecho administrativo,* Montevideo, La Ley Uruguay, 2012, núm. 6, págs. 353 y ss.

[108] CARLOS E. DELPIAZZO, "Acerca de la contratación administrativa electrónica", en *Revista Peruana de Derecho Administrativo Económico*, Lima, 2006, núm. 1, págs. 153 y ss.; y "Contratos públicos y contratación electrónica", en AA. VV., *La contratación administrativa en España e Iberoamérica*, Londres, Cameron May, 2008, págs. 767 y ss.

b) la contratación se realiza en el denominado ciberespacio, definido como "el lugar sin lugar", o sea, en un *espacio deslocalizado*, de modo que *a priori* no se pueden identificar con inequívoca seguridad las vinculaciones territoriales de los distintos elementos de la relación jurídica (ubicación de las partes, lugar de celebración o de ejecución de las obligaciones, etc.);

c) implica la *desmaterialización* —gráficamente expresada en la "despapelización"— y, por ende, el requerimiento de nuevos mecanismos de prueba que den seguridad y soporte a las operaciones;

d) el *ámbito* en que actúan las partes (Internet) es una red abierta con participantes heterogéneos (consumidores, empresas, Administraciones) sometidos a regímenes jurídicos diferenciados;

e) el intercambio *desborda los territorios soberanos* ya que no pasa por controles fronterizos geográficos;

f) la *interconexión* permite relaciones directas que posibilitan la eliminación de los intermediarios tradicionales, aunque aparecen otros necesarios, tales como proveedores de acceso y prestadores de servicios de certificación;

g) aparecen *nuevos riesgos* a la vez que *nuevas oportunidades*, y

h) las transacciones se realizan con mayor *rapidez*.

Tal conjunto de caracteres muestra que no es imprescindible un régimen jurídico propio y nuevo para los contratos electrónicos en general y los del sector público en particular, pero sí una adaptación de las reglas clásicas a las nuevas exigencias impuestas por las modernas tecnologías de la información y las comunicaciones.

En el Derecho uruguayo, a partir del reconocimiento jurídico del documento electrónico[109] y de la firma electrónica[110], no solo se ha verificado una

---

[109] CARLOS E. DELPIAZZO, *Derecho informático uruguayo*, Montevideo, Idea, 1995, págs. 45 y ss.; "El documento y la firma ante las N.T.I. en Uruguay", en *XVIII Jornadas Iberoamericanas y XI Jornadas Uruguayas de Derecho Procesal*, Montevideo, F.C.U., 2002, págs. 734 y ss.; "El documento electrónico frente a la integración", en *VI Congreso Iberoamericano de Derecho e Informática,* Montevideo, 1998, págs. 333 y ss.; y "Documentación electrónica de los negocios en Internet", en *VIII Congreso Iberoamericano de Derecho e Informática*, México, 2000, págs. 462 y ss.

[110] CARLOS E. DELPIAZZO, "Adecuación del Derecho a la necesidad de la firma electrónica", en *Informática y Derecho*, Buenos Aires, Depalma, 2001, vol. 7, págs. 113 y ss.; "Autenticación de las operaciones en Internet", en *Anuario Derecho Informático*, Montevideo, F.C.U., 2001, t. I, págs. 253 y ss.; "De la caligrafía a la criptografía", en *Anales de las 30 Jornadas Argentinas de Informática e Investigación operativa*, Buenos Aires, 2001, págs. 209 y ss.; y "Relevancia jurídica de la encriptación y la firma electrónica en el comercio actual", en *VIII Congreso Iberoamericano de Derecho e Informática*, México, 2000, págs. 130 y ss.

transformación de la actuación administrativa[111] sino que se ha viabilizado el procedimiento administrativo electrónico[112] y la contratación electrónica[113].

En lo que refiere específicamente a la recepción de las nuevas tecnologías de la información y las comunicaciones, interesa aludir a cuatro conjuntos de normas incorporadas al TOCAF:

a) las que reconocen la viabilidad jurídica de procedimientos íntegramente electrónicos;

b) las que admiten ampliamente la publicidad electrónica;

c) las que regulan la oferta y la apertura electrónicas, y

d) las que modernizan el Registro Único de Proveedores del Estado (RUPE).

[111] CARLOS E. DELPIAZZO, "Las nuevas telecomunicaciones y el tránsito de la Administración prestacional a la Administración electrónica", en *Anuario da Facultade de Dereito da Universidade da Coruña*, La Coruña, 2007, núm. 11, págs. 177 y ss.; "Telecomunicaciones y Administración", en FERNANDO GALINDO (Coord.), *Gobierno, Derecho y Tecnología: las actividades de los poderes públicos*, Madrid, Civitas, 2006, págs. 449 y ss.; "Transformaciones de la Administración frente a las telecomunicaciones", en JORGE FERNÁNDEZ RUIZ y JAVIER SANTIAGO SÁNCHEZ (Coord.), *Régimen jurídico de la radio, televisión y telecomunicaciones en general*, México, UNAM, 2007, págs. 113 y ss.; "Marco legal de la automatización de la actividad administrativa", en *Revista Iberoamericana de Derecho Informático*, Mérida, UNED, 1998, núms. 19-22, págs. 699 y ss.; "Automatización de la actividad administrativa en el marco de la reforma del Estado", en *Anuario de Derecho Administrativo*, Montevideo, 1998, t. VI, págs. 17 y ss.; y CARLOS E. DELPIAZZO y MARÍA JOSÉ VIEGA, *Lecciones de Derecho Telemático*, Montevideo, F.C.U., 2009, t. II, págs. 109 y ss.

[112] CARLOS E. DELPIAZZO, "El procedimiento administrativo y las nuevas tecnologías de la información", en *Revista Uruguaya de Derecho Constitucional y Político*, Montevideo, 1992, t. VIII, núm. 48, págs. 417 y ss.; "Informatización del procedimiento administrativo común", en *VI Congreso Iberoamericano de Derecho e Informática*, Montevideo, 1998, págs. 769 y ss.; "Regulación del procedimiento administrativo electrónico", en *Procedimiento Administrativo Electrónico*, Montevideo, O.N.S.C., 1998, págs. 151 y ss.; "Noción y regulación del procedimiento y del acto administrativos electrónicos", en *Estudios de derecho administrativo*, Montevideo, La Ley Uruguay, 2010, núm. 1, págs. 79 y ss.; "Acto y procedimiento administrativo electrónicos", en *IV Congreso Internacional de Derecho Administrativo de Mendoza*, Buenos Aires, RAP, 2011, págs. 811 y ss.; "Supuestos y realidad del procedimiento administrativo electrónico", en *Aportes para un Estado eficiente. V Congreso Nacional de Derecho Administrativo*, Lima, Palestra, 2012, págs. 73 y ss.; "Lo nuevo y lo permanente de la actuación administrativa a través del procedimiento administrativo electrónico", en *Revista de Derecho Administrativo*, Buenos Aires, 2012, núm. 83, págs. 1417 y ss.; y "Procedimiento administrativo y Derecho Informático", en HÉCTOR POZO GOWLAND, DANIEL HALPERIN, OSCAR AGUILAR VALDEZ y FERNANDO JUAN LIMA (Dirs.), *Ley Nacional de Procedimientos Administrativos. 40 aniversario de su sanción*, Buenos Aires, La Ley, 2012, t. I, capítulo 41.

[113] CARLOS E. DELPIAZZO, "El e-procurement o el nuevo rostro de la contratación administrativa", en *Anuario Derecho Informático*, Montevideo, F.C.U., 2003, t. III, págs. 325 y ss.; "Estado actual de la contratación administrativa", en *Revista de Derecho Público*, Montevideo, 2000, núm. 17, págs. 127 y 128; y "Caracteres e innovaciones en la contratación administrativa", en *Revista de Direito Administrativo & Constitucional*, Curitiba, 2003, núm. 13, págs. 97 y ss.

B) *Posibilidades que abren*

Teniendo en cuenta las variantes indicadas, corresponde referirse a cómo se concreta la contratación electrónica del sector público, las cuales afectan no solo los aspectos procedimentales sino también los sustantivos.

Dos aspectos convocan especialmente la atención respecto a los contratos electrónicos: su celebración y su ejecución a través de la red.

En cuanto al perfeccionamiento de los contratos por medios electrónicos, la misma depende de la índole del acuerdo de que se trate, habida cuenta de que oferta y aceptación tendrán lugar electrónicamente.

En principio, solo pueden celebrarse electrónicamente los contratos consensuales, es decir, los que se perfeccionan por el consentimiento de las partes ya que los contratos solemnes requieren formalidades específicas para su nacimiento mientras que los reales precisan la entrega de la cosa objeto del contrato.

Además, para determinar el momento y lugar de la celebración del contrato, suele distinguirse según las voluntades negociales se intercambien entre presentes o entre ausentes. Cuando se habla de contratos concluidos entre ausentes o presentes, se hace referencia a la ausencia o presencia humana en el mismo lugar físico en el momento de emitirse la propuesta y en el instante de conocerse o recibirse la respuesta, de modo que las partes están ausentes cuando el proponente y el destinatario de la oferta se encuentran en distinto lugar físico (ámbito espacial) en un momento determinado (ámbito temporal), mientras que están presentes cuando se hallan en el mismo lugar físico (ámbito espacial) en un momento determinado (ámbito temporal).

Si bien el intercambio electrónico ha determinado que puedan existir contratos entre ausentes con consentimiento formado de modo instantáneo (como si fuera entre presentes), en los casos en que al acuerdo de partes se llega progresivamente, el Derecho comparado exhibe cuatro sistemas para precisar el momento de nacimiento del contrato[114]:

a) el sistema de la aceptación, de acuerdo con el cual el consentimiento se concluye con la sola exteriorización de la voluntad de aceptación;

b) el sistema de la expedición, conforme al cual se exige, para completar el acuerdo de voluntades, la aceptación exteriorizada y la emisión formal de la misma;

c) el sistema de la recepción, según el cual se requiere que la aceptación llegue al proponente;

---

[114] CARLOS E. DELPIAZZO, "Contratación pública y nuevas tecnologías", en CARLOS E. DELPIAZZO (Coord.), *Comentarios al TOCAF sobre la contratación pública*, Montevideo, U.M., 2015, t. II, págs. 51 y ss.

d) el sistema del conocimiento, para el cual se necesita no solo que el destinatario recepcione la aceptación sino que, además, tome conocimiento efectivo de ella.

En el caso de los contratos públicos, se agrega como cuestión adicional la de determinar la naturaleza jurídica y efectos de la decisión del órgano de adjudicación interviniente.

Por otra parte, *en cuanto a la ejecución* de los contratos electrónicos, es habitual distinguir entre los directos y los indirectos según la transacción refiera a bienes intangibles (susceptibles de ser entregados a través de la red) o a bienes tangibles (de modo que la entrega del producto o la realización del servicio no puede tener lugar en línea).

Paralelamente, un capítulo importante en materia de ejecución contractual electrónica es el relativo a los medios de pago en la red ya que el uso de los medios tradicionales —que implican la entrega física de dinero u otros instrumentos de pago— resulta inapropiado cuando la formación del contrato y la ejecución del resto de las prestaciones relevantes tiene lugar por vía electrónica.

En nuestro país, como antecedente debe mencionarse que mediante Resolución del Poder Ejecutivo 1.177/999 de 15 de diciembre de 1999, se aprobó un sistema de pago por transferencia electrónica a proveedores del Estado. En virtud de dicha disposición, se adecuó al ámbito específico de la relación entre las Administraciones públicas y sus cocontratantes la normativa y experiencia preexistente en materia de transferencias electrónicas de fondos[115].

Al presente, en virtud del artículo 42 de la ley 19.210 de 29 de abril de 2014, reglamentado por el Decreto 180/015 de 6 de julio de 2015, "todos los pagos que deba realizar el Estado a proveedores de bienes o servicios de cualquier naturaleza por obligaciones contraídas con posterioridad a la vigencia de la presente ley, deberán cumplirse a través de acreditación en cuenta en instituciones de intermediación financiera".

---

[115] CARLOS E. DELPIAZZO, "Regulación jurídica de las transferencias electrónicas de fondos", en *Revista de la Facultad de Derecho*, Montevideo, 1992, núm. 2, págs. 11 y ss.; "Transferencias electrónicas de fondos. Los medios de prueba", en *Revista Tributaria*, Montevideo, 1989, t. XVI, núm. 90, págs. 216 y ss., y en *Revista Felaban*, Bogotá, 1989, núm. 74, págs. 73 y ss.; y *Derecho informático bancario*, Montevideo, IEEM, 1990, págs. 27 y ss.

VENEZUELA

INTRODUCCIÓN AL DERECHO DE CONTRATOS PÚBLICOS EN VENEZUELA

José Araujo-Juárez[*]

1. Introducción

§ 1. *Advertencia.* La actividad contractual pública en general es un elemento central para el cumplimiento de la función constitucional que tiene asignada la Administración Pública, y como tal es una de las instituciones jurídicas fundamentales del Derecho administrativo contemporáneo. Si bien es una materia que hemos estudiado en otras oportunidades[1], en este ensayo nos limitaremos a presentar el estado del arte en Venezuela, conforme a las reglas impartidas en el documento de bases de la obra colectiva patrocinada por el Instituto Internacional de Derecho Administrativo y coordinada por el estimado Dr. Ernesto Jinesta Lobo.

Por tanto, el desarrollo del ensayo tiene, entonces, una doble limitación. Por un lado, se trata solo de una visión global del contenido del Derecho de contratos públicos en Venezuela, por obvias razones de espacio. Y la segunda limitación estriba en la circunstancia de haber tomado en consideración preferentemente las disensiones doctrinarias y jurisprudenciales nacionales.

Y por otro, es menester que la cuestión se aborde no solo desde la vertiente del Derecho administrativo, pues habida cuenta del proceso de constituciona-

---

[*] Profesor de Postgrado de Derecho Administrativo e Investigador Asociado de la Universidad Católica Andrés Bello (Caracas). Miembro del Instituto Internacional de Derecho Administrativo, de la Asociación de Derecho Administrativo Iberoamericano, de la Asociación Española e Iberoamericana de Profesores e Investigadores de Derecho Administrativo, y del Foro Iberoamericano de Derecho Administrativo; y Miembro de Honor de la Asociación Mexicana de Derecho Administrativo y de la Asociación Dominicana de Derecho Administrativo.

[1] J. Araujo-Juárez, *Derecho administrativo general,* vol. III, *Acto y contrato administrativo*, Caracas, Ediciones Paredes, 2010, y "El contrato administrativo en Venezuela", en Juan Carlos Cassagne (Dir.), *Tratado general de los contratos públicos*, t. II, Buenos Aires, La Ley, 2013, págs. 382 y ss. Asimismo, puede consultarse con provecho, AA. VV., *Ley de contrataciones públicas*, Colección Textos Legislativos, núm. 44, 2ª ed. actualizada y aumentada, Caracas, Editorial Jurídica Venezolana, 2009; AA. VV., *Comentarios al decreto con rango, valor y fuerza de ley de contrataciones públicas*, Caracas, Funeda, 2008, y Hernández-Mendible *et al., La contratación pública en Venezuela. Una visión general,* Caracas, Funeda, 2015.

lización del Derecho administrativo y sus categorías jurídicas, lo será también desde el Derecho administrativo constitucional[2] que nos obliga a interpretar todo el ordenamiento jurídico "desde" la Constitución (G. BIDART CAMPOS[3]), "conforme a" la Constitución (E. GARCÍA DE ENTERRÍA[4]), o en fin "dentro del marco constitucional del Derecho administrativo" (JOANJUAN[5]).

§ 2. *Constitución de 1999.* Como cuestión previa se observa que ha de partirse de la presencia de la Administración Pública como poder público, de su funcionalidad servidora de la persona y sus derechos fundamentales, y de los modos e instrumentos jurídicos utilizados para que ese servicio vicarial sea real y efectivo, que le asigna a texto expreso el artículo 141 de la Constitución de 1999[6].

Por otro lado, en materia de la actividad contractual del Estado, la Constitución consolidó un importante proceso de constitucionalización del Derecho de contratos públicos. En efecto, ella regula los contratos celebrados por las personas jurídicas estatales denominándolos "contratos de interés público", expresión equivalente en general a la de contratos públicos, del Estado o estatales. En tal sentido, BREWER-CARIAS[7] sostiene que todos los contratos tanto de interés nacional, como de interés estadal o municipal son, por supuesto, contratos de "interés público" (Const., arts. 150 y 151), en el mismo sentido que la noción de poder público (Título IV de la Constitución) comprende al poder nacional, al poder estadal y al poder municipal.

§ 3. *Ley de Contrataciones Públicas.* En 2008 se sancionó la Ley de Contrataciones Públicas (LCP)[8], la cual ha sido reformada sucesivamente en

[2] J. ARAUJO-JUÁREZ, *Derecho administrativo constitucional*, Caracas, CIDEP-Editorial Jurídica Venezolana, 2017.

[3] G. BIDART CAMPOS, *Teoría general de los derechos humanos*, Buenos Aires, Astrea, 1991, págs. 386 y ss.

[4] E. GARCÍA DE ENTERRÍA y T.-R. FERNÁNDEZ, *Curso de derecho administrativo*, t. I, 12ª ed., Madrid, Edit. Thomson, 2004, págs. 126 y ss.

[5] O. JOUNJAN, "La Constitution", en *Traité de droit administratif*, t. I, Paris, Dalloz, 2011, pág. 394.

[6] La Constitución de 1999 fue aprobada mediante Referendo de 15 de diciembre de 1999 y publicada en la Gaceta Oficial 36.600, y después publicada con correcciones en Gaceta Oficial 5.453 extr., de 24 de marzo de 2000.

[7] A. R. BREWER-CARÍAS, "La contratación pública en Venezuela", en JUAN CARLOS CASSAGNE (Dir.), *Tratado general de los contratos públicos*, t. II, Buenos Aires, La Ley, 2013, págs. 8 y ss.

[8] Véase Ley de Contrataciones Públicas, Decreto Ley 5.929 de 11 de marzo de 2008, publicada en la Gaceta Oficial Extr. 5877 de 14 de marzo de 2008, y republicada por error de copia en Gaceta Oficial 38.895 de 25 de marzo de 2008. Luego reformada sucesivamente por varias leyes (Gaceta Oficial 39.165 de 24 de abril de 2009) y en Gaceta Oficial 39.503 de 6 de septiembre de 2010. Finalmente se dictó el Decreto 1.399 de 13 de noviembre de 2014,

2009, 2010 y 2014. La misma, sin embargo, y a pesar de su denominación, no regula universalmente la "contratación pública", es decir, toda la actividad contractual del Estado (los contratos públicos o los contratos estatales como categoría jurídica de mayor amplitud conceptual) a cargo de las personas jurídicas estatales.

En efecto, la LCP y su Reglamento[9] no configuran un cuerpo normativo general destinado a regular todos los contratos públicos celebrados por todas las personas jurídicas estatale. Se ha limitado su alcance, pues básicamente regula el procedimiento administrativo de selección del contratista (o la licitación) y solo respecto de ciertos (no todos) contratos públicos. Por tanto, en su parte medular sigue siendo un cuerpo normativo destinado a regular el régimen de selección del contratista (arts. 56 a 115 de la LCP) en ciertos contratos públicos: la adquisición de bienes, la prestación de servicios —comerciales— y la ejecución de obras (art. 1 de la LCP). Con estas exclusiones y el ámbito reducido, se trata en todo caso de una normativa reguladora básicamente del proceso de selección del contratista, con normas generales respecto de ciertas materias[10].

Así las cosas, salvo los aspectos mencionados, en Venezuela no existe todavía una normativa *ad hoc* que defina los principales ámbitos, ni que reagrupe los principios y garantías que le son aplicables a la generalidad de los contratos públicos. Es por ello por lo que el marco jurídico tradicional ha sido y continúa siendo, fundamentalmente, doctrinal y jurisprudencial, y así estas fuentes ocupan un lugar central en la construcción de la materia.

§ 4. *Contratación pública.* El artículo 141 de la Constitución le asigna a la Administración Pública la misión constitucional de servir, con sometimiento pleno a la ley y al Derecho y con eficacia, a los ciudadanos. Para el cumplimiento de su función constitucional, la Administración Pública no siempre procede por vía unilateral mediante actos o reglamentos administrativos, sino que con frecuencia requiere celebrar relaciones contractuales, celebrando convenios de muy distinta naturaleza dentro del ámbito específico de las re-

---

mediante el cual el Presidente de la República dictó el decreto con rango, valor y fuerza de ley de contrataciones públicas (Gaceta Oficial Extraordinaria 6.154 de 19 de noviembre de 2014).

[9] Véase Decreto 6.708 de 19 de mayo de 2009, en Gaceta Oficial 39.181 de 19 de mayo de 2009.

[10] Véanse los siguientes aspectos en la LCP: los poderes de la Administración Pública para controlar los contratos (art. 118), en especial, respecto de los contratos de obra (arts. 138 a 140); los poderes de modificación de los contratos y el régimen de variación de precios y ajustes contractuales (arts. 130 a 135); el régimen de nulidad (art. 121), las garantías de cumplimiento (arts. 122 a 126); el régimen de los anticipos (arts. 128 y 129); el régimen de los pagos (arts. 141 a 144), el régimen de la terminación de los contratos (arts. 145 a 151), y las causas de rescisión unilateral de los contratos (arts. 152 a 156) y, por último, el régimen sancionatorio (arts. 166 a 168).

laciones patrimoniales, actividad a la que se califica como contractual de la Administración Pública o contratación pública, y que crece exuberantemente no solo en intensidad, sino también en radio de acción, materias y ámbitos.

§ **5.** *Sistemas de contratación pública.* En cierto número de casos, los contratos que celebra la Administración Pública no se distinguen de las condiciones en que los particulares los suscriben entre ellos y, por ende, estarán sometidos en cuanto a sus efectos y extinción al régimen jurídico de Derecho común. Pero en otro gran número de casos, la Administración Pública concluye contratos que se distinguen de los anteriores en el reconocimiento —explícito o implícito— a favor de la Administración Pública de un régimen jurídico-público, y a los que se denominan contratos administrativos. Incluso para quienes sostienen que la sustantividad del contrato administrativo es un "falso problema", no dejan de reconocer que tienen una serie de connotaciones propias que los diferencian de los contratos privados, aunque no de igual intensidad en todos ellos (VILLAR PALASÍ[11]).

Ahora bien, sostiene CASSAGNE[12], el campo de la contratación pública es fértil en la producción de un conjunto inagotable de dilemas o problemas que van desde la negación de la existencia misma de la figura del contrato en general en la esfera pública, pasando por los que lo reconocen como la especie más significativa, hasta aquellos que reconocen su existencia autónoma.

Por tanto, todos ellos se agruparían según los Derechos positivos que integrarían, a su vez, como una suerte de *summa divisio*, en los dos modelos o sistemas de contratación pública o estatal por antonomasia, así[13]:

a. Los Derechos positivos que desconocen la categoría del contrato administrativo, y que agruparían el "sistema civilista o privatista de contratación pública" o también denominado "modelo privado de contratación administrativa" —en el Derecho continental europeo (Alemania, Italia) y en el mundo anglosajón (Inglaterra)—.

b. Y los Derechos positivos donde se reconoce la categoría del contrato administrativo (como género de los contratos que celebra la Administración Pública —Argentina, Colombia, España, Francia, México, Uruguay— o en todo caso como la especie más significativa de estos —Venezuela—), y que integran, a su vez, el "sistema administrativista de contratación pública", también denominado "modelo público de contratación administrativa".

Ahora bien, el porqué de la distinción de figuras contractuales diversas en los mencionados sistemas de la contratación pública del Derecho comparado,

---

[11] J. L. VILLAR PALASÍ y J. L. VILLAR ESCURRA, *Principios de derecho administrativo*, t. III, Universidad de Madrid, 1983, págs. 18 y 19.

[12] J. C. CASSAGNE, "La contratación pública", en *Tratado general de los contratos públicos*, cit., t. I, pág. 3.

[13] J. ARAUJO-JUÁREZ, *La teoría de la cláusula exorbitante*, Colección Monografías, Caracas, CIDEP, Editorial Jurídica Venezolana, 2017, págs. 16 y ss.

remite a considerar a algunos como distintos y singulares respecto de los demás y es, justamente, uno de los más importantes problemas que estudia la doctrina nacional, lo cual nos conduce a ofrecer algunas claves de comprensión y poder así examinar el estado del arte de los contratos públicos en Venezuela.

Así las cosas, para un mejor entendimiento dividiremos el artículo así: después de una breve introducción sobre los contratos del sector público (i), abordaremos sucesivamente el régimen jurídico sustantivo (ii), el régimen jurídico procedimental (iii) y, por último, el régimen jurídico de la ejecución contractual (iv).

2. CONTRATOS DEL SECTOR PÚBLICO

A) *Cuestión previa*

§ **6.** *Plan*. La Administración Pública se ve en la necesidad de suscribir numerosos contratos para alcanzar los fines que tiene constitucionalmente asignados, ya sea que desee adquirir los suministros y bienes materiales de que tiene necesidad, de reclutar parte del personal que emplea o de asegurarse la colaboración del particular en la satisfacción de determinadas necesidades de interés general[14]. Ahora, frente a todo contrato celebrado por el Estado o contrato del sector público resulta preciso saber cuáles son los criterios para distinguir un contrato administrativo de otro contrato de Derecho privado.

B) *Distinción*

§ **7.** *Planteamiento*. La teoría del contrato administrativo es una categoría jurídica que ni antes ni ahora ha sido pacífica en la doctrina científica. Ahora, por cuanto ostenta un régimen jurídico, es de vital importancia aclarar esta cuestión.

Hoy y después de mucho tiempo, la doctrina nacional dominante admite que la teoría de los contratos del Estado o del sector público reposa sobre la distinción fundamental entre (i) los contratos administrativos propiamente dichos, y (ii) los contratos de Derecho común (o de Derecho privado), concluidos por la Administración Pública.

Ahora bien, existe una autorizada doctrina nacional negadora del contrato administrativo, de contadas pero significativas excepciones cuyas posiciones van desde quien lo desconoce (PÉREZ LUCIANI[15]); pasando por quienes afirman que es una categoría jurídica superada (BREWER-CARÍAS[16]) o inútil (HERNÁNDEZ

---

[14] Véase sent. de 16 junio 1983, de la *CSJ/SPA*, fallo *Acción comercial*.

[15] G. PÉREZ LUCIANI, "Los contratos de interés nacional", en *Régimen jurídico de los contratos administrativos*, Caracas, Fundación Procuraduría General de la República, 1991, pág. 154.

[16] A. R. BREWER-CARÍAS, *Contratos administrativos*, Caracas, Editorial Jurídica Venezolana, 1992 y "Sobre los contratos del Estado en Venezuela" en *Derecho administrativo*

González[17]), a la que, sin dejar de reconocer el contrato administrativo propugna la necesidad de su exclusión del ámbito administrativo (Caballero Ortiz[18]).

En efecto, dentro de las primeras elaboraciones doctrinales negadoras, Brewer-Carías cuestiona el concepto mismo del contrato administrativo basado en la sola relación "contratos administrativos/régimen de derecho administrativo", que califica de absolutamente inadmisible. El argumento principal consiste en afirmar que las actividades de la Administración Pública estarían sujetas tanto al Derecho público como al Derecho privado en un grado de preponderancia que varía de acuerdo con sus finalidades y naturaleza: por tanto, también los contratos que suscribe el Estado estarían siempre sometidos tanto al Derecho público como al Derecho privado.

Por su parte, el reconocimiento de la distinción es defendida por la doctrina científica mayoritaria (Lares Martínez, Farías Mata, Rondón de Sanso, Badell Madrid, Urdaneta Troconis, Rodríguez Iribarren Monteverde, Grau, entre otros[19]), la jurisprudencial[20], y por el Derecho positivo en normas de rango legal orgánico[21]. Tal distinción no es sino una manifestación del principio

---

internacional, *Actas del IV Congreso Internacional de Derecho Administrativo de Mendoza*, Jaime Rodríguez-Arana Muñoz (Coord.), Mendoza, septiembre de 2010, pág. 651; y "Los contratos del Estado y la Ley de Contrataciones Públicas. Ámbito de aplicación", en *Ley de Contrataciones Públicas*, Textos Legislativos 44, 4ª ed. actualizada y aumentada, Caracas, Editorial Jurídica Venezolana, 2014.

[17] J. I. Hernández González, "El contrato administrativo en la Ley de Contrataciones Públicas venezolana", en *Ley de Contrataciones Públicas*, Textos Legislativos 44, 2ª ed. actualizada y aumentada, Caracas, Editorial Jurídica Venezolana, 2009, págs. 169 y ss.

[18] J. Caballero Ortíz, "Deben subsistir los contratos administrativos en una futura legislación?", en *Derecho público a comienzos del siglo XXI. Estudios en Homenaje al Profesor Allan R. Brewer-Carías,* Madrid, 2003, págs. 176 y ss.

[19] E. Lares Martínez, *Manual de derecho administrativo*, 13ª ed., Caracas, Universidad Central de Venezuela, 2008, págs. 303 y ss.; L. E. Farías Mata, *La teoría del contrato administrativo en la doctrina, legislación y jurisprudencia venezolanas*, Caracas, 1968; Rondón de Sansó, *El otro lado de la razón*, Caracas, 1994, pág. 87; R. Badell Madrid, *Régimen jurídico del contrato administrativo*, Caracas, 2001, pág. 35; G. Urdaneta Troconis, "Aspectos generales de la contratación local", en *La contratación municipal*, Colección Técnica, Caracas, Prohombre, 1995, págs. 3 y ss.; A. Rodríguez, "Ejecución del contrato administrativo: potestades de la Administración y derechos de los contratistas", en *Régimen jurídico de los contratos administrativos*, Caracas, FPGR, 1991; E. Iribarren Monteverde, "El equilibrio económico en los contratos administrativos y la teoría de la imprevisión", en *Los contratos administrativos. Contratos del Estado*, VIII Jornadas Internacionales de Derecho Administrativo "Allan R. Brewer-Carías", t. i, págs. 115 y ss.; y M. A. Grau, "Principios generales de los contratos administrativos", en *Los contratos administrativos. Contratos del Estado*, VIII Jornadas Internacionales de Derecho Administrativo "Allan R. Brewer-Carías", t. ii, págs. 25 y ss.

[20] Véase Corte Federal y de Casación, sent. de 5 diciembre 1944, caso *Compañía Anónima N. V. Aannenersbedrijf o Puerto La Guaira.*

[21] Véase art. 3 de la Ley Orgánica que reserva al Estado bienes y servicios conexos a las actividades primarias de hidrocarburos, en Gaceta Oficial 39.173, de 7 mayo 2009.

general del Derecho administrativo según el cual, la Administración Pública en la realización de su actividad jurídica emplea simultáneamente tanto procedimientos de gestión pública como de gestión privada.

Por lo que respecta a la jurisprudencia, la antigua Corte Federal y de Casación al admitir "una distinción fundamental entre los contratos administrativos que interesan a los servicios públicos y los contratos de derecho privado"[22], acoge lo que los iuspublicistas han denominado la *summa divisio* francesa, ello es, la clasificación de los contratos celebrados por la Administración Pública en contratos privados o de Derecho común y los contratos administrativos, según la cual, y en principio, los primeros son regulados por el Derecho civil y su conocimiento es atribuido a la jurisdicción ordinaria, mientras que los últimos son regulados por el Derecho administrativo y su conocimiento es atribuido a la jurisdicción contencioso administrativa[23].

Finalmente, lo anterior ha llevado más recientemente a HERNÁNDEZ-MENDIBLE[24] a plantear muy interesantes reflexiones sobre la revisión del concepto del contrato administrativo, que superando las deficiencias de la versión clásica conduzcan a una nueva teoría, así fuere con distinta denominación.

3. RÉGIMEN JURÍDICO SUSTANTIVO

§ 8. *Planteamiento*. Para el desarrollo del análisis seguiremos la metodología propuesta por la doctrina francesa cuando señala que el contrato administrativo tiene su origen en (i) la calificación de la ley o (ii) la calificación del juez.

A) *Contrato administrativo por calificación de la ley*

§ 9. *Concepto*. Es sabido que la calificación legal como criterio determinante del contrato administrativo surge cuando la norma de rango legal establece expresa o implícitamente que determinado contrato reviste carácter administrativo.

Los precedentes en nuestro Derecho positivo son los casos de los artículos 65 de la Ley Forestal de Suelos y Aguas de 1966. Asimismo la jurisprudencia del TSJ[25], y la legislación según el 42, numeral 14 de la Ley Orgánica de la Corte Suprema de Justicia de 1976. Esta le otorgó a la SPA/CSJ competencia

---

[22] Véase *CFC*, sent. de 5 diciembre 1944; ELOY LARES MARTÍNEZ, *op. cit.*, nota 18, pág. 259.

[23] F. V. TAVARES DUARTE, "Servicio público y contrato administrativo", en *Servicio público. Balance & Perspectiva*, Caracas, Vadell Hnos. Editores, 1999, pág. 196.

[24] V. HERNÁNDEZ-MENDIBLE, "Evolución y desafíos del nuevo contrato administrativo", s. f.

[25] Véase CSJ/SPA, sent. de 13 agosto 1976.

para conocer de las cuestiones de cualquier naturaleza con motivo de los contratos administrativos, y dio lugar a una muy abundante jurisprudencia. Ambos textos legales hoy han sido derogados.

No obstante, más reciente es el artículo 3 de la Ley Orgánica que reserva al Estado bienes y servicios conexos a las actividades primarias de los hidrocarburos de 2009 que dice expresamente: "Los contratos que hayan sido celebrados en la materia objeto de la presente reserva, se les reconoce como contratos administrativos".

Ahora bien, no hay duda de que las calificaciones legales son de carácter excepcional, pero también es cierto, como lo señalara el extraordinario fallo Puerto La Guaira, que la distinción en nuestro país se inició y cobró vigor y predominio —como también en el Derecho comparado—, "sin ninguna base legislativa especial previa".

B) *Contrato administrativo por calificación del juez*

§ 10. *Criterios*. En ausencia de una calificación legal expresa, le ha correspondido al juez la tarea de calificar un contrato de naturaleza administrativa, en virtud de la aplicación de los criterios que son considerados, así: (i) un criterio orgánico que es obligatorio y (ii) un criterio material que es alternativo.

a) *Tipos de criterios*. Son los siguientes:

a') *Criterio orgánico*. La jurisprudencia venezolana para calificar un contrato como administrativo exige, requisito *sine qua non*, la presencia, al menos, como sujeto o parte de una persona jurídica pública[26]. En esa línea jurisprudencial, no será administrativo el contrato entre personas privadas, cualquiera que fuere la naturaleza de las cláusulas, incluso si el contrato se vincula a una misión de servicio público.

b') *Criterio alternativo*. Junto a la exigencia de que uno de los sujetos o partes contratantes sea siempre una persona jurídica pública —condición necesaria más no suficiente—, se agrega un criterio alternativo que debe tomarse en consideración sobre la naturaleza de (i) el objeto; (ii) las cláusulas exorbitantes, y (iii) el régimen jurídico del contrato en cuestión. Veamos.

b) *Objeto del contrato*. Puede ser de dos clases.

§ 11. *Plan*. La doctrina y la jurisprudencia le han otorgado un lugar muy importante como criterio del contrato administrativo, el cual ha oscilado entre estas nociones: (i) el servicio público y (ii) la utilidad pública o el interés general.

a) *Servicio público*. La jurisprudencia califica reiteradamente de administrativo al contrato que tenga por objeto la organización o el funcionamiento

---

[26] Véase CF, sent. de 12 noviembre 1954, GF núm. 6, 1954, págs.190-192.

de un servicio público en el sentido más amplio de esta expresión. Así el contrato administrativo se definió atendiendo a la noción de servicio público en su acepción general, la cual sería equiparable a las expresiones jurisprudenciales: "ejecución misma de un servicio público", "prestación de un servicio público"[27] o, en fin, la "finalidad [...] vinculada al servicio público"[28], entre otras, salvo el caso de los servicios públicos industriales y comerciales que son calificados como contratos de Derecho privado[29].

b) *Utilidad pública o interés general.* En una línea afín, la jurisprudencia también acude al criterio de la prestación de utilidad pública o de interés general como objeto del contrato administrativo, utilizando muy variadas expresiones: "prestación de utilidad pública [...] corrientemente continua y regular"[30], "prestación de un servicio de utilidad pública"[31], "finalidad pública inminente" o "finalidad pública" a secas[32], "actividad de interés general"[33], o en fin "tarea destinada a satisfacer un interés colectivo o general"[34], entre otras.

c) *Teoría de las cláusulas exorbitantes*

§ 12. *Concepto.* La insuficiencia que tendría la noción de servicio público —*lato sensu*— para configurar el criterio determinante del contrato administrativo, según comentamos en otra oportunidad (ARAUJO-JUÁREZ[35]), provocó la corriente doctrinal que advirtió la presencia de las denominadas cláusulas exorbitantes —o más propiamente potestades administrativas— al Derecho común, y donde a su vez creyó encontrar la calificación del contrato administrativo.

Pero ¿qué hay que interpretar como cláusula exorbitante? Ella ha sido descrita de manera general como las que consagran en el convenio a favor —y aun en contra— de la Administración Pública un régimen excepcional por comparación al de Derecho privado[36].

§ 13. *Revisión.* La teoría negadora sostiene que en su origen, la distinción tenía alguna importancia en orden a los poderes exorbitantes que podía ejercer

[27] Véase CSJ/SPA, sent. de 26 octubre 1995.

[28] Véase CSJ/SPA, sent. de 29 abril 1998.

[29] Véase TSJ/SPA (2220), sent. de 28 noviembre 2000.

[30] Véase CF, sent. de 12 noviembre 1954.

[31] Véase CSJ/SPA, sent. de 19 noviembre 1987.

[32] Véanse CSJ/SPA, sents. de 6 julio 1999, 5 agosto 1999, y del TSJ/SPA de 27 abril 2000, 10 octubre 2000, 24 enero 2001, 13 febrero 2001 y 22 enero 2002.

[33] Véase TSJ/SPA, sent. de 28 noviembre 2000 y sent. del TSJ/SPA, de 28 noviembre 2000.

[34] Véanse CSJ/SPA, sents. de 14 julio 1983, 11 agosto 1983, 1º abril 1986, y 19 noviembre 1986.

[35] J. ARAUJO-JUÁREZ, *op. cit.*, nota 13, págs. 61 y ss.

[36] Véase CSJ/SPA, sent. de 14 junio 1983.

la Administración Pública en la ejecución de los contratos administrativos, y que supuestamente no existirían en los contratos de Derecho privado.

De lo anterior se desprendería que los denominados contratos administrativos, como cualquier otro contrato, se regirían básicamente por (i) las cláusulas insertas en el contrato; (ii) las leyes especiales de obligatoria aplicación a los contratos del Estado y, por último, (iii) el Código Civil siendo este de aplicación supletoria. Por tanto, los poderes exorbitantes solo podrán ser ejercidos si los mismos están regulados en (i) las cláusulas contractuales o (ii) en una ley.

d) *Régimen jurídico público*

§ **14.** *Noción*. Finalmente, un contrato es administrativo al aplicar un tercer criterio jurisprudencial referido al carácter exorbitante o público del régimen jurídico que regula su formación y ejecución.

Este criterio difiere, según el punto de vista del fondo, del criterio de la cláusula exorbitante. Mientras que esta sería interna al contrato y la expresión de la declaración de las partes, el criterio de base es de orden subjetivo y voluntarista; por el contrario, el régimen jurídico público comprende la regulación impuesta desde el exterior por el ordenamiento jurídico y no tiene nada que ver con la declaración de las partes, y el criterio de base es de orden objetivo. Y en este sentido no se debe confundir régimen jurídico público con cláusula exorbitante.

Es por ello por lo que las cláusulas exorbitantes han sido subordinadas a un segundo plano, pues ellas son el efecto, la consecuencia y de ninguna manera la causa o antecedente del servicio público *strictu sensu* objeto del contrato administrativo[37].

4. RÉGIMEN JURÍDICO PROCEDIMENTAL

§ **15.** *Planteamiento*. La libertad contractual y el consensualismo constituyen, cada uno sobre un plano distinto, las dos expresiones formales de la autonomía de la voluntad en el Derecho privado. Por el contrario, la adecuación obligatoria de la voluntad administrativa contractual a la legalidad o juridicidad comporta, necesariamente, el recurso a medios también objetivamente definidos y, por tanto, predeterminados.

Por tanto, la Administración Pública no dispone de competencia discrecional para seleccionar al contratista, y debe observar para ello las reglas estrictas conforme lo sanciona la legislación de la materia vigente que consagre las distintas modalidades, en los contratos que constituyen su objeto.

---

[37] Véase CSJ/SPA, sent. de 14 julio 1983.

De lo expuesto se deduce que el sistema de selección es restringido o vinculado pues limita la libertad de elección de la Administración Pública para seleccionar a su contratista y, por consiguiente, debe ser realizado mediante un procedimiento administrativo. Se trata de un sistema de selección que constituye una excepción al sistema de selección libre, puesto que solo es obligatorio cuando el ordenamiento jurídico lo establece.

§ 16. *Plan*. El análisis del procedimiento administrativo en la estructura del contrato en la función administrativa es absolutamente natural y necesario, teniendo en cuenta que uno de los sujetos de la relación jurídica contractual es siempre una Administración Pública.

Veamos en un análisis jurídico las notas integrantes del concepto y de la especificidad como tipo o técnica procedimental de la actividad de contratación de la Administración Pública, así: (i) el procedimiento administrativo; (ii) el carácter especial; y (iii) la voluntad administrativa contractual.

§ 17. a) *Procedimiento administrativo*. El procedimiento administrativo contractual o de contratación —cualquiera que fueren las modalidades para la selección— regulado por el ordenamiento jurídico-administrativo: licitación pública, licitación selectiva, adjudicación directa, subasta o remate público, concurso público, etc., es el resultado de varios actos jurídicos que son la expresión concreta de un procedimiento administrativo que prepara y gesta un contrato —de cualquier naturaleza— de la Administración Pública.

b) *Procedimiento administrativo especial*. Siendo el procedimiento administrativo cauce formal de la función administrativa, su objeto será el de la concreta función que en el mismo se realice. Desde este punto de vista formal, puede hablarse de que cada procedimiento administrativo tendrá un objeto específico determinado por su naturaleza, y en este caso es el concreto procedimiento de selección del contratista.

c) *Voluntad administrativa contractual*. Esta nota jurídica común es la que le da especificidad respecto del procedimiento de selección del contratista. Será la parte del Derecho administrativo formal que versa sobre las reglas y principios jurídicos que rigen la formación y ejecución de la voluntad administrativa contractual.

Asimismo, con relación a las personas, el procedimiento administrativo contractual constituye una garantía que, sobre la base de los principios de la contratación pública, hace real y efectiva la colaboración voluntaria de las personas.

Es por ello bien sabido que la celebración de los contratos de cualquier naturaleza por la Administración Pública está precedida de un sistema de selección específico que, además de constituir un requisito legal para la formación de la voluntad administrativa contractual, servirá para seleccionar a los contratistas.

A) *Procedimiento administrativo contractual*

a) *Régimen general*

§ 18. *Codificación.* El Derecho positivo ha pretendido codificar —siquiera de manera parcial— el sistema de selección del contratista, ya mediante instructivos (1976), decretos (1977) o finalmente leyes y sus sucesivas reformas. En este último sentido se dictó la ya mencionada LCP y su respectivo reglamento, cuyo análisis ha sido ampliamente abordado por la doctrina nacional.

En consecuencia, el sistema de selección formativo del acuerdo de voluntades es de gran importancia, y en esencia es semejante para el contrato de cualquier naturaleza que celebre la Administración Pública (contratante según la denominación del art. 6, num. 1 de la LCP), aunque puede variar en su forma, dependiendo de la normativa *ad hoc* que lo regule.

b) *Principios jurídicos*

§ 19. *Plan.* La nueva normativa de la LCP formalmente está dirigida a dar mayor agilidad y transparencia al régimen jurídico de participación al sistema de selección del contratista, preservando los principios jurídicos que consagra el artículo 2 de la LCP, así: (i) libre concurrencia, (ii) igualdad, (iii) publicidad, (iv) contradicción y (v) otros.

a) *Principio de la libre concurrencia.* El principio de la competencia, de concurrencia o más propiamente de la libre concurrencia, que consagra el artículo 2 de la LCP, asegura la participación libre de un mayor número de interesados, lo cual le permitirá tener una más amplia selección y estar en mejor posibilidad de obtener las mejores condiciones en cuanto a precio, calidad, financiamiento, oportunidad y demás circunstancias pertinentes.

b) *Principio de igualdad.* El principio de igualdad constituye otro de los principios importantes del sistema de selección del contratista, pues con fundamento en él se asienta la igualdad ante la ley que consagra la Constitución.

En este caso, la igualdad se manifiesta en el sentido de que solo es posible una real confrontación entre los participantes u oferentes cuando estos se encuentran en igualdad de condiciones, sin que existan discriminaciones de hecho o de derecho que favorezcan a unos en perjuicio de otros.

c) *Principio de publicidad.* El principio de publicidad o transparencia implica la posibilidad de que los actos se realicen en forma pública y transparente, y que los interesados conozcan todo lo relativo acerca del procedimiento administrativo de contratación correspondiente, desde el llamado a participar pasando por todos los actos de instrucción hasta su terminación.

d) *Principio de contradicción.* Si bien el principio de contradicción u oposición no aparece mencionado en el artículo 2 de la LCP, es una manifestación del principio del proceso debido o prohibición de indefensión consagrado en el artículo 49 de la Constitución, el cual implica la presencia de intereses contrapuestos de los participantes u oferentes y, por ende, su intervención real en las controversias de tales intereses, facultándoseles para impugnar las propuestas de los demás participantes u oferentes y, a su vez, para defender la propia de las impugnaciones de los demás.

e) *Otros principios.* Finalmente, el artículo 2 de la LCP menciona otros principios no menos importantes como son los de economía, planificación, honestidad, eficiencia, simplificación de trámites y participación popular, estudiados en sus rasgos generales al ocuparnos del procedimiento administrativo (Araujo-Juárez[38]), y que por ser tales le son aplicables al procedimiento administrativo contractual.

c) *Ámbitos*

§ 20. *Planteamiento.* El sistema de selección del contratista por la Administración Pública se realiza por alguna de las formas, modalidades, tipos o en fin procedimientos administrativos contractuales regulados por el ordenamiento jurídico.

En nuestro Derecho positivo, la LCP constituye hoy día el cuerpo normativo destinado a regular, principalmente, el procedimiento de selección del contratista, cuyos antecedentes han sido ampliamente estudiados por la doctrina nacional (Brewer-Carias, Badell Madrid[39]).

a) *Ámbito subjetivo.* Por lo que respecta al ámbito subjetivo de aplicación de la LCP, la doctrina ha hecho referencia a la defectuosa redacción de quienes conformarían el ámbito subjetivo de su aplicación, esto es, de los contratantes (art. 3, nums. 1 a 8 de la LCP), que comprenden, fundamentalmente, todos los órganos y entes del poder público nacional, estadal y municipal, así como las comunas, los consejos comunales, o cualquier otra organización comunitaria de base popular cuando manejen fondos públicos.

b) *Ámbito sustantivo.* En lo concerniente al ámbito sustantivo de aplicación, solo las tres categorías de contratos mencionados en el artículo 1 de la LCP quedan sujetas a sus disposiciones: (i) la adquisición de bienes; (ii) la prestación de servicios —comerciales— y, por último, (iii) la ejecución de obras.

Por tanto, se excluyen los contratos que se encuentran sometidos a la LPI-PRC; los contratos celebrados en el marco de la cooperación internacional y los contratos ejecutados por empresas mixtas en el marco de la cooperación

---

[38] J. Araujo-Juárez, *Derecho administrativo general,* vol. V, *Procedimiento y recurso administrativo*, Caracas, Ediciones Paredes, 2010, págs. 41 y ss.

[39] A. R. Brewer-Carias, "Los contratos del Estado y la Ley de Contrataciones Públicas. Ámbito de aplicación", en *Ley de contrataciones públicas*, Colección Textos Legislativos 44, 4ª ed. actualizada y aumentada, cit., y R. Badell Madrid, *Régimen jurídico del contrato administrativo*, Caracas, 2001.

internacional, de acuerdo con el artículo 4 de la LCP; los contratos mencionados en el artículo 5 de la LCP y, finalmente, tampoco queda sujeto a la LCP un amplio número de categorías de contratos o convenios donde predominan las disposiciones de Derecho público, de Derecho social y de Derecho privado como los servicios laborales, los arrendamiento de bienes inmuebles y los de patrocinio deportivo.

B) *Modalidades de selección del contratista*

§ 21. *Plan.* En el ámbito formal la LCP distingue al efecto, atendiendo al monto o a las características o circunstancias en las cuales vaya a efectuarse la contratación, las modalidades de selección del contratista siguientes: (i) el concurso abierto; (ii) el concurso cerrado; (iii) la consulta de precios y (iv) la contratación directa.

a) *Concurso abierto*

§ 22. *Concepto.* El concurso abierto —equivalente a la licitación pública en la legislación derogada— se encuentra regulado en los artículos 77 a 84 de la LCP, y consiste en la modalidad de selección pública del contratista de naturaleza concursal en el cual todas las personas naturales y jurídicas, nacionales y extranjeras que se encuentren interesadas en participar (art. 6, num. 5 de la LCP), y que cumplan con todos los requisitos establecidos en la regulación, podrán presentar sus manifestaciones de voluntad, conjuntamente con los documentos que demuestren que califican para contratar con la Administración Pública, acompañados de la respectiva oferta.

§ 23. *Supuestos.* Según el artículo 77 de la LCP, el concurso abierto y el concurso abierto anunciado internacionalmente procederán en los supuestos siguientes:

(i) En el de adquisición de bienes, si el contrato es por un monto estimado superior a veinte mil unidades tributarias (num. 1).

(ii) En el de contratación de servicios —no comerciales—, si el contrato es por un monto estimado superior a treinta mil unidades tributarias (num. 2).

(iii) Y por último, en la ejecución de obras, si el contrato es por un monto estimado superior a cincuenta mil unidades tributarias (num. 3).

b) *Concurso cerrado*

§ 24. *Concepto.* El concurso cerrado —figura equivalente a la licitación selectiva en la legislación derogada— es la modalidad de selección del contratista en la que intervienen como oferentes solo las personas expresamente invitadas. Es una invitación a formular ofertas dirigidas a personas determinadas para cada caso.

Por su parte, el artículo 6, numeral 27 de la LCP define el concurso cerrado como la modalidad de selección del contratista en la que al menos cinco participantes son invitados de manera particular a presentar ofertas por el contratante, sobre la base en su capacidad técnica, financiera y legal.

§ 25. *Requisitos.* De acuerdo con el artículo 86 de la LCP, en este mecanismo deben seleccionarse a presentar ofertas al menos cinco participantes, mediante invitación acompañada del pliego de condiciones, e indicando el lugar, día y hora de los actos públicos de recepción y apertura de los sobres que contengan las ofertas.

La selección debe estar fundada en los requisitos de experiencia, especialización y capacidad técnica y financiera, que sean considerados a tal fin.

§ 26. *Supuestos.* De acuerdo con el artículo 85 de la LCP, los supuestos donde puede procederse por concurso cerrado son:

(i) En la adquisición de bienes, si el contrato que va a ser otorgado es por un precio estimado superior a cinco mil unidades tributarias (5.000 U. T.) y hasta veinte mil unidades tributarias (20.000 U. T.) (num. 1).

(ii) En la prestación de servicios —no comerciales—, si el contrato que va a ser otorgado es por un precio estimado superior a diez mil unidades tributarias (10.000 U. T.) y hasta treinta mil unidades tributarias (30.000 U. T.) (num. 2).

(iii) Y, por último, en la ejecución de obras, si el contrato es por un precio estimado superior a veinte mil unidades tributarias (20.000 U. T.) y hasta cincuenta mil unidades tributarias (50.000 U. T.) (num. 3).

§ 27. *Circunstancias especiales.* Puede procederse por concurso cerrado, independientemente del monto de la contratación, si la máxima autoridad contratante, mediante acto motivado lo justifica, en los casos siguientes (art. 85 de la LCP):

(i) Si se trata de la adquisición de equipos altamente especializados destinados a la experimentación, investigación y educación (lit. a).

(ii) Por razones de seguridad de Estado, calificadas como tales, conforme a lo previsto en la disposición legal que regule la materia (lit. b).

(iii) Cuando de la información verificada en los archivos o base de datos suministrados por el Registro Nacional de Contratistas, los bienes que se deben adquirir los producen o venden cinco o menos fabricantes o proveedores, o si solo cinco o menos industrias están en capacidad de ejecutar las obras o prestar los servicios —no comerciales— que se quieren contratar (lit. c).

c) *Consulta de precios*

§ 28. *Concepto.* La consulta de precios es la modalidad de selección del contratista en la que de manera documentada se consultan precios a, por los menos, tres proveedores de bienes, ejecutores de obras o prestadores de servicios (art. 6, num. 28 de la LCP).

§ 29. *Supuestos.* Se puede proceder por consulta de precios en los supuestos siguientes (art. 96 de la LCP):

(i) En la adquisición de bienes, si el contrato es por un precio estimado de hasta cinco mil unidades tributarias (5.000 U. T.) (num. 1).

(ii) En la prestación de servicios —no comerciales—, si el contrato es por un precio estimado de hasta diez mil unidades tributarias (10,000 U. T.) (num. 2).

(iii)Y en la ejecución de obras, si el contrato es por un precio estimado de hasta veinte mil unidades tributarias (20.000 U. T.) (num. 3).

§ 30. *Perentoriedad.* Adicionalmente, el artículo 96, numeral 3 de la LCP dispone que se podrá proceder por Consulta de Precios, independientemente del monto de la contratación, en caso de obras, servicios —no comerciales— o adquisición de bienes que por razones de interés general deban ser contratados y ejecutados en un plazo perentorio que se determinará de acuerdo con la naturaleza del plan excepcional aprobado por el Ejecutivo Nacional.

Cuando los planes excepcionales sean propuestos por los órganos de la Administración Pública nacional, debe existir revisión previa de la Comisión Central de Planificación, antes de ser sometidos a consideración del Ejecutivo Nacional.

§ 31. *Solicitud de cotizaciones u ofertas.* De acuerdo con el artículo 97 de la LCP, en la consulta de precios se deben solicitar al menos tres ofertas o cotizaciones. Sin embargo, podrá otorgarse la adjudicación si se hubiere recibido, al menos, una de ellas, siempre que cumpla con las condiciones del requerimiento y sea conveniente a los intereses del contratante.

§ 32. *Informe de recomendación.* En la consulta de precios la unidad contratante será la responsable de estructurar todo el expediente, y del análisis y preparación del informe de recomendación que se someterá a la máxima autoridad contratante, para procedimientos cuya cuantía superen las cinco mil unidades tributarias (5.000 U. T.) para bienes; diez mil unidades tributarias (2.500 U. T.) para prestación de servicios —no comerciales—, y veinte mil unidades tributarias (20.000 U. T.) para la ejecución de obras (art. 99 de la LCP).

d) *Contratación directa*

§ 33. *Concepto.* La contratación directa es el procedimiento administrativo contractual por el cual el contratante decide elegir directamente al contratista, sin concurrencia u oposición de oferentes[40], de la misma forma que entre particulares.

---

[40] Véase TSJ/SPA, sent. 2895 de 20 diciembre 2002, RDP 108, pág. 170.

Por su parte, el artículo 6, numeral 29 de la LCP define la contratación directa como la modalidad excepcional de adjudicación que realiza el contratante aplicando los supuestos cualitativos, de conformidad con la LCP y su reglamento.

§ **34.** *Supuestos.* El artículo 101 de la LCP dispone que se podrá proceder excepcionalmente a la contratación directa, con independencia del monto de la contratación, siempre y cuando la máxima autoridad del contratante, mediante acto motivado, justifique adecuadamente su procedencia, en los supuestos señalados en los numerales 1 al 14 del artículo 101 de la LCP.

§ **35.** *Emergencia comprobada.* Finalmente, el artículo 102 de la LCP dispone que la emergencia comprobada debe ser específica e individualmente considerada para cada contratación, por lo que debe limitarse al tiempo y objeto estrictamente necesario para corregir, impedir o limitar los efectos del daño grave en que se basa la calificación, y su empleo será solo para atender las áreas estrictamente afectadas por los hechos o circunstancias que la generaron.

Asimismo, el contratante debe preparar y remitir mensualmente al órgano de control interno, una relación detallada de las decisiones de contratación fundamentadas en emergencia comprobada, anexando los actos motivados, con la finalidad de que se determine si la emergencia fue declarada justificadamente o si fue causada o agravada por la negligencia, imprudencia, impericia, imprevisión o inobservancia de normas por parte del funcionario del contratante, en cuyo caso se procederá a instruir el procedimiento para determinar las responsabilidades administrativas a que haya lugar.

e) *Contratación electrónica*

§ **36.** *Concepto.* De conformidad con el artículo 104 de la LCP, las modalidades de selección anteriormente señaladas pueden realizarse utilizando medios y dispositivos de tecnologías de información y comunicaciones que garanticen los principios de la contratación señalados en el artículo 2 de la LCP.

A tales fines, el contratante debe utilizar sistemas informáticos que permitan el acceso a los participantes, el registro y almacenamiento de documentos en medios electrónicos o de funcionalidad similar a los procedimientos.

§ **37.** *Especificaciones técnicas.* El contratante debe establecer en el llamado a participar y en el pliego de condiciones la posibilidad de participar por medios electrónicos, debiendo especificar los elementos tecnológicos, programas y demás requerimientos necesarios de uso seguro y masivo, y manteniendo siempre la neutralidad tecnológica, de conformidad con el artículo 105 de la LCP.

C) *Etapas del procedimiento administrativo contractual*

§ **38.** *Plan.* El procedimiento de selección del contratista está integrado por un conjunto de actos de formación de la voluntad administrativa contractual, que comprenden la preparación y la adjudicación y tienen individualmente las siguientes fases o etapas: (i) la iniciación, (ii) la instrucción y (iii) la terminación, todas dirigidas a la producción de un resultado jurídico único: la selección del contratista (ARAUJO-JUÁREZ[41]).

a) *Iniciación*

a') *Preliminar*

§ 39. *Actividades*. En la etapa de las actividades preparatorias, la cual es común a todas las modalidades de procedimiento administrativo contractual, el contratante debe cumplir de modo preliminar los presupuestos que hacen posible jurídicamente la manifestación de voluntad administrativa contractual.

En esta etapa la Administración Pública resuelve contratar, a cuyo efecto elabora, entre otras actividades, los estudios de factibilidad —legal, técnica y económica—, la imputación presupuestaria y el pliego de condiciones y demás actividades mencionadas en el artículo 7 del RLCP, que garanticen una adecuada selección, además de preparar el presupuesto base, indicado en la LCP.

b') *Pliego de condiciones y condiciones de la contratación*

§ 40. *Concepto*. El pliego de condiciones y condiciones de la contratación es la formulación unilateral del conjunto de reglas, condiciones y criterios objetivos aplicables a cada contratación que regulan tanto el procedimiento administrativo de contratación como el contrato propiamente dicho.

En este sentido, el artículo 6, numeral 17 de la LCP lo define como el documento donde se establecen las reglas básicas, especificaciones o requisitos objetivos de posible verificación y revisión, que rigen para las modalidades de selección del contratista establecidas en la LCP, así como para los procedimientos excluidos de modalidad.

§ 41. *Registro*. El contratante debe llevar un registro de adquirentes del pliego de condiciones en el que se consignarán los datos mínimos para efectuar las notificaciones que sean necesarias en el procedimiento administrativo contractual. El hecho de que un interesado no adquiera el pliego de condiciones para esta modalidad, no le impedirá presentar la manifestación de voluntad y oferta.

§ 42. *Contenido*. El pliego de condiciones debe contener, al menos, determinación clara y precisa de los requisitos mínimos establecidos en el artículo 66, numerales 1 al 24 de la LCP.

§ 43. *Modificabilidad*. De acuerdo con el artículo 68 de la LCP, el contratante solo puede introducir modificaciones al pliego de condiciones hasta dos días hábiles antes de la fecha límite para la presentación de las manifestaciones de voluntad u ofertas, según el caso, notificando las modificaciones

---

[41] J. ARAUJO-JUÁREZ, *op. cit.*, nota 1, págs 195 y ss.

a todos los participantes que hayan adquirido el pliego de condiciones. Sin embargo, el contratante puede prorrogar el lapso originalmente establecido para la preparación de manifestaciones de voluntad u ofertas a partir de la última notificación.

c') *Reuniones aclaratorias*

§ 44. *Derecho de aclaratoria.* De conformidad con el artículo 69 de la LCP, cualquier participante tiene derecho subjetivo a solicitar, por escrito, aclaratorias del pliego de condiciones dentro del plazo en él establecido. Las solicitudes de aclaratoria deben ser respondidas, por escrito, a cada participante con un resumen de la aclaratoria formulada sin indicar su origen.

Las respuestas a las aclaratorias deben ser recibidas por todos los participantes con, al menos, un día hábil de anticipación a la fecha fijada para que tenga lugar el acto de entrega de manifestaciones de voluntad u ofertas, según el caso. Las respuestas a las aclaratorias pasarán a formar parte integrante del pliego de condiciones y tendrán su mismo valor.

§ 45. *Lapso de aclaratoria.* Finalmente, según el artículo 70 de la LCP, el lapso para solicitar aclaratorias en el concurso abierto y en el concurso abierto anunciado internacionalmente será de, al menos, tres días hábiles; dos días hábiles en el concurso cerrado y un día hábil para consulta de precios. Dichos lapsos se deben contar desde la fecha a partir de la cual el pliego de condiciones esté disponible a los interesados.

b) *Instrucción*

§ 46. *Concepto.* La etapa de instrucción comprende el procedimiento administrativo contractual propiamente dicho, donde se realizan los actos dirigidos a lograr la manifestación de voluntad administrativa contractual del contratante y la voluntad del contratista. La misma estará a cargo de las comisiones de contrataciones.

a') *Sujetos*

§ 47. *Comisión de contrataciones.* De conformidad con el artículo 14 de la LCP, el contratante debe constituir una o varias comisiones de contrataciones, atendiendo a la cantidad y complejidad de las obras que deben ejecutar, la adquisición de bienes y la prestación de servicios —no comerciales—. Estarán integradas por un número impar de miembros principales con sus respectivos suplentes de calificada competencia profesional y reconocida honestidad, designados por la máxima autoridad del órgano o ente contratante, de forma temporal o permanente, preferentemente entre sus empleados o funcionarios, quienes serán solidariamente responsables, con la máxima autoridad, por las recomendaciones que se presenten y sean aprobadas.

Por último, en las comisiones de contrataciones estarán representadas las áreas jurídica, técnica y económico financiera; igualmente se designará un secretario con derecho a voz, mas no a voto.

§ 48. *Interesados.* En principio pueden participar en el concurso abierto, todas las personas, naturales o jurídicas, nacionales o extranjeras, siempre que encuadren dentro de las disposiciones que regulen la contratación pública, esto es, la LCP, su reglamento y las condiciones particulares inherentes al pliego de condiciones.

§ 49. *Categorías.* De acuerdo con los distintos momentos de intervención del interesado, este tendrá las siguientes denominaciones: (i) participante y (ii) oferente.

a) *Participante.* Es cualquier persona natural o jurídica que haya adquirido el pliego de condiciones para participar en un concurso abierto o un concurso abierto anunciado internacionalmente, o que haya sido invitado a presentar oferta en un concurso cerrado o consulta de precios (art. 6, num. 5 de la LCP).

b) *Oferente.* Es la persona natural o jurídica que ha presentado una manifestación de voluntad de participar en una oferta, en alguna de las modalidades previstas o excluidas en la LCP (art. 6, num. 6).

c) *Registro previo*

§ 50. *Inscripción.* Para presentar ofertas en todas las modalidades regidas por la LCP, cuyo monto estimado sea superior a cuatro mil unidades tributarias (4.000 U. T.) para bienes y servicios —no comerciales—, y cinco mil unidades tributarias (5.000 U. T.) para ejecución de obras, los interesados deben estar inscritos en el Registro Nacional de Contratistas, y no estar inhabilitados para contratar con el sector público, de conformidad con los artículos 47 y 48 de la LCP.

La inscripción en el Registro Nacional de Contratistas no será necesaria en los casos previstos en el artículo 49, numerales 1 al 9 de la LCP.

d) *Inicio: llamado a participar*

§ 51. *Concepto.* Una vez aprobado el pliego de condiciones, por la autoridad competente, el concurso abierto lo inicia el contratante de oficio con el acto administrativo de invitación formal a todos los interesados que cumplan los requisitos objetivos y subjetivos requeridos por la normativa jurídica, a presentar su oferta mediante el llamado a participar. Se trata de un pedido o demanda de ofertas a los eventuales interesados.

§ 52. *Publicidad.* El artículo 79 de la LOC consagra que las publicaciones del llamado a concurso abierto se realizarán en la página *web* oficial hasta un día antes de la recepción de sobres, así como en la correspondiente del Servicio Nacional de Contrataciones. Igualmente en casos excepcionales, y previa aprobación de la máxima autoridad de la Comisión Central de Planificación, se realizarán en medios de circulación nacional o regional, especialmente en la localidad donde se vaya a suministrar el bien o servicio, o ejecutar la obra.

§ 53. *Contenido.* Los requisitos que el llamado a participar debe observar en el concurso abierto son los siguientes (art. 80 de la LCP).

(i) El objeto de la participación (num. 1).

(ii) La identificación del contratante (num. 2).

(iii) La dirección, dependencia, fecha a partir de la cual estará disponible el pliego de condiciones, horario, requisitos para su obtención y su costo si fuere el caso (num. 3).

(iv) El sitio, día, hora de inicio del acto público, o plazo, en que se recibirán las manifestaciones de voluntad de participar en la contratación y documentos para la calificación y ofertas (num. 4).

(v) El mecanismo que se utilizará en el procedimiento de concurso abierto (num. 5).

(vi) Las demás que se requieran (num. 6).

e) *Oferta*

§ 54. *Concepto.* El artículo 6, numeral 18 de la LCP define la oferta como aquella propuesta que ha sido presentada por una persona natural o jurídica, que cumple los requisitos exigidos para la contratación respectiva.

El acto de presentación de una oferta es una declaración de voluntad del oferente dirigida a producir un doble efecto: (i) que le admitan en el procedimiento administrativo de selección convocado por el contratante y (ii) la aceptación de la oferta de contrato por quien ha solicitado la presentación de ofertas.

Finalmente, a la presentación de la oferta se le imponen distintas formalidades. Unas, externas, referidas al sobre que contendrá la oferta; y las otras, internas, que debe reunir la propuesta misma y los documentos que deben acompañarla, los cuales no pueden apreciarse hasta después de la apertura del sobre.

a') *Concurso abierto*

§ 55. *Acto público.* De conformidad con el artículo 91 de la LCP, en el concurso abierto los actos de recepción y apertura de sobres contentivos de sus manifestaciones de voluntad de participar y también las respectivas ofertas se realizarán en acto con carácter público, y las personas interesadas las entregarán debidamente firmadas, en sobres sellados, a la Comisión de Contrataciones (art. 92 de la LCP). En ningún caso, debe admitirse una oferta después de concluido el acto.

§ 56. *Mecanismos de recepción y apertura de sobres.* De acuerdo con el artículo 78 de la LCP, el concurso abierto podrá realizarse bajo cualquiera de los tres siguientes mecanismos de recepción y apertura de sobres: (i) acto único de recepción y apertura de sobres; (ii) acto único de entrega de sobres separados, y (iii) actos separados de entrega de sobres.

a) *Acto único de recepción y apertura de sobres.* Es el mecanismo de recepción y apertura de ambos sobres: (i) el de manifestación de voluntad de participar y los documentos de calificación y (ii) el de las ofertas. En este mecanismo la calificación y evaluación serán realizadas simultáneamente (art. 78, num. 1).

b) *Acto único de entrega de sobres separados.* En este mecanismo, durante un mismo acto, se recibirán en (i) un sobre por oferente, las manifestaciones de voluntad de participar, así como los documentos necesarios para la calificación y (ii) en otro sobre separado las ofertas, abriéndose solo los sobres que contienen las manifestaciones de voluntad de participar y los documentos para la calificación.

Una vez efectuada la calificación, la Comisión de Contrataciones notificará, mediante comunicación dirigida a cada uno de los oferentes: los resultados y la invitación para el día hábil siguiente a la celebración del acto público de apertura de los sobres contentivos, las ofertas a quienes calificaron y la devolución de los sobres de ofertas sin abrir a los oferentes descalificados (art. 78, num. 2).

c) *Actos separados de entrega de sobres.* En este mecanismo la entrega de los sobres de manifestación de voluntad de participar en el concurso de actos separados deben recibirse en un único sobre por oferente, las manifestaciones de voluntad de participar y los documentos necesarios para la calificación y el sobre separado contentivo de la oferta. Efectuada la calificación, se extenderá la invitación solo a los preseleccionados a presentar la oferta (art. 78, num. 3).

b') *Concurso cerrado*

§ 57. *Lapsos y términos.* Según el artículo 87 de la LCP, para la modalidad de concurso cerrado, el tiempo para la evaluación de las ofertas, emisión del informe de recomendación, adjudicación y notificación de los resultados, no podrá ser mayor de ocho días hábiles para adquisición de bienes, diez días hábiles para la prestación de servicios —no comerciales— y de once días hábiles para la ejecución de obras.

Los lapsos mencionados deben fijarse, en cada caso, teniendo especialmente en cuenta la complejidad de la ejecución de obra, del suministro del bien o de la prestación del servicio —no comerciales—.

f) *Calificación y evaluación*

§ 58. *Lapsos y términos.* El contratante debe fijar un término para la calificación, evaluación de las ofertas, emisión del informe de recomendación, adjudicación y notificación de los resultados en el acto único de sobres, de nueve días para la adquisición de bienes, doce días para la prestación de servicios —no comerciales— y dieciséis días para la ejecución de obras. En el acto único de sobres separados con apertura diferida, once días para la adquisición de bienes, catorce días para la prestación de servicios —no comerciales— y dieciocho días para la ejecución de obras. Por último, el de actos separados, diecisiete días para la adquisición de bienes, veintiún días para la prestación de servicios —no comerciales— y veintiséis días para la ejecución de obras (art. 81 de la LCP).

En los concursos públicos anunciados internacionalmente, este lapso en el acto único de sobres con apertura diferida, será de veinte días (num. 1); y el de actos separados será de treinta y dos días hábiles (num. 2) (art. 83 de la LCP).

g) *Informe de recomendación*

§ 59. *Concepto.* El artículo 95 de la LCP dispone que el informe de recomendación debe ser detallado en sus motivaciones, en cuanto a los resultados del examen de los aspectos legales, técnicos, económicos, financieros y en el empleo de medidas de promoción del desarrollo económico y social, así como en lo relativo a los motivos de descalificación o rechazo de las ofertas presentadas.

En ningún caso se aplicarán criterios o mecanismos no previstos en el pliego de condiciones, ni se modificarán o dejarán de utilizar los establecidos en él.

§ 60. *Recomendación de adjudicación.* Por último, el artículo 95 de la LCP dispone que en el caso que el informe recomiende la adjudicación, indicará la oferta que resulte con la primera opción, según los criterios y mecanismos previstos en el pliego de condiciones, así como la existencia de ofertas que merezcan la segunda y tercera opción.

h) *Disposiciones comunes*

§ 61. *Requisitos.* Los actos de recepción y apertura de sobres contentivos de las manifestaciones de voluntad y ofertas para el concurso abierto y concurso cerrado tienen carácter público. El resto de las actuaciones estarán a disposición de los interesados en los términos y condiciones establecidos en la LCP (art. 89).

§ 62. *Acta.* Por otro lado, de todo acto que se celebre en el concurso abierto y en el concurso cerrado debe levantarse acta que será firmada por los presentes. Si alguno de ellos se negare a firmar el acta o por otro motivo no lo suscribiere, se dejará constancia de esa circunstancia y de las causas que la motivaron (art. 89 de la LCP).

§ 63. *Examen de las ofertas.* Finalmente, de acuerdo con el artículo 93 de la LCP, una vez concluidos los actos de recepción y apertura de las ofertas del concurso abierto y del concurso cerrado, la Comisión de Contrataciones debe examinarlas determinando, entre otros aspectos, si estas han sido debidamente firmadas, si están acompañadas de la caución o garantía exigida y si cumplen los requisitos especificados en el pliego de condiciones.

Igualmente, la Comisión de Contrataciones aplicará los criterios de evaluación establecidos y presentará sus recomendaciones en informe razonado.

§ 64. *Causales de rechazo.* La LCP dispone que la Comisión de Contrataciones en el proceso posterior del examen y evaluación de las ofertas, debe rechazar aquellas que se encuentren en alguno de los supuestos consagrados en el artículo 76, numerales 1 al 15 de la LCP.

D) *Terminación*

a) *Normal*

§ 65. *Adjudicación.* El contratante debe otorgar la adjudicación a la oferta que resulte con la primera opción, al aplicar los criterios de evaluación, y que cumpla los requisitos establecidos en el pliego de condiciones (art. 109 de la LCP).

En este sentido, la decisión de adjudicación tiene un doble aspecto: (i) determina cuál oferta es la más ventajosa, y a la vez (ii) declararla aceptada (SAYAGUÉS LASO[42]).

§ 66. *Modalidades.* En los casos de ejecución de obras, adquisición de bienes o prestación de servicios —no comerciales—, podrá otorgarse la totalidad o parte entre varias ofertas presentadas, si así se ha establecido expresamente en el pliego de condiciones, tomando en cuenta la naturaleza y las características de la contratación que se pretende celebrar (art. 109 de la LCP).

La adjudicación parcial debe realizarse cumpliendo los criterios, condiciones y mecanismos previstos en el pliego de condiciones.

§ 67. *Segunda y tercera opción.* El contratante procederá a considerar la segunda o tercera opción, en este mismo orden, en caso de que el participante con la primera opción, notificado del resultado del procedimiento administrativo contractual, no mantenga su oferta, se niegue a firmar el contrato, no suministre las garantías requeridas o le sea anulada la adjudicación por haber suministrado información falsa (art. 110 de la LCP).

§ 68. *Oferta única.* En cualquiera de las modalidades establecidas en la LCP, el contratante podrá adjudicar el contrato cuando se presente solo una oferta y se cumpla con todos los requisitos señalados en el pliego de condiciones, luego de efectuada la calificación y evaluación respectiva (art. 111 de la LCP).

b) *Anormal*

§ 69. *Declaratoria de nulidad.* Cuando el otorgamiento de la adjudicación, o cualquier otro acto dictado en ejecución de la LCP y su reglamento, se hubiese producido partiendo de datos falsos o en violación de disposiciones legales, el contratante debe, mediante motivación, declarar la nulidad del acto de adjudicación (art. 112 de la LCP).

---

[42] E. SAYAGUÉS LASO, *Tratado de derecho administrativo*, t. I, 9ª. ed. puesta al día a 2004, Montevideo, Fundación de Cultura Universitaria.

§ 70. *Declaratoria de desierto.* El contratante debe declarar desierto el procedimiento administrativo contractual por los motivos siguientes (art. 113 de la LCP):

(i) Si ninguna oferta se ha presentado (num. 1).

(ii) Si todas las ofertas resultan rechazadas o los oferentes descalificados, de conformidad con lo establecido en el pliego de condiciones (num. 2).

(iii) Cuando esté suficientemente justificado que de continuar el procedimiento administrativo contractual podría causarse perjuicio al órgano o ente contratante (num. 3).

(iv) En caso de que los oferentes beneficiarios de la primera, segunda y tercera opción no mantengan su oferta, se nieguen a firmar el contrato, no suministren las garantías requeridas o le sea anulada la adjudicación por haber suministrado información falsa (num. 4).

(v) Cuando ocurra algún otro supuesto expresamente previsto en el pliego de condiciones (num. 5).

§ 71. *Apertura de nuevo procedimiento.* De conformidad con el artículo 114 de la LCP, declarada desierta la modalidad de Concurso Abierto, puede procederse por concurso cerrado. Si la modalidad declarada desierta fuera un concurso cerrado se podrá proceder por consulta de precios. Si el contratante lo considera conveniente podrá realizar una modalidad de selección similar a la fallida. En todo caso, deben someterse a las mismas condiciones en la modalidad declarada desierta.

Finalmente, el concurso cerrado y la consulta de precios deben iniciarse bajo las mismas condiciones establecidas en la modalidad declarada desierta, invitándose a participar a los oferentes calificados en esta.

c) *Eficacia*

§ 72. *Notificación.* Según el artículo 115 de la LCP, se notificará a todos los oferentes del acto mediante el cual se ponga fin al procedimiento administrativo contractual. Igualmente debe notificarse a los participantes que resulten descalificados, el acto por el que se tome tal decisión, de conformidad con los requisitos que señala el artículo 115, *eiusdem.*

§ 73. *Conclusión.* El procedimiento administrativo contractual reviste así una excepcional importancia en el marco del ejercicio de la potestad administrativa contractual, pues la Administración Pública no puede contratar, como lo ha sentado la jurisprudencia[43] sino de acuerdo con la ley y con fundamento en la observancia de ciertas formalidades previstas por el ordenamiento jurídico, lo que supone el seguimiento del cauce procedimental correspondiente regulado por el Derecho administrativo formal.

---

[43] Véase *CSJ/SPA*, sents. de 14 diciembre 1961, GF núm. 34, 1961, pág. 188; 30 junio 1971, Gaceta Oficial núm. 1481 extr., de 25 agosto 1971, pág. 13.

5. Régimen jurídico de la ejecución contractual

A) *Principios*

§ 74. *Principio de la intangibilidad contractual.* Frente al argumento que sostenía que a falta de ley o de preceptos expresos y sustantivos sobre los contratos del sector público, debían aplicarse necesariamente las disposiciones sobre los contratos en general y sobre los contratos especiales del Derecho privado, sobre todo las normas del Código Civil, la Corte Federal y de Casación sostuvo que esa tesis reinó hasta finales del siglo xix y que luego fue perdiendo prestigio al cobrar cuerpo el concepto de una distinción fundamental entre "los contratos administrativos que interesan a los servicios públicos y los contratos de Derecho Privado". Por tanto, concluye en la no aplicación por analogía a los contratos administrativos de las disposiciones del Derecho privado, sino de principios atinentes a "conceptos jurídicos nuevos incompatibles con algunos preceptos del Derecho Privado" (véase caso Puerto La Guaira).

Es así como debido a estas diferencias, la jurisprudencia de la Corte Federal y de Casación afirmó que la regla de la intangibilidad de los contratos en Derecho privado no rige en los contratos administrativos. Por ello concluye, la Administración Pública "tiene el derecho de introducir estos cambios, sin que sea necesario que se hayan previsto esas facultades en cláusulas expresas del contrato" (Véase caso Puerto de la Guaira).

§ 75. *Regla de la excepción de contrato no cumplido.* En el Derecho común de los contratos cualquiera de las partes puede invocar u oponer la excepción del contrato no cumplido (*exceptio non adimpleti contractus*) que establece el artículo 1168 del Código Civil; esto es, una de las partes no puede exigir el cumplimiento de las obligaciones que pesan sobre la otra si aquella, a su vez, no cumple con las que el contrato pone a su cargo.

Sin embargo, dentro de los principios que rigen los contratos administrativos es improcedente oponer a la Administración Pública la excepción *non adimpleti contractus*[44], partiendo no solo del carácter de subordinación de la actividad del contratista al supremo interés público del servicio público que autoriza no considerar intangible el contrato administrativo cuando dicho interés lo exige, sino también partiendo de un nuevo concepto de la causa en los contratos cuando se trata de contratos administrativos.

B) *Potestades administrativas contractuales*

§ 76. *Cuestión previa.* Según el criterio jurisprudencial, existe "una neta diferenciación entre el régimen y ejecución de los contratos administrativos

---

[44] Véase *CSJ/SPA*, sent. de 28 enero 1999, caso Constructora Manacon C. A., M. P. H. J. La Roche.

y los de Derecho Privado" (caso Puerto la Guaira). Por tanto, lo que caracterizaría al contrato administrativo es precisamente "que la Administración actúa en régimen de prerrogativa, haciendo uso del poder público de que está investida, y con fines de utilidad pública, que le son característicos"[45], y donde la diferencia más notoria se encuentra en las modulaciones a las normas contractuales comunes y, por supuesto, en el ejercicio de las potestades administrativas contractuales (ARAUJO-JUÁREZ, RODRÍGUEZ GARCÍA[46]).

§ 77. *Potestad contractual de control.* La Administración Pública dispone de la potestad administrativa de control que se traduce en la dirección, vigilancia, inspección e intervención sobre la ejecución del contrato administrativo[47]. Esa potestad es particularmente remarcable, pues se traduce en la competencia de la Administración Pública de dar órdenes e instrucciones de servicio al contratista en cuanto a la forma y modalidades de ejecución de la prestación, suspender la ejecución del contrato y realizar inspecciones y fiscalizaciones.

§ 78. *Potestad contractual de modificación.* El artículo 1264 del Código Civil consagra también el principio de la intangibilidad de los contratos, cuando dispone que las obligaciones deben cumplirse exactamente como han sido contraídas. Sin embargo, en la contratación del sector público no siempre rige estrictamente, pues se admite la potestad administrativa de modificación unilateral (*potestas variandi* o *ius variandi*), que se funda en los principios de continuidad y de adaptación del servicio público, si bien contiene ciertas limitaciones puesto que su ejecución solo procede frente a las cláusulas referidas tanto a la organización como al funcionamiento del servicio público, y en ningún caso frente a las cláusulas concernientes a los beneficios económicos del contratista. Hoy día es jurisprudencia constante[48] y finalmente receptada en el Derecho positivo (arts. 130 al 133 de la LCP).

Es pues, una potestad contractual que viene enunciándose como la cláusula exorbitante por excelencia en la contratación pública, siendo en efecto "la más espectacular de las singularidades del contrato administrativo en cuanto que apunta directamente a uno de los presupuestos básicos del instituto contractual —*pacta sunt servanda, contractus lex inter partes*—."

En todo caso, la jurisprudencia ha sostenido que la potestad contractual de modificación no puede implicar "que los cambios o rectificaciones sean de tal

---

[45] Vid. CF, sent. de 3 diciembre 1959.

[46] J. ARAUJO-JUÁREZ, *op. cit.*, nota 13, págs. 104 y ss.; A. RODRÍGUEZ GARCÍA, "Ejecución del contrato administrativo: potestades de la Administración y derechos de los contratistas", en *Régimen jurídico de los contratos administrativos*, Caracas, FPGR, 1991.

[47] Véase CSJ/SP, sent. de 13 febrero 1997, caso Venevisión.

[48] Véase *TSJ/SPA*, sent. de 7 diciembre 2011, caso Minera Las Cristinas - Mincas.

magnitud que desnaturalicen o cambien sustancialmente la obra o el servicio contratados" (véase caso Puerto La Guaira).

§ 79. *Potestad contractual de interpretación unilateral.* En el caso concreto de los contratos administrativos, la Administración Pública tiene la potestad contractual de interpretación unilateral mediante actos administrativos, que constituye uno de los efectos más genuinos y característicos de dichos contratos (caso Machado-Machado), y que encuentra justificación en el principio de continuidad del servicio público.

§ 80. *Potestad contractual sancionatoria.* La potestad contractual sancionatoria es también otra característica de la teoría del contrato administrativo. Ella se ejerce en caso de falta (incumplimiento, retardo, mala ejecución, etc.) durante la etapa de ejecución, solo una vez que ha sido advertido el contratista, siempre y en todo caso respetándose rigurosamente las formalidades del procedimiento administrativo debido a los fines de garantizarle al contratista los derechos fundamentales a la defensa y al debido proceso.

Finalmente se observa que en desarrollo del principio de juridicidad, el ejercicio de la potestad contractual sancionatoria debe respetar diversos principios generales vinculados con su ejercicio, tales como los principios de tipicidad, irretroactividad, proporcionalidad, etc.[49]

§ 81. *Potestad contractual de rescisión.* Frente a lo dispuesto en el artículo 1167 del Código Civil, la jurisprudencia administrativa reconoce que aun en ausencia de toda cláusula de resolución de pleno derecho, la Administración Pública tiene la potestad administrativa de declarar la rescisión o resolución unilateral del contrato administrativo, en los casos siguientes:

(i) Por razones de legalidad, por no haberse satisfecho los requisitos exigidos para su validez y eficacia.

(ii) Cuando el interés general así lo exija, sin falta del contratista.

(iii) Y por último, a título de sanción (caducidad) en caso de falta grave o incumplimiento del contratista.

§ 82. *Potestad contractual de revocación.* Asimismo, dentro de las cláusulas exorbitantes o potestades administrativas se incluye al poder de revocación unilateral por motivos de orden público, cualquiera que fuese la conducta del contratista, a fin de permitir la ruptura de un vínculo que se había convertido en contrario a los intereses tutelados por la Administración Pública.

Según la jurisprudencia[50], el ejercicio de la potestad revocatoria de la Administración Pública ejercida en una relación bilateral se funda en el control de la oportunidad y la conveniencia de la gestión administrativa.

---

[49] J. ARAUJO-JUÁREZ, *op. cit.*, nota 38, págs. 61 y ss.

[50] Véase CSJ/SPA, sent. de 27 enero 1993, caso Hotel Isla de Coche II.

§ 83. *Potestad contractual de renovación.* Además, dentro de las cláusulas exorbitantes o potestades administrativas de la contratación pública, el TSJ/SPA[51] se ha referido específicamente a la cláusula exorbitante de renovación contractual.

§ 84. *Potestad contractual de reversión.* Por último, ha sido calificada por la jurisprudencia[52] como exorbitante la cláusula de rescate o de reversión administrativa, según la cual los bienes del contratista destinados a la ejecución del objeto contractual pasan automáticamente, a la conclusión del contrato, por cualquier causa, al patrimonio del ente público contratante.

Al respecto la doctrina[53] de la Procuraduría General de la República opina que es cuestión que se resuelve fácilmente cuando dentro del propio contrato administrativo de concesión se haya previsto su destino. Puede suceder que se prevea el procedimiento legal a que deben ajustarse, tanto la Administración Pública concedente como el concesionario, para la adjudicación de los bienes afectados a la prestación del servicio público.

Finalmente, conforme una opinión sustentada por la Procuraduría General de la República[54], sus caracteres son los siguientes: (i) es un efecto estrechamente vinculado con la naturaleza de la concesión administrativa y (ii) la traslación futura de los bienes a la Administración Pública concedente sin mediar indemnización.

---

[51] Véase CSJ/SPA, sent. 297 de 14 abril 2010.

[52] Véase CSJ/SPA, sent. de 27 enero 1993, caso Hotel Isla de Coche II.

[53] Véase Dictamen de la Procuraduría General de la República, DEJE, de 22 octubre 1981, en *Doctrina de la Procuraduría General de la República*, tomo III, vol. I, Caracas, 1983, pág. 163.

[54] Véase Dictamen de la Procuraduría General de la República, de 8 marzo 1972, en *Dictámenes de la Procuraduría General de la República*, Caracas, 1972.

ESTUDIO
DE DERECHO COMPARADO

TENDENCIAS COMUNES EN LAS REGULACIONES NACIONALES DE LA CONTRATACIÓN ADMINISTRATIVA

Ernesto Jinesta Lobo*

1. Introducción

Ante todo, se impone aclarar que esta contribución no constituye, ni por asomo, propiamente, un estudio de derecho comparado, ya que, su autor no es comparatista ni se ha formado en la metodología y en las técnicas diversas que se utilizan en el derecho comparado. Se trata, esencialmente, de lo que un administrativista puede identificar como tendencias comunes o puntos de convergencia a partir de unas cuantas aportaciones nacionales, limitadas, por razones de espacio, en cuanto al régimen integral de la contratación pública en un reducido grupo de países (Argentina, Chile, Colombia, Costa Rica, España, Francia, Italia, Perú, Uruguay y Venezuela).

No cabe la menor duda de que, progresivamente, se ha ido construyendo un *ius commune* de la contratación pública, a partir de fenómenos como la constitucionalización del derecho administrativo, la internacionalización del derecho constitucional, los procesos de integración regional y, en general, la globalización jurídica.

En este breve aporte, analizamos las perspectivas de varios países sobre la materia a fin de encontrar esos lugares comunes o puntos de encuentro en las regulaciones nacionales de la contratación pública. Se trata, entonces, de identificar tendencias o corrientes comunes en esta parcela del Derecho Administrativo, sin llegar a conclusiones definitivas propias de un profundo y minucioso estudio de derecho comparado.

Dentro de las limitaciones enfrentadas al momento de hacer este breve estudio se encuentra, desde luego, que el objeto de análisis se restringió, por razones de volumen y espacio de la obra, a unas cuantas perspectivas nacionales, por lo que tampoco resulta posible extrapolar todos los hallazgos a aquellas realidades locales que quedaron fuera del lente de examen.

Los desencuentros o puntos de divergencia entre las perspectivas nacionales contrastadas son muchos, abundantes y diversos, empezando por que las

* Doctor en Derecho Administrativo por la Universidad Complutense de Madrid. Profesor del Doctorado en Derecho Administrativo Iberoamericano y de la Diplomatura en Derecho Administrativo Iberoamericano del CLADH. Presidente de la Asociación Costarricense de Derecho Administrativo y de la Academia Costarricense de Derecho.

instituciones de la contratación pública tienen una denominación diferente y pueden tener un desarrollo legislativo, reglamentario y jurisprudencial muy singular y local. Obviamente, la heterogeneidad que le imprime cada regulación nacional al tema, también dificulta el hallazgo de puntos de convergencia. Por esas razones hemos decidido dejar de lado aquellos aspectos donde impera una marcada diferencia.

Metodológicamente es preciso aclarar que a cada uno de los profesores que contribuyó con este volumen se le entregó, previo al desarrollo de sus ponencias, un esquema de ejes temáticos sobre los que tenían que desarrollarlas, precisamente, para tener un marco de contraste común y poder así identificar, con mayor facilidad, las tendencias compartidas.

Agradezco a los miembros, junta directiva y, en particular, al Presidente del Instituto Internacional de Derecho Administrativo, mi apreciado amigo LIBARDO RODRÍGUEZ, la confianza depositada en mi persona para coordinar este volumen.

2. "IUS COMMUNE" DE LA CONTRATACIÓN ADMINISTRATIVA

Este derecho común es de reciente formación y, básicamente, se encuentra jalonado por la conciencia en el entorno internacional de los efectos altamente restrictivos para el comercio internacional que tienen las políticas de contratación pública discriminatorias[1].

La primera vez que se introduce el tema de las compras públicas en un instrumento internacional es en el denominado "Acuerdo sobre Compras del Sector Publico" de 1981 —modificado en 1987 y entrado en vigor en 1988—, surgido de las "Negociaciones Comerciales de la Ronda de Tokio", de 1979. El acuerdo pluritateral sobre la materia actualmente en vigor es el firmado en Marrakech el 15 de abril de 1994 —en vigor desde 1996— en el marco del surgimiento de la OMC.

Uno de los principios sustanciales de este acuerdo lo constituye el de "no discriminación", de modo que las partes deben conceder a los productos, servicios y proveedores de las demás partes un "trato no menos favorable" que el otorgado a los propios o nacionales. Obviamente, comprende aspectos como la no discriminación de proveedores extranjeros o por el origen de los bienes o servicios ofertados.

Para garantizar de mejor manera el principio de no discriminación se enfatiza la importancia del principio de la publicidad y transparencia no solo de los procedimientos de selección del contratista, sino también de toda la legislación, reglamentación, pronunciamientos administrativos y judiciales en la materia.

---

[1] Cfr. V. J. RODRÍGUEZ ARANA, J. A. MORENO MOLINA, E. JINESTA LOBO y K. NAVARRO MEDAL, *Derecho internacional de las contrataciones administrativas*, San José, Konrad Adenauer Stiftung, 2011, pág. 57.

Desde el punto de vista subjetivo, en ese acuerdo las administraciones públicas son segmentadas en "gobierno central", "gobiernos subcentrales" y otras entidades. También se establecieron umbrales para la observancia de los procedimientos de contratación pública. Este acuerdo previó las licitaciones públicas selectivas o restringidas.

En el entorno europeo mediante la decisión 94/800/CEE de 22 de diciembre de 1994 del Consejo Europeo se aprobó el "Acuerdo sobre contratación pública".

El de la contratación pública es asunto que ha estado, también, en el interés de la Organización de las Naciones Unidas, y es así como la Comisión de las Naciones Unidas para el Derecho Mercantil Internacional (CNUDMI) aprobó en 1993 la "Ley Modelo sobre Contratación Pública de bienes, obras y servicios", cuya intención fue utilizada como arquetipo normativo para evaluar y modernizar el régimen jurídico y las prácticas en la materia por parte de los diversos países, todo con el fin de armonizar, de unificar y de suprimir los obstáculos innecesarios al comercio internacional surgidos de las divergencias locales o nacionales. Obviamente, ese instrumento tipo se dirige a aquellos países en vía de desarrollo que no cuentan con regulaciones eficientes o experiencia suficiente sobre el tema.

En el ámbito regional han surgido esfuerzos multilaterales por establecer reglas comunes en materia de contratación pública. Tenemos así los casos del Tratado de Libre Comercio entre México, Canadá y Estados Unidos (TLCAN), el Tratado de Libre Comercio Estados Unidos Centroamérica y República Dominicana.

En el Mercosur ha surgido el protocolo sobre contrataciones públicas. Recientemente, en el contexto de la Alianza para el Pacífico también se ha incluido un acuerdo para uniformar las compras públicas.

El común denominador de todas estas regulaciones que han surgido en el contexto internacional o regional es que se concentran en las fases preparatorias y de adjudicación de la contratación administrativa, esto es, en los procedimientos de selección del contratista, soslayando todos los problemas derivados de la ejecución o extinción contractual. De modo que lo característico de ese derecho común de la contratación pública es el énfasis en la preparación y formación de los contratos, para garantizar la integridad, transparencia y buen uso de los ingentes fondos públicos invertidos en ese segmento y asegurar la vigencia plena de los principios de mayor abolengo en la materia.

3. RELEVANCIA CONSTITUCIONAL DE LA CONTRATACIÓN PÚBLICA

En el Derecho Administrativo, últimamente, se ha venido observando y analizando un fenómeno de siempre pero que con el advenimiento de los tribunales, cortes y salas constitucionales y, sobre todo, de una justicia constitucional más accesible y democrática, ha aumentado en intensidad. Se trata de la "constitucionalización del derecho administrativo" o del reconocimiento de un "derecho administrativo constitucional"[2]. El fenómeno apunta a la penetración intensa y transversal de los principios, valores, preceptos y jurisprudencia constitucionales en los institutos y categorías del Derecho Administrativo. Cada día más las instituciones del Derecho Administrativo son permeadas vigorosamente por el Derecho Constitucional.

GUASTINI afirma que la expresión "constitucionalización del ordenamiento jurídico" no tiene un sentido unívoco, por lo que requiere de una adecuada precisión conceptual[3]. Sobre el particular, cabe señalar que el surgimiento de las primeras constituciones escritas y rígidas tampoco marca el inicio de la "constitucionalización" del Derecho, *per se*, dado que, durante mucho tiempo los ordenamientos jurídicos y diversos países se encontraban dotados de una Constitución escrita susceptible de ser reformada mediante procedimientos legislativos especiales y agravados, y no se produjo el advenimiento de tal fenómeno por su sola existencia. Fue necesario que surgieran una serie de teorías, planteamientos y movimientos para la verificación del proceso de referencia.

En esencia, la constitucionalización, siguiendo a FAVOREU y GUASTINI[4], significa que un ordenamiento jurídico determinado se encuentra absolutamente impregnado por el "Derecho de la Constitución", según la expresión de HAURIOU[5], entendiendo por tal el conjunto de valores, principios, preceptos, prácticas, costumbres y jurisprudencia constitucionales. Significa, entonces, que la idea de constitucionalidad se proyecta con una fuerza irresistible en todos los estratos de un ordenamiento jurídico determinado, de ahí que para GUASTINI la constitucionalización está marcada por una Constitución invasiva y penetrante, en el buen sentido del término, capaz de determinar y condicionar la legislación infra constitucional, la reglamentación administrativa, la jurisprudencia constitucional y ordinaria y, en general, la conducta de todos los sujetos —públicos y privados— y, desde luego, los comportamientos socio-económicos y políticos de todos los grupos y actores en una sociedad[6].

GUASTINI ha establecido varias "condiciones de la constitucionalización" para lograr la plena impregnación constitucional de un ordenamiento jurídico determinado, aclarando que es una cuestión de grado, de modo que pueden

---

[2] V. JAIME RODRÍGUEZ-ARANA MUÑOZ, *Aproximación al derecho administrativo constitucional*, Bogotá, Universidad Externado, 2009, *in totum*.

[3] RICCARDO GUASTINI, *Estudios de teoría constitucional*, trad. de Miguel Carbonell, México, Doctrina Jurídica Contemporánea, 1ª reimp., 2003, pág. 153.

[4] *Op. ult. cit.*, pág. 153.

[5] MAURICE HAURIOU, *Principios de derecho público y constitucional*, trad. de Carlos Ruiz del Castillo, Madrid, Editorial Reus, 1927, págs. 280-310.

[6] R. GUASTINI, *op. cit.*, pág. 153.

variar de uno a otro, por lo que un ordenamiento jurídico puede estar más o menos constitucionalizado[7]. Dentro de tales condiciones se encuentran, entre otras, la existencia de una Constitución rígida, la garantía jurisdiccional de la Constitución, la fuerza normativa directa e inmediata de la Constitución, la hermenéutica constitucional extensiva, etc.

Esto permite reconocer que, también, en el sector de la contratación pública o administrativa se ha producido una constitucionalización progresiva y cada día más acusada. Queda de manifiesto, por ejemplo, con la influencia intensa que tienen ciertos principios de clara raigambre constitucional en los procedimientos de selección del contratista, tales como los de publicidad, transparencia, libre concurrencia, igualdad de trato, eficacia y eficiencia, ampliamente tratados por los tribunales o cortes constitucionales. El combate creciente contra la corrupción en la función pública y el desvelo por la integridad y probidad con que deben ser dispuestos los fondos públicos, ha llevado a muchas constituciones a establecer como regla de principio la observancia de ciertos procedimientos de selección del contratista más translúcidos como la licitación. Es así como la licitación ha empezado a ser vista como una garantía institucional, esto es, una figura que facilita la realización efectiva de ciertos valores y principios de orden constitucional, por lo que puede observarse una regla constitucional al respecto, sin que sea absolutamente general.

Obviamente, las previsiones constitucionales sobre la contratación pública suelen ser muy abiertas haciendo énfasis en lo estrictamente formal para velar por la integridad y probidad en la función pública.

Es evidente que la contratación pública tiene, entonces, una relevancia constitucional incuestionable, lo que resulta corroborado por las diversas normas constitucionales que se ocupan del instituto con mayor o menor intensidad.

En Perú, la Constitución, en su artículo 76, establece que cuando la contratación involucre fondos o recursos públicos, cualquiera sea el sujeto y el objeto contractual, debe observarse el procedimiento de licitación y el concurso, optando, claramente, por la licitación como regla o principio en los procedimientos de contratación pública. Asimismo, se establece una reserva de ley en cuanto a la regulación de los procedimientos de contratación por lo que no pueden normarse por vía reglamentaria. La Constitución de Costa Rica, básicamente, en el artículo 182 se ocupa, también, de privilegiar la licitación como el procedimiento de contratación por antonomasia o de principio, sujetando su observancia a los montos que establezca la ley que regule la materia; esa norma impone la observancia obligatoria de la licitación cuando se trata de algunos contratos públicos típicos como la ejecución de obras, compras con fondos públicos, venta y arrendamiento de bienes.

_____
[7] *Op. ult. cit.*, pág. 154.

En el caso español, por su condición cuasi-federal o Estado de las autono-mías, se le atribuye al Estado la competencia para emitir la legislación básica sobre contratos y concesiones administrativas (art. 149.1 de la Const.). Lo anterior ha provocado que las comunidades autónomas también emitan regu-laciones al respecto, con lo que, progresivamente, crecerán los conflictos de competencias. El Tribunal Constitucional español, de su parte ha subrayado que una materia esencial de la regulación básica de la competencia del Estado lo son los principios generales que inspiran los procedimientos de contratación tales como la publicidad, igualdad, libre competencia, seguridad jurídica, eficiente utilización de los recursos, etc.

En la Constitución chilena la referencia a la contratación pública es in-directa al subrayar que mediante ley se fijen las bases de los procedimientos administrativos para la formación de los actos administrativos (art. 63).

La Constitución colombiana, en su artículo 333 establece relevantes prin-cipios en la selección del contratista tales como los de libre competencia o concurrencia.

En Venezuela, la Constitución califica a los contratos públicos como "con-tratos de interés público", en cuanto son uno de los principales instrumentos para la adquisición de bienes y servicios para la satisfacción de las necesidades colectivas.

Por contraste, en el caso argentino, la Constitución Nacional nada establece sobre la contratación pública, a diferencia de algunas constituciones de las provincias que sí prevén normas relativas a los procedimientos de selección del contratista (v. gr. Buenos Aires, Mendoza, Neuquén, Entre Ríos, Jujuy, Tucumán o Río Negro).

4. CARACTERÍSTICAS DE LA REGULACIÓN LEGAL

Se puede observar, de las aportaciones nacionales analizadas, una tendencia común que consiste en la característica dispersión de la regulación legislativa en la materia, leyes especiales para ciertos contratos, instrumentos legislativos que no tienen una regulación general sino parcial o fragmentada y carente de co-herencia y sistemática, acentuada, en ocasiones, en los procedimientos de selec-ción del contratista.

En Colombia se cuenta con una ley de 1993, pero que no constituye la regulación única en la materia, pues existen diversas leyes ulteriores que se ocupan en la materia y un número significativo de decretos reglamentarios. Igual tendencia se observa en Chile, donde se citan por lo menos tres leyes como fundamento de la regulación.

En Uruguay se advierte una profunda dispersión normativa en la regulación jurídica sobre todo a través de normas de carácter infra legal, con la ausencia de una ley general o común al respecto, pese a algunos intentos legislativos por ordenar la materia, con lo cual se apunta que los principios generales del derecho han asumido una especial importancia en la resolución de las controversias.

En el caso venezolano se observa que la Ley de Contrataciones Públicas no contiene una regulación general del tema, pues se limita a regular los procedimientos de selección del contratista y solo respecto de ciertos contratos, con lo que se convierte en una regulación parcial e insuficiente, centrada en aspectos meramente formales.

No se pueden soslayar los casos en que el legislador ordinario nacional ha realizado un esfuerzo significativo para racionalizar y codificar la regulación de las contrataciones públicas por medio de la emisión de leyes de tipo general o común sobre la materia.

Pero, incluso en tales supuestos limitados se observa que el énfasis de dichas regulaciones legales recae sobre aspectos estrictamente de carácter formal, esto es, en los procedimientos de selección de los contratistas. Esto significa que se ha priorizado, ante todo, la regulación de los procedimientos administrativos para la formación y perfección de los contratos públicos, siendo que la normación sobre aspectos sustanciales relativos a los derechos y obligaciones en los respectivos contratos durante su ejecución suele ser más laxa, quedando aspectos librados a la interpretación que puedan hacer los principales operadores, tales como órganos administrativos especializados o la jurisdicción competente de conocer y resolver cualquier controversia surgida durante las fases de ejecución, modificación y extinción del contrato público.

En esta última tendencia se inscriben España con la Ley de Contratos del Sector Público y Costa Rica con la Ley de Contratación Administrativa.

5. LA TENDENCIA RESTRICTIVA DE LAS "CONTRATACIONES DIRECTAS" O LIBRES DE OBSERVAR UN PROCEDIMIENTO DE SELECCIÓN DEL CONTRATISTA

Como hemos indicado, en el Derecho global de la contratación y en las realidades nacionales analizadas, una tendencia marcada es el énfasis en una regulación estricta y detallada de los procedimientos de contratación para la selección del contratista y del acto de adjudicación. Por consiguiente, paulatinamente el terreno de la contratación pública libre o sin procedimiento de selección va reduciéndose, al entenderse que son, precisamente, los procedimientos de selección los que garantizan la vigencia plena de los principios de publicidad, transparencia, libre competencia e igualdad o no discriminación.

El carácter extraordinario y restrictivo de las contrataciones directas, se debe a que se percibe que pueden ser terreno fértil y abonado para todo tipo de corrupción administrativa. Contemporáneamente, se entiende que los procedimientos de selección de contratista y, en mayor medida la licitación pública o los concursos abiertos, garantizan la probidad, transparencia y corrección en la disposición de los fondos públicos.

Esto significa que la discusión planteada en algún momento en la doctrina argentina sobre la disyuntiva acerca de la vigencia del principio de la licitación necesaria o de la libre contratación, se ha ido decantando en favor de la necesidad de una regulación y observancia pormenorizada de procedimientos de selección del contratista que aseguren la transparencia, integridad y trazabilidad en la disposición del presupuesto público.

Se denotan, entonces, algunas tendencias en las "contrataciones directas", sin un procedimiento de selección del contratista, que son las siguientes:

a) El monto del objeto contractual o de la erogación presupuestaria es reducido. Este es el caso español, donde se prevé esa posibilidad cuando el valor estimado del contrato es reducido ("contratos menores").

b) Se admite, en algunos casos, durante los estados administrativos de necesidad o urgencia y, únicamente, para atender las necesidades más apremiantes en tanto persistan tales circunstancias anómalas.

c) Deben ser previamente autorizadas mediante un riguroso examen y una resolución motivada emanada de los órganos de control y supervisión de la aplicación y observancia debida del régimen de la contratación pública, en particular de la pertinencia o no de observar un procedimiento determinado. Se trata de una exoneración para no observar un procedimiento de selección de un contratista.

d) Se concibe como una excepción aplicable para ciertos casos calificados y previamente tipificados o tasados por el ordenamiento jurídico por medio de una regulación detallada o de conceptos jurídicos indeterminados. Básicamente, se trata de supuestos donde no es conveniente abrir a la libre concurrencia de oferentes el objeto contractual (v. gr. razones de seguridad nacional, urgencia o necesidad) o no es posible lograr la concurrencia de oferentes (ej. el caso del proveedor único de bienes o servicios que no admiten sustitutos, un bien o servicio con características únicas, servicios que involucren obligaciones personalísimas).

6. El gran punto de convergencia: los principios generales
   de la contratación

Probablemente ante la tendencia a la regulación legislativa o reglamentaria fragmentada, sucesiva, superpuesta e incompleta y la existencia de grandes lagunas jurídicas, los principios generales del derecho de la contratación pública, han cumplido una función integradora y articuladora de primer orden en la maraña de las realidades locales. La potenciación en su uso está marcada por la necesidad de interpretar y aplicar los institutos escasamente regulados y ofrecer una solución jurídica en aras del principio de la plenitud hermética del ordenamiento jurídico de la contratación.

Los principios generales del derecho como fuente no escrita del ordenamiento jurídico administrativo, con el correr de los días ganan mayor terreno y reconocimiento, encontrándose fuera de toda duda o discusión su carácter preceptivo o normativo.

Los principios generales del derecho ofrecen una serie de ventajas para interpretar, integrar y delimitar el ordenamiento jurídico escrito, desde que permean todo el tejido del derecho de un extremo a otro al expresar ideas comunes, dominantes y objetivas del ordenamiento jurídico con vocación de permanencia, brindándole coherencia, homogeneidad, armonía y consistencia. De otra parte, por su textura abierta ofrecen una serie indeterminada de aplicaciones.

Destacan dentro de los principios comúnmente enunciados la publicidad, la igualdad y la concurrencia. Podemos afirmar que esta es la tríada esencial de principios que recogen todos los sistemas analizados, prácticamente, sin excepción.

El principio de publicidad o de transparencia tiene especial relevancia para lograr alta cotas de competencia y participación de oferentes, pero ha asumido diversas aplicaciones como el acceso a la información de interés público en todo el ciclo contractual, la publicidad de los planes de contratación, de las bases o condiciones, de los diversos actos dictados durante los procedimientos, de los contratos una vez perfeccionados y de diversos registros administrativos.

La igualdad o no discriminación, supone que a todos los oferentes se les debe brindar un trato equitativo, sin distinciones que no respondan a condiciones objetivas y razonables. Ocasionalmente, en algunos países se hace referencia a los principios de objetividad e imparcialidad, que me parece, esencialmente, apuntan en la misma dirección del principio de igualdad en el sentido de no brindar tratos injustos y discriminatorios.

La libre concurrencia o competencia, se orienta a lograr la mayor pluralidad o participación de oferentes o de interesados en un procedimiento de selección con el objeto que la administración pública le adjudique a la oferta más ventajosa o más conveniente para el interés público.

Existen ordenamientos jurídicos que establecen principios específicos pero de sumo interés que vale la pena referir, dado que, eventualmente pueden servir como clave interpretativa para resolver diferendos en otras realidades nacionales.

En Uruguay se establece el principio de flexibilidad, se define por contraposición al de rigidez y apunta a la relación entre la administración contratante y el contratista para que la vinculación sea fluida y dinámica, en permanente colaboración entre las partes del contrato. De acuerdo con este principio se debe reconocer la imposibilidad de prever las situaciones y de regular su solución, el abandono de las construcciones literales indiferentes a la realidad y atender el espíritu de la norma. Específicamente, su aplicación se ha proyectado a los aspectos formales como requisitos y procedimientos de selección, por lo que se entiende que no deben estar sometidos al ritualismo y la rigidez, debiendo adecuarse a las características y necesidades de cada caso.

También en el derecho uruguayo han planteado el principio de delegación, conforme al cual las decisiones en materia contractual no deben depender, únicamente del jerarca de la respectiva entidad, evitando que cualquier decisión deba pasar por ese filtro aun tratándose de temas rutinarios lo que provoca la consiguiente ralentización de los procedimientos de contratación.

También los uruguayos han establecido el principio de ausencia de ritualismo para evitar el predominio de las formalidades y trámites innecesarios o arbitrarios que no tienen sentido y propósito. Se concibe, entonces, la forma como un medio y no como un fin en sí misma, de modo que la actividad contractual se debe enjuiciar conforme con la sustancia.

Asimismo, desarrollan el principio de materialidad que supone la relevancia o trascendencia, de modo que se enfatiza lo sustancial y lo material frente a lo formal, subsanándose irregularidades insustanciales de una oferta. De acuerdo con este principio, debe haber severidad y exclusión de las omisiones intrascendentes, sugiriendo su reemplazo por aclaraciones oportunas o subsanaciones siempre que no vulneren el trato igualdad.

En Uruguay, también, tiene importancia el principio de veracidad, de modo que en la contratación se rechaza la falacia y la mentira que generan un ambiente de desconfianza. El objetivo de todo procedimiento administrativo, incluidos los de selección de un contratista, es la búsqueda de la verdad real y objetiva, en lo que deben colaborar tanto el poder adjudicador como los oferentes.

En Colombia desarrollan el principio de economía, conforme al cual en la contratación, la administración debe actuar con eficiencia y eficacia en la protección del recurso público. Se proyecta para lograr la selección objetiva de la oferta más favorable, que los plazos y términos sean perentorios y preclusivos, así como para impedir dilaciones y retardos injustificados en los procedimientos de selección. De acuerdo con este principio, los procedimientos de selección son mecanismos para cumplir los fines estatales, la adecuada prestación de servicios públicos y la protección de los derechos de las personas. Con fundamento en este principio, se impide el rechazo de ofertas por requisitos formales o leves. También, incluye como una de sus manifestaciones específicas la obligación de planear la contratación mediante estudios, análisis y diseños previos.

En el caso colombiano, también, se desarrolla el principio de responsabilidad en la contratación pública, el que tiene varias proyecciones tales como que los servidores públicos están obligados a lograr el cumplimiento de los fines del contrato, vigilar la correcta ejecución contractual y velar por la buena calidad del objeto contractual. Tales funcionarios responderán por sus omisiones e incumplimiento de deberes, mediante la indemnización respectiva de las lesiones antijurídicas provocadas. Cabe resaltar que este principio, también, vincula a los contratistas, de modo que son responsables de las propuestas que fijen condiciones económicas artificialmente bajas para obtener la adjudicación, haber ocultado inhabilidades, incompatibilidades o prohibiciones, suministrado información falsa y suministrado un objeto contractual de mala calidad.

En Perú encontramos el desarrollo del principio de moralidad, de modo que los sujetos que intervienen en la contratación pública deben actuar con honradez, veracidad, intangibilidad, probidad y justicia.

Los peruanos han desarrollado el principio de la vigencia tecnológica, puesto que, el objeto contractual debe reunir las condiciones de calidad y modernidad tecnológica necesarias para los fines requeridos y permitir su adaptación o adecuación a los avances tecnológicos. Esta exigencia impone que los bienes por adquirir sean, preferiblemente, de primer uso y no de origen dudoso.

Como una forma de potenciar la contratación verde o ecológica, también han desarrollado el principio de sostenibilidad ambiental, para evitar impactos ambientales negativos, que se plasma en las especificaciones técnicas del objeto contractual. También es novedoso el caso peruano por introducir el principio de la promoción del desarrollo humano por medio de la contratación pública, con lo que se abre la puerta para la regulación de las compras sociales que impulsan, estratégicamente, políticas públicas en favor de ciertos grupos desfavorecidos.

En España destaca el principio de proporcionalidad que supone equilibrar los bienes en conflicto, en particular el interés público representado por la fiabilidad del contratista, la lucha contra la corrupción y el fraude, frente a lograr una mayor concurrencia. De igual forma, desarrollan en el derecho español el principio de confidencialidad que pretende mantener incólumes los secretos técnicos, comerciales e industriales y se desdobla en dos dimensiones procurando que los contratistas no divulguen la información confidencial que conocieron con motivo del contrato y que tampoco lo haga el órgano de contratación.

7. Conclusiones

Resulta sumamente difícil identificar tendencias comunes a partir de la referencia limitada de la realidad normativa y empírica contenida, apretadamente, en unas ponencias limitadas por razones editoriales de unos cuantos ordenamientos jurídicos nacionales. Sin embargo, a partir de esa muestra reducida de experiencias jurídicas nacionales en materia de contratación administrativa, es posible vislumbrar algunos puntos de convergencia o tendencias comunes entre las regulaciones locales de la materia.

Una de las grandes tendencias comunes es la estructura del régimen jurídico de la contratación administrativa, que suele ser profundamente disperso y fragmentado, lo que genera una serie de problemas que deben enfrentar, constantemente, los operadores jurídicos ante las lagunas y antinomias existentes. Esto significa, que en la mayoría de los países debe darse el paso hacia una legislación general sistemática y ordenada en materia de contratación administrativa que ofrezca altos márgenes de predictibilidad, seguridad y certeza. Lo anterior, desde luego, no obsta para la existencia de ciertas leyes especiales que estén justificadas por razones estrictamente materiales, pero que deben, también, responder al marco general contenido en una ley común.

Precisamente, los graves defectos en la regulación normativa, han determinado que los principios generales del derecho tengan una relevancia especial en la contratación administrativa, cumpliendo un rol integrador, delimitador e informador de todo el caótico régimen legal y reglamentario de la contratación administrativa, superando toda suerte de lagunas y contradicciones normativas.

El surgimiento de un derecho administrativo común o global de la contratación administrativa, irá provocando que los puntos de convergencia entre los ordenamientos jurídicos nacionales sean cada vez mayores. Ese derecho común será notable, por las tendencias globales y regionales de la regulación de las compras públicas, en materia de procedimientos de selección del contratista, criterios de adjudicación y de los principios generales del derecho que tienen un papel protagónico en la fase de formación y preparación de los contratos administrativos.

Notas

Notas

Notas

Notas

Notas

Notas

Notas

Notas

Este libro se terminó de imprimir en los talleres de Editorial Nomos, el dieciséis de septiembre de dos mil diecinueve, aniversario del falleci-miento de EDUARDO GARCÍA DE ENTERRÍA Y MARTÍNEZ CARANDE (n. 27, IV, 1923 y m. 16, IX, 2013).

LABORE ET CONSTANTIA

www.ingramcontent.com/pod-product-compliance
Lightning Source LLC
Chambersburg PA
CBHW082127210326
41599CB00031B/5892